# 고산유고

한국고전번역원 한국문집번역총서

# 고산유고 1

孤山遺稿

윤선도 지음
尹善道

이상현 옮김

## 일러두기

1. 이 책의 번역 대본은 한국고전번역원에서 간행한 한국문집총간 91집 소재 《고산유고(孤山遺稿)》로 하였다. 번역 대본의 원문 텍스트와 원문 이미지는 한국고전종합DB(http://db.itkc.or.kr)에서 확인할 수 있다.
2. 내용이 간단한 역주는 간주(間註)로, 긴 역주는 각주(脚註)로 처리하였다.
3. 한자는 필요한 경우 이해를 돕기 위하여 넣었으며, 운문은 원문을 병기하였다.
4. 맞춤법과 띄어쓰기는 한글 맞춤법과 표준어 규정을 따르는 것을 원칙으로 하였다.
5. 이 책에서 사용한 부호는 다음과 같다.
   ( ) : 번역문과 음이 같은 한자를 묶는다.
   〔 〕: 번역문과 뜻은 같으나 음이 다른 한자를 묶는다.
   " " : 대화 등의 인용문을 묶는다.
   ' ' : " " 안의 재인용 또는 강조 부분을 묶는다.
   「 」: ' ' 안의 재인용을 묶는다.
   『 』: 「 」 안의 재인용을 묶는다.
   《 》: 책명 및 각주의 전거(典據)를 묶는다.
   〈 〉: 책의 편명 및 운문·산문의 제목을 묶는다.

## 차례

해제

# 풍성한 시정과 호연한 기상을 담아낸 고산의 작품세계

박종우 | 고려대학교 연구교수

## 1. 머리말

이 책은 조선 중기의 문신인 고산(孤山) 윤선도(尹善道, 1587~1671)의 시문집 《고산유고(孤山遺稿)》를 번역한 것이다.

고산은 주지하듯이 일찍부터 국문학계의 주목을 받아 왔다. 특히 〈어부사시사(漁父四時詞)〉를 비롯한 일군의 시조(時調) 작품에서 보여 준 뛰어난 문학적 성취는, 그를 송강(松江) 정철(鄭澈, 1536~1593)과 함께 한국 고전시가 사상 최고의 작가로 평가하는 데에 이견이 없게 하였다. 이 평가 과정에서 그의 국문 시가에 대해서는 이미 헤아리기 어려울 정도의 수많은 연구 업적이 축적되었다. 그런데 그의 한시와 산문의 한문 작품은 국문 문학 중심의 연구열 때문에 상대적으로 오랫동안 학계의 주목을 받지 못하였다.

하지만 우선 수적으로만 따져 보아도 한시가 국문시가 작품의 4배가 넘을 정도로 많고, 창작 시기도 10대부터 70대 이후까지 거의 전 생애에 걸쳐 있는 점을 감안할 때, 고산 문학에서 한문 작품이 갖는 중요성을 새삼 재론할 필요는 없을 듯하다. 아울러 한시 작품은 국문 시가에 못지않은 미학적 성취와 시적 형상성을 담고 있어 문학사적으로 연구할 가치가 충분하며, 산문 작품도 어지러운 정치 현실에 굽히지 않고 소신을 밝힌 것과 예송(禮訟) 등 당대 주요 논쟁에 소견을 피력한 것이 많아 사상사적으로도 재조명될 필요가 있다.

따라서 이번 《고산유고》의 번역은 고산 연구의 새로운 전기를 마련하는 계기가 될 것이며, 나아가 고산이 살아간 조선 중기를 보다 깊이 있게 이해할 수 있는 자료로 요긴하리라 판단된다.

## 2. 고산 윤선도의 삶과 행적

고산의 삶과 문학을 구체적인 역사적 계기 속에서 이해하기 위해, 우선 그가 살았던 17세기 전반기의 시대적 상황, 특히 붕당(朋黨)과 관련된 정치적 혼란상에 주목할 필요가 있다. 1575년(선조8) 무렵부터 시작된 동서(東西)의 대립적 붕당은 시간이 지남에 따라 점점 가속되었고, 그 결과 당파 간의 사화(士禍)로 확대되어 수많은 인물들의 몰락을 가져왔다.

동인(東人)은 남인(南人)과 북인(北人)으로 갈리고, 임란 이후에는 북인이 다시 대북(大北)과 소북(小北)으로 갈렸다. 초기에는 정치적 이념의 차이에 따른 학파(學派) 간의 대립과 밀접한 관련을 맺고 있던 붕당의 추세는 점차 권력 투쟁의 수단으로 변모하였다. 따라서 1606년부터는 주로 왕위 계승 문제를 둘러싸고 대북과 소북 간에 치열한 쟁투가 벌어졌다. 이때 대북은 광해군을 지지하고 소북은 영창대군(永昌大君)을 지지하였는데, 광해군이 즉위하면서 모든 권력은 대북에게 돌아갔다. 한성 판윤(漢城判尹)에 정인홍(鄭仁弘), 예조 판서(禮曹判書)에 이이첨(李爾瞻) 등이 발탁되면서 새로운 정권의 핵심 인물로 등장한다.

광해군을 추대한 대북 정권은 반대 세력의 재기를 염려하여 곧바로 말살책을 기도한다. 우선 임해군(臨海君)에게 불궤(不軌)를 도모했다는 죄목을 씌워 진도(珍島)에 유배시켰다가 다시 교동(喬桐)으로 옮기게 하였는데, 그 뒤에도 대북의 중진들은 그의 처형을 적극 주장하였다. 끝내 임해군을 제거한 정인홍·이이첨 등은 영창대군에게도 박해를 가하였다. 1613년(광해군5) 4월 조령(鳥嶺)에서 일어난 강도 사건을 서얼들이 영창대군을 옹립하기 위해 대역죄를 범한 것이라고 모함하고, 그의 외조(外祖) 김제남(金悌男)도 관련되었다고 누명을 씌웠다. 결국 그들은 김제남을 살해하고, 영창대군을 강화도로 유배하였으며, 이이첨의 명을 받은 강화 부사(江華府使) 정항(鄭沆)이 영창대군을 증살(蒸殺)하기에 이른다. 영창대군의 죽음으로 대북 세력은 확고한 정치적 기반을 구축하고 모든 권력을 장악하게 된다.

고산은 1587년(선조20) 한성 동부의 연화방(蓮花坊 지금의 종로구 연지동)에서 태어나, 8세에 관찰공 유기(惟幾)의 양자로 입양되어 호남 제일의 갑부인 해남 윤씨 가문의 종손이 된다. 그의 가문은 호남에서 몇 안 되는 동인(東人) 가문이다. 동인과 서인의 치열한 정쟁의 와중에 1590년 정개청(鄭介淸) 옥사 사건이 발생하는데, 바로 전해의 정여립(鄭汝立) 모반 사건에서 기인한 기축옥사의 연장으로, 호남 연고의 동인이 다수 희생되었다. 여기에 고산의 조부 윤의중(尹毅中), 이발(李潑 윤의중의 외조카), 정언신(鄭彦信 고산의 사돈인 정세관(鄭世觀)의 조부) 등이 포함되었다. 그리고 이 옥사 사건 때 서인이 보인 행동을 해석하는 시각차로 후에 동인은 다시 남인과 북인으로 갈라지는데 고산의 가문은 남인의 길을 선택한다.

당시 남인은 정치적으로 열세에 있었는데, 고산이 26세인 1612년(광해군4) 진사시에 합격하면서 정계에 나설 무렵 남인의 세력은 왕권의 강화와 북인(北人)과 서인(西人)의 타도를 주장하며 정치적 열세를 만회하려고 노력하던 중이었다. 그러나 정권의 주도권은 쉽게 옮겨지지 않았고, 오히려 정적(政敵)에 의해 집중적으로 탄핵을 당하여, 그가 수없이 많은 유배를 겪는 계기가 되었다.

그가 처음으로 정치 현실에 뛰어든 것은, 광해군 시절, 즉 대북 정권하에서 당대의 권신이던 이이첨의 전횡에 대해 비판적 상소를 올린 일에서 시작된다. 한갓 유생에 불과하던 30세인 1616년(광해군8) 이이첨의 전횡을 탄핵한 〈병진소(丙辰疏)〉는 이후 고산의 삶을 결정지었다 해도 과언이 아니다. 신예 관료로 정계에 갓 입문한 그가 권력의 정점에 선 인물과 직접적으로 대결한 이 일은 당시 큰 반향을 일으켰다. 그리고 고산의 강직한 성품과 투철한 사대부 의식을 알 수 있게 하는 사건이었다. 하지만 그 결과 그는 오히려 이이첨과 그 세력들의 무함을 입고 경원(慶源)으로 유배를 가게 되는데, 이는 만년에 이르기까지 계속된 유배 경험의 시작이었다.

또한 이 사건은 인조반정(仁祖反正) 이후 고산이 서인 정권에 참여할 수 있었던 배경으로 작용하는 동시에 서인들로부터 배척당할 수밖에 없었던 원인으로 작용하기도 하였다. 그는 〈병진소〉에서 김제남 역모 사건에 대해 잠깐 언급하고 지나갔는데, 김제남 사건으로 상당한 희생을 당했던 서인들은 이를 근거로 〈병진소〉가 소북(小北)의 사주에 의한 것이었다고 몰아붙인다.

1623년 인조반정으로 대북 정권이 무너지자, 비로소 고산은 긴 유배 생활에서 풀려난다. 그러나 서인 중심의 중앙 정계에서 여전히 배제되어, 곧바로 출사의 기회를 잡지는 못하였다. 고산은 인조반정 이후 서인들의 견제로 겨우 의금부 도사(義禁府都事)를 제수받는다. 고산으로서는 당연히 만족스럽지 못했기에 사직하고 해남으로 내려가 버렸다. 이후 의금부 도사, 안기 찰방, 사포서 제조에 계속적으로 임명되었으나 나아가지 않다가, 우여곡절 끝에 그가 다시 중앙 정계에 진출한 것은 42세인 1628년(인조6) 별시 문과 초시에 장원급제하면서부터였다. 그는 당대의 유력한 정치가인 이조 판서 계곡(谿谷) 장유(張維)의 도움으로 뒷날의 효종인 봉림대군(鳳林大君)과 인평대군(麟坪大君)의 사부에 제수되고, 이후 공조 좌랑 · 한성부 서윤 · 시강원 문학 등의 주요 관직을 거치게 된다. 그러나 몇 년 지나지 않아 다시 숱한 정적들의 견제를 이기지 못하고 1634년(인조12) 성산 현감(星山縣監)으로 좌천되었다가, 이듬해 결국 고향인 해남(海南)으로 물러날 수밖에 없었다.

고산의 삶에서 또 하나의 중요한 사건은 1636년의 병자호란이라 할 수 있다. 50세의 나이로 해남에 머무르던 고산은 난리 소식을 듣자 가복(家僕)들을 이끌고 강화로 향했으나 그가 도착했을 때는 이미 도성이 함락된 뒤였다. 다시 뱃머리를 돌려 해남으로 향하다가 인조가 삼전도(三田渡)에서 청나라에 항복했다는 소식을 듣고는 제주도로 배를 돌린다. 이 일로 고산은 남한산성에 있는 왕을 알현하지 않고 돌아갔다[不奔問]는 죄목으로 1638년 영덕(盈德)으로 유배를 가는 등, 서인들로부터 지속적인 시비의 대상이 되었다.

하지만 이 일은 그의 삶의 새로운 전기이기도 하였다. 제주도로 가다가 보길도(甫吉島)에 이르러 유려한 풍광에 압도된 그는 그곳에 새로운 삶의 터전을 마련하기로 마음을 정하고 은거한다. 부용동(芙蓉洞)은 보길도에 자리한 산간 지역으로, 산세가 연꽃처럼 포개져 있다고 하여 붙여진 명칭이다. 금쇄동(金鎖洞)은 그 이듬해 정적들의 모함으로 1년간 영덕에 유배를 갔다가 돌아온 후, 다시 해남에 은거하던 중에 발견한 곳이다. 그는 이후 약 17년간을 해남의 금쇄동과 보길도의 부용동을 오가며 지냈다.

1649년 인조가 승하하고 효종이 즉위하자 고산에게 새로운 기회가 찾아온다. 효종은 대군 시절 자신의 사부였던 고산을 대우하고자 성균관 사예와 동부승지를 거듭 제수한다. 고산은 조정의 상황을 고려하여 사퇴하는 소를 올리고 고산에 머무르다 왕의 특명을 어길 수 없어 예조 참의에 취임하게 되는데, 이때 〈진시무팔조소(陳時務八條疏)〉를 올려 인재를 고루 등용하고 붕당을 혁파할 것을 주장하였다. 이에 그치지 않고 당시의 실력자인 원두표(元斗杓)를 탄핵하는 〈논원두표소(論元斗杓疏)〉를 올리는데, 이 일로 관직을 삭탈당하고 다시 해남으로 돌아가게 된다. 이를 통해 보건대 30세 때 올린 〈병진소〉가 한때의 혈기만으로 이루어진 것이 아님을 알 수 있다. 그는 불의 앞에 직언을 서슴지 않는 원칙주의자였던 것이다. 69세인 1655년(효종6)에 고산은 다시 서용(敍用)되어 현안에 대한 상소를 올릴 기회를 얻게 되고, 71세에는 첨지중추부사를 제수받는다. 이듬해 공조참의로 승진하지만 정적의 끊임없는 반대로 효종도 어쩔 수 없이 고산의 퇴직을 허락하고 만다.

1659년에 효종이 승하하자 고산은 73세로 첨지중추부사에 제수되어 효종의 산릉을 간심(看審)하는 데 참여하게 되는데, 이때 그가 추천한 수원(水原)이 채택되었다가 취소되고 건원릉(健元陵) 안 건좌(乾坐) 언덕이 채택되면서 파직당한 것은 본격적인 예송 논쟁을 예고하는 것이었다. 이듬해 인조의 계비인 자의대비(慈懿大妃)의 복제 문제로 남인의 삼년설과 서인의 기년설(朞年說)이 치열하게 대립하였다. 고산은 남인으로서 삼년설을 주장하는 장문의 소를 올려 기년설을 주장한 송시열(宋時烈)을 배척한다. 이 논쟁에서 패한 그는 함경도 삼수(三水)에 위리안치되었다가 이후 광양(光陽)으로 이배되는 등 약 8년간의 유배 생활을 겪는다. 삼수의 유배지에 도착한 그는 〈예설(禮說)〉 두 편을 지어 복제 문제를 소상히 밝히고 있는데, 이를 통해 끝내 타협하지 않는 그의 성격을 다시금 엿볼 수 있다.

1667년(현종8) 8월 해남으로 돌아온 고산은 9월에 다시 부용동으로 돌아간다. 그곳에서 5년여간 유유자적하면서 보내다가 1671년에 85세로 별세한다. 이처럼 고산의 일생은 청년기에서 노년기에 이르기까지 임병양란의 사회적 혼란과 사색당파의 어지러운 정치 현실 속에서 파란만장한 부침을 거듭하였다.

## 3. 고산의 시 세계의 특징적 국면

### 1) 이분법적 세계 인식과 현실 지향 의지

고산의 한시를 일별해 보면, 그가 강호(江湖)와 세속(世俗)을 양분하여 배타적인 구도로 인식하였음을 볼 수 있다. 이러한 이분법적 세계관은 조선 전기의 사대부 문학에서부터 면면히 이어져 온 것으로, 그의 한시 작품을 이해하는 데에도 하나의 중요한 단서가 된다. 그런데 이러한 이분법적 구도는 외형적으로는 유사하더라도 시대적 정황과 개인의 현실적 처지에 따라 다양하게 나타난다. 여기서 주목할 것은, 고산의 경우 강호의 생활이 현실과 단절된 모습이 아니라, 현실에 대한 긴장을 끊임없이 지속한다는 점이다.

다음의 작품에서 우리는 이러한 고산의 세계 인식의 틀을 찾아볼 수 있다.

| | |
|---|---|
| 눈에는 청산이요 귀에는 거문고 소리 | 眼在青山耳在琴 |
| 이 세상 어떤 일이 내 마음에 들어오랴 | 世間何事到吾心 |
| 가슴 가득 호연지기 알아줄 사람 없어 | 滿腔浩氣無人識 |
| 한 곡조 미친 노래 혼자서 읊노매라 | 一曲狂歌獨自吟 |

• 〈낙서재에서 우연히 읊다〔樂書齋偶吟〕〉

1, 2구에서 화자인 고산은 자신의 관심이 각각 청산과 거문고로 대

표된 자연과 음악에 있으며, 세속의 현실 문제와는 유리된 상태로 지내고 있음을 말하고 있다. 하지만 다음의 3, 4구를 보면 이러한 모습이 현실에 대한 관심의 단절이 아님을 알 수 있다. 그의 내심은 여전히 세속적 현실에서 펼쳐야 할 '호연(浩然)한 기상'으로 가득 채워져 있기 때문이다.

다만, 문제는 그러한 그의 심정을 알아주는 이가 아무도 없다는 데에 있다. 그래서 고산은 혼자서 강개한 심정을 '자유분방한 노래〔狂歌〕'로 풀어내고 있는 것이다. 고산이 겉으로는 현실로부터 초연한 자세를 보이지만, 마음 깊은 곳에 자리한 현실 지향의 꿈은 결코 떨쳐 버릴 수 없었음을 분명히 알 수 있다.

더 정확히 말하면, 오히려 이런 표현들에는 고산의 강한 정치적 지향성이 역으로 투영되었다고 보아야 한다. 앞서 살펴본 것처럼 그의 삶의 역정에서 겪는 정치적 부침은, 이 시가 창작되던 시점은 물론, 전 생애에 걸쳐 변함없이 지속되었다. 그러므로 그가 정치 현실과의 거리를 강조하면 할수록, 그 이면에는 그것에 의해 강하게 견인되고 있음을 스스로 드러내는 것이라 해석해도 무방할 것이다.

고산의 생애는 끊임없는 붕당정치로 인한 유배, 강호 자연에로의 은거, 그리고 정치 현실로의 복귀 등으로 점철되어 있다. 그가 이처럼 격심한 당쟁의 와중에서 출처(出處)를 반복했던 것은, 사실 당대 대다수의 사대부가 겪은 일반적 행로이기도 하다. 고산처럼 정치적 관심과 참여가 많은 인물일수록 더욱 그러하였다. 대부분 자전적(自傳的)인 고산의 한시에는 불우한 현실로부터의 도피 내지 은자(隱者)로서의 삶을 꿈꾸는 마음을 노래하는 작품이 큰 비중을 차지하고 있다. 이러한 시편들의 문면만을 보면, 불우한 현실로부터 벗어나 자연에서 고고하게 자신을 지켜 가고자 하는 삶을 바랐던 것으로 읽힌다.

| | |
|---|---|
| 인간 세상 높은 벼슬 결코 바라지 않고 | 人間軒冕斷無希 |
| 오직 소원은 강호에 일찍 돌아가는 것 | 惟願江湖得早歸 |
| 고산에 작은 집 이미 지어 놓았는데 | 已向孤山營小屋 |
| 언제나 마름과 연잎 옷을 입어 볼까 | 何年實着芰荷衣 |

• 〈겸보 숙장의 영회 시에 차운한 두 수〔次韻謙甫叔丈詠懷 二首〕〉

이 작품은 고산이 '귀거래(歸去來)'에 대한 자신의 의지를 강렬하게 표방하고 있는 것으로 흔히 인용되는 시이다. 1, 2구를 보면 그는 모든 사람들이 희구하는 벼슬살이는 꿈꾼 일이 없고, 다만 강호에 일찍 돌아가게 되기를 희망한다고 술회한다. 4구의 '연잎 옷〔芰荷衣〕'은 은자들이 입는 옷이다. 이 옷을 입는다는 것은 은자의 생활을 따르고 실천한다는 의미이다. 여기까지만 보면, 부귀공명과 입신양명 등과 같은 세속적 가치로부터 벗어나, 강호 자연에서 자유롭게 살아가는 은자의 삶을 동경하는 현실도피적 모습이 나타나 있다. 일반적으로 도피는 은둔과 거의 동의의 개념으로서, 현실을 거부하고 현실권외에 은퇴하여 고답적(高踏的) 삶을 지향함으로써 현실로부터 자기를 지키려고 함을 뜻하기 때문이다.

하지만 고산이 실제로 그러한 은둔을 실천하고 탈속적 경지의 신선적 삶을 지향한 것은 아니다. 이어지는 두 구를 보면, 그것은 어디까지나 동경의 차원에 머무를 뿐 구체적인 실행에까지 이르지는 못한다는 점에서 더욱 그러하다. 비록 그가 은거를 위해 고산에 벌써 작은 집까지 마련해 두었다고는 하지만, 언제 그것을 이룰지는 알 수 없다는 의문형으로 시상을 맺는 것을 보면 그의 귀거래는 불분명한 희망 사항일 뿐이다.

실제로 이 작품은 고산이 〈병진소〉를 올렸던 30세에 지은 것이다. 〈병진소〉는 1616년(광해군8) 12월 21일에 올린 것으로, 고산이 처음으로 정치 현실에 대해 자신의 견해를 밝힌 것이다. 주 내용은 당시의 권신인 이이첨을 탄핵하는 것이었다. 이 사건은 당시 큰 파장을 불러일으켰으나 이이첨의 권세에 눌린 승정원·삼사·관학 등이 오히려 김제남의 반역 사건과 연루된다고 모함하였다. 결국 12월 23일에 고산은 절도(絶島)에 안치되는 처분을 받고, 이듬해 1월에 함경도 경원으로 압송된다. 이는 그가 아직 벼슬에 오르기도 전의 일로, 자신에게 닥칠 모든 위험을 무릅쓰고 시도한 소신 있는 행동이었다. 이처럼 유자(儒者)로서의 소명의식(召命意識)을 실천한 고산이 은둔을 희구하는 것은 부정적 현실에 대한 강개한 회포의 토로에서 나온 것으로 일시적인 모습일 뿐이다.

다음의 작품도 같은 관점으로 이해된다.

나는 해은도 아니고 산은도 아니지만　　吾非海隱非山隱
산과 바다에 평생토록 마음이 끌렸다네　　山海平生意便濃
처신이 졸렬하니 세상길 어긋날 수밖에　　用拙自違今世路
우연히 옛사람들처럼 은거하게 되었다오　　幽居偶似古人蹤
흰머리 삼천 장도 과히 싫지 않나니　　不嫌白髮三千丈
일만 겹 붉은 구름에 기쁨이 넘치니까　　剩喜彤雲一萬重
소하를 노예로 부리는 일도 오히려 가능한데　　奴隸少霞猶可得
먼지 낀 얼굴 치켜드는 고대광실이 부러울까　　朱門誰羨抗塵容

• 〈차운하여 한화숙에게 부치다〔次韻寄韓和叔〕〉

고산이 65세에 지은 이 시도 아름다운 정경이 존재하는 강호 자연인 '산과 바다〔山海〕'와 불합리한 현실인 '세상길〔世路〕'이라는 양분된 세계 인식에 기초를 두고 있다. 화자인 고산은, 수련에서 자신이 은자의 삶을 평소에 자주 동경해 왔음을 말하고, 함련에서는 현실로부터 떠나온 자신의 입장을 분명히 천명하고 있다. 그런데 여기서 유의할 것은 그가 자신의 귀거래를 세속과 절연하고 산이나 바다에 은거하며 사는 은자들의 삶과 다르게 인식하고 있다는 점이다. 이는 그에게 은자의 삶은 결코 최종적인 목표가 아니었음을 의미한다. 다시 말해 그의 은거는 자발적 선택의 결과가 아니라 외적 조건에 의해 강요된 것이었음을 말하는 것이다.

이해 가을에 고산은 보길도 부용동에서 유명한 〈어부사시사(漁父四時詞)〉 40수를 지었다. 고산의 시에 보이는 은둔 희구에 담긴 현실적 논리는 〈어부사시사〉에서도 발견된다. 실제로 고산이 부정적 현실로 인하여 몸은 은거하였지만, 시적 주체의 사회에 대한 관심은 현실 정치에 대한 비판이든, 이상적 질서 회복에 대한 바람이든 여러 방식으로 표출되었음을 확인할 수 있다. 그가 다른 시 〈동하각(仝何閣)〉에서 스스로 '내가 어찌 세상을 떠날 수 있으리오, 세상이 지금 나와 맞지 않아서지.〔我豈能違世 世方與我違〕'라고 밝힌 것도 같은 맥락으로 이해할 수 있다. 따라서 우리는, 그의 시에서 강호와 세속은 분명히 구분되어 있지만, 강호에 있을 때에도 그의 현실에 대한 관심과 지향은 멈추지 않았음을 다시금 확인하게 된다.

### 2) 자연친화적 태도와 심미적 몰입

앞에서 살펴보았듯이 고산에게 강호의 생활은 타의에 의해 강요된 선택이었다. 하지만 격동의 정치적 소용돌이에서 부침을 거듭하던 고산의 일생은 오히려 강호 자연의 아름다움에서 흥취를 얻고 향유할 수 있는 계기를 마련하였다. 그리고 이 과정에서 얻은 심미적 체험은 그에게 시작품을 통해 자연 경물을 자유롭게 표현할 수 있는 창작 동기와 여건을 아울러 얻게 해 주었다. 따라서 사물의 다양한 모습은 그의 시에서 중요한 주제가 된다.

그는 집을 완성한 뒤 주변의 풍경을 바라보면서 다음과 같이 노래하였다.

초청할 필요 없이 청산이 문에 들어오고　入戶青山不待邀
산 가득 화초들이 용모 다듬고 인사하네　滿山花卉整容朝
앞 여울 항상 요란하다 저어하지 마오　休嫌前瀨長喧耳
세상의 소음 언제나 듣지 않게 해 주니까　使我無時聽世囂

•〈낙성한 뒤에 절로 흥이 나서〔堂成後漫興〕〉

이 시는 고산이 30세에 처음 유배를 당하여 함경도로 옮겨가던 때의 작품이다. 그는 지금 새로 온 집에서 주변을 바라보고 있다. 현실에 좌절한 자신의 처지에 괴로운 심정을 가지고 유배지로 가 있으면서도, 그의 시에 나타난 자연은 쓸쓸하고 서글픈 모습이 아니라, 이렇듯 우호적이고 긍정적인 모습을 띠고 있다. 푸른 산은 부르지 않아도 다가와 인사하고, 산을 가득 메운 온갖 꽃들은 단정한 용모로 자신에게 조회한다. 그리고 문 앞에 흐르는 여울물도 어지러운 세상사로부터 잠시나마 벗어나도록 돕는다. 이처럼 자연 경물은 그에게 삶의 위안과 정신적 안식을 주는 정다운 대상이다.

다음에 살펴볼 세 편의 연작도 유사한 정감을 주제로 한 작품들이다.

궤안에 기대니 산창엔 맑은 저녁 풍경　隱几山窓晴景晚
봄바람 속에 기수(沂水)에서 목욕할 시절　春風正是浴沂時
앞 강물에 가벼운 돛 지나가거나 말거나　前灘遮莫輕帆過
한가로이 푸른 솔 보며 시냇가 거니노라　閑看蒼松澗畔遲

우연히 백구와 친해졌을 뿐 偶與白鷗親
나는야 진짜 은자가 아니라오 吾非隱者眞
강 언덕에 지팡이 짚고 서니 江皐倚杖立
꽃버들도 봄날을 못 이기는 듯 花柳不勝春

하나의 방이 비좁지 않으니 一室非爲小
일천 산도 많은 줄 모르겠네 千山未覺多
숨어 사는 이 베개에 기대 누우니 幽人欹枕臥
지는 햇빛이 물가의 꽃에 비껴 있네 斜日在汀花

• 〈해민료에서 우연히 읊으며 다시 앞의 운을 쓰다〔解悶寮偶吟復用前韻〕〉

시제(詩題)에 달린 자주(自註)에는 "해민료(解悶寮)는 고산(孤山)의 명월정(明月亭) 서쪽에 있다."라고 하였는데, 이름에서도 알 수 있듯이 해민료는 '현실의 온갖 번민〔悶〕'을 '풀어 주는〔解〕' 안식처이다. 이곳에서 고산은 일시적이나마 힘겨운 현실로부터 벗어나 주변 정경을 완상하면서 얻은 감흥을 편안한 어조로 노래하고 있다.

이 대목에서 우리가 또 하나 생각해 볼 문제는, 고산의 강호 자연에 대한 지향이 결코 정경의 아름다움에 대한 막연한 동경으로 나타나지 않는다는 점이다. 고산의 태도는, 근대의 낭만주의적 시인들이 흔히 보여 주는 꿈과 현실이라는 양분된 세계를 설정함으로써 고통스러운 현실에서 벗어나 이상의 세계에 안주하려는 태도와는 분명 궤를 달리한다. 즉, 그의 강호 지향적 태도는 미화되고 이상화된 꿈의 세계로 빠져드는 감상적 탐닉이 아니라, 강호에서의 삶을 긍정하면서 거기에서 감흥을 얻고 있다. 이는 자신의 선택에 강한 자긍심을 가지며 나아가 그러한 체험을 적극적으로 표출하려는 태도를 보이는 것으로 이해할 수 있다.

이러한 강호 생활에서의 흥취와 강한 자긍은 다음에서도 볼 수 있다.

황원포 안에 자리한 부용동 黃原浦裏芙蓉洞
오두막 세 칸이 내 머리 덮어 주네 矮屋三間蓋我頭
보리밥 두 끼에 동동주 한 잔 麥飯兩時瓊液酒
종신토록 이 밖에 또 무얼 구하랴 終身此外更何求
•〈실제의 일을 기록하다〔記實〕〉

이 작품은 고산이 해배(解配)되어 부용동으로 돌아와 지은 것이다. 황원포(黃原浦)는 보길도의 바다이다. 여기서 화자인 고산은, 작은 초가삼간에 보리밥을 먹는 빈궁한 삶이라도 편안히 여기겠다는 안빈낙도(安貧樂道)의 자세를 보여 주고 있다. 이렇듯 가난한 삶은, 물론 그가 당시에 소유하였던 경제적 현실과는 거리가 있는 내용이지만, 강호 생활의 자긍심이 소박한 삶에 대한 긍정적 수용으로 변주되어 표현된 것으로 이해할 수 있을 것이다.

이렇게 그가 자연에 깊은 관심을 가지면서 얻은 감흥은 때로 심미적인 경도로 나타나기도 한다. 다음의 시에서 우리는 고산의 즉물적 감흥과 그 심미적 고양이 어떠한 양상으로 형상화되는지 볼 수 있다. 결론부터 말하자면 그것은 자연의 아름다움에 동화되어 강한 유대 내지 일체감을 가지고 있는 모습이다.

물고기와 물새는 서로 친하고 魚鳥自相親
강과 산도 안색이 진실하여라 江山顔色眞
사람의 마음이 이와 같다면 人心如物意
이 세상 어디나 봄빛이련만 四海可同春

세상 안에는 지기가 적어도　　人寰知己少
세상 밖에는 우우가 많다네　　象外友于多
우우가 또 어떤 것들이냐고　　友于亦何物
그거야 산새와 들꽃이지 뭐　　山鳥與山花

• 〈병으로 고산에 돌아오다가 배 위에서 감흥이 일기에〔病還孤山舡上感興〕〉

이 작품은 유배지인 함경도 삼수(三水)에서 해배되어 돌아오는 길에 지은 시로, 세 편 중 두 번째와 세 번째 시이다. 그는 지금 긴 유배 생활을 무사히 마치고, 살아서 다시금 강호의 흥취를 누릴 수 있게 된 것에 대해 술회한다. 첫 작품의 1, 2구를 보면, 자유로이 자신의 천성을 발휘하며 살아가는 물고기와 새, 그리고 늘 제자리를 지키며 변함없이 자신의 모습을 간직하는 강과 산 등의 자연 사물에, 화자인 고산은 깊이 심취하고 있다. 이러한 심미적 감흥은 3, 4구에서는 물아일체(物我一體)의 심미 의식으로 전이되어 표출된다. 그는 사람〔人心〕과 사물〔物意〕이 하나로 통할 수 있다면, 세상에 존재하는 모든 것이 자연의 축복인 '봄'을 함께 누릴 수 있을 것임을 노래한다.

시상의 맥락이 이어지는 다음 작품을 보면, 그러한 의식이 보다 심화 내지는 확장되어 나타난다. 고산은 산새와 꽃과 같은 평범한 자연 사물을 우애가 있는 자신의 형제의 위상으로 설정할 정도로 심미적 감흥이 드높게 고양되는 모습을 보인다. 인간 세상에서 지기(知己)를 얻지 못한 그는 일상적 사물의 자재(自在)를 관찰하면서 그 생동감 넘치는 경물의 아름다움에 깊이 심취하고 있는 것이다.

### 3) 일상적 사물에의 성찰과 삶의 관조

사물에 대한 관찰을 통해 감동을 느끼고 그것을 시로 형상화하는 것은 시 창작의 기본 원리이다. 한시에서 계절의 순환, 사물의 생동(生動) 등이 많이 다루어지는 것도 같은 맥락으로 볼 수 있다. 이는 성리학을 학습하고 삶의 이법과 지표로 받아들였던 당대에서는 누구에게나 통용될 만한 일반적인 명제이다. 하지만 이러한 관물(觀物)의 자세는 이론적으로는 서로 유사하나, 실제에 있어서는 개인이 서 있는 시대와 처지에 따라 그 주목하는 바가 상이하게 나타난다.

고산도 많은 시작(詩作)에서 다양한 경물을 제재로 하여 형상화하였다. 다만 고산의 경우는 사물의 본래적 의미에서 화석화되고 관념화된 경물, 예컨대 흔히 사군자(四君子)로 일컬어지는 '매란국죽(梅蘭菊竹)'이나 '연비어약(鳶飛魚躍)'과 '운영천광(雲影天光)' 등에는 그다지 관심을 두지 않는 점이 특기할 만하다. 그가 주목하는 것은 주위에 함께 공존하는 세계 속의 지극히 평범하고도 일상적인 사물들이다.

| | |
|---|---|
| 꽃 지자 숲이 우거지기 시작하고 | 花落林初茂 |
| 봄이 가니 해가 더욱 길어지누나 | 春歸日更遲 |
| 하나의 원기(元氣)를 조용히 살필지니 | 一元宜靜覩 |
| 사계절은 순서대로 바뀌건 말건 | 四序任遷移 |
| 장미의 시렁에는 제비의 지저귐이요 | 燕語薔薇架 |
| 양류의 가지에는 꾀꼬리의 노랫소리 | 鶯歌楊柳枝 |
| 풍광이 어딜 가나 좋기만 한데 | 風光隨處好 |
| 멋진 흥치를 아는 사람 적어라 | 佳興少人知 |

• 〈차운하여 어떤 이에게 답하다〔次韻答人〕〉

화자는 지금 계절의 변화에서 자연의 이치를 체득하고, 경물들의 생동감 넘치는 움직임을 관찰하고 있다. 그의 시선은 남들이 무심코

지나칠 만한 작은 사물도 놓치지 않고 있으며, 그것들을 정감 어린 모습으로 바라본다. 이때의 자연 사물은 관념화되거나 상투적으로 고정된 대상이 아니라, 살아 움직이는 생동감에 가득 찬 대상으로서 시적 자아인 고산과 마주한다.

여기서 우리는, 고산이 이러한 데에 관심을 두는 이유는 어디에 있는 것인가 하는 의문을 가지게 된다. 고산은 평소 시의 실용적인 측면, 즉 인간의 삶에 있어서 시의 효용성을 중시하였다. 이러한 그의 효용론적(效用論的) 시관(詩觀)은 다음과 같은 〈송일대군방장무서(送一大君房掌務書)〉의 언급에 나타나 있다.

> 시란 성정(性情)을 음영하여 정신을 유통하게 하는 것이니 꼭 알아야 합니다. 그러나 백성의 상도(常道)와 사물의 이치에 관한 것은 읽으면 이롭게 행하는 이익이 있으며, 인정(人情)이나 물태(物態)를 잘 말한 것은 열람하면 많이 아는 바탕이 됩니다. 하지만 그 악함이 경계가 되기에 부족한 것과 그 선함이 법도가 되기에 부족한 것은 다 정자(程子)가 이른 바 '쓸데없는 말〔閑言語〕'이니 진실로 볼 것이 없습니다.

이 인용문은 시의 필요성을 강조하면서 좋은 시와 나쁜 시의 기준에 대해 서술한 부분이다. 고산은, 좋은 시로 '백성의 상도(常道)와 사물의 이치에 관한 것'과 '인정(人情)이나 물태(物態)를 잘 말한 것'을 꼽고 있다. 이 두 가지 주제는 모두 일상적 체험을 말하는 것으로, 이 체험들에 대한 깊은 성찰에서 좋은 시가 산생될 수 있음을 말한 것이다. 이러한 그의 시관(詩觀)은 그의 시에도 잘 반영되어 있다. 다음의 시에서 보다 구체적으로 살펴보기로 한다.

| | |
|---|---|
| 소빙화가 압록강 언저리에 놓아났나니 | 消氷花在鴨江潯 |

| | |
|---|---|
| 짧디짧은 줄기 하나 바늘처럼 가늘어라 | 短短單莖細似針 |
| 일천 자 눈 속에서 살기를 몰아내고 | 千尺雪中排殺氣 |
| 한 떨기 꽃잎 안에 천심을 보듬었네 | 一錢葩裏保天心 |
| 옥황상제 뜰 앞에서 자라나야 제격인데 | 端宜玉帝庭前植 |
| 못가에서 읊조리는 시인과 어이 짝했는가 | 底伴騷人澤畔吟 |
| 봄소식을 관새 밖에 부쳐 주어 알리려는 | 春信寄傳關塞外 |
| 동군의 세심한 배려를 비로소 알겠도다 | 東君用意始知深 |

• 〈소빙화(消氷花)〉

이 시는 소빙화(消氷花)라는 꽃을 주제로 한 4수의 연작인데, 인용한 시는 두 번째 작품이다. 화자는 수련에서 먼저 이 꽃의 외적인 생태를 요약하고, 함련에서는 그가 이 꽃에 주목한 이유를 밝히고 있다. 그 이유는 바로 이 꽃이 살기가 가득한 차가운 눈 속에서 피어나기 때문이다. 이 계절의 시적 소재로는 주로 국화나 매화가 주로 다루어진다. 국화는 흔히 늦가을의 서리에 피어난다고 하여 '오상고절(傲霜孤節)'로, 매화는 겨울의 눈을 견디어 내고 빼어난 기품을 자랑한다고 하여 '빙자옥질(氷姿玉質)', '아치고절(雅致孤節)' 등의 성어로 상투화되어 시제(詩題)에 자주 사용된다. 하지만 지금 고산이 주목하는 것은 유배지인 변방에서 우연히 본 보잘것없는 평범한 꽃풀이다. 그런데 이름처럼 '얼음을 녹이고 피어나는〔消氷〕' 이 꽃에서 고산은 정쟁의 시련과 고난을 지나온 자신의 삶과 유사한 점을 본 것이다.

자연 사물에 대한 관찰과 사색을 통해 인간의 삶의 원리와 질서를 반조(返照)하는 것은, 물론 고산만의 독창적인 것은 아니다. 하지만 우리는 그가 이러한 태도를 꾸준히 지속하면서 자연 사물뿐만 아니라, 평범한 일상적 체험에서 삶의 의미를 발견하는 데에 이르기까지 세심한 시선으로 시작품으로 형상화하고 있다는 데 유의할 필요가 있다. 이 점이 고산 시 세계의 개성적 면모 가운데 하나로 일상 사물에의 성찰(省察)과 삶의 관조(觀照)를 설정할 수 있는 근거이다. 다음의 시에서 고산은, 자신의 경험과 거기에서 얻은 감상을 장편의 고시(古詩) 형식을 사용하여 근체시(近體詩)의 형식적 제한을 벗어나 자유롭게 술회한다.

| | |
|---|---|
| 길 가다 만난 한 마리의 개 | 途中逢一犬 |
| 꼬리는 길고 색깔은 흰데 | 尾長而色白 |
| 이틀 동안 내 말을 따라다니며 | 兩日隨我馬 |
| 말에서 내리면 내 발을 맴돌았네 | 下馬繞我舃 |
| 손을 저어도 끝내 경계하지 않고 | 麾之終不懋 |
| 꼬리 흔들면서 뭔가 구하려는 듯 | 掉尾如有索 |
| 노비들도 기꺼이 밥을 던져 주며 | 奴婢欣投飯 |
| 토끼 쫓을 꾀를 다투어 생각했는데 | 爭思逐兔策 |
| 오늘 아침에 홀연히 보이지 않아 | 今朝忽不見 |
| 일행이 깊이 탄식하며 아쉬워했네 | 一行深歎惜 |
| 부르지도 않았는데 어디서 왔다가 | 來何不待招 |
| 쫓지도 않았는데 어디로 떠났는가 | 去何不待斥 |
| 인간 세상에 조물이 하는 짓이란 | 造物於人世 |
| 백 가지 일이 죄다 희극일 뿐이니 | 百事渾戲劇 |
| 얻었다고 기뻐할 것도 없고 | 得之不足喜 |
| 잃었다고 한탄할 것도 없네 | 失之不足嘖 |
| 사람의 삶과 죽음이라는 것도 | 人之生與死 |
| 이것과 다를 것이 뭐가 있으랴 | 與此何殊跡 |
| 이에 알겠도다 세상 떠난 미아(尾兒)는 | 乃知化去兒 |
| 팔 년 동안 내 곁에 머문 객이었음을 | 是我八年客 |

이로 인해 갑자기 깨치며 因此頓有悟
가슴의 응어리가 비로소 풀렸나니 塡胸氣始釋
그동안 함께 놀아 준 신선의 짝이 無乃舊仙侶
너무 슬퍼하는 나를 애달피 여겨 哀我悲懷迫
특별히 이 동물을 나에게 보내 爲之遣此物
미혹을 깨우치려 함이 아니리오 以開迷惑膈
길가의 모래톱 물 밝게 비치나니 路傍沙水明
나의 뜻 다시 향할 곳이 있어라 我意還有適

• 〈마음을 달래다〔遣懷〕〉

이 시의 창작 동기는 고산이 여정에서 우연히 만난 개와의 일화에서 기인한다. 첫 구에서 12구까지는 그 일을 요약하여 제시하고 있다. 여정에서 길거리를 떠도는 개와의 만남은 그다지 특이할 것이 없는 일상적 상황이다. 하지만 고산은 이러한 평범한 일상사를 그냥 보아 넘기지 않는다. 다음의 13구부터는 이 일에서 깨달은 자신의 감상이 표출되어 있다. 그가 얻은 깨달음은 '얻음과 잃음', '만남과 헤어짐', '삶과 죽음' 등은 자연의 이법의 하나일 뿐이라는 것이다.

이 일에 앞서 같은 해 그는 아끼고 사랑하던 서자(庶子)인 미(尾)를 8살의 어린 나이에 잃고 깊이 상심하고 있었다. 마흔여섯에 얻은 늦둥이인 미는, 늘 그를 따르며 재롱을 부리는 귀염둥이였기에 상심이 더욱 컸던 것이다. 그런데 이런 가운데 떠돌이 개와의 우연한 만남은, 그에게 아들 미의 죽음과 관련하여 삶과 죽음의 의미에 대해 다시금 생각하는 계기가 된다. 그렇게 얻은 깨달음은, 15구부터 18구까지에서 보이듯 살아가는 데 있어서 득실은 그다지 마음에 둘 일이 아니며, 삶과 죽음의 문제도 결국 무상(無常)한 것으로 슬픔이나 괴로움에 빠질 문제는 아니라는 생각이다.

이처럼 평범한 일상적 체험을 자아 성찰의 계기로 삼고, 인생의 의미를 새롭게 발견하는 태도는 그의 여러 시편들에서 찾아볼 수 있으며, 고산의 시 세계에 있어서 하나의 특징적 국면으로 보인다.

## 4. 고산 산문의 내용과 특성

현전하는 고산의 산문 작품은 운문 작품과는 달리 주로 자신의 정치적 입장과 관련된 것이 대부분이다. 다루고 있는 내용으로 보아도 문학적이라기보다는 현실 참여적인 데에 초점을 둔 실용문이다. 그렇지만 고산의 명성이 널리 알려진 것은 운문이 아니라 바로 이 산문 때문이다. 실제로 고산의 문장은 수준이나 완성도가 매우 뛰어나, 그에 대해 부정적으로 기술한 기록에서도 '능문(能文)'으로 인정될 만큼 당대에 높은 평가를 받았다.

우선 그의 대표작인 〈병진소〉(《고산유고》 권2)를 통해 고산의 산문 세계가 가지는 특징적 국면의 일단을 살펴보기로 한다.

> 신하 된 자가 만약 나라의 권세를 한 손에 쥐게 되면, 자기의 복심(腹心)을 중요한 자리에 배치하여 위복(威服 상벌(賞罰))의 권한이 자기에게서 나오게 할 것입니다. 설사 어진 자라도 이렇게 하면 안 될 것인데, 더군다나 어질지 못한 자가 이렇게 한다면 나라가 또한 위태롭지 않겠습니까. 지금 성상(聖上)께서 임어(臨御)하시어 군군신신(君君臣臣)하는 때이니 당연히 이와 같은 사람은 없어야만 할 것입니다. 그런데 신이 삼가 예조판서(禮曹判書) 이이첨(李爾瞻)이 하는 짓을 보건대, 불행히도 여기에 근사(近似)하기에, 신은 삼가 괴이하게 생각하는 바입니다.

2. 마음을 다스리소서〔治心〕
3. 인재를 잘 분별하소서〔辨人材〕
4. 상벌을 분명히 하소서〔明賞罰〕
5. 기강(紀綱)을 떨쳐 일으키소서〔振綱紀〕
6. 붕당을 깨뜨리소서〔破朋黨〕
7. 나라를 강하게 하는 길이 있습니다〔强國有道〕
8. 학문을 함에는 요령이 있습니다〔典學有要〕

고산은 각 조목을 들고 그에 대한 전거를 통해 구체적인 방안을 제시하고 있다. 이 글에 대해 부정적인 실록(實錄)의 평가도 있으나, 효종은 고산의 충심 어린 마음을 받아들인 것으로 보인다. 《효종실록》 3년 10월 22일 조에 "소(疏)를 보고서 말한 뜻을 모두 잘 알았다. 나라를 다스리는 대경(大經)과 대법(大法)이 모두 여기에 들어 있나니, 말마다 절실하고 글자마다 간절해서 두 번 세 번 읽으며 그칠 줄을 몰랐다. 나라를 걱정하고 임금을 사랑하는 정성이 언외(言外)에 흘러넘치니, 깊이 느꺼워 탄식할 뿐 뭐라고 말을 할 수가 없다. 내가 불민(不敏)하기는 하지만 가슴에 새기지 않을 수 있겠는가. 계속해서 소장(疏章)을 올려 나의 과실(過失)을 지적하고 부족한 점을 돕도록 하라. 이것이 나의 소망이다. 사직하지 말고 얼른 나와서 직무를 살피도록 하라."라고 한 기사가 전한다.

고산 산문의 또 하나의 특징은 예론(禮論)에서 찾을 수 있다. 1660년(현종1)에 자의대비 복제(服制)의 삼년설(三年說)을 주장한 〈논예소(論禮疏)〉와 〈예설〉 2편 등 이른바 '예송(禮訟)' 논쟁에 직접 참여하여 소견을 제시한 글들이 이에 해당한다. 이 예송은 주지하듯이 효종의 사후에 계모 자의대비 조씨(趙氏)가 어떤 복(服)을 입을 것인가 하는 문제에 대한 논란이었다.

그 배경에는 왕가의 의례에 대해 종법(宗法)을 적용하는 관점의 차이가 반영되어 있는데, 송시열을 중심으로 한 서인 계열에서는 효종은 왕통상 인조의 적통을 이었지만 종법상 둘째 아들이므로 계모인 자의대비는 당연히 종법에 따라 기년복을 입어야 한다는 주장이었다. 고산 등의 남인 계열에서는 차자로 출생하였더라도 왕위에 오르면 장자가 되는 것이며, 자의대비는 효종을 위하여 삼년복을 입어야 한다고 주장하였다. 이에 관한 고산의 글들은 단순한 예론의 차원이 아니라, 당대의 가치관을 이해하는 자료로서도 중요하다. 17세기의 조선 사회에서 이념적 규정성이 정치적 내지 사상적으로도 큰 변수로 작용하였음을 확인할 수 있기 때문이다.

## 5. 《고산유고》의 판본과 내용

고산의 원고는 측실의 둘째 아들로 학관(學官)을 지낸 윤직미(尹直美)와 손자인 윤이후(尹爾厚) 등이 주도하여 정리한 것으로 보인다. 윤직미는 고산의 연보 초고를 작성하였고, 윤이후는 홍우원(洪宇遠)에게 시장(諡狀)을, 허목(許穆)에게 신도비명(神道碑銘)을 부탁한 기록이 남아 있다. 이들이 집안에서 소장하던 초고를 바탕으로 6권으로 나누어 목판으로 간행한 뒤 가장(家藏)한 것으로 보인다. 이 초간본의 간행 시기는 정확히 알 수 없는데, 대략 저자에게 시호가 내려진 1678년(숙종4)을 전후하여 이루어졌을 것으로 짐작된다. 현재 이 초간본은 전하지 않고 있다.

그 이후 정조(正祖)는 1796년(정조20) 전라 감사 서정수(徐鼎修)에게 명하여 개간본을 올리도록 명하였다. 이에 서정수가 6권 6책으로 15질을 새로 인쇄하여 올렸다. 이 판본은 현재 규장각, 장서각,

국립중앙도서관 등에 소장되어 있다.

1898년(고종35)에는 10대손 관하(觀夏)의 발문이 붙은 연보 등의 부록 1권이 인쇄되었고, 1935년에는 12대손 윤정현(尹定鉉)의 주도로 연보가 새로 목판으로 간행되고 문집이 보각되었다.

본 번역본의 저본은 1796년에 보각된 후쇄본으로 규장각 소장본이고, 원집(原集) 6권과 부록(附錄)이 합 6책으로 구성되어 있다.

권1은 시 250여 제로 연대순으로 편차되어 있고, 여러 시편에 주석이 붙어 있어 고산의 개인사와 관련한 시 세계의 변모 양상을 파악하는 데 매우 중요한 자료이다. 14세에 지은 〈국도에서 배를 돌리며〔自國島廻舟〕〉를 시작으로 평생에 걸친 삶의 부침 속에 경험한 사실과 깨달음을 주제로 다룬 시들이 실려 있다.

권2와 권3상은 소(疏) 25편으로, 시와 마찬가지로 저작 연대순 편차이다. 본격적인 벼슬에 오르기 이전 진사(進士)로서 이이첨 등의 주벌을 청한 〈병진소〉, 양전(量田)의 문제에 대해 논한 〈을해소〉, 새로 즉위한 효종(孝宗)에게 진언한 〈기축소(己丑疏)〉, 삭출(削黜)의 계기가 된 〈논원두표소〉, 정개청을 변호하고 그의 문집 간행을 청한 〈국시소〉, 자의대비 복제의 삼년설을 주장한 〈논예소〉와 〈예설〉 2편 등이 실려 있다. 권3하에서 권5상은 서(書) 107편과 단자(單子) 1편이 있다. 역시 연대순 편차로 안부 편지와 특정 사안의 문답이 많다. 정유악(鄭維岳)의 《대학(大學)》 문목(問目) 등에 대한 답서, 효종 승하 후 간산(看山)의 명을 받고 총호사(摠護使) 심지원(沈之源)에게 올린 서간 등이 실려 있다. 권5하는 제문(祭文) 등 13편과 서(序) 4편, 기(記) 1편, 설(說) 2편, 비명(碑銘) 5편, 잡저(雜著) 5편, 의(議) 1편, 잡록(雜錄) 3편이다. 해남에 있으면서 지은 〈금쇄동기(金鎖洞記)〉, 복제(服制) 문제로 삼수(三水) 유배 때 지은 〈서회(敍懷)〉, 효종의 산릉을 정하기 위해 명을 받아 간산하고 나서 올린 〈산릉의(山陵議)〉가 수록되어 있다. 권6은 별집(別集)으로, 장편(長篇) 시 8수와 각종 과제(科製)로 지은 산문 17편을 모아 놓았다. 가사(歌辭)는 연대순 편차로, 영덕(盈德) 유배 후 해남 금쇄동에서 지낼 때 지은 〈산중신곡(山中新曲)〉, 〈산중속신곡(山中續新曲)〉과 〈고금영(古琴詠)〉, 보길도 부용동에서 지은 〈어부사시사〉, 〈몽천요(夢天謠)〉 등이 있고, 끝에 경원(慶源) 유배 때 지은 〈견회요(遣懷謠)〉와 〈우후요(雨後謠)〉가 있다. 부록에 1677년(숙종3) 홍우원(洪宇遠)이 지은 시장(諡狀)이 있다.

### 참고문헌

윤선도, 《고산유고》, 한국문집총간 91, 민족문화추진회 영인본, 1992.

문영오, 〈고산 윤선도의 한시연구〉, 동국대 박사학위논문, 1982.

조동일, 〈고산 연구의 회고와 전망〉, 《고산연구》 창간호, 고산연구회, 1987.

성범중, 〈윤고산 한시 연구〉, 《고산연구》 제2호, 고산연구회, 1988.

윤영표, 《녹우당의 가보》, 미상, 1988.

원용문, 《윤선도문학연구》, 국학자료원, 1989.

정운채, 《윤선도-연군지정과 이념의 시세계》, 건국대학교 출판부, 1995.

신영훈, 《윤선도와 보길도》, 朝鮮日報社, 1999.

이형대 · 이상원 · 이성호 · 박종우 옮김, 《국역 고산유고》, 소명출판, 2004.

김경희, 《고산유고》 해제, 한국고전번역원 홈페이지.

# 고산유고

## 제1권

## 詩시

五오言언: 古고詩시 律율詩시 絶절句구 集집古고

七칠言언: 古고詩시 律율詩시 絶절句구 回회文문 集집古고

## 국도[1]에서 배를 돌리며 경자년(1600, 선조33)

自國島廻舟 庚子

안변(安邊)의 창주공(滄洲公)[2] 임소에 있을 때 지었다. 이때 공의 나이 14세였다.

| | |
|---|---|
| 배 돌려 해거름에 돌아오는 길 | 廻舟日暮還 |
| 취한 듯 깬 듯 황홀하기만 | 半醉半醒間 |
| 기러기 한 마리 울면서 날아가고 | 一雁鳴猶去 |
| 해는 산 너머 산으로 넘어가네 | 斜陽山外山 |

1 국도(國島) : 안변(安邊) 해안에서 약 10리쯤 떨어져 있는 작은 섬인데, 기암괴석과 동굴로 유명하다. 이곡(李穀)의 《국역 가정집(稼亭集)》 1 제5권 〈동유기(東遊記)〉에 국도의 절경이 자세히 묘사되어 있다.

2 창주공(滄洲公) : 고산의 양부(養父)인 윤유기(尹惟幾)를 말한다. 그는 1599년(선조32) 안변 도호부사(安邊都護府使)로 취임하였다.

## 임단 도중에 경자년(1600)

臨湍道中 庚子

임단(臨湍)은 장단(長湍)의 옛 이름이다.

저녁 빛이 일천 나무숲에 暮色千林樹
가을빛이 한 산의 단풍에 秋光一嶂楓
멀리 가로 걸린 강 안개 속에 江煙橫遠抹
부슬부슬 저녁 비가 내리네 夕雨下濛濛

## 안변으로 가는 도중에 우연히 읊다 경자년(1600)
往安邊途中偶吟 庚子

| | |
|---|---|
| 모래 먼지 자욱한 석양의 역로(驛路) | 夕陽官路暗沙塵 |
| 비 갠 뒤 한결 산뜻한 남천의 물빛 | 雨霽南川水色新 |
| 관북(關北)의 경계에 어느새 다 왔나 봐 | 始覺關山風土近 |
| 사람들 말소리가 남쪽과 판이하니 | 人人音語異南人 |

## 한가로운 봄날의 즉흥시 신축년(1601, 선조34)

閑居春日卽事 辛丑

회문시(回文詩)[3]이다.

| | |
|---|---|
| 내 낀 산 저무는데 가랑비 부슬부슬 | 濛濛細雨煙山暮 |
| 막막한 하늘 끝에 바다의 해 기우뚱 | 漠漠天涯海日斜 |
| 바람 창가에 눕기도 난간에 기대기도 | 風欞一枕高欄倚 |
| 발 걷자 성긴 처마에 송화가 떨어지네 | 捲箔疏簷松落花 |

3 회문시(回文詩) : 거꾸로 읽어도 의미가 통하는 시를 말한다.

## 삼각산의 절에서 노닐며 성안의 벗에게 부친다는 제목으로 장자호를 대신해서 짓다 계묘년(1603, 선조36)

代張子浩遊三角山寺寄城中友生 癸卯

| | |
|---|---|
| 산이여 산이여 어찌 그리도 높은고 | 有山有山何崔嵬 |
| 한양의 북쪽이요 고양의 동쪽 | 漢陽之北高陽東 |
| 우뚝한 세 송이 푸른 부용 봉우리가 | 亭亭三朶碧芙蓉 |
| 창공을 떠받치며 북두까지 솟구쳤네 | 聳入斗極撑青空 |
| 몇 칸의 옛 절간이 그 속에 있나니 | 中有數間古蘭若 |
| 시냇물 따라서 하나의 길이 구불구불 | 蛇盤一逕緣溪通 |
| 선방은 소쇄하여 티끌 하나 없고 | 禪房蕭灑絶纖埃 |
| 난간 밖은 유수요 섬돌 앞은 솔이로세 | 檻外流水階前松 |
| 내가 처음 지팡이 짚고 연하에 들어와서 | 我初携杖入煙霞 |
| 푸른 봉우리 잇따라 넘고 또 넘으며 | 踏盡青峯重復重 |
| 두세 사람이 서로 앞서거니 뒤서거니 | 相先相後兩三人 |
| 한가히 걷고 쉬며 그윽한 흥치 함께했네 | 閑坐閑行幽興同 |
| 웃으며 맞아 주는 흰 눈썹 늙은 중이요 | 雪眉老僧迎我笑 |
| 석양의 누 위에서 홀로 우는 종소리라 | 夕陽樓上鳴孤鐘 |
| 밤에 천단 올라가 달 옆에서 잠드는데[4] | 夜向天壇月邊宿 |
| 푸른 등라 나무 아래 청풍이 불어오네 | 綠蘿樹下來淸風 |

4 밤에……잠드는데 : 당(唐)나라 이익(李益)의 〈등천단야견해일(登天壇夜見海日)〉이라는 칠언고시(七言古詩) 첫머리에 "아침에는 서른여섯 푸른 봉우리 유람하고, 밤에는 천단에 올라 달 옆에서 잠든다.〔朝遊碧峰三十六 夜上天壇月邊宿〕"라는 구절이 나온다. 《全唐詩 卷282》

어쩌면 곤륜산 꼭대기에 올라앉았다고 할까　怳然坐我崑崙山上最高峯
속세의 새장 벗어나서 하늘 밖으로 나온 듯　逈出九垓超塵籠
솔창 성긴 빗소리에 새벽에 꿈을 깨어　松窓疏雨曉夢驚
발을 걷고 보니 남북에 산꽃이 붉어라　捲簾南北山花紅
동화에서 십 년 동안 채지의 꿈꿨는데[5]　東華十年採芝夢
오늘에야 지팡이 짚고 소원을 풀었도다　逸想今日輸雲筇
멀리 머리 돌려 도성 거리 바라보니　回頭遙望紫陌人
오직 보이는 것은 뿌옇게 이는 먼지뿐　紫陌惟見塵濛濛
그대는 홀로 어찌하여 흙탕 속에 계시는가　君獨胡爲在泥滓
하늘가 기러기 부러워함은 배우지 마시기를[6]　莫學空羨天邊鴻
남으로 가는 학에게 시 한 수 부치노니　詩成聊附鶴南飛
청운 속에 보내는 백운의 노래라오[7]　白雲歌送青雲中

---

5 동화(東華)에서……꿈꿨는데 : 번잡한 서울 거리를 떠나 산속에 들어가서 쉬고 싶었다는 말이다. 동화는 송(宋)나라 궁성의 동쪽 문 이름인데, 관원들이 입조(入朝)할 때 이 문을 이용했으므로, 조정 혹은 도성의 뜻으로 쓰이게 되었다. 채지(採芝)는 영지(靈芝)를 캔다는 뜻으로, 보통 산속에 숨어 사는 것을 비유하는 말로 쓰인다. 진(秦)나라 말기에 난리를 피하여 상산(商山)에 은거한 네 노인 즉 동원공(東園公)·기리계(綺里季)·하황공(夏黃公)·녹리선생(甪里先生) 등 사호(四皓)가 자지(紫芝) 즉 자줏빛 영지버섯을 캐 먹으면서 〈자지가(紫芝歌)〉를 지어 부른 고사에서 유래한 것이다.

6 하늘가……마시기를 : 남이 유람하며 지은 멋진 시구를 모아 자기가 직접 체험한 것인 양 시를 지으며 흉내 내지 말라는 뜻의 해학적인 표현이다. 소식(蘇軾)의 〈차운공의보집고인구견증(次韻孔毅甫集古人句見贈)〉 시에 "장난삼아 남의 시 모으는 그대가 부러워라, 시인을 지휘하며 아이 부리듯 하는구나. 하늘가 기러기는 쉽게 얻지 못하는데, 곧장 짝 맞추어 집 닭 따르게 하다니 원.〔羨君戲集他人詩 指呼市人如使兒 天邊鴻鵠不易得 便令作對隨家雞〕"이라는 말이 나온다. 《蘇東坡詩集 卷22》

7 청운……노래라오 : 청운의 꿈을 품고서 출세하려고 노력하는 도성의 친구에게 산속의 백운 속에 높이 누워 시 한 수를 지어 보낸다는 말이다. 참고로 백거이(白居易)의 〈황석암하작(黃石巖下作)〉 시에 "옛날 품었던 청운의 뜻을, 지금은 바꿔 백운으로 향했다네.〔昔日青雲意 今移向白雲〕"라는 표현이 있다. 《白樂天集 卷16》

## 연적을 노래하다. 운자를 부르는 대로 지었다.
詠硯滴呼韻

| | |
|---|---|
| 생김새는 구천에서 떨어진 선도와 같고 | 形似仙桃落九天 |
| 입은 바닷물 격동할 때의 붕새[8] 주둥이 | 口如鵬噣擊波邊 |
| 홍만이 알고 있을 흉중의 운몽이여[9] | 胸中雲夢惟泓識 |
| 이택한 다년에 뜻이 홀로 굳세도다[10] | 麗澤多年意獨堅 |

8 바닷물……붕새 : 바다 물결이 일렁이기 시작하면, 대붕(大鵬)이 남명(南冥) 즉 천지(天池)를 향해 날아가는데, 이때 물결을 격동시키는 것이 삼천리에 달하고, 마침 불어오는 회오리바람을 타고서 구만리 위로 날아오른다는 이야기가 《장자(莊子)》〈소요유(逍遙遊)〉 첫머리에 나온다.

9 홍(泓)만이……운몽(雲夢)이여 : 연적 속에 물이 얼마나 많이 들어 있는지는 벼루만 알 것이라는 뜻의 해학적인 표현이다. 홍은 벼루의 별명인 도홍(陶泓)을 말한다. 한유(韓愈)가 《사기(史記)》의 필법을 모방하여 붓을 소재로 〈모영전(毛穎傳)〉을 지으면서, 붓과 먹과 벼루와 종이 등 이른바 문방사우(文房四友)에 대해서, 각각 관성자(管城子), 진현(陳玄), 도홍(陶泓), 저선생(楮先生)으로 의인화(擬人化)하였다. 운몽은 초(楚)나라의 대택(大澤)인 운몽택(雲夢澤)을 가리킨다.

10 이택(麗澤)한……굳세도다 : 문방사우 모두가 소모품인 데 비해서, 연적만은 옛 모습 그대로 변함이 없다는 말이다. 이택은 벗들이 서로 도와서 절차탁마하는 것을 말한다. 《주역(周易)》〈태괘(兌卦) 상(象)〉의 "두 개의 못이 서로 이어져 있는 것이 태이니, 군자는 이를 보고서 붕우와 함께 강습한다.〔麗澤兌 君子以朋友講習〕"라는 말에서 유래한 것이다.

## 옛 시구를 모아 이명원[11]에게 부치다 정미년(1607, 선조40)
寄李明遠集古 丁未

추상(秋霜)의 위세가 극심한 요즈음 어떻게 지내시는지요. 못내 그리운 마음에 고인(古人)의 시구를 모아 보았으니, 이는 바로 "난제를 만나면 고인의 시를 떠올린다.〔難題却憶古人詩〕"[12]라고 하는 것입니다. 조용히 지내시는 가운데 한번 웃어 주셨으면 합니다.

| | |
|---|---|
| 이백이 고래 타고 하늘에 올라갔다가 | 李白騎鯨飛上天<br>• 마자재(馬子才) |
| 인간 세상 내려온 지 몇 해인지 아는가[13] | 一落人間知幾年<br>• 오식(吳植) |
| 어려서부터 헌걸차서 범상하지 않았나니[14] | 自少軒輊非常儔<br>• 한퇴지(韓退之) |

---

11 이명원(李明遠) : 명원은 이수(李晬, 1569～1645)의 자이다. 정종(定宗)의 4세손으로 구천군(龜川君)에 봉해졌다. 1616년(광해군8)에 진사 윤선도가 이이첨을 귀양 보내기를 청하는 상소를 올리자 윤선도를 구원하는 상소를 올렸다가 순천(順川)으로 귀양 갔다. 1621년에 풀려났다. 《국역 광해군일기 9년 1월 4일, 12년 12월 15일》

12 난제(難題)를……떠올린다 : 송(宋)나라 정위(丁謂)의 〈산(山)〉이라는 칠언절구 결구(結句)에 나오는 말이다.

13 이백(李白)이……아는가 : 채석강(采石江)에서 달구경을 하다가 빠져 죽어 하늘로 올라간 이백이 얼마 전에 다시 세상에 내려왔다는 말로, 이명원이 이백의 후신(後身)과 같다고 치켜세워 준 것이다. 북송(北宋) 마존(馬存)의 〈연사정(燕思亭)〉 첫머리에 "이백이 고래 타고 하늘에 날아오른 뒤로, 강남의 풍월이 많은 세월 쓸쓸하였네.〔李白騎鯨飛上天 江南風月閑多年〕"라는 말이 나온다. 자재(子才)는 마존의 자(字)이다. "인간 세상……아는가"라는 시구는 명(明)나라 오식(吳植)의 〈제노화피도(題蘆花被圖)〉에 나온다.

깨끗하기가 바람 앞의 옥수와 같았어라[15] 皎如玉樹臨風前

• 두자미(杜子美)

다생의 기어는 갈아도 없어지지 않아[16] 多生綺語磨不盡

• 소자첨(蘇子瞻)

신기루 같은 청홍의 색이 금세 나타나네[17] 頃刻靑紅浮海蜃

• 한퇴지(韓退之)

풍류 또한 타인에게 어찌 뒤질까 보냐[18] 風流肯落他人後

• 이태백(李太白)

평소 따르는 무리는 굼벵이 같을 따름[19] 平生流輩徒蠢蠢

• 두자미(杜子美)

예전에 묘하던 곳이 지금은 한으로 남았나니[20] 向來妙處今遺恨

• 주 문공(朱文公)

---

14 어려서부터……않았나니 : 한유(韓愈)의 〈유생시(劉生詩)〉라는 고시(古詩) 서두에 나오는 구절이다. 《韓昌黎集 卷4》

15 깨끗하기가……같았어라 : 두보(杜甫)의 〈음중팔선가(飮中八仙歌)〉에 "우리 최종지(崔宗之)는 티 없이 맑은 미소년, 잔을 들고서 푸른 하늘 흘겨볼 때면, 깨끗하기가 바람 앞에 선 옥수와 같다 할까.〔宗之蕭灑美少年 擧觴白眼望靑天 皎如玉樹臨風前〕"라는 말이 나온다. 《杜少陵詩集 卷2》

16 다생(多生)의……않아 : 소식(蘇軾)의 〈차운승잠견증(次韻僧潛見贈)〉에 "다생의 기어는 갈아도 없어지지 않아, 아직도 완연히 시인의 정이 있네그려.〔多生綺語磨不盡 尙有宛轉詩人情〕"라는 말이 나온다. 《蘇東坡詩集 卷16》

17 신기루……나타나네 : 문장 실력이 대단하여 순식간에 아름다운 시를 지어낸다는 말이다. 《한창려집(韓昌黎集)》 권4 〈증최입지평사(贈崔立之評事)〉에 나온다.

18 풍류……보냐 : 《이태백집(李太白集)》 권10 〈유야랑증신판관(流夜郞贈辛判官)〉에 나온다.

19 평소……따름 : 《두소릉시집(杜少陵詩集)》 권4 〈위장군가(魏將軍歌)〉에 나온다.

20 예전에……남았나니 : 주희(朱熹)가 한때 불교에 심취했던 것을 스스로 뉘우친 말이다. 《회암집(晦菴集)》 권2 〈서림가사달관헌재제(西林可師達觀軒再題)〉라는 칠언절구(七言絶句)에 "예전에 묘하던 곳이 지금은 한으로 남았나니, 만고토록 긴 하늘에 한 조각 마음이라.〔向來妙處今遺恨 萬古長空一片心〕"라는 시구가 나온다.

문 닫고 글 읽는 것이 가장 좋은 계책이라[21] 閉戶讀書眞得計

• 진거비(陳去非)

서책으로 구름 걷고 노래하는 성현의 길[22] 竹簡雲披詠聖涯

• 최동(崔峒)

누가 영분을 손에 쥐고 갑제를 점치리오[23] 誰掬靈芬占甲第

• 소알(邵謁)

《춘추》의 삼전은 높은 다락에 묶어 놓고[24] 春秋三傳束高閣

• 한퇴지(韓退之)

《효경》 한 책을 손 안에 두고 본다네[25] 孝經一通看在手

• 두자미(杜子美)

등불 아래 독서하는 흥미가 진진하니[26] 黃卷靑燈興味長

• 오기(吳祈)

---

21 문……계책이라 : 송(宋)나라 진여의(陳與義)의 〈차운가숙(次韻家叔)〉이라는 칠언율시에 나온다. 거비(去非)는 진여의의 자(字)이다.

22 서책으로……길 : 최동(崔峒)은 대력십재자(大曆十才子)의 한 사람이다. 시구는 출처 미상이다.

23 누가……점치리오 : 성현의 향기에 몸을 적신 사람이 과거에 장원하는 일 같은 것을 염두에 두겠느냐는 말이다. 영분(靈芬)은 향초이고, 갑제(甲第)는 과거에 수석으로 급제하는 것을 말한다. 소알(邵謁)은 당 의종(唐懿宗) 함통(咸通) 연간의 인물로, 영남오재자(嶺南五才子)의 한 사람이다. 시구는 출처 미상이다.

24 춘추(春秋)의……놓고 : 한유(韓愈)의 〈기노동(寄盧仝)〉 시에 "《춘추》의 삼전은 높은 다락 위에 묶어 놓고, 성인이 남긴 경만 안고서 시종 연구한다.〔春秋三傳束高閣 獨抱遺經究終始〕"라는 표현이 나온다. 《韓昌黎集 卷5》 삼전(三傳)은 《춘추》의 해설서인 《좌씨전(左氏傳)》과 《공양전(公羊傳)》과 《곡량전(穀梁傳)》을 가리킨다.

25 효경(孝經)……본다네 : 두보(杜甫)의 〈가탄(可歎)〉 시에 "만 권의 서적을 항상 암송하고, 《효경》 한 책을 손 안에 두고 보네.〔羣書萬卷常暗誦 孝經一通看在手〕"라는 말이 나온다. 《杜少陵詩集 卷21》

26 등불……진진하니 : 오기(吳祈)와 인용된 시구 모두 미상이다.

집의 가난과 부귀는 따질 게 없고말고[27] 人家不必論貧富

• 오징(吳澄)

옛날 진애 속에서 우리가 만났을 때[28] 念昔塵埃兩相逢

• 한퇴지(韓退之)

나에게 그대의 진실한 모습 보여 줬지[29] 於我見子眞顔色

• 두자미(杜子美)

참새들은 구구하게 이 몸을 비웃었지만[30] 斥鷃區區笑此生

• 정곡(鄭谷)

장송은 백 척의 높이를 의식하지 않았다오[31] 長松百尺不自覺

• 소자첨(蘇子瞻)

---

27 집의……없고말고 : 작자는 원(元)나라의 초려(草廬) 오징(吳澄)이 아니고 당말(唐末)에 활약한 옹승찬(翁承贊, 859~932)이다. 그의 〈서재만흥(書齋謾興)〉 시에 "눈을 듬뿍 맞고 퇴근해서 돌아오니, 아동의 작은 초막에 등불이 켜져 있네. 집의 가난과 부귀는 따질 것이 없나니, 글 읽는 소리가 가장 듣기 좋아라.〔官事歸來衣雪埋 兒童燈火小茅齋 人家不必論貧富 唯有讀書聲最佳〕"라고 하였다. 《全唐詩 卷703》 옹승찬은 자(字)가 문요(文堯)·문요(文饒)이고, 만년의 호는 압구옹(狎鷗翁)이다.

28 옛날……때 : 이 시구도 한유(韓愈)의 《한창려집》 권4 〈증최입지평사(贈崔立之評事)〉에 나온다.

29 나에게……줬지 : 두보의 〈문향강칠소부설회희증장가(閿鄕姜七少府設鱠戲贈長歌)〉에 "어여뻐라 마음씨 고운 사람이여, 나에게 그대의 진실한 모습 보여 줬지.〔可憐爲人好心事 於我見子眞顔色〕"라는 말이 나온다. 《杜少陵詩集 卷6》

30 참새들은……비웃었지만 : 정곡(鄭谷)은 당말(唐末)의 저명한 시인으로, 자(字)는 수우(守愚)이며, 그의 관직이 도관낭중(都官郎中)이었으므로 사람들이 정 도관(鄭都官)이라고 칭하였고, 또 자고시(鷓鴣詩)로 이름을 날렸으므로 정자고(鄭鷓鴣)라고 일컫기도 하였다. 시구는 출처 미상이다.

31 장송(長松)은……않았다오 : 이수(李睟)가 자신의 우월한 입장을 내세우지 않고 형세가 외로운 고산을 포용하며 장자(長者)의 풍모를 보여 줬다는 말이다. 소식의 〈조열도고재(趙閱道高齋)〉 시에 "이에 현달과 우루를 알겠나니, 어찌 구우와 일모의 차이일 뿐이리오. 장송이 백 척이라도 그 높이를 스스로 의식하지 않음은 현달이요, 이를 보고 부러워하며 오르려 하는 쑥대와 같은 존재는 우루라오.〔乃知賢達與愚陋 豈直相去九牛毛 長松百尺不自覺 企而羨者蓬與蒿〕"라는 말이 나온다. 《蘇東坡詩集 卷19》

인생의 만남은 기약할 수 없는 일이라[32] 人生會合不可常

• 두자미(杜子美)

옛날 일 추억함에 슬픈 마음 더해지네[33] 感時撫事增惋傷

• 두자미(杜子美)

헤어진 뒤로 단풍 들고 국화꽃 피는 가을[34] 別來紅葉黃花秋

• 소자첨(蘇子瞻)

오나라 구름 초나라 물에 시름이 아득해라[35] 吳雲楚水愁茫茫

• 이군옥(李群玉)

이날 누에 올라 북으로 가는 기러기 바라보니[36] 此日登樓看北雁

• 나명(羅明)

떠나는 혼이 아직 남아 연교의 나무숲 맴도네[37] 離魂不散煙郊樹

• 이태백(李太白)

---

32 인생의……일이라 : 두보(杜甫)의 〈동말이사지동도……(冬末以事之東都……)〉 시 말구(末句)에 "인생의 만남은 기약할 수 없는 일이라, 횃대의 닭이 새벽 알림에 눈물이 쏟아지네.〔人生會合不可常 庭樹雞鳴淚如霰〕"라는 표현이 나온다.《杜少陵詩集 卷6》

33 옛날……더해지네 : 두보의 〈관공손대랑제자무검기행(觀公孫大娘弟子舞劍器行)〉 시에 "나와 문답을 한 사연이 이미 있는지라, 옛날 일 추억함에 슬픈 마음 더해지네.〔與余問答旣有以 感時撫事增惋傷〕"라는 말이 나온다.《杜少陵詩集 卷20》

34 헤어진……가을 : 소식(蘇軾)의 〈대서답양선(代書答梁先)〉 시에 "헤어진 뒤로 단풍 들고 국화꽃 피는 가을, 밤에 꿈에서 보고 일어나 앉아 수심에 잠기네.〔別來紅葉黃花秋 夜夢見之起坐愁〕"라는 말이 나온다.《蘇東坡詩集 卷15》

35 오(吳)나라……아득해라 : 만당(晩唐)의 시인인 문산(文山) 이군옥(李群玉)의 〈성기독작회우(醒起獨酌懷友)〉에 "꽃 꺾어 술잔 잡고 가을 향기 맡으니, 오나라 구름 초나라 물에 시름이 아득해라.〔摘花把酒弄秋芳 吳雲楚水愁茫茫〕"라는 말이 나온다.《全唐詩 卷568》

36 이날……바라보니 : 나명(羅明)과 시구의 출처 모두 미상이다.

37 떠나는……맴도네 : 이백(李白)의 〈하도귀석문구거(下途歸石門舊居)〉 시에 "그대와 헤어져 돛 달고 떠나려 하니, 떠나는 혼이 아직 남아 연교의 나무숲 맴도네.〔將欲辭君挂帆去 離魂不散煙郊樹〕"라는 말이 나온다.《李太白集 卷21》 연교(煙郊)는 안개 낀 교외라는 말이다.

몇 마을은 석양빛에 산 중턱까지 그늘지고[38] 數村殘照半山陰

• 허혼(許渾)

한 가락 피리 소리 속에 저무는 강 하늘이여[39] 一聲長笛江天暮

• 이가(李賈)

그대의 손을 잡고 싶어도 어떻게 하랴[40] 思君携手安能得

• 한퇴지(韓退之)

행락할 일은 열에 하나도 없소그려[41] 行樂十分無一分

• 고변(高騈)

장풍이 불어 달이 바다를 건너오게 하니[42] 長風吹月渡海來

• 이태백(李太白)

---

38 몇……그늘지고 : 만당(晩唐)의 시인 허혼(許渾)의 〈능효대송위수재(淩歊臺送韋秀才)〉 시에 "구름 이는 높은 누에 해는 아직 잠기지 않고, 몇 마을은 석양빛에 바위산 중턱까지 그늘졌네.〔雲起高臺日未沈 數村殘照半巖陰〕"라는 말이 나온다. 《全唐詩 卷533》

39 한……하늘이여 : 이가(李賈)에 대해서는 미상이다. 송(宋)나라 정해(程垓)의 〈청옥안(青玉案)〉에 "한 가락 피리 소리 속에 저무는 강 하늘이여, 이별 뒤로 그 누가 의루의 시구를 읊을까.〔一聲長笛江天暮 別後誰吟倚樓句〕"라는 표현이 나온다. 참고로 당(唐)나라 시인 조하(趙嘏)의 〈조추(早秋)〉 시에 "몇 점 남은 별빛 아래 기러기는 변방을 질러가고, 한 가락 피리 소리 속에 사람은 누대에 기대 있네.〔殘星幾點雁橫塞 長笛一聲人倚樓〕"라는 구절이 나오는데, 두목(杜牧)이 이 표현을 너무도 좋아한 나머지 그를 조의루(趙倚樓)라고 불렀다는 고사가 전한다. 《唐摭言 知己》

40 그대의……하랴 : 《한창려집(韓昌黎集)》 권4 〈유청룡사증최대보궐(遊青龍寺贈崔大補闕)〉 시에 "그대의 손을 잡고 싶어도 그렇게 못 했는데, 지금 서로 만났으니 소라(疏懶)하다고 감히 사양하랴.〔思君攜手安能得 今者相從敢辭懶〕"라는 말이 나온다.

41 행락(行樂)할……없소그려 : 당나라 고변(高騈)의 〈견흥(遣興)〉 시에 "근심 걱정은 만종에 천종이요, 행락할 일은 열에 하나도 없네.〔沈憂萬種與千鍾 行樂十分無一分〕"라는 구절이 나온다. 《全唐詩 卷598》

42 장풍(長風)이……하니 : 이백(李白)의 〈노군요사……(魯郡堯祠……)〉 시에 "장풍이 불어 달이 바다를 건너오게 하니, 멀리 선인에게 한 잔의 술을 권하노라.〔長風吹月度海來 遙勸僊人一杯酒〕"라는 말이 나온다. 《李太白集 卷15》

홀연히 창 앞에 이른 모습 그대 아닌가 하오[43] 忽到窓前疑是君

• 노동(盧仝)

43 홀연히……하오 : 당나라 시인 노동(盧仝)의 〈유소사(有所思)〉 시에 "그리워한 하룻밤 사이에 매화꽃이 피었나니, 홀연히 창 앞에 이른 모습 그대 아닌가 하오.〔相思一夜梅花發 忽到窓前疑是君〕"라는 말이 나온다. 《全唐詩 卷17》

## 차운하여 장자호에게 답하다 정미년(1607)

次韻酬張子浩 丁未

내가 책가방 메고 서울에 온 것은　昔我負笈遊京華
나이가 겨우 열다섯을 넘었을 때　是時年纔過志學
쓸쓸한 봉필[44]을 누가 왕림하려 할까　蓬華寥寥誰肯屈
체두[45]의 시 읊다가 다시 자책하였다오　杕杜吟來還自責
그런데 와서 문을 두드린 얼굴 흰 소년　白晳少年來叩門
놀라워라 진애 속에 이런 객이 있다니　驚喜塵埃有此客
함께 얘기 나눠 보니 같은 동네 사람　與語乃知同里閈
교칠[46]의 우정으로 순식간에 친해졌네　膠漆交情俄頃密
자기보다 못하니 그대야 손해이겠지만　友不如己在子損
주남을 가까이해서 나는 이익이고말고[47]　得近朱藍於我益

44 봉필(蓬蓽) : 오두막의 사립문을 뜻하는 봉문필호(蓬門蓽戶)의 준말인데, 여기서는 여건이 너무나 열악해서 과거에 급제하기가 무척 어려운 지방 출신이라는 뜻으로 쓰였다.

45 체두(杕杜) : 《시경(詩經)》 〈당풍(唐風)〉의 편명으로, 형제 하나 없이 쓸쓸하게 지내는 외로운 심정을 읊었는데, 그중에 "홀로 우뚝 선 아가위나무, 오직 잎새만 더부룩할 뿐. 외로이 길을 가는 나의 신세여, 어찌 다른 사람들이 없으랴마는, 아무래도 나의 형제만은 못하지.〔有杕之杜 其葉湑湑 獨行踽踽 豈無他人 不如我同父〕"라는 말이 나온다.

46 교칠(膠漆) : 부레풀과 옻나무의 칠이라는 뜻으로, 교분이 두터운 우정을 비유할 때 쓰는 말이다. 후한(後漢)의 진중(陳重)과 뇌의(雷義)가 돈독한 우정을 발휘하자, 사람들이 "부레와 칠이 잘 붙는다 하지만, 진중과 뇌의의 우정만은 못하다.〔膠漆自謂堅 不如雷與陳〕"라고 칭찬한 고사가 전한다. 《後漢書 卷81 獨行列傳 雷義》

47 자기보다……이익이고말고 : 《논어(論語)》 〈계씨(季氏)〉에 유익한 세 사람의 벗〔益者三友〕과 손해되는 세 사람의 벗〔損者三友〕에 대한 설명이 나온다. 주남(朱

다음 날 신발 끌고 그대의 집에 당도하니　明朝曳履到君家
작은 궤안과 탑상 위에 여기저기 잔편들　短几殘編橫小榻
거적문에 벽만 서 있는 쓸쓸한 누옥이라도　環堵蕭條席爲戶
그 속에 아양의 노래[48] 있음을 누가 알까　誰知中有峨洋曲
옷이 칠처럼 까매졌다 사람들이여 웃지 마오　傍人莫笑衣似漆
빙호에 가을 달이 담겼는걸 무슨 상관이리오[49]　未害氷壺貯秋月
옥가루 부슬부슬 내리는 속에 날이 저무는데　霏霏瓊屑日之夕
동이 술에 글 논하며 돌아갈 생각도 잊었다오　樽酒論文歸意絶
아이 불러 상자 속에서 꺼낸 멋진 시편들　呼兒揭篋出佳什
종이 위의 주옥이 몇 개 시축에 가득했네　紙上珠璣盈數軸
단산[50]의 봉황이 하늘 위에서 춤을 추고　丹山逸鳳舞雲霄

藍)은 '주사(朱砂)를 가까이하면 붉어지고, 청색은 쪽에서 나온다.〔近朱者赤 靑出於藍〕'는 말에서 나온 것으로, 인물이 출중하여 모범이 될 만한 인물을 비유하는 말이다. 남조(南朝) 제(齊)나라 왕융(王融)의 〈위왕검양국자좨주표(爲王儉讓國子祭酒表)〉에 "나 자신이 주사와 쪽이 아닌데, 어떻게 흰 실을 아름답게 물들이겠는가.〔不自朱藍 何遷素絲之質〕"라는 말이 나온다.

48 아양(峨洋)의 노래 : 지기(知己)가 서로 만난 것을 비유할 때 쓰는 말이다. 거문고의 명인 백아(伯牙)가 고산(高山)에 뜻을 두고 연주하면 그의 지음(知音)인 종자기(鍾子期)가 "좋구나. 아아(峨峨)하여 태산(泰山)과 같도다." 하고, 유수(流水)에 뜻을 두고 연주하면 "좋구나. 양양(洋洋)하여 강하(江河)와 같도다."라고 평했다는 고사에서 유래한 것이다. 《列子 湯問》

49 옷이……상관이리오 : 겉모습은 먹물이 묻어서 조금 지저분해졌다고 하더라도 속마음은 맑고 깨끗해서 흠이 하나도 없다는 말이다. 빙호(氷壺)는 얼음을 담은 옥병을 말하는데, 청명한 심지(心地)를 비유할 때 빙호에 가을 달이 비치는 것 같다는 뜻의 빙호추월(氷壺秋月)이라는 표현을 흔히 쓴다. 주희(朱熹)의 스승 이통(李侗)의 인품에 대해서 등적(鄧迪)이 "빙호추월처럼 투명하여 흠이 하나도 없다.〔如氷壺秋月 瑩徹無瑕〕"라고 평한 말이 《송사(宋史)》 권428 〈도학열전(道學列傳) 이통〉에 나온다. 또 소식(蘇軾)이 먹을 만들어 파는 사람에게 준 〈증반곡(贈潘谷)〉 시에 "베적삼은 칠처럼 까맣고 손도 거북이처럼 까맣지만, 빙호에 가을 달이 담겼는걸 무슨 상관이리오.〔布衫漆黑手如龜 未害冰壺貯秋月〕"라는 구절이 나온다. 《蘇東坡詩集 卷24》

창해의 용들이 두각을 겨루는 듯하였는데 滄海群龍較頭角
회계의 수시는 끝내 어떻게 된 일인고 回溪垂翅竟何事
국가의 그물이 성긴 것을 비로소 믿겠도다[51] 始信朝家網不窄
나와 함께 다짐한 광려마저[52]의 뜻 匡廬磨杵與我同
황관[53] 두 사람이 산색에 어리비쳤나니 兩箇黃冠映山色
글 읽는 목소리가 석감 앞에 섞일 적에 吾伊聲雜石龕前
뻐꾸기와 두견이가 남북에서 화답했다오 布穀杜宇啼南北
새벽에 발 걷고서 호연한 기운을 생각하고 捲簾清曉思浩然
고요히 앉아 우산의 나무를 함께 논했으며[54] 靜坐共論牛山木

50 단산(丹山) : 봉황이 산다는 전설적인 산 이름으로, 단혈(丹穴)이라고도 한다. 《산해경(山海經)》 〈남산경(南山經)〉에 "단혈의 산에……새가 사는데, 그 모양은 닭과 같고 오색 무늬가 있으니, 이름을 봉황이라고 한다.〔丹穴之山……有鳥焉 其狀如雞 五采而文 名曰鳳皇〕"라고 하였다. 그래서 단혈을 봉황의 대칭으로 쓰기도 한다.

51 회계(回溪)의……믿겠도다 : 장자호(張子浩)와 같은 특출한 재능의 소유자가 과거에 낙방한 것을 보면, 국가의 인재 선발 시험에 사정(私情)이 많이 개입된다는 소문이 사실임을 믿겠다는 말이다. 회계의 수시(垂翅)는 어떤 일이 잘못되어 실의에 잠긴 것을 뜻하는 말이다. 후한(後漢)의 풍이(馮異)가 적미(赤眉)와 싸워 처음에는 패했다가 나중에는 승리하였는데, 이에 대해서 광무제(光武帝)가 "처음에 회계에서 날개를 늘어뜨렸으나, 마침내 민지에서 날개를 떨쳤으니, 아침에 잃었다가 저녁에 되찾았다고 이를 만하다.〔始雖垂翅回谿 終能奮翼澠池 可謂失之東隅 收之桑榆〕"라고 위로한 고사에서 유래한 것이다. '回溪'는 '回谿'라고도 한다. 《後漢書 卷17 馮異列傳》《東觀漢記 馮異傳》

52 광려마저(匡廬磨杵) : 다시 뜻을 가다듬고 공부에 매진하는 것을 말한다. 이백(李白)이 소싯적에 독서하다가 그만두고 여산(廬山)을 내려올 적에 길에서 노파가 공이를 갈고 있으므로 그 이유를 물어보니 바늘을 만들기 위해서라고 하였는데, 이백이 이 대답을 듣고는 반성하며 다시 돌아가 열심히 공부했다는 마저성침(磨杵成針)의 고사가 전한다. 광려(匡廬)는 은(殷)·주(周)의 교체기에 광유(匡裕) 형제 7인이 초막을 짓고 살았던 여산이라는 뜻으로, 여산의 별칭으로 쓰인다.

53 황관(黃冠) : 황관 초복(黃冠草服)의 준말로, 보통은 농부나 촌로(村老) 등 평민의 복장을 뜻하는데, 여기서는 초야의 독서인을 비유하는 말로 쓰였다.

54 새벽에……논했으며 : 유가(儒家)에서는 밤사이에 생겨나는 천지의 맑은 기운 즉 야기(夜氣)를 흔히 사람의 양심(良心)에 비겨서 중하게 여긴다. 그런데 외물을 접

이따금 높은 산에 올라 기분을 상쾌하게 하고　時登危岫爽襟懷
다시 샘솟는 물을 찾아 멈추지 않음을 살폈다오[55]　更向源泉觀不息
하루아침에 발길 돌려 속진에 들어가면　一朝回步入塵籠
옷깃 나란히 다시 노닐 수나 있으리오　聯袂重遊那可得
그런데 지금 또 두 곳으로 헤어졌으니　如今又作兩地分
이별의 회포 금치 못해 항상 서글퍼라　別懷難堪長惻惻
북풍이 싸늘히 불며 한 해가 저무는데　北風其涼歲云暮
멀리 장안 바라보니 강물이 가로막았네　遙望長安江水隔
춘추의 절간 속에 홀로 앉아 있노라니　春秋寺裏獨坐時

자주(自註) : 춘추(春秋)는 절의 이름이다.

쩡쩡 도끼 소리 속에[56] 산은 어느새 저녁이라　伐木丁丁山向夕
꿈속에서 보고 꿈속에서 다시 이별　夢中見之夢中別
눈앞에 분명히 남아 있는 그대 모습　了了容顏空在目
언 붓 녹여 그리운 정 하소연하려 하니　欲敲氷硯訴相思
벽 위의 희미한 불빛 보였다 안 보였다　壁上青燈乍明滅
이별한 마음 어느 곳이 이처럼 울적할까　離心何處正鬱陶

---

하기 이전의 청명한 새벽에는 이런 마음이 남아 있다가 낮에 불선(不善)한 행위를 함으로 말미암아 점점 사라지게 된다고 하는데, 이것을 제(齊)나라 우산(牛山)의 나무에 비유해서 자세히 설명한 내용이 《맹자(孟子)》 〈고자 상(告子上)〉에 나온다.

55 샘솟는……살폈다오 : 공자(孔子)가 시냇가에서 "흘러가는 것이 이와 같구나. 밤이고 낮이고 멈추는 법이 없도다.〔逝者如斯夫 不舍晝夜〕"라고 탄식한 말이 《논어》 〈자한(子罕)〉에 나온다.

56 쩡쩡……속에 : 벗을 그리워하는 마음을 비유한 것이다. 《시경》 〈벌목(伐木)〉의 "나무 찍는 소리 쩡쩡 울리고, 새들은 재잘재잘 즐겁게 노래하네. 깊은 골에서 훌쩍 날아서는, 높은 나무 위로 자리를 옮겨 앉네. 재잘재잘 즐겁게 노래하는 새들이여, 서로들 벗을 구하는 소리로세. 저 새들을 보아도 서로 벗을 부르는데, 더구나 우리 사람들이 벗을 찾지 않을쏜가.〔伐木丁丁 鳥鳴嚶嚶 出自幽谷 遷于喬木 嚶其鳴矣 求其友聲 相彼鳥矣 猶求友聲 矧伊人矣 不求友生〕"라는 말을 발췌하여 인용한 것이다.

| | |
|---|---|
| 한밤중 선창에 서리 달이 밝기도 해라[57] | 午夜禪窓霜月白 |
| 인간 세상 백 가지 일 모두가 뜬구름 | 人間百事摠浮雲 |
| 함께 공부하자던 전년 약속 또 저버렸네 | 共榻又負前年約 |
| 서쪽에서 황이가 시통을 메고 왔기에[58] | 西來黃耳掛詩筒 |
| 거듭 읽으며 울적한 심정을 위로받았소 | 三復少慰情懷惡 |
| 산천이 어떻게 정신적 교유를 가로막으리오 | 山川豈能阻神交 |
| 간담을 일찍이 고검에 비유해서 설명했지요[59] | 肝膽曾將孤劍說 |
| 나도 한마디 그대에게 드릴 말씀 있나니 | 我有一言可贈君 |
| 머리 위 지나는 일월을 부디 아끼시기를 | 須惜崢嶸頭上日 |
| 아 지극히 여린 한 치 풀의 마음으로 | 吁嗟寸草劇夭夭 |
| 무한한 봄의 햇볕을 어떻게 보답하리오[60] | 無限春暉難報答 |

57 이별한……해라 : 참고로 당(唐)나라 고적(高適)의 〈송별(送別)〉 시에 "간밤에 이별한 마음 정녕 울적하기만, 야삼경 흰서리에 가을바람 드높아라.〔昨夜離心正鬱陶 三更白露西風高〕"라는 말이 나온다. 《全唐詩 卷213》

58 서쪽에서……왔기에 : 장자호(張子浩)가 인편을 통해서 고산에게 새로 지은 자기의 시들을 전해 주었다는 말이다. 황이(黃耳)는 진(晉)나라 육기(陸機)의 애견(愛犬) 이름이다. 총명하여 사람의 말을 잘 알아들었으므로 육기가 편지를 넣은 죽통(竹筩)을 그 개의 목에 걸어서 낙양(洛陽)과 오지(吳地)의 몇 천 리 길을 오가며 소식을 전하게 했다는 이야기가 《진서(晉書)》 권54 〈육기열전(陸機列傳)〉에 나온다.

59 간담(肝膽)을……설명했지요 : 당나라 맹교(孟郊)의 〈답한유이관별인헌장서주(答韓愈李觀別因獻張徐州)〉 시의 마지막 구절에 "장부의 마음을 알고 싶으시오, 일찍이 고검에 비유해서 설명했다오.〔欲識丈夫心 曾將孤劍說〕"라는 말이 나온다. 《全唐詩 卷378》

60 나도……보답하리오 : 어버이의 은혜에 보답하기 위해서라도 촌음을 아껴 열심히 공부해서 빨리 성공해야 할 것이라는 말이다. 맹교(孟郊)의 〈유자음(遊子吟)〉 시에 "어머니가 바느질하는 옷은, 바로 유자가 몸에 걸칠 옷이로세. 떠날 임시에 촘촘히 꿰매신 것은, 더디게 돌아올까 염려해서라오. 한 치 풀의 마음을 가지고서, 삼춘의 햇볕을 어떻게 보답하리오.〔慈母手中線 遊子身上衣 臨行密密縫 意恐遲遲歸 難將寸草心 報得三春暉〕"라는 구절이 나온다. 《全唐詩 卷25》

## 한가로운 봄날의 즉흥시 무신년(1608, 선조41)

閒居春日卽事 戊申

회문시이다.

| | |
|---|---|
| 평화로운 낙토는 한가함 속에 있나니 | 隆隆樂境閑中是 |
| 시끄러운 티끌세상은 새장과 똑같기만 | 擾擾塵區一似籠 |
| 요염한 꽃 붉은 꽃술은 이슬에 흠뻑 젖고 | 紅蕊艶花濃浥露 |
| 내 낀 버들 푸른 실은 바람에 간들거리네 | 碧絲煙柳細搖風 |
| 시로 흥치를 북돋우는 동쪽 집의 술친구요 | 東家酒伴詩催興 |
| 비가 봉창을 두들기는 북쪽 포구의 고깃배라 | 北浦漁舡雨壓篷 |
| 궁상각치우 농하면서 뜻이 유유한 지금 | 宮羽弄時悠意得 |
| 조각구름 섬 위로 기러기 아득히 돌아가네 | 斷雲孤嶼杳歸鴻 |

## 문 상사 회보 형에게 증정하다. 형이 운자를 부르는 대로 지었다. 2수 무신년(1608)

贈文上舍晦甫兄兄呼韻 二首 戊申

백년 인생이 마치 바람 앞의 등불이니[61]　　百歲如風燈
태산을 어느 날에나 오를 수 있으리오　　泰山何日登
진애 속에서 골몰하기만 할 뿐이요　　汨沒塵埃裏
관대한 풍조는 아직 보지 못했어라[62]　　寬處見未曾
우리 형은 풍채와 골격이 뛰어나서　　吾兄風骨高
하늘 밖으로 봉황이 날아오르는 듯　　天外鳳褰騰
이 세상의 일을 내려다보시면서　　下視世間事
마음이 안거(安居)하는 승려 같아라　　心如結夏僧
봉호는 장송을 부러워하면서도[63]　　蓬蒿企長松
마우[64]라서 실로 기대기 어렵다오　　馬牛固難憑

---

61 백년……등불이니 : 참고로 소식(蘇軾)의 〈손신로구묵묘정시(孫莘老求墨妙亭詩)〉에 "지금 옛날을 보듯 뒷날에 지금을 볼 것이니, 눈앞을 지나는 백세도 바람 앞의 등불이라.〔後來視今猶視昔 過眼百世如風燈〕"라는 말이 나온다. 《蘇東坡詩集 卷8》

62 관대한……못했어라 : 참고로 소식의 〈유경산(遊徑山)〉 시에 "근래에 세상 의논이 각박해짐을 더욱 느끼겠나니, 관대하게 용납해 줄 때마다 마음이 조금 편안해지네.〔近來愈覺世議隘 每到寬處差安便〕"라는 말이 나온다. 《蘇東坡詩集 卷7》

63 봉호(蓬蒿)는 장송을 부러워하면서도 : 쑥대와 같은 고산으로서는 장송과 같은 회보(晦甫)가 부러울 수밖에 없다는 말이다. 59쪽 주31 참조.

64 마우(馬牛) : 마우금거(馬牛襟裾)의 준말로, 배움이 부족한 사람이라는 뜻의 겸사이다. 한유(韓愈)의 〈부독서성남(符讀書城南)〉 시에 "사람이 고금을 통하지 못하면, 마소에 사람 옷 입혀 놓은 것과 같다.〔人不通古今 馬牛而襟裾〕"라는 말이 나온다. 《韓昌黎集 卷6》

행지야 어찌 꼭 하늘에 돌리랴마는 行止豈必天
사람에 대해서는 공평하지 못하니[65] 於人公不能
얼른 수레 끌고 고향으로 돌아가서 曳輪歸故山
썰렁한 못가에 낚시나 드리울까 보오 垂釣寒潭澄

밝은 등불 아래 형과의 맑은 대화 與兄淸話共明燈
구층 누대에 오른 듯 황홀하기만 怳如九層臺上登
우리 형으로 말하면 직설[66]의 무리이니 吾兄吾兄稷契徒
내가 어떻게 관중에 견줄 수 있으리오[67] 比之管仲吾何曾
임우의 상가[68]는 어느 날에 볼 수 있을지 霖雨商家在幾日

---

65 행지(行止)야……못하니 : 어떤 일을 행하고 그만두는 것에 맹자(孟子)처럼 꼭 하늘의 뜻을 개입시킬 필요는 없지만, 사람에게 품부(稟賦)하는 일은 하늘이 공평하지 못한 것이 사실이라는 뜻의 해학적인 표현이다. 노(魯)나라 평공(平公)이 맹자를 만나려고 하였으나, 폐신(嬖臣)인 장창(臧倉)이 맹자를 비난하며 만나지 못하게 하였는데, 악정자(樂正子)가 이 사실을 맹자에게 고하자, 맹자가 "행하는 것도 누가 시켜서 행하는 수가 있고, 그만두는 것도 누가 저지하여 그만두는 경우가 있지만, 행하고 그만두게 하는 것은 사람의 힘으로 할 수 있는 것이 아니다. 내가 노나라 군주를 만나지 못한 것은 하늘의 뜻이 있어서이니, 장씨의 자식이 어떻게 나로 하여금 만나지 못하게 하겠는가.〔行或使之 止或尼之 行止非人所能也 吾之不遇魯侯天也 臧氏之子焉能使予不遇哉〕"라고 말한 고사가 《맹자》〈양혜왕 하(梁惠王下)〉 말미에 나온다.

66 직설(稷契) : 순(舜) 임금의 명신(名臣)들이다. 직은 농관(農官)이었고, 설은 사도(司徒)였다. 여기서는 성군(聖君)의 왕도정치(王道政治)를 보좌하는 현신(賢臣)의 뜻으로 쓰였다.

67 내가……있으리오 : 어떤 사람이 증자(曾子)의 아들 증서(曾西)에게 관중(管仲)과 비교해서 누가 더 훌륭하냐고 묻자, 불쾌한 표정으로 "당신이 어떻게 나를 관중 따위에 견주는가.〔爾何曾比予於管仲〕"라고 대답하며 그의 패도정치(霸道政治)를 비판한 고사가 《맹자》〈공손추 상(公孫丑上)〉에 나온다.

68 임우(霖雨)의 상가(商家) : 훌륭한 재상이 다스리는 이상 국가를 뜻한다. 상(商)나라 임금 무정(武丁)이 부열(傅說)을 얻어 재상으로 임명한 뒤에 "만약 나라에 큰 가뭄이 들면, 내가 그대를 단비로 삼으리라.〔若歲大旱 用汝作霖雨〕"라고 말한 고사에서 유래한 것이다. 《書經 說命上》

용이 하늘에 못 오른 채 흙탕 속에 있네　龍蟠泥中雲未騰
영웅에게도 이와 같은 때가 있나니　英雄有時亦如此
남북으로 떠도는 행각승 같다 할까　南去北來行脚僧
내일이면 세상일 둘 다 아득할 텐데[69]　明朝世事兩茫茫
한 베개 꿈속에서 어떻게 믿고 의지하랴　一枕蝴蝶知難憑
그대에게 고담걸구[70]가 어찌 없겠소만　高談傑句子可無
간검인배[71]는 나도 할 줄 안다오　看劍引杯吾亦能
먼지 날리는 도성 거리에 머리 돌리지 말지니　紫陌風塵勿回首
백구가 나는 만리 길에 강 물결이 맑으니까　白鷗萬里江波澄

---

69 내일이면……텐데 : 내일 헤어지고 나면 사람 일이 어떻게 될지 둘 다 알 수 없다는 말이다. 두보(杜甫)의 〈증위팔처사(贈衛八處士)〉 시에 "내일 산악으로 가로막히면, 세상일 양쪽 모두 아득하여라.〔明日隔山岳 世事兩茫茫〕"라는 말이 나온다. 《杜少陵詩集 卷6》

70 고담걸구(高談傑句) : 고매한 담론과 걸출한 시구라는 뜻으로, 소식(蘇軾)의 시 〈추전정보표형지박라부시위별(追餞正輔表兄至博羅賦詩爲別)〉의 "그대의 고매한 담론이 이미 쇠루(衰陋)한 나의 말을 부끄럽게 하였는데, 여기에 또 그대의 걸출한 구절은 청잔(淸孱)한 시임을 더욱 느끼게 했다.〔高談已笑衰語陋 傑句尤覺淸詩孱〕"라는 시구에서 나온 것이다. 《蘇東坡詩集 卷39》

71 간검인배(看劍引杯) : 시문을 지을 적에 책을 뒤지면서 어렵게 전거 자료를 찾고 나서, 스스로 대견하게 여겨 허리에 찬 검을 바라보며 통쾌한 심정으로 술잔을 든다는 뜻으로, 두보의 〈야연좌씨장(夜宴左氏莊)〉에 "촛불이 짧아지도록 책을 뒤적여 찾고 나서, 검을 바라보며 통쾌히 술잔을 입에 대네.〔檢書燒燭短 看劍引杯長〕"라는 시구에서 나온 것이다. 《杜少陵詩集 卷1》

## 양 수재에게 주다. 운자를 부르는 대로 지었다. 무신년(1608)
贈梁秀才呼韻 戊申

| | |
|---|---|
| 양씨 집안의 자호라는 수재는 | 梁家秀才曰子浩 |
| 옷은 허름해도 가슴속엔 보옥 | 被體以褐懷寶玉 |
| 낙락장송이 먼 산에 서 있나니 | 長松落落立遠峯 |
| 위에는 학이요 아래는 호박[72]이라 | 上有孤鶴下琥珀 |
| 세상에 시달리며 귀 있는 것이 후회되더니 | 龍鍾於世悔有耳 |
| 오늘은 다행히도 아양의 곡조를 들었도다[73] | 今日幸聽峨洋曲 |
| 오래도록 할 일 없다 그대여 말하지 마오 | 憑君莫謂久無事 |
| 현신(賢臣)은 성군에게 버림받지 않았으니 | 良弼不曾棄聖辟 |

---

72 호박(琥珀) : 송진이 땅속에 들어가서 천 년이 지나면 복령(茯苓)이 되고, 다시 천 년이 지나면 귀한 화석(化石)이 되어 호박으로 변한다고 한다. 참고로 소식(蘇軾)의 〈여정보유향적사(與正輔遊香積寺)〉 시에 "복령을 아무도 캐는 사람 없어, 천년 세월 지나 호박으로 변했네.〔茯苓無人采 千歲化琥珀〕"라는 말이 나온다. 《蘇東坡詩集 卷39》

73 오늘은……들었도다 : 양 수재라는 지음(知音)을 만났다는 말이다. 64쪽 주48 참조.

## 저녁에 광진 마을에 투숙하여 우연히 읊다 경술년(1610, 광해군2)
暮投廣津村偶吟 庚戌

정갈하고 시원한 무의 채요　　淨洗蘿葍菜
잘 익혀 끓여 낸 토란국이라　　爛煮土蓮羹
그럼에도 먹을 게 없다고 말을 하는　　猶言無饌物
주인의 마음씨가 얼마나 고마운지　　深感主人情

## 하랑에 대한 만사 2수 신해년(1611, 광해군3)

挽河娘 二首 辛亥

남을 대신하여 지었다.

이른 나이에 높은 가문에 들어와서 早歲入高門
종신토록 가장(家長)의 은혜 사모하였네 終身戀主恩
아들 네 명이 맛있는 음식 봉양하고 肥甘有四子
여러 손자들이 기쁘게 웃게 하였다오 歡笑足諸孫
하늘은 긴 수명 내려 보답하였고 壽考天斯報
세상은 곧은 절조를 길이 일컬으리 幽貞世永言
가난한 살림을 한탄할 것 있으리오 貧居何用恨
이만하면 향촌에서 자랑할 만한걸 此可詑鄉村

대랑[74]의 선부자는 大娘先夫子
바로 나의 종조부 余之從祖父
내가 대랑의 일에 대해서는 余於大娘事
알고 있는 것이 적지 않다오 所識非其粗
아주 어린 나이에 시집을 와서[75] 來墍自小少
법도를 살펴 몸을 단속하였으며 律身視規矩
수건과 빗을 공경히 들 줄 알았을 뿐[76] 惟知敬巾櫛

---

74 대랑(大娘) : 나이 많은 부인에 대한 경칭이다.

75 아주……와서 : 원문의 '來墍'는 시집을 와서 그 집에 머물러 살게 되었다는 뜻이다. 《시경》 〈곡풍(谷風)〉에 "옛날에 내가 시집을 와서 머물렀을 때를 생각하지 않는다.〔不念昔者 伊余來墍〕"라는 말이 나온다.

금루[77]를 노래함은 본받지 않았다오　　不學歌金縷
중년에 하늘 같은 님을 잃고는　　中年失所天
종신토록 혼자서 고뇌하신 분[78]　　沒齒良自苦
화장대 거울은 거미줄로 뒤덮이고　　粧鏡網蟲老
고의는 얼룩진 눈물로 썩어 갔다오　　故衣啼痕腐
힘들이고 애써서 자녀를 길러 내고　　劬勞長兒女
부지런히 힘써서 길쌈을 하였나니　　黽勉事織組
선인에게 복 준다는 말[79]이 거짓이리오　　福善豈徒言
끝내는 보기 드물게 수를 향유하였다오　　享年終罕仵

---

76 수건과……뿐 : 오직 남편을 공경히 받들어 모실 줄만 알았다는 말이다. 춘추 시대 진(秦)나라에 인질로 잡힌 진(晉)나라 태자(太子) 어(圉)의 부인이 남편에게 "저의 부친인 이 나라 임금님이 저를 당신의 아내로 삼아서 수건과 빗을 들고 모시게 한 것은, 당신을 여기에 묶어 놓기 위해서였습니다.〔寡君之使婢子侍執巾櫛 以固子也〕"라고 말한 고사가 《춘추좌씨전(春秋左氏傳)》 희공(僖公) 22년에 나온다.

77 금루(金縷) : 〈금루곡(金縷曲)〉 혹은 〈금루의(金縷衣)〉의 준말로, 남자의 욕정을 부추기며 유혹하는 노래 이름이다. 〈하신랑(賀新郎)〉, 〈유연비(乳燕飛)〉라고도 한다. 당(唐)나라 때 금릉(金陵)의 소녀(少女) 두추랑(杜秋娘)이 15세에 이기(李錡)의 첩(妾)이 되었는데, 일찍이 이기를 위해 사(詞)를 지어 노래하기를 "그대에게 권하노니 금루의를 아끼지 말고, 모쪼록 젊은 시절을 아끼시기를. 꽃이 피어 꺾을 만하면 곧바로 꺾어야지, 꽃 없는 때에 공연히 가지만 꺾지 마소서.〔勸君莫惜金縷衣 勸君須惜少年時 花開堪折直須折 莫待無花空折枝〕" 하였다는 이야기가 당나라 두목(杜牧)의 〈두추랑시(杜秋娘詩)〉 서문(序文)과 자주(自註)에 나온다. 《全唐詩 卷520》

78 종신토록……분 : 참고로 《심경부주(心經附註)》 권3에 "사마군실(司馬君實)이 일찍이 분란을 걱정한 나머지 때때로 한밤중에 일어나서는 날이 새도록 잠들지 못하곤 하였으니, 이는 진정 혼자서 고뇌한 사람이었다고 할 것이다.〔君實嘗患思慮紛亂 有時中夜而作 達朝不寐 可謂良自苦人〕"라고 한 정자(程子)의 말이 실려 있다. 군실은 사마광(司馬光)의 자(字)이다.

79 선인(善人)에게……말 : 《서경(書經)》 〈탕고(湯誥)〉에 "하늘의 도는 선인에게 복을 내리고 악인에게 화를 내린다. 그래서 하나라에 재앙을 내려 그 죄를 드러나게 한 것이다.〔天道 福善禍淫 降災于夏 以彰厥罪〕"라는 말이 나온다.

| | |
|---|---|
| 태어날 때 복을 모두 갖추기는 어려운 것 | 賦命固難備 |
| 가난한 살림을 어찌 꼭 한할 것 있으리오 | 何須恨貧寠 |
| 자식을 무려 일곱이나 두었고 | 有子至七人 |
| 손자도 수십 명에 이르는걸요 | 諸孫且十數 |
| 그런데 나는 또 어찌하여 슬퍼하며 | 顧我亦何悲 |
| 늙은이의 눈물을 눈에서 떨구는가 | 老淚垂阿堵 |
| 옛날 분들이 모두 세상 하직하여 | 古人盡凋謝 |
| 옛날 일 함께 얘기할 수 없으니까 | 無與語及古 |

## 장 수재에게 주다. 그가 운자를 부르는 대로 붓을 달렸다.
贈張秀才張也呼韻走筆

| | |
|---|---|
| 밤에 앉아 화로의 재 위에 썼다 지웠다 | 夜坐畫爐灰 |
| 시 읊느라 돌아갈 일도 잊은 그대여 | 吟詩子忘回 |
| 어별(魚鼈)을 위해 야광주를 숨기지도 말고 | 莫爲魚藏珠 |
| 아동을 위해 천둥 벼락을 아끼지도 마시기를[80] | 莫爲兒廢雷 |
| 푸른 하늘도 낯빛을 바꿔 기다리고 | 靑天改容待 |
| 밝은 달도 주렴에 들어와 재촉하니 | 明月入簾催 |
| 까마귀가 어느새 종이 가득 내려앉고 | 落鴉俄滿紙 |
| 고래가 푸른 바다 물결을 가르누나 | 碧海長鯨摧 |
| 술맛도 잊은 채 구경에 열중하니 | 耽看忘酒味 |
| 시아는 술잔을 데우느라 고생일세 | 侍兒苦暖杯 |
| 사림의 붓을 잡은 이들로서는 | 詞林秉筆輩 |
| 부산 떨며 한번 애통해할 만도 | 擾擾堪一哀 |
| 용의 무늬 새긴 백곡들이 큰 솥을 | 龍文[81]百斛鼎 |
| 한 손으로 드는 필력을 다시 보았나니[82] | 復見一手擡 |

80 어별(魚鼈)을……마시기를 : 장 수재가 지닌 실력을 숨기지 말고 있는 대로 유감없이 발휘하여 멋진 시를 지어 보라는 말이다. 한유(韓愈)의 〈차일족가석일수증장적(此日足可惜一首贈張籍)〉 시에 "아동은 천둥 벼락이 치면 겁을 내고, 어별은 야광주를 보면 깜짝 놀란다.〔兒童畏雷電 魚鼈驚夜光〕"라는 말이 나온다. 《韓昌黎集 卷2》

81 文 : 대본에는 '門'으로 되어 있으나, 한유의 시 〈병중증장십팔(病中贈張十八)〉에 의거하여 '門'을 '文'으로 바로잡아 번역하였다. 《韓昌黎集 卷5》

82 용의……보았나니 : 장 수재가 지은 시의 기상이 웅장하고 힘이 있다는 말이다. 한유(韓愈)의 〈병중증장십팔〉 시에 "용의 무늬 새겨 백곡을 남을 세 발 달린 큰 솥

| | |
|---|---|
| 천연으로 연꽃이 물에서 솟아난 듯하여 | 天然荷出水 |
| 버들 구부려 만든 그릇과는 같지 않네[83] | 不似柳爲桮 |
| 그대를 보고 그대의 시를 보노라니 | 見子見子詩 |
| 가슴속 운무가 말끔히 걷히나니 | 胸中雲霧開 |
| 나는 본래 기화를 좋아하는지라 | 我素悅奇貨 |
| 경괴보다 모과에 돈을 걸겠네[84] | 木瓜博瓊瑰 |

---

을, 홀로 불끈 들 만한 필력을 그대는 가졌다오.〔龍文百斛鼎 筆力可獨扛〕"라는 표현이 보인다.《韓昌黎集 卷5》 전국 시대 진(秦)나라 무왕(武王)이 맹열(孟說)과 힘을 겨루며 '용무늬의 붉은 솥〔龍文赤鼎〕'을 들다가 뼈가 부러져 죽은 고사가 전한다.《史記 卷43 趙世家》 또 항우(項羽)가 힘이 세어서 세 발 달린 솥을 손으로 들 수 있었다는 말이 《사기》 권7 〈항우본기(項羽本紀)〉에 나온다.

83 버들……않네 : 세상 사람들이 억지로 애써서 지은 시와는 같지 않다는 말이다. 《맹자》〈고자 상(告子上)〉에 "사람의 본성은 능수버들과 같고, 의는 버들로 만든 그릇과 같으니, 사람의 본성으로 인이나 의를 하게 하는 것은, 마치 능수버들을 구부려서 버들 그릇을 만드는 것과 같다.〔性猶杞柳也 義猶桮棬也 以人性爲仁義 猶以杞柳爲桮棬〕"라는 고자(告子)의 말이 나온다.

84 나는……걸겠네 : 장 수재의 시가 고산의 시보다 기화(奇貨)로서의 상품 가치가 더 크다는 뜻의 해학적인 표현이다. 기화는 장래에 고가(高價)로 팔릴 여지가 많은 진기한 보배라는 뜻이다. 전국 시대 진 소왕(秦昭王)의 태자 안국군(安國君)의 아들 자초(子楚)가 조(趙)나라에 인질로 잡혀 빈궁하게 지냈는데, 여불위(呂不韋)가 한단(邯鄲)에서 장사를 하다가 그를 보고는 "이 자는 기화이니 투자할 만하다.〔此奇貨可居〕"라고 하고 아낌없이 도와준 결과, 진나라의 승상(丞相)이 되고 중부(仲父)의 호칭까지 얻게 된 고사가 전한다.《史記 卷85 呂不韋列傳》 경괴(瓊瑰)와 모과(木瓜)는 각각 고산의 시와 장 수재의 시를 가리킨다.《시경》〈모과〉에 "나에게 모과를 던져 주신 분, 나는 패옥(佩玉)으로 답례하고 싶나니, 굳이 보답하려 해서가 아니라, 길이 친하게 지내자는 것이외다.〔投我以木瓜 報之以瓊琚 匪報也 永以爲好也〕"라는 말이 나온다. 경괴는 경거(瓊琚)와 같은 말로, 옥구슬 혹은 패옥을 가리킨다.

## 주부 정지영에게 주다 신해년(1611)

贈鄭主簿之英 辛亥

| | |
|---|---|
| 자식도 없고 아내도 없고 종도 없이 | 無兒無室又無奴 |
| 천리 길 떠도는 하나의 늙은 몸 | 千里飄零一老軀 |
| 어떤 육식자[85]가 굶주린 낯빛을 가여워할까 | 肉食誰憐飢有色 |
| 해진 누더기 속으로 눈발이 살을 침노하네 | 鶉衣不耐雪侵膚 |
| 문왕의 정치는 고독한 자들을 우선하였고[86] | 文王發政先煢獨 |
| 이윤은 필부를 구렁에 빠뜨린 듯 생각했지[87] | 伊尹若推思匹夫 |
| 말을 달려 안상으로 얼른 한번 가보시라 | 策馬試從安上去 |

85 육식자(肉食者) : 고기 먹는 자들이라는 뜻으로, 보통 벼슬아치들을 낮춰 부를 때 쓰는 말이다. 《춘추좌씨전》 장공(莊公) 10년에 제(齊)나라 군대가 노나라를 공격하였다. 장공이 응전하려 할 때 조귀(曹劌)가 알현을 청하려 하니 "고기 먹는 자들이 잘 알아서 할 텐데, 또 뭣 때문에 끼어드는가.〔肉食者謀之 又何間焉〕"라고 마을 사람이 묻자, "고기 먹는 높은 분들은 식견이 낮아서 멀리 꾀하지 못하니까.〔肉食者鄙 未能遠謀〕"라고 대답한 조귀의 말이 나온다.

86 문왕(文王)의……우선하였고 : 《맹자》 〈양혜왕 하(梁惠王下)〉에 "늙어서 처가 없음을 환이라고 하고, 늙어서 남편이 없음을 과라고 하고, 늙어서 자식이 없음을 독이라고 하고, 어려서 부모가 없음을 고라고 한다. 이 네 종류는 천하의 곤궁한 자들로서 어디에도 고통을 하소연할 곳이 없다. 그래서 문왕이 정사를 행하고 인덕을 베풀 때마다 반드시 이들부터 먼저 하였던 것이다.〔老而無妻曰鰥 老而無夫曰寡 老而無子曰獨 幼而無父曰孤 此四者 天下之窮民而無告者 文王發政施仁 必先斯四者〕"라는 말이 나온다.

87 이윤(伊尹)은……생각했지 : 《맹자》 〈만장 상(萬章上)〉에 "이윤은 천하의 백성 중에 어떤 남자나 여자라도 요순과 같은 성군의 혜택을 받지 못한 사람이 있다면, 그것은 마치 자기가 떠밀어 구렁에 빠뜨린 것처럼 여겼다.〔思天下之民匹夫匹婦有不被堯舜之澤者 若己推而內之溝中〕"라는 말이 나온다.

그대라면 〈정감도〉에 들어가기에 적격일 테니[88]　　如君合入鄭監圖

88 말을……테니 : 정지영(鄭之英)과 같은 경우는 긴급 구호 대상자의 명단 속에 분명히 포함될 것이라는 뜻의 해학적인 표현이다. 〈정감도(鄭監圖)〉는 정협(鄭俠)이 그린 〈유민도(流民圖)〉를 말한다. 〈정협도(鄭俠圖)〉라고도 한다. 송 신종(宋神宗) 희령(熙寧) 6, 7년 사이에 대기근이 발생하여 수많은 유민(流民)들이 걸식하며 떠돌아다녔는데, 정감(鄭監) 즉 안상문(安上門)의 감독 책임을 맡은 정협이 유민들의 비참한 정상을 그림으로 그리게 하여 주문(奏文)을 올리며 시폐(時弊)를 논하자, 신종이 그 그림을 보고는 밤새 잠을 이루지 못하다가 마침내 정협의 주장대로 왕안석(王安石)의 신법(新法) 18개 조목을 일단 혁파한 고사가 전한다. 《宋史 卷321 鄭俠列傳》

## 남가회에 대한 만사 2수 신해년(1611)
挽南可晦 二首 辛亥

우리 그대가 유림에 나온 것은　吾子出儒林
창천이 아마 마음을 두었던 듯　蒼天若有心
사람은 인의의 행동에 주목하였고　人看仁義事
귀신은 봉황의 소리에 눈물 흘렸네　鬼泣鳳凰音
약관에 오히려 옥수(玉樹)가 묻히다니[89]　弱冠還埋玉
먼 저승길에 누가 친구가 되어 줄까　長途孰斷金
단지 삼척의 어린아이 남겨 두어　孤兒只三尺
나의 눈물 다시 옷깃을 적시네　我淚更霑襟

태어남이 있으면 죽음이 있는 법　有生則有死
수명의 장단은 모두가 하늘의 일　長短皆天耳
형체를 받으면 명이 있게 마련　有形必有命
귀천은 사람의 일이 아니라오　貴賤非人事
온전히 자연의 변화 타고 돌아갔으니　全而乘化歸
떠난 사람이야 무슨 유감이 있으랴만　逝者何恨矣
우리는 아직 정을 못 잊어서　吾人未忘情
눈물 흘리며 호리[90]를 바라본다오　涕泣望蒿里

---

89 약관(弱冠)에……묻히다니 : 영재(英才)가 젊은 나이에 죽은 것을 애도하는 말이다. 진(晉)나라 사람 유량(庾亮)이 죽어 하관(下棺)할 때, 하충(何充)이 "옥수가 묻힌다.〔埋玉樹〕" 하면서 슬픔을 가누지 못했던 고사가 전한다.《世說新語 傷逝》

90 호리(蒿里) : 태산(泰山) 남쪽에 있는 산의 이름인데, 사람이 죽으면 여기에 묻었던 고사에서 유래하여, 후세에 묘지(墓地)를 뜻하는 말로 쓰이게 되었다.

## 남쪽으로 돌아가는 길에 신해년(1611)
南歸記行 辛亥

| | |
|---|---|
| 만력 기원으로 삼십구 년 되는 해 | 萬曆紀年三十九 |
| 북두가 자를 가리키는 달의 이렛날[91] | 斗柄揷子日有七 |
| 거문고 고치고 약 파는 내 일 끝내고서[92] | 修琴賣藥吾事畢 |
| 멀리 정위[93] 생각하며 남국으로 향했네 | 遙念庭闈向南國 |
| 집에 가면 어버이 뵙는 기쁨이 있겠지만 | 到家知有拜慶喜 |
| 영원[94]과 헤어지는 아쉬움을 어이하랴 | 分袂詎堪鴒原別 |

91 만력(萬曆)……이렛날 : 1611년(광해군3) 11월 7일이다. 만력은 명 신종(明神宗)의 연호이다. 하력(夏曆) 즉 지금의 음력에서는 건인(建寅) 즉 북두성의 자루가 인(寅)을 가리키는 때를 정월로 삼는다. 따라서 자(子)의 방향 즉 북방을 가리키는 때는 11월에 해당한다.

92 거문고……끝내고서 : 잠시 도시에 나와 일을 마치고 원래의 처소로 돌아가는 것을 비유하는 말이다. 당(唐)나라 허혼(許渾)의 〈송송처사귀산(送宋處士歸山)〉 시에 "약 팔고 거문고 고치다 더디게 돌아가니, 산바람이 불어 계수나무 꽃을 모두 떨어뜨렸네.〔賣藥修琴歸去遲 山風吹盡桂花時〕"라는 명구가 있다. 《全唐詩 卷538》 후한(後漢)의 한강(韓康)이 산에서 약초를 캐 장안(長安)에서 팔다가, 약을 사러 온 여인이 자기 이름을 거론하자, 숨어 살려는 본의가 어긋났다며 패릉산(霸陵山)으로 들어가 은둔한 고사가 전한다. 《後漢書 卷83 逸民列傳 韓康》 또 선객(仙客)이 번잡한 도회지에 와서 거문고를 수선하고 다시 입산한다는 수금삼시(修琴三市)의 성어도 전한다.

93 정위(庭闈) : 어버이가 계신 고향 집을 말한다. 참고로 진(晉)나라 속석(束晳)이 지은 보망시(補亡詩) 〈남해(南陔)〉에 "남쪽 섬돌을 따라 올라가, 난초 캐어 어버이께 바쳐 올리리. 어버이 계신 곳 돌아보며 생각하느라, 마음이 편안할 틈이 없다오.〔循彼南陔 言采其蘭 眷戀庭闈 心不遑安〕"라는 말이 나온다.

94 영원(鴒原) : 우애 있는 형제를 뜻하는 말이다. 《시경》 〈상체(常棣)〉의 "저 할미새 들판에서 호들갑 떨 듯, 위급한 때에는 형제가 서로 돕는 법이라오. 항상 좋은 벗이 있다고 해도, 그저 길게 탄식만을 늘어놓을 뿐이라오.〔鶺鴒在原 兄弟急難 每有良朋 況也永歎〕"라는 말에서 유래한 것이다.

말 타고 멀리 한강 물을 건너려니　征馬迢迢渡漢水
이별의 넋이 동문 북쪽에 감도네　離魂不散靑門北
광릉 산 초막은 밤의 한가운데　廣陵山廬夜正中
이부현 고개는 이미 캄캄한 암흑　利富峴上已昏黑
범을 제어할 명이 있으니[95] 걱정할 게 있으리오　禦虎有命何須憂
동파의 말을 인용하여 겁내는 동복을 달랬노라　爲用東坡解僮僕
다음 날 아침 백모의 묘를 찾아 성묘를 하고[96]　明朝往展伯母墓

자주 : 기(記)에 이르기를 "묘를 살피고 들어간다.〔展墓而入〕"라고 하였는데, 그 주(註)에 "전(展)은 성(省)이다." 하였다.

묘소 곁을 세 번 도니 백 가지 슬픔이 맺히누나　墓傍三環悲百結
무덤 옆의 송추는 몇 자나 자랐는데　神道松楸長幾尺
고아복아[97]해 주신 일이 엊그제 같기만　顧我復我如昨日

---

95 범을……있으니 : 자신은 하늘의 명을 받은 사람이니, 호랑이 따위가 감히 덤벼들지 못하고 피할 것이라는 말이다. 소식(蘇軾)의 〈경산도중차운답주장관겸증소사승(徑山道中次韻答周長官兼贈蘇寺丞)〉 시에 "산 앞에서 호랑이 흔적을 발견하고, 척후하는 관리가 요란하게 징을 치네. 나의 생은 본래 험난하고 기박해서, 시루와 솥 속에 먼지만 잔뜩. 산새나 들짐승이라 할지라도, 오래 고생하는 내 처지를 알고 있을 터. 돌아오는 후리에게 웃으면서 말하기를, 나에게는 범을 제어할 하늘의 명이 있느니라.〔山前見虎迹 候吏鐃鼓競 我生本艱奇 塵土滿釜甑 山禽與野獸 知我久蹭蹬 笑謂候吏還 禦虎我有命〕"라는 구절이 있다. 《蘇東坡詩集 卷10》

96 다음……하고 : 공자의 제자 자로(子路)가 노(魯)나라로 길을 떠나면서 안회(顔回)에게 "떠나는 나에게 무슨 말을 선물로 주겠는가.〔何以贈我〕"라고 하자, 안회가 "내가 들으니, 나라를 떠날 때에는 묘소에 곡을 한 뒤에 떠나고, 나라에 돌아올 때에는 곡을 하지 않고 성묘한 뒤에 들어온다고 하였다.〔吾聞之也 去國則哭于墓而后行 反其國不哭 展墓而入〕"라고 말해 준 고사가 《예기(禮記)》 〈단궁 하(檀弓下)〉에 나온다.

97 고아복아(顧我復我) : 나를 돌아보고 나를 다시 살폈다는 뜻으로, 어버이처럼 자신을 보살펴 줬다는 말이다. 《시경》 〈육아(蓼莪)〉에 "아버지는 나를 낳으시고, 어머니는 나를 기르셨다. 나를 다독이시고 나를 기르시며, 나를 자라게 하고 나를 키우시며, 나를 돌아보시고 나를 다시 살피시며, 출입할 땐 나를 배에 안으셨다. 이 은혜를 갚으려면 하늘이라 한량이 없도다.〔父兮生我 母兮鞠我 拊我畜我 長我育我 顧我復我 出入腹我 欲報之德 昊天罔極〕"라는 말이 나온다.

사람과 말 모두 지쳐 일찍 투숙하였나니 人煩馬殆早投宿
물가의 외딴 마을 이름도 모르겠네 水邊孤村名不識
길을 묻고 새벽에 용인 경계 나오니 問程曉出龍仁境
평지에 언덕이 겹겹이 앞을 가로막누나 平川荒壟重重隔
소초 객점 아직 멀다 사람들은 말하는데 人言素草店尙遠

자주 : 소초(素草)는 객점 이름이다.

양성의 길 넘어서자 해가 벌써 넘어가네 路過陽城日已沒
촛불 생각한다면 어린아이도 웃을 일 癡僮笑汝憶蠟炬
동산에 밝은 달이 정겹게 떠오르는걸 東嶺慇懃出明月
산언덕 기댄 초가집에 두 눈이 번쩍 眼明茅屋倚山阿
시내 위에 여전히 긴 다리 걸쳐 있네 依舊長橋跨寒碧

자주 : 여기가 소초 객점이다.

말 머리에서 나란히 절하는 긴 수염[98]들 長鬚竝肩拜馬首
비파에서 밥 먹으며 다시 만나자 약속했네 取食琵琶來會約

자주 : 비파(琵琶)는 마을 이름이다.

수헐에서 밥상을 대하니 손에 수저가 달라붙고 對案愁歇手膠匙

자주 : 수헐(愁歇)은 객점 이름이다. 소초에서 30리 떨어져 있다.

덕평에서 베개를 베니 바람이 담벼락 쏘아 대네 欹枕德坪風射壁

자주 : 덕평(德坪)은 객점 이름이다. 수헐에서 50리 떨어져 있다.

이날 길 위에서 높은 수레 만났나니 是日陌上逢高軒
영남의 신임 방백 부임하는 행차라고 云是嶺南新方伯
구종(驅從)은 의기양양 말은 날아갈 듯 僕從揚揚馬如飛
앞줄은 붉은옷에 뿔피리를 불어 대네 前隊朱衣鳴畫角
장부가 뜻을 얻는 일이 어찌 쉬우리오 丈夫得志豈易得

98 긴 수염 : 하인의 별칭이다. 한유(韓愈)가 〈기노동(寄盧仝)〉 시에서 긴 수염〔長鬚〕의 하인을 등장시켜 여러 번 그 표현을 썼던 데에서 유래하였다. 《韓昌黎集 卷5》

모쪼록 벼랑 끝 창생들을 살려 주시기를[99]　　願蘇顚崖百萬億
차현의 뒤쪽은 얼음 깔린 돌바닥 길　　石逕拖氷車峴背
현황[100]이 서서 버티니 채찍도 소용없네　　玄黃拒地鞭無力
궁원에서 여장 풀고 서고모님 만나 뵈니　　卸鞍弓院見庶姑

자주 : 궁원(弓院)은 동네 이름〔里名〕이다.

고모부께서 얼마나 다정히 대해 주시는지　　姑家夫子情款曲
술 마시며 도란도란 점점 깊어 가는 밤　　細酌軟語永今夕
말은 우리에서 곡식 먹고 종은 흰 쌀밥일세　　馬粟掩牢奴飯白
서창의 계수 그림자 속에 갈 길을 재촉하니　　西窓桂影喚人行
비단 물결 모래밭에 별빛이 처음 스며드네　　錦水沙際星初入
누가 뗏목에 널빤지 깔아 놓을 줄 알았는가　　編航臥板誰解此
땅을 밟듯 강 복판을 말 달려 지나갔네　　馳過江心如踏陸
예전에 볼 땐 물결이 언덕까지 넘쳤는데　　向來正見波溢岸

자주 : 올 때에는 가을장마로 물이 잔뜩 불어나서 며칠 동안 길이 막혔다.

오늘은 텅 빈 계곡처럼 물이 빠질 줄 알았으랴　　豈意今朝斂幽壑
하백에게 말하노니 멋대로 으스대지 말라[101]　　寄語河伯莫浪誇

---

99 모쪼록……주시기를 : 참고로 당(唐)나라 노동(盧仝)의 〈다가(茶歌)〉 마지막에 "백만억 창생들의 목숨이 벼랑 끝에서 떨어져 신음하고 있는 것을 신선들이야 어떻게 알 수 있겠는가. 그래서 우리 간의대부에게 묻노니, 창생의 목숨을 필경에는 다시 살려 낼 수 있겠는가.〔安得知百萬億蒼生 命墮顚崖受辛苦 便從諫議問蒼生 到頭合得蘇息否〕"라는 말이 나온다.

100 현황(玄黃) : 지치고 병든 말을 뜻한다. 《시경》 〈권이(卷耳)〉의 "저 높은 산등성이 어떻게 올라갈까, 내 말이 피곤해서 누렇게 변했으니.〔陟彼高岡 我馬玄黃〕"라는 말에서 유래한 것이다.

101 하백(河伯)에게……말라 : 가을 홍수가 밀어닥쳐 온갖 냇물이 황하로 쏟아져 들어오며 거대한 탁류를 형성하여, 양쪽 물가의 소와 말을 분별할 수 없을 정도가 되자, 황하 귀신 하백이 혼자 기뻐하고 으스대며 천하의 아름다움은 모두 자기에게 있는 듯 여기다가, 마침내 끝이 보이지 않는 북쪽 바다에 이르자 자신의 좁은 소견을 탄식하며 북해 귀신 약(若)에게 허탈한 심경을 고백하는 내용이 《장자》 〈추수(秋水)〉에 나온다.

조물은 본래 되바꾸는 것을 좋아하느니라　　造物由來喜變易
계룡산 경치가 무척 아름답긴 하다마는　　鷄龍之山甚佳麗
꽃피는 시절의 여행이 아니라서 유감일세　　此行恨不花時節
이산현 앞에 오니 어느새 솔 그림자 기우뚱　　尼山縣前松影斜
후사리 촌락에선 밥 짓는 연기 스러지네　　後寺村落炊煙滅

자주 : 후사(後寺)는 이명(里名)이다.

강남의 풍토가 멀지 않아서 즐겁나니　　江南風土喜不遠
가는 곳마다 인가에 대나무가 길쭉길쭉　　處處人家有脩竹
새벽빛 희미해서 관진사는 안 보이고　　曙色熹微失觀眞

자주 : 관진(觀眞)은 사명(寺名)이다.

저녁 등불 깜박깜박 백독리인 줄 알겠네　　夕燈明滅知白瀆

자주 : 백독(白瀆)은 이명(里名)이다.

주가의 할머니와 여러 아주머니들　　朱家婆婆庶母母
급오[102]의 깊은 정이 바다보다도 깊어라　　及烏深情海不及
진수성찬 차려 놓고 더 들도록 권하며　　珍烹玉粒勸加餐
자세히 안부 묻고 여행길을 위로하네　　細問寒溫勞行役
삼례 남쪽으로는 가없이 넓은 평야　　大野無邊參禮南

자주 : 삼례(參禮)는 역명(驛名)이다.

가로세로 밭두둑에 기름진 전답이라　　阡陌縱橫田衍沃
아득한 강 하늘에 멀리서 기러기 소리　　江天漠漠鴈聲遠

102 급오(及烏) : 까마귀에까지 미친다는 뜻으로, 어떤 사람을 좋아하다 보면 그 사람과 관련된 모든 것이 좋아지는 것을 비유하는 말이다. 《상서대전(尙書大傳)》〈대전(大戰)〉의 "어떤 사람을 좋아하면 지붕 위의 까마귀도 좋아지게 마련이고, 어떤 사람을 좋아하지 않으면 담벼락의 모서리도 미워지는 법이다.〔愛人者 兼其屋上之烏 不愛人者 及其胥餘〕"라는 말에서 유래한 것이다. 참고로 두보(杜甫)의 〈봉증사홍이사장(奉贈射洪李四丈)〉 시에 "장인의 집 지붕 위의 까마귀여, 주인이 좋으니 까마귀 너도 좋구나.〔丈人屋上烏 人好烏亦好〕"라는 표현이 나온다. 《杜少陵詩集 卷11》

자주 : 11월에 기러기 울음소리가 들리는 것은 풍토(風土)가 다르기 때문이다.

사람 갈 길 급한데 저녁 비는 부슬부슬　晩雨霏霏人去急
뜻이 활달한 아름다운 두 선비　神傾意豁兩佳士
금구읍 여관에서 우연히 만났다네　逆旅邂逅金溝邑
한 이불 덮고 얘기하며 걱정을 잊었나니　聯衾晤語百憂失
새로 사귀는 최고의 기쁨[103]을 비로소 알았네　始信新知樂莫樂
마올잔몽[104]의 길 앞으로 얼마나 남았을까　馬兀殘夢路幾許
늙은 이정표 현신(現身)하며 사십 리라 알려 주네　老堠呈身告四十
들판을 굽어봄에 연못을 품은 한 고을　俯郊孤縣抱荷池

자주 : 태인(泰仁)이다.

둑길 위의 새 정자 또한 절승이로세　堤上新軒亦奇絶
정읍을 돌아보며 장곡으로 들어가니　回看井邑入長谷
스산하게 석양이 앙상한 나무에 걸렸네　寂歷斜陽掛疏木
꿈속에선 분명히 백련까지 왔건마는　蝴蝶分明到白蓮

자주 : 백련(白蓮)은 가향(家鄕)의 지명(地名)이다.

깨어 보니 몸은 아직 천원역에 있구나　覺來身在川源驛
누가 포거[105] 거느리고 등륙[106]을 싣고 와서　誰將礮車載縢六

---

103 새로……기쁨 : 굴원(屈原)의 〈소사명(少司命)〉에 "슬픔 중에 최고의 슬픔은 살아서 이별이요, 기쁨 중에 최고의 기쁨은 새로 사귀는 것이라.〔悲莫悲兮生別離 樂莫樂兮新相知〕"라는 시구를 인용한 것이다. 《楚辭》

104 마올잔몽(馬兀殘夢) : 소식(蘇軾)의 〈제야대설유유주……(除夜大雪留濰州……)〉에 "봄바람이 숙취한 이 몸에 불어오는데, 야윈 말 위에 올연(兀然)히 남은 꿈 이어지네.〔東風吹宿酒 瘦馬兀殘夢〕"라는 시구를 발췌한 것이다. 《蘇東坡詩集 卷15》 참고로 유령(劉伶)의 〈주덕송(酒德頌)〉에 "올연(兀然)히 취한다."라는 말이 있다.

105 포거(礮車) : 포거운(礮車雲)의 준말로, 장차 폭풍이 불어올 것을 알려 주는 먹구름을 가리킨다. 소식(蘇軾)의 〈유월칠일박금릉조풍……(六月七日泊金陵阻風……)〉 시에 "오늘 강 머리에 하늘 기색이 험악하더니, 포거운이 일어나며 폭풍이 몰아치려 하네.〔今日江頭天色惡 礮車雲起風欲作〕"라는 구절이 있다. 《蘇東坡詩集 卷37》

봉이[107]를 불러들여 함께 재앙을 끼치는가 招得封姨同作厄
눈보라가 치건 말건 무슨 상관 있으리오 飄飄淅淅竝遮莫
노령 험준한 길을 애써 오르고 오르노라 蘆嶺層途强登陟
일만 골은 생황과 종소리로 떠들썩하고 萬谷喧轟沸笙鐘
일천 산은 주옥으로 단장한 듯 빛나네 千峯照耀粧珠玉
경치가 모두 기이하여 그윽한 흥치 돋우나니 箇箇奇景動幽興
산신령이 먼 길 나그네 즐겁게 함이 아니겠나 無乃山靈娛遠客
옛 장성에서 장작불 피워 옷을 말렸나니 爇薪炙衣古長城
새로 흙 바른 객당에 별빛이 새어 드네 客堂新泥星漏屋
외변로에 우뚝 서 있는 정문(旌門)과 비석 旌碑突兀外邊路

자주 : 외변로(外邊路) 세 글자는 지명(地名)이다.

반부의 굳센 절조가 머리를 숙이게 하는구나 潘婦勁節令人式
하늘에 기댄 무등이 시야 속으로 倚天無等望中出

자주 : 무등(無等)은 산명(山名)이다.

아침 햇살에 실 같은 능선이 드러나네 朝日照之分縷脈
다음엔 객의 눈으로 구경하지 말지니 他時莫作生客看
갈바람 불면 나막신에 밀을 칠하리라[108] 會待秋風蠟我屐
재공(齋供)을 마친 여항 사람과 담소를 하고 笑語供罷餘杭人

자주 : 여항(餘杭) 두 글자는 지명(地名)이다.

등잔 앞에 말없이 앉아 지나온 길 더듬어 보네 嘿坐燈前記所歷

---

106 등륙(滕六) : 전설상의 눈 귀신〔雪神〕 이름이다.

107 봉이(封姨) : 전설상의 바람 귀신〔風神〕 이름이다. 봉이(封夷) 혹은 풍이(風姨)라고도 한다.

108 갈바람……칠하리라 : 가을이 되면 본격적으로 한번 등산해 보겠다는 말이다. 남조(南朝) 송(宋)의 시인 사영운(謝靈運)이 심산유곡(深山幽谷)을 샅샅이 탐색하는 것을 좋아하였는데, 그럴 때면 꼭 나막신에 밀을 칠하여 반들반들하게 해서 신고 다녔다는 고사가 전한다. 《宋書 卷67 謝靈運列傳》

굽고 곧은 시내와 산길이 육십 리요 曲直溪山六十里
길고 짧은 그림 병풍이 삼백 첩일세 長短畫屛三百疊
고당이 눈에 선해 돌아갈 마음이 바쁜지라 高堂生目歸意忙
남은 여정 손꼽으며 일찍 숙소를 출발했네[109] 屈指餘程早發夕
금성의 성 남쪽 강물도 어여쁘고 錦城城南江可憐
월출산도 반가운 낯으로 환영해 주네 月出迎人好顔色

자주 : 월출(月出)은 산명(山名)이다.

도중에 거년의 약속 문득 떠올리고 行行忽憶去年約
날 저물어 묵은 모산 처사의 집 暮宿茅山處士室

자주 : 모산(茅山)은 지명(地名)이다.

모산 처사는 무엇을 하는 분이신가 茅山處士何所爲
문 닫고 글만 읽으니 남이 졸하다나요 杜門讀書人謂拙
맑은 아침 월남사에 말을 맸나니 淸晨繫馬月南寺

자주 : 월남사(月南寺)는 절 이름〔寺名〕이다.

법당엔 부처 그림이요 뜰엔 탑이라 堂有畫佛庭有塔
저녁에 쌍교 건너는데 빗방울이 후두둑 暝渡雙橋雨淋腦

자주 : 쌍교(雙橋)는 다리 이름〔橋名〕이다.

구름에 가려 어두운 계곡 진흙으로 질퍼덕 雲暗幽谿費墒埴
조금 있다 또 들으니 요란한 솔바람 소리 少焉又聞松檜鬧
서남쪽 태풍이 불어 지축을 뒤흔드는 듯 西南大風飜坤軸
모자 날리고 뼈가 시려도 마다하지 않으리니 簸冠涷骨百不辭
겹겹이 가린 구름장을 모조리 쓸어버렸으면 但願重雲一掃撤

자주 : 먹장구름으로 앞이 보이지 않아 길을 가기가 매우 어려웠으므로 이런 생각을 하였다.

---

109 숙소를 출발했네 : 《시경》 〈재구(載驅)〉에 "노나라 길이 평탄하거늘, 제자가 간밤에 묵은 곳에서 출발하도다.〔魯道有蕩 齊子發夕〕"라는 말이 나온다.

집 앞에 도착하니 벌써 이슥한 밤　到得家前夜已久
문밖에 자던 새 놀라서 푸득푸득　門外宿鳥驚剝啄
어린 동생은 허둥지둥 문턱을 넘어오고　小弟踉蹡越門限
막내 누이는 비단 장막 속에서 옹알거리누나　季妹婭奼語羅幕
의려[110]와 척호[111]의 시간 지금까지 얼마인가　倚閭陟岵今幾時
질병과 기한이 비로소 풀리는 듯하도다　疾病飢寒疑始釋
촌사람이여 이제부턴 멀리 노닐지 말 것이요　幽人從此莫遠遊
멀리 노닐더라도 시한을 넘기지 말 것이다[112]　遠遊亦勿過時復

---

110 의려(倚閭) : 자식의 안부를 걱정하는 어버이의 간절한 심정을 비유한 말이다. 전국 시대 제(齊)나라 왕손가(王孫賈)가 열다섯 살에 민왕(閔王)을 섬겼는데, 그 모친이 "네가 아침에 나가서 저녁에 돌아올 때면 내가 집 문에 기대어 너를 기다렸고,〔倚門而望〕 네가 저녁에 나가서 돌아오지 않을 때면 내가 마을 문에 기대어 너를 기다렸다.〔倚閭而望〕"라고 말한 고사에서 나온 것이다. 《戰國策 齊策6》

111 척호(陟岵) : 어버이를 그리워하는 자식의 간절한 심정을 비유한 말이다. 〈척호〉는 효자가 부역을 나가서 어버이를 잊지 못하는 심정을 노래한 《시경》 〈위풍(魏風)〉의 편명인데, 그 첫째 장에 "저 민둥산에 올라가서 아버님 계신 곳을 바라본다. 아버님은 아마도 이렇게 말씀하시겠지. '아, 내 아들이 부역에 나가서 밤낮으로 쉬지 못할 터인데. 부디 몸조심해서 죽지 말고 살아서 돌아오기만 해라.'라고.〔陟彼岵兮 瞻望父兮 父曰嗟予子行役 夙夜無已 上愼旃哉 猶來無止〕"라는 말이 나온다.

112 촌사람이여……것이다 : 부모를 모시는 자식의 입장에서 어버이에게 걱정을 끼치면 안 된다는 말이다. 《논어》 〈이인(里仁)〉에 "부모가 계실 때에는 멀리 나가서 노닐지 말 것이요, 나가서 놀더라도 반드시 일정한 처소가 있어야 한다.〔父母在 不遠遊 遊必有方〕"라는 공자(孔子)의 말이 나온다.

## 수원의 벽 위의 시에 차운하다
次燧院壁上韻

유화의 계절[113]에 산장을 떠났는데　節當流火別山莊
천리 길 돌아오니 흰 눈이 옷에 가득　千里歸時雪滿裳
어느 날에나 세상길에서 이 몸 벗어나　何日脫身於世路
천지간에 사시(四時)가 바뀜을 한가히 볼거나　閑看天地替陰陽

113 유화(流火)의 계절 : 더위가 점차로 물러가고 초가을의 서늘한 기운이 느껴지는 음력 7월을 말한다. 《시경》〈칠월(七月)〉에 "칠월에 화성(火星)이 서쪽으로 흘러 들어가면, 구월에는 추우니 새 옷을 입혀 주어야 한다.〔七月流火 九月授衣〕"라는 말이 나온다.

## 장 수재의 글에 답하다 임자년(1612, 광해군4)

答張秀才書 壬子

장 수재(張秀才)가 오언(五言)의 시를 적어 보냈는데, 그중에 "따고 따는 부용꽃, 공 말고 누가 제일이리오.〔采采芙蓉花 非公誰第一〕"라고 하였고, 또 "장내에 드실 것이 없을 것 같기에, 내 마당에서 쪼는 놈[114]을 보내 드리오.……〔想無場中饌 送我庭中啄……〕" 하였다.

고결한 모습을 오래도록 보지 못하니　　芝眉久不接
그리운 생각이 나도 몰래 간절한데　　思想分外別
지금 어떻게 지내고 계시는지요　　動靜今何如
칠월 더위가 옥돌을 녹이는 이때　　流火正爍玉
못난 나는 어버이를 모시면서　　龍鍾侍親闈
탈 없이 궤석을 받들고 있습니다　　無恙奉几席
지난번 초포의 영예를 얻은 것은[115]　　頃得草袍榮
잠시 이목을 즐겁게 한 것일 뿐이나[116]　　斯須樂耳目

114 내……놈 : 닭을 말한다. 한유(韓愈)의 〈차재동생행(嗟哉董生行)〉 시에 "개가 젖 먹이다 먹이 구하러 나가자, 닭이 와서 새끼 강아지를 먹이려 하네. 마당에서 부리로 쪼아 벌레를 모은 뒤에, 먹이려 하나 안 먹으니 슬프게 우네.〔家有狗乳出求食 雞來哺其兒 啄啄庭中拾蟲蟻 哺之不食鳴聲悲〕"라는 말이 나온다. 《韓昌黎集 卷2》

115 지난번……것은 : 고산이 1612년(광해군4) 봄에 진사시(進士試)에 합격한 것을 말한다. 초포(草袍)는 풀빛과 같은 청색의 도포, 즉 청포(靑袍)와 같은 말로, 아직 관직을 받지 않은 과거 급제자의 복색을 말한다. 초포는 〈고시팔수(古詩八首)〉의 "푸른 도포는 봄날의 풀과 같다 할까, 긴 가지가 바람 따라 펼쳐지누나.〔靑袍似春草 長條從風舒〕"라는 시구에서 나온 것이다. 《玉臺新詠 卷1》

| | |
|---|---|
| 비와 이슬이 미천한 뿌리에 미쳤기에 | 雨露及淺根 |
| 감격하여 이극의 노래[117]를 불렀습니다 | 激烈歌爾極 |
| 명예를 구할 뜻이 조금도 없다고 한 | 少無求名意 |
| 지난번의 말을 그대는 기억하겠지요 | 前言君可憶 |
| 더군다나 거칠고 졸렬한 말을 가지고 | 況乃荒拙語 |
| 어떻게 사람이 무릎을 치게 하겠습니까 | 誰使人擊節 |
| 둘째간다 하더라도 소망이 지나친데 | 第二而過望 |
| 어떻게 그대는 첫째를 기대하십니까 | 君何願第一 |
| 한 마리 닭과 열 줄의 편지 | 隻鷄十行書 |
| 송백 같은 그대의 뜻 감격하면서도 | 感君意松柏 |
| 세상일이 방해하기 좋아하는 까닭에 | 世故喜掣肘 |
| 솔 대문을 아직껏 두드리지 못했소이다 | 松關迄未啄 |
| 애오라지 회포를 토로하고 싶어 | 聊將願言懷 |
| 만분의 일이나마 짧은 붓으로 전하니 | 萬一付短筆 |
| 부디 넓은 마음으로 양찰해 주시기를 | 惟尊心諒之 |
| 어떻게 서찰로 다 말씀드리겠습니까 | 若爲盡書札 |
| 칠월 십삼일에 | 七月十三日 |
| 상식 홍진객 드림 | 相識紅塵客 |

116 잠시……뿐이나 : 참고로 《묵자(墨子)》 〈겸애 하(兼愛下)〉에 "우가 유묘를 정벌한 것은 부귀를 중히 여기고 복록을 구하고 이목을 즐겁게 하려고 해서가 아니요, 천하의 이익을 도모하고 천하의 해로움을 제거하기 위해서였다.〔禹之征有苗也 非以求以重富貴 干福祿 樂耳目也 以求興天下之利 除天下之害〕"라는 말이 나온다.

117 이극(爾極)의 노래 : 임금의 덕을 찬양하는 노래라는 말이다. 《시경》 〈사문(思文)〉에 "우리 백성을 먹여 살리시니, 당신의 지극한 덕 아님이 없다.〔立我烝民 莫匪爾極〕"라고 후직(后稷)을 찬미하는 내용이 나온다.

## 날이 갠 것을 기뻐하며 임자년(1612)
喜晴 壬子

| | |
|---|---|
| 임자년 봄 왕정월[118] | 春王正月歲壬子 |
| 열흘 내내 비 눈으로 음기가 사나운지라 | 雨雪連旬陰氣獰 |
| 해와 달도 숨어서 만물이 모두 시들하고 | 日月隱沒物皆晦 |
| 구름과 안개만 답답하게 하늘에 꽉 찼네 | 雲霧痞塞天彭脝 |
| 협종의 재 날리고 명협(蓂莢) 다섯 잎 질 적[119]에 | 夾鍾吹灰蓂五凋 |
| 누가 시켰나 북쪽에서 거센 바람이 불어오네 | 北來高風誰使令 |
| 유인이 새벽에 일어나서 두 눈을 씻고 보니 | 幽人曉起拭兩目 |
| 천지가 맑아지며 온 마을에 생기가 도는구나[120] | 境落褰擧乾坤淸 |

118 왕정월(王正月) : 중국의 천자가 쓰는 달력으로 정월이라는 뜻이다. 《춘추(春秋)》 은공(隱公) 원년 첫머리에 "원년 봄 왕정월〔元年春王正月〕"이라고 하였는데, 《춘추》의 이 연대 표기 방식과 관련하여, 《춘추공양전(春秋公羊傳)》에서 "어째서 왕정월이라고 하였는가. 대일통을 하기 위해서이다.〔何言乎王正月 大一統也〕"라고 해설하였다. 대일통(大一統)은 천하의 제후(諸侯)가 모두 주(周)나라 왕에게 귀의하여 이를 중심으로 통일되어야 한다는 의미이다.

119 협종(夾鍾)의……적 : 2월 20일을 말한다. 협종은 옛날 12악률(樂律) 중 6음률(陰律)의 하나로, 계절로는 중춘(仲春)에 해당한다. 《예기》 〈월령(月令) 중춘〉에 "율은 협종에 해당한다.〔律中夾鍾〕"라고 하였다. 옛날에 갈대 줄기의 얇은 막을 태워 그 재를 율관(律官) 속에 넣은 다음에 밀실(密室)에 놔두고 기후를 점쳤는데, 하나의 시절이 도래하면 그 시절에 해당하는 율관 속의 재가 들썩거리며 날려 그 계절이 돌아온 것을 알려 주었다고 한다. 《漢書 卷21上 律曆志上》 명협(蓂莢)은 요(堯)임금 때 조정 뜰에 났다는 서초(瑞草)인데, 매월 초하루부터 15일까지 매일 한 잎씩 나오고, 16일부터 그믐날까지 매일 한 잎씩 떨어졌으므로, 이것으로 날을 계산하여 달력을 만들었다는 고사가 전한다. 《竹書紀年 卷上 帝堯陶唐氏》

120 천지가……도는구나 : 참고로 한유(韓愈)의 〈원화성덕시(元和聖德詩)〉에 "천지가 맑아지며 마을마다 생기가 돈다.〔乾淸坤夷 境落褰擧〕"라는 표현이 나온다. 《韓昌黎集 卷1》

이윽고 동산에서 희어[121]가 떠오르니 　俄然東嶺出羲御
여항의 노소(老少)가 먼저 보려고 다투네 　閭巷老弱先覩爭
천하의 기상이 무엇과 같다 할까 　宇內氣象何所似
대란 뒤에 태평을 만난 듯하네그려 　大亂之餘遭太平
온갖 종류 생물들이 얼마나 기쁘겠는가마는 　叢叢萬類悅者幾
자세히 말할 겨를 없으니 간략히 평하리라 　不暇細說吾略評
현순의 등에 아침 햇볕을 쪼이면서[122] 　懸鶉背上得朝陽
할아버지 할머니가 면오가 나옴을 경하하네[123] 　翁媼共賀綿襖生
얼굴이 즐거운걸 돌올한 집을 어디에 쓰랴[124] 　歡顔何用突兀屋

121 희어(羲御) : 희화(羲和)가 모는 수레라는 뜻으로, 태양을 말한다. 희화는 고대 신화 속의 인물로, 해 수레를 모는 신의 이름이다. 희어(羲馭)라고도 한다. 대본에는 '曦御'로 되어 있으나, '曦'는 '羲'의 잘못이기에 바로잡아 번역하였다.

122 현순(懸鶉)의……쪼이면서 : 현순은 해진 옷을 누덕누덕 기운 것이 메추라기를 매단 것과 같다는 뜻으로, 누더기 옷을 말한다. 소식(蘇軾)의 〈박박주(薄薄酒)〉 시에 "한(漢)나라 황제처럼 구슬 장식 수의(壽衣)와 옥으로 만든 관 속에 누워 만인의 전송을 받으며 북망산으로 돌아가는 것보다는, 메추라기를 매단 것처럼 일백 곳이나 꿰맨 옷을 입고서라도 홀로 앉아 아침 햇볕을 등에 쬐는 것이 그래도 낫다.〔珠襦玉匣萬人祖送歸北邙 不如懸鶉百結獨坐負朝陽〕"라는 말이 나온다. 《蘇東坡詩集 卷14》

123 할아버지……경하하네 : 노인들이 모두 솜옷처럼 따뜻하게 해 주는 해가 나온 것을 축하한다는 말이다. 면오(綿襖)는 황면오자(黃綿襖子)의 준말로, 추운 계절에 뜨는 태양이다. 황면오(黃綿襖), 황오(黃襖)라고도 한다. 송(宋)나라 나대경(羅大經)의 《학림옥로(鶴林玉露)》 〈병편(丙編) 1〉에 "임인년 정월에 열흘 내내 눈이 내리다가 홀연히 날이 개자, 마을의 남녀 노인들이 서로 경하하며 '황면오자가 나왔다.'라고 하였다.〔壬寅正月 雨雪連旬 忽爾開霽 閭里翁媼相呼賀曰 黃綿襖子出矣〕"라는 말이 나온다.

124 얼굴이……쓰랴 : 얼굴이 펴져서 모두 즐겁기만 하니 우뚝 서 있는 큰 집도 더 이상 소용이 없게 되었다는 뜻의 해학적인 말이다. 두보(杜甫)의 〈모옥위추풍소파가(茅屋爲秋風所破歌)〉 시에 "어떡하면 천만 칸의 널찍한 집을 얻어서, 천하의 빈한한 선비들을 크게 비호하여 모두 즐거운 얼굴이 되게 하고, 풍우에도 동요하지 않고서 산처럼 안정되게 할까. 아, 어느 때에나 눈앞에 우뚝 서 있는 이런 큰 집을 볼거나. 그렇게만 된다면 내 집만 유독 부서져서 얼어 죽는다 하더라도 만족하리라.〔安得廣廈千萬間 大庇天下寒士俱歡顔 風雨不動安如山 嗚呼 何時眼前突兀見此屋 吾廬獨破受凍死亦足〕"라는 말이 나온다. 《杜少陵詩集 卷10》

초가의 침상이 마르니 드르렁 코고는 소리[125]　破廬牀乾聞鼾聲
농부는 밭에 나가 민첩하게 밭을 갈고　農夫往田耒耜便
여행객은 길에 올라 거마가 가벼워라　行客登途車馬輕
곳곳마다 물 길으며 의복을 세탁하고　汲泉處處濯衣裳
집집마다 멍석 깔고 곡식을 말리누나　布席家家乾粟杭
안개와 먼지 사라지니 뱃노래가 일어나고　霧捲埃宿起棹謳
산과 물 산뜻하니 노닐 마음이 더해지네　山明水麗添遊情
도인은 약을 말리며 시렁 옆에 서 있고　道人曬藥架邊立
나무꾼은 낫을 차고 숲 속으로 들어가누나　樵父腰鎌林下行
깊숙한 방 병든 이도 씻은 듯 개운해져　深堂病夫亦灑然
발 걷고 베개 높이 정신이 깨어나네　揭簾高枕神魂醒
선학은 표표히 날개 젖을 걱정 없이　仙鶴飄飄不愁濕
깃 떨치고 쌍쌍이 날며 하늘 밖에서 우네　振翮雙飛天外鳴
일어나 섬돌 앞의 도리나무 찾아가니　起訪階前桃李樹
남쪽 북쪽 가지마다 꽃피우려 싹이 트네　南枝北枝芳意萌
정원 안을 굽어보니 푸른 방초 무성하여　俯瞰庭中綠萋萋
촌초마다 봄 햇빛의 영광을 입고 있구나[126]　寸草共被春暉榮
황천이 비를 거두며 무슨 수고하였기에　皇天捲雨有何勞
온 누리에 기쁨이 이렇게 넘치게 하는가　而使六合歡意盈
아　嗚呼

125 초가의……소리 : 비가 그쳐 지붕이 새지 않아 침상에서 잠잘 수 있게 되었다는 뜻이다. 두보의 〈모옥위추풍소파가(茅屋爲秋風所破歌)〉 시에 또 "침상마다 지붕이 새어 마른 곳이 없는데, 빗발은 삼대처럼 끊임없이 내리붓네.〔床床屋漏無乾處雨脚如麻未斷絶〕"라는 말이 있다. 《杜少陵詩集 卷10》

126 촌초(寸草)마다……있구나 : 맹교(孟郊)의 〈유자음(遊子吟)〉을 인용한 것이다. 67쪽 주60 참조.

| | |
|---|---|
| 온 누리에 기쁨이 흘러넘칠 뿐만이 아니요 | 不獨六合歡意盈 |
| 하늘빛도 편안하고 하늘 기운도 형통하구나 | 天色安寧天氣亨 |

## 새벽길 임자년(1612)

曉行 壬子

| | |
|---|---|
| 은진현 등 뒤로는 가없는 들판 | 恩津縣背野無際 |
| 나그네 새벽길에 달도 없어라 | 客子曉行無月時 |
| 객점 불빛은 긴가민가 먼 눈길을 속이고 | 店火是非欺遠眼 |
| 잠 귀신은 오락가락 지친 종을 괴롭히네 | 睡魔進退困勞廝 |
| 동서남북 어딘지 별이 잘 알려 주고 | 東西南北星能告 |
| 도로와 교량은 말이 스스로 안다오 | 道路橋梁馬自知 |
| 멀리 고당에선 가을 꿈에서 깨시어 | 遙想高堂秋夢覺 |
| 못난 자식 안부를 못내 걱정하시겠지 | 昧兒安否苦相思 |

## 여산 미륵당에 제하다 임자년(1612)
題礪山彌勒堂 壬子

여산군에서 말을 멈추니　　息馬礪山郡
아침 햇살이 바야흐로 쨍쨍　　朝日正杲杲
길가에 자리한 하나의 석상　　路傍坐石像
올연히 형색이 추레하기만　　兀然形色老
초가집에는 지전이 늘어지고　　茅屋垂紙錢
베옷에 두건을 머리에 씌웠는데　　布衣巾覆腦
어떤 이의 보시(布施)인지 모르겠지만　　不識何人施
복을 구한 것만은 알 수 있겠네　　求福可知道
신이여 참으로 영험하다면　　神乎苟其靈
나도 기도할 것이 있나니　　余亦有所禱
원컨대 신묘한 의원을 만나　　願得神妙醫
어버이 병환을 즉시 낫게 하고　　親痾卽淨掃
건강하게 고당에 앉으시어　　康寧坐高堂
오래 사시는 경사를 받게 해 주시고　　受慶遐壽考
자손들이 뜰을 가득 채운 가운데　　兒孫滿庭下
머리 끄덕이며 문안도 받게 해 주기를　　點頭答寒燠

## 병이 나서 은진에 머물다 임자년(1612)
疾作留恩津 壬子

| | |
|---|---|
| 이불 덮어쓰고 엎드린 채 헝클어진 머리칼 | 援衾伏枕髮鬅鬙 |
| 오한이 가시자마자 열기가 바로 치솟누나 | 寒勢纔收熱便乘 |
| 고향 땅은 일천 겹 높은 산으로 막혀 있고 | 千以高山遮故里 |
| 닷새 동안 긴 밤을 등불 하나와 짝했어라 | 五過長夜伴孤燈 |
| 꿈속에선 집사람이 조심조심 약 달이고 | 夢中煎藥家人謹 |
| 창밖에는 시골 달이 시간을 잘도 알려 주네 | 窓外傳更野月能 |
| 벌떡 일어나 지팡이 짚고 나가고도 싶다마는 | 心欲奮飛扶杖出 |
| 와들와들 떠는 꼴이 가을날 파리 같으니 원 | 凌兢氣色似秋蠅 |

## 병이 낫다 임자년(1612)

疾止 壬子

질병의 고통이 없다면 不有疾痛苦
평소의 낙을 어찌 알겠나 誰識平居樂
닭 소리 그리고 새벽빛까지 鷄聲與晨光
이목에 즐겁지 않음이 없구나 莫非娛耳目

## 부친을 대신해서 정언 강대진에게 차운하여 답하다 6수

갑인년(1614, 광해군6)

代嚴君次韻酬姜正言大晉 六首 甲寅

| | |
|---|---|
| 한벽의 선경을 독차지하고 | 寒碧領仙景 |
| 맑고 호방하게 서 있는 누대[127] | 爲樓淸且豪 |
| 은총과 치욕을 잊게 해 주나니 | 能令忘寵辱 |
| 한번 산호를 휘두를 만하도다[128] | 可以揮山毫 |
| 소리도 듣기 좋은 긴 여울이요 | 長瀨聲容好 |
| 기상도 드높은 뭇 산봉우리라 | 群峯氣象高 |
| 병든 몸으로 승경에 오르기 어렵지만 | 沈痾難濟勝 |
| 손잡고 감상한다면 수고롭다 말하리오 | 携賞豈言勞 |

| | |
|---|---|
| 도담에게 축하하는 말을 전하노니 | 寄語賀島潭 |
| 금일의 손님은 영호하신 분이니까 | 今日客英豪 |
| 도담은 내가 보지 못했다마는 | 島潭吾不見 |
| 그대의 휘호만은 보고 싶은걸 | 欲見子揮毫 |

127 한벽(寒碧)의……누대 : 충청북도 제천군(提川郡) 청풍면(淸風面)에 있는 한벽루(寒碧樓)를 말한다. 고려 때 세워졌으며, 조선 태종(太宗) 때 군수 정수홍(鄭守弘)이 중건하였다. 《新增東國輿地勝覽 卷14 忠淸道 淸風郡》

128 한번……만하도다 : 산호(山毫)는 중산호(中山毫)의 준말로, 모필(毛筆)을 말한다. 중산(中山)의 토끼털로 만든 붓이 최고의 명필로 일컬어졌으므로, 보통 좋은 붓을 중산옥토호(中山玉兎毫) 혹은 줄여서 중산호·옥호(玉毫)라고 부르게 되었다. 대본에는 '可以渾山毫'로 되어 있으나, '渾'은 '揮'의 잘못이기에 바로잡아 번역하였다.

그 절경 참으로 어떤 형상일까　　奇勝眞何狀
여기와 어디가 더 낫다 할지　　與此孰爲高
머지않아 나도 배 저어 가며　　早晩刺舟去
결코 고생을 사양치 않으리라　　吾亦不辭勞

용모를 정제하고 서 있는 봉우리들　　群峯整容立
신선과 호걸들이 한데 뒤섞였네　　羽客雜人豪
푸른 옥색이 두 눈을 밝게 하나니　　玉色明雙眼
한 터럭도 봉심[129]이 있지 않다오　　蓬心無一毫
강의 흐름은 맑음이 이미 극에 달하고　　江流淸已極
새소리는 성운(聲韻)이 여전히 높아라　　禽鳥韻猶高
현포[130]가 어찌 이보다 나을 수 있으리오　　玄圃何能勝
이제 꿈속에 그리는 수고를 덜겠도다　　今除夢想勞

청풍이라 처음에 누가 지었나　　淸風始誰作
땅을 보니 사람도 호탕하겠네　　相地人應豪
물가는 깨끗해서 벽옥과 같고　　洲渚淨如玉
강물은 맑아서 터럭도 비친다오　　江流澄鑑毫
수려한 봉우리는 신선이 모여 선 듯　　秀峯仙侶會

---

129 봉심(蓬心) : 쑥대가 우거져 앞이 보이지 않는 것처럼, 답답하게 꽉 막힌 마음을 말한다. 장주(莊周)가 친구인 혜시(惠施)와 문답을 나누다가 "그대는 아직도 쑥대가 우거진 것과 같은 마음을 지니고 있다.〔夫子猶有蓬之心也夫〕"라고 비판한 말에서 유래한 것이다. 《莊子 逍遙遊》

130 현포(玄圃) : 위로 천계(天界)와 통한다고 일컬어지는 곤륜산(崑崙山)의 정상에 있다는 신선의 거처를 말한다. 그 위에는 금대(金臺), 옥루(玉樓)와 기화요초(琪花瑤草)가 만발해 있다고 하는데, 보통 선경(仙境)의 뜻으로 쓰인다. 현포(懸圃) 혹은 현포(縣圃)라고도 한다.

비낀 능선에는 그림 병풍 드높아라　橫嶂畫屛高
심신이 상쾌해짐을 앉아서 깨닫노니　坐覺心神爽
어찌 안력의 수고를 저어하리오　何嫌眼力勞

산이 만약 묘한 이치 토론한다면　山如論妙理
여울은 필시 맑고 호방함 다투리라　瀨必角淸豪
제작하느라 누구의 손을 빌렸을까　制作煩誰手
신기함이 붓 속에 자세히 들어 있네　新奇細入毫
안개와 노을은 윤색할 줄을 알고　煙霞知潤色
물고기와 새는 각자 낮고 높아라　魚鳥自卑高
작은 고을에 할 일이 없다 해도　小邑雖無事
이 때문에 응접하느라 바쁘다오　斯爲應接勞

한 해가 다 가도록 선경을 차지하니　經年占仙境
몸은 병들어도 뜻은 오히려 호쾌해라　身病意猶豪
저녁노을은 푸른 기운을 내뿜고　暮靄噓靑氣
물새는 젖은 털을 볕에 말리네　晴鷗曬白毫
기이한 경치를 겨루는 강산이요　江山較奇勝
높고 낮게 난분분한 화훼로세　花卉亂低高
너희들이 돌아갈 생각을 막으니　爾輩沮歸計
벼슬하는 노고를 다시 잊겠도다　還忘作吏勞

## 한벽루 벽 위의 주 문절[131]의 시에 차운하다
次寒碧樓壁上朱文節韻

| | |
|---|---|
| 천 가지 경치에 사람 눈 번쩍 뜨이고 | 千般景象醒人眼 |
| 아침에 창을 열면 저녁까지 안개로세 | 晨啓軒窓至暝煙 |
| 누가 알았으랴 천지의 맑은 기운을 | 誰識二儀淸淑意 |
| 산천이 가져다 여기에 전해 줄 줄을 | 山川持向此間傳 |

131 주 문절(朱文節) : 고려 충렬왕(忠烈王) 때의 문신인 주열(朱悅, ?~1287)을 가리킨다. 문절은 그의 시호(諡號)이다.

## 김 첨지 형에 대한 만사 2수 을묘년(1615, 광해군7)

挽金僉知兄 二首 乙卯

이름은 극성(克惺)이니, 공의 자부(姊夫)이다.

| | |
|---|---|
| 사람은 한 번 죽게 마련이지만 | 人皆有一死 |
| 형의 상 같은 것은 또 없으리 | 無似子之喪 |
| 뒷일을 누가 끝내 주관을 할까 | 後事終誰主 |
| 눈을 감은 곳도 그만 객당이라네 | 初亡乃客堂 |
| 홀어버이 혼자서 시신을 염할 뿐 | 偏親獨撫斂 |
| 병든 아내는 침상에서 못 일어나네 | 病婦不離床 |
| 나이도 지위도 하늘이 인색한지라 | 年位天俱嗇 |
| 그래서 더욱 가슴이 쓰리고 아프다오 | 於斯益痛傷 |

| | |
|---|---|
| 포부도 펼치지 못하고 나이도 젊은데 | 職無展抱年還短 |
| 이렇게 갑자기 갈 줄 어찌 생각했으랴 | 何意斯人遽至斯 |
| 역려에서 반함[132]은 하인이 대신한다지만 | 逆旅飯含奴作主 |
| 본가에서 제사는 누가 받들어 모실는지 | 舊家香火孰終尸 |
| 모친의 밤새 통곡을 이웃도 애통해하고 | 慈闈夜哭隣人痛 |
| 병든 아내의 비통함은 귀신도 알리라 | 病婦深悲神鬼知 |
| 가부[133]의 연분 맺고서 정이 매우 돈독하여 | 分我葭莩情甚篤 |
| 눈물 금치 못하며 애사를 지어 올립니다 | 不堪收淚寫哀辭 |

132 반함(飯含) : 시신을 염할 때 쌀이나 구슬 등을 죽은 사람의 입에 넣어 머금게 하는 것을 말한다.

133 가부(葭莩) : 갈대 대롱 속에 있는 얇은 막(膜)으로, 친분이 그다지 중하지 않은 친척을 비유하는 말이다.

## 아버님을 대신하여 지은 어떤 이의 만사 2수 을묘년(1615)
代嚴君挽人 二首 乙卯

| | |
|---|---|
| 지란[134]은 이삼 대에 걸쳐 한창 무성하고 | 芝蘭二三代方茂 |
| 금슬[135]은 오십 년 하고 또 몇 년이로세 | 琴瑟五十年有餘 |
| 자식 잘되어 귀하게 됨을 함께 자랑하였고[136] | 爲貴共誇因子後 |
| 시집올 때부터 화목하게 할 것을 잘 알았네[137] | 宜家有識結縭初 |
| 소주[138]의 침통은 실로 달자(達者) 아니요 | 蘇州沈痛誠非達 |

134 지란(芝蘭) : 타인의 자제에 대한 경칭이다. 진(晉)나라 사현(謝玄)이 숙부인 사안(謝安)에게 "비유하자면 지란옥수가 집안 섬돌에 피어나 향기를 내뿜는 것과 같게 하겠다.〔譬如芝蘭玉樹 欲使其生於階庭耳〕"라고 자신의 소망을 밝힌 고사에서 유래한 것이다. 《晉書 卷79 謝安列傳》

135 금슬(琴瑟) : 부부 관계가 화락한 것을 말한다. 《시경》 〈관저(關雎)〉의 "요조숙녀와 함께 금슬처럼 어울리며 벗하고 싶다.〔窈窕淑女 琴瑟友之〕"라는 말에서 나온 것이다.

136 자식……자랑하였고 : 참고로 "지어미는 지아비를 따라 귀하게 되고, 모친은 자식을 따라 귀하게 된다.〔婦因夫貴 母因子貴〕"라는 고어(古語)가 전한다.

137 시집올……알았네 : 《안씨가훈(顔氏家訓)》 〈교자(敎子)〉에 "부인은 처음 시집올 때 잘 가르쳐야 하고, 아들은 나이가 어릴 때 잘 가르쳐야 한다.〔敎婦爲初來 敎兒爲嬰孩〕"라는 말이 나오고, 《시경(詩經)》 〈도요(桃夭)〉에 "우리 아가씨 시집을 가심이여, 시가를 의당 화목하게 하리로다.〔之子于歸 宜其室家〕"라는 말이 나온다.

138 소주(蘇州) : 소주 자사(蘇州刺史)를 지낸 당(唐)나라의 저명한 전원시인(田園詩人)인 위응물(韋應物)을 말한다. 그의 문집인 《위소주집(韋蘇州集)》 권6에 〈상서(傷逝)〉·〈송종(送終)〉 등 〈도망시(悼亡詩)〉 19수(首)가 전하는데, 이는 모두 16세에 시집와서 36세에 죽은 그의 부인 하남 원씨(河南元氏)를 못 잊으며 절절이 추억하는 내용들로 채워져 있다. 이에 대해서 남송(南宋)의 유극장(劉克莊)은 "도망시는 앞에 반 기성이 있고 뒤에 위 소주가 있는데,……여기에 더 이상 덧붙일 수가 없다.〔悼亡之作 前有潘騎省 後有韋蘇州……不可以復加矣〕"라고 평하였

장수의 광가[139] 또한 너무도 허탄해라　莊叟狂歌亦太虛
고당의 노군자에게 말을 부치노니　寄語高堂老君子
낙천지명하며 단거의 회포 푸시기를[140]　樂天知命遣單居

부끄러움 없는 삶에 편안한 죽음　生無所愧沒爲寧
더구나 또 강녕하게 장수했음에랴　況復康寧壽考幷
부군은 청삼[141]으로 관직이 비록 박했으나　夫子靑衫官縱薄
자제는 열정[142]으로 봉양의 영광이 특별했네　郎君列鼎養殊榮
몸은 인사 따라 부평처럼 흩어지고[143]　身隨人事萍曾散
혼은 영유로 가니 눈물이 절로 흐르누나　魂往靈帷涕自橫
구유를 점검하면 귀록에 오른 이 많으니　點檢舊遊多鬼錄

---

다.《後村詩話 卷4》반 기성(潘騎省)은 서진(西晉)의 반악(潘岳)으로, 〈도망시〉 3수를 지었다.

139 장수(莊叟)의 광가(狂歌) : 장수는 장자(莊子)를 가리킨다. 장자의 처가 죽었을 때, 친구인 혜자(惠子)가 조문하러 가 보니, 장자가 곡을 하는 대신에 생사(生死)에 달관한 태도를 보이며 동이를 두드리면서 노래하고 있었다는 기록이 보인다.《莊子 至樂》

140 낙천지명(樂天知命)하며……푸시기를 : 운명으로 알고 상처(喪妻)한 슬픔을 이겨내라는 말이다.《주역》〈계사전 상(繫辭傳上)〉에 "하늘의 뜻을 기꺼이 받아들이고 명이 있음을 알기 때문에 걱정을 하지 않는다.〔樂天知命 故不憂〕"라는 말이 나온다. 단거(單居)는 처 없이 홀로 사는 것을 말한다.

141 청삼(靑衫) : 푸른 적삼이라는 뜻으로, 보통은 서생(書生)을 뜻하는데, 여기서는 청색 관복을 입었던 문관 8품과 9품의 관직을 가리킨다.

142 열정(列鼎) : 솥을 늘어놓고 진수성찬을 맛본다는 뜻으로, 귀한 신분이 된 것을 비유하는 말이다.

143 몸은……흩어지고 : 육신은 인간 세상의 변화 속에 물 위의 부평초처럼 무상하게 흩어져 없어졌다는 말이다. 참고로 이백(李白)의 〈금릉(金陵)〉 시에 "옛 전각의 오나라 화초와, 깊은 궁중의 진나라 기라가, 모두 인사 따라 없어지고, 동으로 흘러 푸른 물결과 함께 한다.〔古殿吳花草 深宮晉綺羅 併隨人事滅 東逝與滄波〕"라는 말이 나온다.《李太白集 卷21》

이 세상 보며 사는 심정이 어떻다 할꼬[144] 觀居斯世若爲情

144 구유(舊遊)를……할꼬 : 옛날 함께 노닐던 사람들 대부분이 죽는 것을 보면서 이 세상에 살고 있는 그 심정이 어떻겠느냐는 말이다. 구유는 옛날에 같이 노닐던 사람들이라는 말이고, 귀록(鬼錄)은 귀신의 명부(名簿)라는 말이다. 참고로 한유(韓愈)의 〈전중소감마군묘지명(殿中少監馬君墓誌銘)〉에 "내가 40년이 채 되지도 않는 사이에 조(祖)와 자(子)와 손(孫) 삼대(三代)의 죽음을 목격하고 곡하였으니, 인간 세상에 있어서 어떻다 하겠는가. 그런데 사람이 이런 일을 보면서 오래도록 죽지 않고 이 세상에 살아 있으려고 하는 것은 어떻게 된 일인가.〔未四十年而哭其祖子孫三世 於人世何如也 人欲久不死 而觀居此世者何也〕"라는 말이 나온다.

## 을묘년(1615, 광해군7) 선달에 남양 백부의 구택에 갔다가 감회에 젖어서 율시 두 수를 읊고, 또 왕년의 일을 추억하는 시 세 수를 지었다
乙卯臘月往南陽伯父舊宅有感吟二律又賦記得昔年日三章

파촌[145]의 옛집에 이르렀나니 來到琶村舍
백부님 백모님이 예전에 사시던 곳 爺孃舊所居
부엌에는 술 거르던 곳 그대로 있고 廚存罍酒處
벽에는 하인들 일과표가 붙어 있네 壁有課奴書
고복[146]해 주시던 모습 뵐 것 같은데 顧復如將見
첨의[147]하려 해도 끝내 허사로세 瞻依竟是虛
울면 부녀자와 같은 줄 알면서도 曾知泣近婦
나도 모르게 눈물이 옷을 적시누나 不覺淚盈裾

옛날 우리 선부자께서 昔我先夫子
집을 옮겨 바닷가로 가셨는데 移家到海濱

---

145 파촌(琶村) : 비파촌(琵琶村)이 아닌가 한다. 참고로 82쪽에 나오는 〈남쪽으로 돌아갈 때의 기행시〔南歸記行〕〉에 "비파(琵琶)는 마을 이름〔村名〕이다."라는 자주(自註)가 붙어 있다.

146 고복(顧復) : 고아복아(顧我復我) 즉 '나를 돌아보고 나를 다시 살폈다'는 뜻으로, 자신을 보살펴 준 어버이의 은혜를 말한다. 83쪽 주97 참조. 참고로 고산은 8세 때인 1594년(선조27)에 백부(伯父)인 관찰공(觀察公) 윤유기(尹惟幾)의 양자(養子)로 들어갔다.

147 첨의(瞻依) : 어버이를 항상 바라보고 의지하며 사모한다는 말인데, 《시경》〈소반(小弁)〉의 "눈에 뜨이느니 아버님이요, 마음에 그리느니 어머님일세.〔靡瞻匪父 靡依匪母〕"라는 말에서 유래한 것이다.

| | |
|---|---|
| 평소 이웃과 사이좋게 지내시어 | 尋常成好事 |
| 여덟아홉의 선린(善隣)이 있었다오 | 八九有芳隣 |
| 상재[148]는 죄다 예전과 똑같은데 | 桑梓渾依舊 |
| 송추[149]는 모두가 새로 심은 것들 | 松楸總已新 |
| 어찌 차마 들으리오 우리 경로가 | 那堪聞慶老 |
| 또 야대[150]의 사람이 되었다는 말을 | 復作夜臺人 |
| | |
| 생각나누나 지난 그 옛날 | 記得昔年日 |
| 내가 언젠가 밖에서 돌아오자 | 兒嘗自外來 |
| 국에 간 맞추느라 자모는 바쁘셨고 | 調羹慈母急 |
| 밥 얼른 하라고 대인은 재촉하셨지 | 炊飯大人催 |
| | |
| 생각나누나 지난 그 옛날 | 記得昔年日 |
| 내가 언젠가 밖에서 돌아오자 | 兒嘗自外歸 |
| 대인은 얼마나 춥냐고 물어보셨고 | 大人問寒燠 |
| 자모는 새 옷을 내어 입혀 주셨지 | 慈母與新衣 |
| | |
| 생각나누나 지난 그 옛날 | 記得昔年日 |

148 상재(桑梓) : 뽕나무와 가래나무로, 고향의 구택(舊宅) 혹은 고향에 심은 나무를 뜻한다. 《시경》〈소반(小弁)〉의 "어버이가 심어 놓으신 뽕나무와 가래나무도, 반드시 공경해야 하는 법이다. 그런데 하물며 우러러볼 분으로는 아버지 말고 다른 사람이 없으며, 의지할 분으로는 어머니 말고 다른 사람이 없는 데야 더 말해 뭐 하겠는가.〔維桑與梓 必恭敬止 靡瞻匪父 靡依匪母〕"라는 말에서 유래한 것이다.

149 송추(松楸) : 소나무와 가래나무라는 뜻으로, 묘소 혹은 선영(先塋)의 별칭으로 쓰인다. 그곳에 이 두 나무를 많이 심었던 데에서 기인한다.

150 야대(夜臺) : 장야대(長夜臺)의 준말로, 분묘(墳墓)를 가리킨다. 한번 문이 닫히면 영원히 암흑 속에서 광명을 볼 수 없다는 뜻으로 붙여진 시어(詩語)이다.

| | |
|---|---|
| 내가 언젠가 밖에서 돌아와서는 | 兒嘗自外還 |
| 환희하며 가경[151]을 마치고 나서 | 怡怡家慶畢 |
| 북당[152]에서 어머님 모시고 앉았었지 | 侍坐北堂間 |

151 가경(家慶) : 배가경(拜家慶)의 준말로, 오랜만에 집에 돌아와서 어버이를 뵙고 문안 인사를 올리는 것을 말한다.

152 북당(北堂) : 모친의 거처를 뜻한다. 훤당(萱堂)이라고도 한다. 《시경》〈백혜(伯兮)〉의 "어떡하면 훤초를 얻어서 북당에 심어 볼까. 떠난 사람 생각에 내 마음만 병드누나.〔焉得諼草 言樹之背 願言思伯 使我心痗〕"라는 말에서 나온 것이다. 이 시는 출정한 남편을 걱정하는 아내의 심정을 노래한 것이다. 훤초(諼草)는 원추리라는 망우초(忘憂草)로, 훤초(萱草)라고도 한다.

## 면부가 면숙의 유배지로 가는 것을 전송하며 절구 5수

병진년(1616, 광해군8)

送勉夫之勉叔謫所 五絶 丙辰

면부는 홍무업(洪茂業)의 자이고, 면숙은 홍무적(洪茂績)의 자이다.

| | |
|---|---|
| 시든 초목 살아나는 따뜻한 이 봄날에 | 陽春正屬蘇群槁 |
| 무슨 일로 할미새가 언덕 위에 나는가[153] | 何事鶺鴒原上飛 |
| 성주가 응당 초췌객[154]을 불쌍히 여겨 | 聖主應憐憔悴客 |
| 봄바람 속에 함께 돌아오게 하리라 | 東風許作一行歸 |

| | |
|---|---|
| 매화를 선생이 매우 사랑하여 | 梅也先生甚愛之 |
| 화분에 짧고 긴 가지 손수 심었지 | 盆中手種短長枝 |
| 그대 만나면 꽃 소식 물을 터이니 | 逢君應問花消息 |
| 맑은 향기 옛날과 같다 일러 드리게 | 爲報淸香似昔時 |

| | |
|---|---|
| 홍군 형제는 꽃향기를 사랑해서 | 洪君兄弟愛芳香 |
| 한 그루 한매를 초당에 두었다네 | 一樹寒梅置草堂 |

153 무슨……나는가 : 형제간에 우애하며 위급할 때 서로 돕는 것을 뜻하는 말로, 동생 홍무업(洪茂業)이 귀양 가 있는 형 홍무적(洪茂績)을 찾아가는 것을 비유한 말이다. 82쪽 주94 참조. 홍무적은 1615년(광해군7)에 이이첨(李爾瞻)이 인목대비(仁穆大妃)의 폐모론(廢母論)을 제기하자 생원(生員)의 신분으로 이를 극력 반대하다가 거제도(巨濟島)에 유배되었다.

154 초췌객(憔悴客) : 귀양객과 같은 말로, 홍무적을 가리킨다. 전국 시대 초(楚)나라 굴원(屈原)이 소인의 참소를 입고 조정에서 쫓겨나 "강담에서 노닐고 택반에서 읊조릴 적에 안색은 초췌하고 용모는 마른 나뭇가지 같았다.〔遊於江潭 行吟澤畔 顔色憔悴 形容枯槁〕"라는 말에서 유래한 것이다. 《楚辭 漁父辭》

| | |
|---|---|
| 응당 생각나리라 지난해 봄눈 뒤에 | 應念去年春雪後 |
| 꽃 가에 마주하여 술잔 주고받던 일 | 花邊相對屬淸觴 |
| | |
| 지난해 이별의 슬픔 얼마나 컸던가 | 去年分手悲何奈 |
| 오늘 상봉하면 그 낙이 또 더하리라 | 此日相逢樂更加 |
| 밤비와 찬 등불과 소슬한 소리 들리는 곳[155] | 夜雨寒燈蕭瑟處 |
| 장사[156]에 있다는 것도 까맣게 잊으리라 | 還應忘却在長沙 |
| | |
| 그대 형제의 우애는 하늘에서 얻은 것 | 吾君友愛得之天 |
| 오늘 영원[157]의 눈물이 구천(九泉)에 이르렀나니 | 此日鴒原淚到泉 |
| 누가 신령한 거북이 보내 하늘에 말을 해서[158] | 誰送靈龜言碧落 |

155 밤비와……곳 : 형제가 다시 만나서 회포를 푸는 곳이라는 말이다. 소식(蘇軾)이 동생 소철(蘇轍)과 헤어지고 나서 그에게 부친 〈신축십일월십구일……(辛丑十一月十九日……)〉 시에 "찬 등불 아래 마주하고 떠올린 옛날의 일, 밤비 내리는 어느 때에 소슬한 소리 들어볼까.〔寒燈相對記疇昔 夜雨何時聽蕭瑟〕"라는 말이 나오는데, "일찍이 야우대상(夜雨對牀)의 얘기를 했기 때문에 이렇게 말한 것이다.〔嘗有夜雨對牀之言 故云爾〕"라는 자주(自註)가 붙어 있다.《蘇東坡詩集 卷3》 야우대상은 당(唐)나라 위응물(韋應物)의 〈시전진원상(示全眞元常)〉에 나오는 "어찌 알았으랴 비바람 몰아치는 밤에, 다시 여기서 침상 마주하고 잘 줄을.〔寧知風雨夜復此對牀眠〕"이라는 구절을 말한다.

156 장사(長沙) : 한 문제(漢文帝) 때 가의(賈誼)가 권신(權臣)의 배척을 받아 장사왕(長沙王) 태부(太傅)로 좌천되어 귀양 간 고사에서 유래하여, 유배지를 가리키는 말로 쓰이게 되었다.

157 영원(鴒原) : 우애가 지극한 형제를 비유하는 말이다. 82쪽 주94 참조.

158 누가……해서 : 당(唐)나라 한유(韓愈)가 자식을 잃고 슬픔에 젖은 친구 맹교(孟郊)를 위로한 〈맹동야실자(孟東野失子)〉 시에 "위로 하늘에 호소해도 대답을 듣지 못하자, 땅에 떨어지는 눈물방울이 구천(九泉)에까지 이르렀다. 이에 땅귀신이 비통하게 생각하면서, 몸을 움츠리고 불안하게 여기다가, 크게 신령한 거북이를 호출하여, 구름 타고 올라가 하늘 문을 두드려서 그 까닭을 묻게 하였다.〔上呼無時聞 滴地淚到泉 地祇爲之悲 瑟縮久不安 乃呼大靈龜 騎雲款天門〕"라는 말이 나온다.《韓昌黎集 卷4》

애끊는 슬픔 안고 강변을 넘지 않게 해 주려나[159]　　不敎腸斷越江邊

159 애끊는……주려나 : 형제가 함께 있지 못하고 다시 이별해야 하는 슬픈 일이 없게 해 주었으면 한다는 말이다. 당(唐)나라 유종원(柳宗元)이 동생 유종일(柳宗一)과 헤어지며 지은 〈별사제종일(別舍弟宗一)〉 시에 "영락한 잔혼이 갑절이나 암담한 속에, 이별의 눈물 흘리며 강변을 넘어간다.〔零落殘魂倍黯然 雙垂別淚越江邊〕" 라는 말이 나온다. 《柳河東集 卷42》

## 겸보 숙장[160]의 영회 시에 차운하다 2수 병진년(1616)

次韻謙甫叔丈詠懷 二首 丙辰

| | |
|---|---|
| 문자가 전혀 사실(史實)이 아닌 지금 | 文字曾非史 |
| 위의[161]를 이 마을에서 보게 되었구나 | 威儀自是村 |
| 어쩌려고 이와 같은 세상의 길에 | 如何於世路 |
| 나의 발을 디디려고 하는 것인가 | 乃欲着吾跟 |
| 당제는 홍수를 걱정했나니 | 唐帝憂洪水 |
| 주공을 꿈속에서 뵙곤 하노라[162] | 周公入夢魂 |
| 자수 찬 이와는 아무 상관없이 | 不關紆紫綬 |
| 증손은 경유를 향유하는 것을[163] | 京庾享曾孫 |

160 숙장(叔丈) : 숙장인(叔丈人)의 준말로, 처의 숙부를 말한다.

161 위의(威儀) : 한관위의(漢官威儀)의 준말로, 지금은 없어진 옛날의 제도와 문물을 말한다. 신망(新莽) 말년에 유수(劉秀) 즉 광무제(光武帝)가 회양왕(淮陽王) 유현(劉玄)에 의해 사예교위(司隸校尉)에 발탁되었을 때, 그동안 왕망(王莽)에 의해 폐기된 한나라의 복식(服飾) 등 옛 제도를 모두 복구시키자, 늙은 관리들이 눈물을 흘리며 "오늘에 다시 한관의 위의를 보게 될 줄은 생각하지도 못하였다.〔不圖今日復見漢官威儀〕"라고 탄식한 고사가 전한다.《後漢書 卷1上 光武帝紀》

162 당제(唐帝)는……하노라 : 백성의 생활을 걱정하며 선정(善政)을 베풀었던 옛날의 성군(聖君)과 현신(賢臣)을 생각한다는 말이다. 당제는 당요(唐堯) 즉 당(唐)에 봉해진 요 임금을 가리키는데, 중국에 홍수가 범람했을 때 그가 순(舜)에게 일을 맡겨 치수(治水)하게 한 고사가 《맹자》〈등문공 상(滕文公上)〉에 나온다. 또 공자가 젊어서는 주공(周公)의 도를 행하려는 의지가 강했기 때문에 간혹 꿈속에서 주공을 만나기도 하였으나, 노쇠하여 도를 행할 가망이 없어지면서 그런 꿈도 꿀 수 없게 되자, "내가 너무도 쇠해졌구나, 꿈속에서 주공을 다시 뵙지 못한 지 오래되었으니.〔甚矣吾衰也 久矣吾不復夢見周公〕"라고 탄식한 내용이 《논어》〈술이(述而)〉에 나온다.

163 자수(紫綬)……것을 : 정부의 고위 관원들이 무슨 비리를 저지르든 간에 그것과

인간 세상 높은 벼슬 결코 바라지 않고　人間軒冕斷無希
오직 소원은 강호에 일찍 돌아가는 것　惟願江湖得早歸
고산에 작은 집 이미 지어 놓았는데　已向孤山營小屋
언제나 마름과 연잎 옷[164]을 입어 볼까　何年實着芰荷衣

---

는 상관없이 들녘에는 다행히 풍년이 들어서 농부들을 기쁘게 한다는 말이다. 자수는 고관이 차는 보라색 인끈이다. 한(漢)나라 때에는 공후(公侯)와 구경(九卿)이 각각 자수와 청수(靑綬)를 찼다고 한다. 증손(曾孫)은 주제자(主祭者)로 전답(田畓)의 주인을 말하고, 경유(京庾)는 언덕처럼 높이 쌓인 노적가리를 말한다. 《시경》〈보전(甫田)〉에 "증손의 농사가, 지붕 덮는 이엉과 같고 높이 올라간 수레의 끌채와 같으며, 증손의 노적가리가, 섬과 같고 언덕과 같다.〔曾孫之稼 如茨如梁 曾孫之庾 如坻如京〕"라는 말이 나온다.

164 마름과 연잎 옷 : 은사(隱士)가 입는 소박한 옷을 말한다. 《초사(楚辭)》〈이소(離騷)〉에 "마름과 연잎으로 저고리를 만들고, 부용을 엮어 바지를 만들어 입는다.〔製芰荷以爲衣兮 集芙蓉以爲裳〕"라는 표현이 나온다.

## 홍면숙에게 부치다 2수 병진년(1616)
寄呈洪勉叔 二首 丙辰

우리 집 남쪽 이웃의 선비 하나가 我家南隣有一士
금년에 상서하여 국사를 논했는데 今歲上書論國事
세인이 꽤나 그대의 잘못을 잘도 선전하니 世人頗能說子非
나도 그대가 옳은지 확신을 못하겠군그래 吾亦未必知子是
친구의 정의가 어찌 없을 수 있으리오 故舊情義豈可無
그대 멀리 귀양 가니 장탄식할 수밖에 念子遠謫長嗟吁
낙양의 세모에 이별 근심 더하는데 洛陽歲暮增離憂
강담[165]의 꿈 끊어져 마음이 유유해라 江潭夢斷心悠悠
밤이 되자 창밖에 펄펄 내리는 눈꽃 송이 夜來窓外雪花密
들보 가득 기우는 달빛[166]을 다시 잃었네 滿樑落月猶復失

예로부터 귀양 간 사람들에 대해 由來竄謫人
지나간 역사에서 두루 살펴보건대 歷觀諸往史
날개 접고 나약하게 변하기도 하고[167] 或戢翼就懦

---

165 강담(江潭) : 유배 중인 홍무적(洪茂績)을 비유한 말이다. 113쪽 주154 참조.

166 들보……달빛 : 벗을 생각하며 추억에 잠길 때 쓰는 표현이다. 두보(杜甫)가 이백(李白)을 그리워하며 지은 〈몽이백(夢李白)〉에 "들보 위에 가득히 기우는 저 달빛이여, 흡사 그대의 얼굴 비춰 주는 것만 같네.〔落月滿屋樑 猶疑照顔色〕"라고 한 구절에서 유래한 것이다. 《杜少陵詩集 卷7》

167 날개……하고 : 참고로 《시경》 〈백화(白華)〉에 "원앙이 어량에 있으니, 그 왼쪽 날개를 접었도다. 그대가 선량하지 못하여, 이랬다저랬다 변덕을 부리도다.〔鴛鴦在梁 戢其左翼 之子無良 二三其德〕"라는 말이 나온다.

| | |
|---|---|
| 아름다움 믿고서 기세를 올리기도 하고[168] | 或保美增氣 |
| 원망하며 탓하는 말을 발하기도 하고[169] | 或發怨尤言 |
| 분개하며 성내는 마음을 품기도 하는데[170] | 或含忿懥意 |
| 이 중에 하나라도 가지고 있다면 | 如有一於此 |
| 비록 옳더라도 옳지 않게 되나니 | 雖是而不是 |
| 바라건대 그대는 성현의 글을 읽어 | 願子讀聖書 |
| 무궁한 이치를 더욱 궁구하시고 | 益求無窮理 |
| 고인을 생각하여 허물이 없게 하고[171] | 思古俾無訧 |
| 계속 전진하며 조금도 놔두지 마시기를 | 進進不少置 |
| 그대에게 남의 말이 무슨 필요 있으랴만 | 子豈待人言 |
| 절시하는 것이 바로 붕우의 의리니까[172] | 切偲朋友義 |

168 아름다움……하고 : 참고로 《초사(楚辭)》 〈이소(離騷)〉에 "자기의 아름다움을 믿고는 교만한 나머지, 날마다 편히 놀며 분에 넘치게 즐기니, 실로 아름답기는 하나 예의가 없기에, 그를 버리고 떠나 다시 찾기로 했다네.〔保厥美以驕傲兮 日康娛以淫遊 雖信美而無禮兮 來違棄而改求〕"라는 말이 나온다.

169 원망하며……하고 : 참고로 《논어》 〈헌문(憲問)〉에 "나는 하늘을 원망하지도 않고 사람을 탓하지도 않는다. 아래로는 사람의 일을 배우고 위로는 하늘의 이치를 터득하려고 노력하는데, 나를 알아주는 분은 아마도 하늘뿐일 것이다.〔不怨天 不尤人 下學而上達 知我者 其天乎〕"라는 공자(孔子)의 말이 나온다.

170 분개하며……하는데 : 참고로 《대학장구(大學章句)》 전 7장에 "마음속에 분개하며 성내는 것이 있으면, 바르게 될 수가 없는 것이다.〔心有所忿懥則不得其正〕"라는 말이 나온다.

171 고인(古人)을……하고 : 《시경》 〈녹의(綠衣)〉에 "내가 고인을 생각하여, 나의 허물이 없게 하노라.〔我思古人 俾無訧兮〕"라는 말이 나온다.

172 절시(切偲)하는……의리니까 : 《논어》 〈자로(子路)〉에 "붕우는 절절(切切)하고 시시(偲偲)하게 대해야 하고, 형제는 이이(怡怡)하게 대해야 한다."라는 공자(孔子)의 말이 나오는데, 절절과 시시는 간곡하게 충고하고 자상하게 권면하는 것으로 책선(責善)하는 뜻이 들어 있고, 이이는 책선을 하면 정의(情誼)를 상할 염려가 있기 때문에 그저 사이좋게 지내기만 하는 것을 말한다.

## 경원에 도착하여 우사에 제하다 2수 정사년(1617)
到慶題寓舍 二首 丁巳

경원도 엄연히 우리나라 땅인데　慶源猶我國
무엇 하러 장음[175]을 본뜨겠는가　安用學莊吟
자식 생각에 어떻게 편히 주무실까　憶子眠難穩
어버이 생각에 눈물 금치 못하노라　思親淚不禁
남산은 어느 곳에 있는고　南山何處在
위수는 꿈속에나 찾아가네[176]　渭水夢中尋
하늘 끝에서 봄바람이 일어나니　天末春風起
더욱 아득해지는 내 마음이여　增余渺渺心

살고 죽는 것은 푸른 하늘에 맡기고　死生任蒼天
주리고 배부름은 동복에게 맡길 뿐　飢飽任僮僕

175 장음(莊吟) : 장석(莊舃)의 읊조림이라는 뜻으로, 고향이나 옛날 살던 곳을 추억하며 그리워하는 것을 말한다. 전국 시대 월(越)나라 사람 장석(莊舃)이 초(楚)나라에 와서 벼슬하며 집규(執珪)라는 직책의 고관이 되었다가 병에 걸렸는데, 초왕(楚王)이 "누구를 막론하고 병이 들었을 때에는 고향을 생각하게 마련이다. 한번 시험해 보라."라는 혹자의 말을 듣고는, 사람을 보내 살펴보게 하였더니 과연 장석이 무의식적으로 월나라 노래 가락을 읊조리고 있더라는 고사에서 유래한 것이다. 《史記 卷70 張儀列傳》

176 남산(南山)은……찾아가네 : 서울을 그리워하는 심정을 표현한 말이다. 종남산(終南山)과 위수(渭水)는 장안(長安)의 남쪽과 북쪽에 있는 산과 강의 이름이기 때문에, 우리나라에서 서울의 남산(南山)과 한강(漢江)의 별칭으로 흔히 써 왔다. 참고로 두보(杜甫)의 〈봉증위좌승장(奉贈韋左丞丈)〉 시에 "아직도 종남산을 못 잊어 하며, 머리 돌려 맑은 위수 바라본다오.〔尙憐終南山 回首淸渭濱〕"라는 구절이 나온다. 《杜少陵詩集 卷1》

| | |
|---|---|
| 늙으신 아버님 그리고 처자식을 | 老父及妻兒 |
| 걱정한들 또 무슨 소용이리오 | 念之亦何益 |
| 손님 사절은 원래 정해져 있으니 | 謝客固已定 |
| 나의 집에 그 누가 왕림하려 할까[177] | 我門誰肯屈 |
| 몸이나 마음이나 할 일 없으니 | 身心無一事 |
| 서적이나 들춰 보면 괜찮겠군그래 | 可以玩書籍 |
| 서적은 들춰 보아 또 무엇 하려고 | 玩書且何爲 |
| 나의 광벽이 좀 고쳐질까 해서 | 庶療吾狂癖 |

177 손님……할까 : 참고로 소식(蘇軾)의 〈차운공의보구한이이심우(次韻孔毅父久旱已而甚雨)〉 시에 "문 열지 않는다고 고인이 나를 꾸짖나니, 그대 내 문 한번 보소 누가 왕림하려 할지.〔故人嗔我不開門 君視我門誰肯屈〕"라는 말이 나온다.《蘇東坡詩集 卷21》

## 잠에서 깨어 어버이를 생각하며 2수
睡覺思親 二首

| | |
|---|---|
| 술 깬 외로운 베갯머리 꿈에서 막 돌아오니 | 酒醒孤枕夢初廻 |
| 달은 서창에 가득하고 애절한 새벽 호각 소리 | 月滿西窓曉角哀 |
| 고당은 편안히 계신지 멀리서 생각하며 | 遙想高堂安穩未 |
| 삼천리 밖을 공연히 머리 들어 바라보네 | 三千里外首空擡 |
| | |
| 어버이의 온청[178]을 보살펴야 마땅하나 | 庭闈溫凊誠宜念 |
| 종사의 안위를 어찌 차마 방관하랴 | 宗社安危豈忍看 |
| 효성으로 충성하면 충성이 곧 효성인걸[179] | 以孝爲忠忠便孝 |
| 누가 충효를 양전하기 어렵다 말하는가[180] | 孰云忠孝兩全難 |

178 온청(溫凊) : 동온하청(冬溫夏凊)의 준말로, 어버이나 스승을 정성껏 모시는 것을 말한다. 《예기》〈곡례 상(曲禮上)〉에 "겨울에는 따뜻하게 해 드리고 여름에는 시원하게 해 드려야 하며, 저녁에는 잠자리를 보살펴 드리고 아침에는 문안 인사를 올려야 한다.〔冬溫而夏凊 昏定而晨省〕"라는 말이 나온다.

179 효성으로……효성인걸 : 《효경》〈광양명(廣揚名)〉에 "군자는 어버이에 대해 효성을 다 바치기 때문에, 나라에 대해서도 그처럼 충성을 다 바칠 수가 있는 것이다.〔君子之事親孝 故忠可移於君〕"라는 말이 나온다.

180 누가……말하는가 : 한유(韓愈)의 〈송변주감군구문진(送汴州監軍俱文珍)〉 시에 "누가 말하는가 신하와 자식의 도, 충과 효를 양전하기 어렵다고.〔誰言臣子道 忠孝兩全難〕"라는 구절이 있다. 《韓昌黎集 補遺》

## 친구를 생각하며
思親舊

| | |
|---|---|
| 우리나라 최북단 변방의 요새 | 青丘絶塞北 |
| 작은 성 모퉁이 작고 초라한 집 | 蝸室小城隈 |
| 봄철에도 여전히 거센 눈보라요 | 風雪春猶壯 |
| 낮에도 열리지 않는 사립문이라 | 柴荊晝不開 |
| 가끔씩 개 짖는 소리 이웃에서 들려오면 | 時聞隣犬吠 |
| 혹시 고인이 찾아왔나 생각도 해 보지만 | 還訝故人來 |
| 높은 산이 천 겹으로 가로막혀 있으니 | 千以高山隔 |
| 어떻게 한 잔 술을 대작할 수 있으리오 | 何由把一杯 |

## 정인관암에 제하다 4수
題鄭仁觀巖 四首

| | |
|---|---|
| 오농천 물가에 자리한 높은 다락 하나 | 娛儂川上有高臺 |
| 천연의 기형이 내가 오기만 기다린 듯 | 天作奇形待我來 |
| 어버이 생각 성주 생각 사무치지 않는다면 | 除却思親思聖主 |
| 뭐 하러 남쪽 바라보며 머리 자주 돌리겠나 | 何須南望首頻回 |
| | |
| 곧게 흐르다 굽이지는 한 가닥 긴 냇물 | 長川一道直而斜 |
| 눈이 번쩍 뜨이는 시내 어구의 기암괴석 | 川口奇巖眼界華 |
| 주인이 초당 하나 여기에다 엮는다면 | 若使主人開小宇 |
| 완화[181]에 흐르는 물만 뻐기지 못하리라 | 浣花流水不能誇 |
| | |
| 눈 안에 빽빽이 늘어선 멋진 경치들 | 眼中佳景極森羅 |
| 산천이 재주 부리는 건 우스울 따름 | 笑殺山川伎倆多 |
| 바위 위에 초당을 세울 수만 있다면 | 若得茅齋巖上着 |
| 조석으로 시 읊을 재료 제공받으련만 | 從他朝暮供吟哦 |
| | |
| 꽃 오리가 푸른 오리 뒤를 따라서 | 花鴨隨靑鴨 |
| 물 복판에 날아와 둥둥 떠 있네 | 飛來泛水中 |
| 누가 멋있게 알록달록 꾸미게 했나 | 誰敎巧粧點 |
| 이를 대하니 흥치가 끝이 없어라 | 對此興無窮 |

181 완화(浣花) : 시성(詩聖) 두보(杜甫)가 초당을 짓고 살았던 성도(成都) 서쪽 교외의 완화계(浣花溪)를 말한다.

## 건원을 출발하며 어떤 사람에게 지어 주다 2수
出乾元贈人 二首

| | |
|---|---|
| 무슨 일로 먼 길을 갔다가 되돌아왔나 | 何事長程去却回 |
| 이 걸음이 공을 위한 것만은 아니라오 | 此行非獨爲公來 |
| 오농천 물가에 서 있는 기괴한 바위 위에 | 娛儂川畔奇巖上 |
| 오늘도 한번은 올라가 보아야 하겠기에 | 登眺要須日一廻 |

| | |
|---|---|
| 밝은 달 비치는 산음의 길에서 | 明月山陰道 |
| 누가 방대[182]의 배를 되돌렸던가 | 誰回訪戴舡 |
| 그 풍류 감히 잇지 못한 채 | 風流無敢續 |
| 벌써 천년의 세월 적요하기만 | 寥寂已千年 |

182 방대(訪戴) : 대규(戴逵)를 방문한다는 뜻으로, 친구의 집을 찾아가는 것을 말한다. 진(晉)나라 왕휘지(王徽之)가 폭설이 내린 달 밝은 밤에 산음(山陰)에서 홀로 술을 마시며 좌사(左思)의 〈초은시(招隱詩)〉를 읊다가, 불현듯 섬계(剡溪)에 있는 벗 대규가 보고 싶어지자, 밤새도록 배를 타고 그 집 앞에까지 갔다가 그냥 돌아왔는데, 그 이유를 물으니 "흥이 나서 갔다가 흥이 다해서 그냥 돌아왔다.〔乘興而行 興盡而返〕"라고 대답한 고사가 전한다. 《世說新語 任誕》

## 다시 정인관암에 올라 2수

再登鄭仁觀巖 二首

| | |
|---|---|
| 건원 옛 진보(鎭堡) 옆에서 말을 먹이고 | 秣馬乾元古鎭傍 |
| 오농천 물가로 채찍 휘둘러 달려왔네 | 娛儂川畔着鞭忙 |
| 한 병 술 이외에는 짝할 벗이 없기에 | 一甁酒外無朋伴 |
| 술과 함께 바위에 올라 석양을 보네 | 同上苔磯看夕陽 |
| | |
| 술병 들고 혼자 오른 정인관암이여 | 携壺獨上鄭仁磯 |
| 저녁빛 창연해서 돌아가기 싫어라 | 暮色蒼然不肯歸 |
| 백구는 원래 물에서 잔다 누가 말했나[183] | 誰謂白鷗元水宿 |
| 모래톱에 백구의 자취 벌써 끊어졌는걸 | 汀洲已絶白鷗飛 |

183 백구(白鷗)는……말했나 : 두보(杜甫)의 〈운산(雲山)〉 시에 "쇠하고 병들어 강변에 누운 몸, 친지와 붕우도 해 저물자 돌아가네. 백구는 원래 물가에서 자는데, 무슨 일로 저다지도 슬피 우는지.〔衰疾江邊臥 親朋日暮廻 白鷗元水宿 何事有餘哀〕"라는 말이 나온다. 《杜少陵詩集 卷9》

## 곡수대에서 3수

曲水臺 三首

자주 : 경원성(慶源城) 서쪽 5리(里) 지점의 탁족대(濯足臺) 옆에 있다. 누가 운자(韻字)를 부르기에 절구(絶句) 세 수를 지었다.

곡수대 옆에 흐르는 작은 시냇물　　曲水臺傍有小川
눈 안의 멋진 경치가 변방 같지 않네　　眼中佳景不如邊
옷 걷고 발 닦으며 바위에 앉았노라니　　褰衣濯足坐巖上
누군가 들밥 이고 밭에 와서 먹이누나　　戴飯何人餉野田

성곽을 나와 소요하다 작은 개천 만났나니　　出郭逍遙得小川
객지의 시름이 감히 내 주변 범하지 못하네　　羈愁不敢到吾邊
빈 그릇 이고 돌아가는 아낙네를 보노라니　　坐看饁婦戴簞去
왕산탄 물가의 밭 생각이 홀연히 떠오르네　　忽憶王山灘上田

자주 : 왕산탄(王山灘)은 고산(孤山)에 있다.

추성[184] 성곽 밖으로 흐르는 긴 냇물이　　楸城郭外有長川
동쪽으로 콸콸 흘러 바닷가를 향하누나　　混混東流赴海邊
어느 날 돌아와서 용의 갈기를 적셔 주고　　何日歸霑龍鬣上
단비로 변해 우리 백성들 밭에 내리려나　　化爲甘雨雨民田

184 추성(楸城) : 경원(慶源)의 별칭이다.

## 달을 대하고 어버이를 생각하며 2수
對月思親 二首

| | |
|---|---|
| 비 개고 구름 걷혀 청신한 달빛이여 | 雨退雲消月色新 |
| 푸른 하늘 만리에 티 없이 맑아라 | 青天萬里淨無塵 |
| 멀리서도 알겠도다 오늘밤 고당에서 | 遙知此夜高堂上 |
| 자손을 마주하고 내 얘기 하실 줄을 | 坐對兒孫說遠人 |
| | |
| 추성 밝은 달을 머리 들어 보나니 | 楸城明月擧頭看 |
| 동호[185]를 비춰 주는 달빛도 똑같으리 | 月照東湖也一般 |
| 항아가 발 걷고 얘기하게 해 준다면 | 姮娥若許掀簾語 |
| 어버이 편히 계시는지 물어보련마는 | 欲問高堂宿食安 |

185 동호(東湖) : 고산(孤山)을 말한다. 202쪽 〈신미년 3월에 이자용, 장자호와 함께 배를 타고……〔辛未三月與李子容張子浩泛舟……〕〉 시에 "동호는 바로 고산이다.〔東湖卽孤山〕"라는 주(註)가 붙어 있다.

## 진호루에 올라 현판의 시에 차운하다 4수

登鎭胡樓次楣上韻 四首

경원성 남쪽 문루이다.

| | |
|---|---|
| 높은 다락 올라와 무엇인가 찾는 듯 | 來上危樓若有求 |
| 산하의 안팎으로 두루 눈길 달리니 | 山河表裏騁眸周 |
| 기분이 더욱 씩씩하고 상쾌해지면서 | 能令氣岸添豪爽 |
| 멀리 온 나그네 한 푼의 시름도 없어라 | 遠客都無一分愁 |

| | |
|---|---|
| 풍광이 하나하나 내 마음에 드는지라 | 風光箇箇應吾求 |
| 굽이굽이 난간을 옮겨 가며 기대노니 | 曲曲欄干徙倚周 |
| 청주종사[186]의 힘을 빌릴 것도 없이 | 不待青州從事力 |
| 나그네 가슴 가득한 시름이 씻기네 | 能鏖客子滿腔愁 |

| | |
|---|---|
| 고관장패[187]를 구한 것도 아니건만 | 高冠長珮亦無求 |
| 남들과 어울리지 못하는 성벽이라 | 性癖於人苦不周 |

186 청주종사(青州從事) : 양주(良酒)를 말한다. 진(晉)나라 환온(桓溫)의 주부(主簿)로 있던 사람이 술맛을 잘 감정하였는데, 맛 좋은 술은 '청주종사(青州從事)'라고 부르고 나쁜 술은 '평원독우(平原督郵)'라고 불렀던 고사에서 유래한 것이다. 《世說新語 術解》

187 고관장패(高冠長珮) : 관을 높이 하고 패옥을 길게 늘어뜨린다는 뜻으로, 고결한 절조를 비유하는 말이다. 《초사(楚辭)》〈이소(離騷)〉의 "높다란 내 관을 더욱 높이 쓰고, 늘어진 내 패옥을 더욱 늘어뜨리네. 향기와 윤택이 함께 섞여 있으니, 오직 그 밝은 바탕에 이지러짐이 없으리라.〔高余冠之岌岌兮 長余佩之陸離 芳與澤其雜糅兮 唯昭質其猶未虧〕"라는 말을 요약한 것이다.

| | |
|---|---|
| 금일 북쪽 변방 밖에 귀양 왔으니 | 今日投身玄塞外 |
| 국사 운운하며 시름 짓지 마시기를 | 休將國事作吾愁 |

| | |
|---|---|
| 긴 냇물 한 가닥 무엇을 구하려고 | 長川一道有何求 |
| 부러 추성 향해 성 밑을 휘도는지 | 故向楸城城下周 |
| 단장한 듯한 풍광이 정말 마음에 드나니 | 粧點風光固爲好 |
| 맑은 물로 변방의 시름 말끔히 씻었으면 | 願將淸泚洗邊愁 |

## 낙망의 시에 차운하다 2수

次樂忘韻 二首

낙망은 김시양(金時讓)[188]의 호이다. 그때 종성(鍾城)에 유배 중이었다.

| | |
|---|---|
| 화창한 봄날에 눈이 아직 남았다니 | 淸和時節雪猶殘 |
| 세상에 이런 추위 있다고 뉘 믿을까 | 誰信人間有此寒 |
| 채초와 혜초 띠 모두 달갑게 여기나니[189] | 攬茝蕙纕皆所善 |
| 수산[190]의 야복(野服)도 편안하다 하리 | 囚山蔡服亦云安 |
| 나라 사랑 한다며 제 몸은 가볍게 알았다만 | 只緣愛國輕身易 |
| 끝내 어버이 생각에 눈물을 참기 어려워라 | 終爲思親忍淚難 |
| 석양 너머 아득히 나는 기러기 보며 | 渺渺飛鴻斜日外 |
| 진호루 위 난간에 기대어 서 있노라 | 鎭胡樓上倚欄干 |

188 김시양(金時讓) : 1581~1643. 본관은 안동(安東), 자는 자중(子仲), 호는 하담(荷潭)이다. 1605년(선조38)에 문과에 급제하였다. 1611년(광해군3)에 전라도 도사로서 향시(鄕試)를 주관하였는데 시제(試題)가 왕의 실정을 비유한 것이라 하여 함경도 종성(鍾城)에 유배되었다가 1616년 경상도 영해(寧海)로 이배되었다. 인조반정 후에 풀려났다.

189 채초(茝草)와……여기나니 : 죽어도 후회하지 않을 것인데, 서울에서 쫓겨난 일 정도야 임금의 은혜로 알고 달갑게 여길 수 있다는 말이다. 굴원(屈原)의 〈이소(離騷)〉에 "임금님이 나를 내치면서 혜초 띠를 주시고, 또 향초인 채초를 가려 뽑아 거듭 주셨네. 이 또한 내 마음에 달갑게 여기는 바이니, 아홉 번 죽더라도 후회하지 않으리라.〔旣替余以蕙纕兮 又申之以攬茝 亦余心之所善兮 雖九死其猶未悔〕"라는 말이 나온다.

190 수산(囚山) : 인자요산(仁者樂山)이라는 말과는 달리 오히려 산이 새장처럼 자신을 꼼짝 못하게 만든다는 뜻인데, 당(唐)나라 유종원(柳宗元)이 영주(永州)에 귀양 가서 〈수산부(囚山賦)〉를 지은 뒤로 고달픈 유배 생활을 뜻하는 말로 쓰이게 되었다.

| | |
|---|---|
| 보통 술잔을 들면 대번에 쭉 마시나니 | 尋常把酒不留殘 |
| 이는 유주[191]가 유난히 춥기 때문이라 | 只爲幽州分外寒 |
| 풍백이 이따금 혼자서 심통 부리면 | 風伯有時偏自怒 |
| 창문들이 하루 종일 덜컹거리기도 | 窓扉終日未能安 |
| 집은 말만 해서 고개 숙이기 이골 나고 | 屋眞似斗頭低慣 |
| 밥은 모래 같아서 수저 뜨기 어려워라 | 飯正如沙匙抄難 |
| 왕왕 사람 만나면 나에게 해 주는 말 | 往往逢人向我說 |
| 국가의 성패가 당신과 무슨 상관이냐고 | 國家成敗汝何干 |

191 유주(幽州) : 고산이 유배당한 함경북도 경원(慶源)을 가리킨다. 《주례(周禮)》〈하관사마(夏官司馬)〉 직방씨(職方氏)에 "동북 지방을 유주라고 한다.〔東北曰幽州〕"라는 말이 나오고, 또 《서경》〈순전(舜典)〉에 "공공을 유주로 유배하였다.〔流共工於幽洲〕"라는 말이 나온다.

## 매미 소리
聞蟬

| | |
|---|---|
| 화성(火星)이 흐르는 달[192]의 초사흗날 | 流火初三日 |
| 매미가 처음 우는 소리를 들었네 | 聞蟬第一聲 |
| 나그네는 유난히 절물(節物)에 뭉클한데 | 羈人偏感物 |
| 변방 풍속은 뭐라고 하는지 모르겠네 | 塞俗不知名 |
| 이슬만 마시니 욕심이 응당 없으련만 | 飮露應無欲 |
| 가을에 우는 것은 뭔가 정이 있는 듯 | 號秋若有情 |
| 초목이 지는 이 계절이 시름겨워서 | 還愁草木落 |
| 저녁 바람 맑은 것도 기쁘지 않다네 | 未喜夕風淸 |

192 화성(火星)이 흐르는 달 : 음력 7월을 말한다. 91쪽 주113 참조.

## 면숙에게 부친 운을 써서 낙망자에게 답하다 2수
用寄勉叔韻酬樂忘子 二首

| | |
|---|---|
| 내가 전에 호남 선비에게 누차 듣건대 | 我昔屢聞湖南士 |
| 그대가 직무에 성실하다고 일컫더이다[193] | 稱子居官敬其事 |
| 북비의 관목은 무망에서 나왔는데 | 北扉關木出無妄 |
| 공직인 이것을 누가 주선해 주리오[194] | 工織何人能辨是 |

193 그대가……일컫더이다 : 참고로 《논어》 〈위령공(衛靈公)〉에 "군주를 섬기려면 자기 직무를 우선적으로 성실하게 수행하고, 식록(食祿)은 뒤로 제쳐 두어야 한다.〔事君敬其事而後其食〕"라는 공자(孔子)의 말이 나온다.

194 북비(北扉)의……주리오 : 낙망자(樂忘子) 즉 김시양(金時讓)이 억울하게 누명을 쓰고 관북(關北)의 종성(鍾城)에 유배당한 것은 소인들이 없는 사실을 날조하여 무함했기 때문인데, 누가 그를 위해 적극적으로 나서서 구명해 주겠느냐는 말이다. 김시양은 1611년(광해군3)에 전라도 도사(全羅道都事)로서 향시(鄕試)를 주관하였는데, 왕의 실정을 풍자하는 시제(試題)를 출제했다는 고발을 받았다. 이에 금부(禁府)가 극형에 처할 것을 왕에게 상신(上申)하니, 광해군이 3일 동안 결정을 미루다가, 이항복(李恒福)의 주선으로 사형이 감해져서 종성으로 유배되었으며, 1618년에 영해(寧海)로 이배(移配)되었다. 북비는 북방의 관문이라는 말이다. 관목(關木)은 관삼목(關三木)의 준말로, 죄수의 신분으로 형구를 착용하는 것을 말한다. 삼목(三木)은 죄인의 목과 손과 발에 채우는 3개의 형틀을 말한다. 사마천(司馬遷)의 〈보임소경서(報任少卿書)〉에 "위기는 대장으로 자의를 입고 삼목이 채워졌다.〔魏其大將也 衣赭衣 關三木〕"라는 말이 나온다. 위기(魏其)는 한(漢)나라의 위기후(魏其侯) 두영(竇嬰)을 말하고, 자의(赭衣)는 죄수가 입는 적갈색(赤褐色)의 옷을 말한다. 무망(無妄)은 무망지재(无妄之災)의 준말로, 아무런 이유도 없이 재앙을 받는 것을 말한다. 《주역》 〈무망괘(无妄卦) 육삼(六三)〉의 "애매하게 당하는 재앙이다. 누군가가 매어 둔 소를 길 가는 사람이 훔쳐 갔는데, 마을 사람들이 누명을 쓰게 된다.〔无妄之災 或繫之牛 行人之得 邑人之災〕"라는 말에서 나온 것이다. 공직(工織)은 무늬를 잘 짠다는 말로, 근거 없이 남을 참소하는 것을 말한다. '無'는 '无'와 통용이다. 참고로 소식(蘇軾)의 〈부차운사조경황진이상견화……(復次韻謝趙景貺陳履常見和……)〉 시에 "혹자는 나에게 시 짓지 말라 권하나니, 아이들이 무늬를 잘 짜기 때문이라.〔或勸莫作詩 兒輩工織紋〕"라는 표현이 있다. 《蘇東坡詩集 卷34》

| | |
|---|---|
| 우리 임금은 사생이 예로부터 없었나니 | 吾君肆眚古來無 |
| 유유는 또한 사람을 족히 감탄하게 하네[195] | 流宥亦足令人吁 |
| 천명을 알고 존중하며 근심하지 않고서 | 樂天知命子不憂 |
| 한가롭게 걸림 없이 유유자적하시는 분[196] | 休休莫莫復悠悠 |
| 나에게 금일 자밀[197]을 안핵(按覈)하게 하시다니 | 使我今日按子密 |
| 광객을 너무 추허(推許)함은 잘못이 아니리오 | 過推狂客寧非失 |

195 우리……하네 : 국가가 관용을 베풀지 않고 형벌을 혹독하게 행하는 때에, 혹형(酷刑)을 받지 않고 유배를 가게 된 것만도 다행이라는 뜻의 풍자적인 표현이다. 사생(肆眚)은 무의식적으로 범한 실수나 상황이 불운해서 지은 죄는 용서하여 풀어 주는 것을 말한다. 유유(流宥)는 죄목이 비록 오형(五刑)에 해당되더라도 유형(流刑)으로 형벌을 감해 주는 것을 말한다. 오형은 이마에 먹물로 죄명을 새겨 넣는 묵형(墨刑), 코를 베는 의형(劓刑), 발꿈치를 베는 월형(刖刑), 생식기를 제거하는 궁형(宮刑), 사형에 처하는 대벽(大辟)을 말한다. 《서경》 〈순전(舜典)〉에 "국가의 정식 형벌인 오형을 백성들에게 포고하였으나, 가급적 오형을 경감하여 유형(流刑)으로 대체하곤 하였다. 관부(官府)에서는 채찍의 형벌을 행하고, 학교에서는 회초리의 형벌을 행하며, 형벌은 돈을 내고 용서받을 수 있게 하였다. 무의식적인 실수나 불운해서 지은 죄는 용서하여 풀어 주었지만, 믿는 데가 있어서 끝끝내 범하는 죄인은 사형에 처하였다. 임금은 항상 스스로 '공경하고 또 공경하는 마음으로 불쌍히 여기며 신중하게 형벌을 행해야지.'라고 다짐하였다.〔象以典刑 流宥五刑 鞭作官刑 扑作教刑 金作贖刑 眚災肆赦 怙終賊刑 欽哉欽哉 惟刑之恤哉〕"라는 말이 나온다.

196 천명(天命)을……분 : 천명 운운은 《주역》 〈계사전 상(繫辭傳上)〉의 말을 인용한 것이다. 108쪽 주140 참조. 김시양이 감옥에 갇혀서도 평소와 같이 잠을 잘 자니, 참시관(參試官)으로 같이 구속되었던 윤효선(尹孝先)이 발로 차서 깨우며 "지금이 어느 때인데 편히 잠을 잘 수 있느냐.〔此何時而可安寢〕"라고 하자, 김시양이 웃으면서 "죽고 사는 것은 명이다.〔死生命也〕"라고 대답하였으며, 종성(鍾城)으로 가는 도중에 지은 시에서도 "마음과 행동으로 본시 백일을 속이지 않았으니, 길흉은 원래 하늘에 물어볼 것도 없다.〔心跡本非欺白日 吉凶元不問蒼天〕"라고 하며 유유자적하였다는 기록이 조경(趙絅)의 《용주유고(龍洲遺稿)》 권20 〈판중추부사하담김공신도비명(判中樞府事荷潭金公神道碑銘)〉에 나온다.

197 자밀(子密) : 후한(後漢) 광무제(光武帝) 때 대장군(大將軍)을 지낸 팽총(彭寵)의 하인 이름이다. 그가 팽총을 배신하고 몰래 그의 목을 베어 바치자 광무제가 그를 불의후(不義侯)에 봉한 고사가 전하는데, 여기서 구체적으로 누구를 비유한 것인지는 미상(未詳)이다. 《後漢書 卷12 彭寵列傳》

| | |
|---|---|
| 우리 공은 군자다운 사람으로서 | 我公君子人 |
| 야하지도 않고 사하지도 않은 분[198] | 不野亦不史 |
| 곤궁하든 영달하든 바른 도리 지키고 | 窮通守正理 |
| 괴롭든 즐겁든 호연지기(浩然之氣)가 있다오 | 苦樂有浩氣 |
| 귀양살이도 자신의 잘못이 아니거니 | 投竄匪自作 |
| 어쩌면 증익하려는 하늘의 뜻인지도[199] | 增益豈天意 |
| 야위어 파리한 고달픔이 나와 같아서 | 枯槁苦如我 |
| 믿고 의지하는 이런 행운을 얻었는데 | 依歸幸得是 |
| 생각으로는 귀하신 가르침 받들고서 | 有意承謦咳 |
| 글을 논하며 물리를 구하고 싶어도 | 論文討物理 |
| 두려운 마음에 감히 못 나가는지라 | 惴惴未敢出 |
| 유유한 심정을 그만둘 수 없으니 | 悠悠不能置 |

198 우리……분 : 김시양이 절조가 굳센 사직(社稷)의 신하로서, 본바탕과 아름다운 문채, 즉 내용과 형식이 훌륭하게 조화된 군자라는 말이다. 《논어》〈태백(泰伯)〉에 "육척의 어린 임금을 부탁할 만하고, 제후국의 정치를 맡길 만하며, 생사의 큰 일에 당해서도 그 뜻을 뺏을 수 없다면, 군자다운 사람인가, 군자다운 사람이다.〔可以託六尺之孤 可以寄百里之命 臨大節而不可奪也 君子人與 君子人也〕"라는 증자(曾子)의 말이 나오고, 또 〈옹야(雍也)〉에 "바탕이 문채를 압도하면 촌스럽게 되고, 문채가 바탕을 압도하면 겉만 번드르르해지나니, 문채와 바탕이 조화를 이룬 뒤에야 군자라고 할 수 있다.〔質勝文則野 文勝質則史 文質彬彬然後君子〕"라는 공자(孔子)의 말이 나온다.

199 어쩌면……뜻인지도 : 하늘이 김시양에게 뜻밖의 고난을 당하게 한 것은 그가 잘하지 못하던 것을 잘하게 하여〔增益其所不能〕 보다 큰 인물을 만들려는 의도에서 그렇게 한 것일지도 모른다는 말이다. 《맹자》〈고자 하(告子下)〉에 "하늘이 어떤 사람에게 큰 사명을 내리려 할 때에는, 반드시 먼저 그의 마음과 뜻을 고통스럽게 하고, 그의 힘줄과 뼈를 수고롭게 하고, 그의 육체를 굶주리게 하고, 그의 몸을 궁핍하게 하여, 그가 행하는 일마다 어긋나서 이루지 못하게 하나니, 이는 그의 마음을 격동시키고 그의 성질을 굳게 참고 버티도록 하여, 그가 잘하지 못했던 일을 더욱 잘할 수 있게 해 주기 위함이다.〔天將降大任於是人也 必先苦其心志 勞其筋骨 餓其體膚 空乏其身 行拂亂其所爲 所以動心忍性 增益其所不能〕"라는 말이 나온다.

바라건대 약석의 말씀 내리시어 　　　　　　　　　　　　　願垂藥石言
교칠[200]의 의리를 아끼지 마시기를 　　　　　　　　　　　勿貴膠漆義

200 교칠(膠漆) : 부레풀과 옻나무의 칠이라는 뜻으로, 교분이 두터운 우정을 비유할 때 쓰는 말이다. 63쪽 주46 참조.

## 낙망의 시에 차운하다
次樂忘韻

두만강은 아침부터 자욱한 비요　豆江朝雨暗
증악에는 저녁에 누런 구름이라　甑岳暮雲黃
너른 벌판에는 먼지가 안개 낀 듯　曠野塵如霧
외로운 성엔 달빛이 서리 내린 듯　孤城月似霜
언제나 이런 풍경만 마주하게 하다니　使人長對此
어느 날인들 고향 생각이 나지 않으랴　何日不思鄕
현재의 위치에서 옛 가르침 보노라니　素位觀前訓
그물에 벼릿줄이 달려 있는 심경일세[201]　心同網在綱

201 그물에……심경일세 : 옛날 성현의 말씀이 하나하나 가닥이 잡히며 마음속으로 명료하게 이해된다는 말이다. 《서경》 〈반경 상(盤庚上)〉에 "그물은 벼릿줄이 걸려 있어야 가닥이 잡혀 헝클어지지 않는 것과 같다.〔若網在綱 有條而不紊〕"라는 말이 나온다.

## 찰방 김상윤[202]에게 주다

贈金馬官相潤

| | |
|---|---|
| 공과 더불어 경개[203]한 것이 바로 금년 봄 | 與公傾蓋在今春 |
| 작일에 들러 주시다니 뜻이 더욱 진실하오 | 昨日相過意益眞 |
| 풍우도 좋은 손님 잡아 둘 줄을 아는 터에 | 風雨猶能留好客 |
| 창이는 궁한 사람 불쌍히 여길 줄 모르누나 | 瘡痍不解閔窮人 |
| 글을 논하며 술을 마심은 합당한 일이지만 | 論文把酒皆端合 |
| 말 탄 분과 지팡이 짚은 자가 어울릴 수야 | 騎馬扶筇竝莫因 |
| 어찌 감히 회포를 써서 주부를 맞으리까[204] | 何敢書懷邀主簿 |
| 아이를 불러 의관을 얼른 갖추게 하였다오[205] | 謾呼稚子整冠巾 |

---

202 찰방 김상윤(金相潤) : 《국역 광해군일기》 10년 2월 6일의 "수성 찰방(輸城察訪) 김상윤을 체차하라."라는 기사로 보아 광해군 10년(1618) 무렵에 수성 찰방으로 재직한 듯하다. 수성은 함경도 경성(鏡城)에 속한 역이다.

203 경개(傾蓋) : 경개여구(傾蓋如舊)의 준말로, 길가에서 서로 만나 수레 덮개를 기울이고 잠깐 이야기하는 사이에 오랜 벗처럼 여기게 된다는 말로, 한번 만나 보자마자 의기투합하여 지기(知己)처럼 된 것을 가리킨다. 《사기(史記)》 권83 〈추양열전(鄒陽列傳)〉의 "흰머리가 되도록 오래 사귀었어도 처음 본 사람처럼 느껴질 때가 있고, 수레 덮개를 기울이고 잠깐 이야기해도 오랜 벗처럼 느껴지는 경우가 있다.〔有白頭如新 傾蓋如故〕"라는 말에서 유래한 것이다.

204 어찌……맞으리까 : 두보(杜甫)의 시에 〈대우서회주요허주부(對雨書懷走邀許主簿)〉라는 오언율(五言律)이 있다. 참고로 그 시 중에 "자리에 차려 놓은 탁주를 바라보며, 장자의 수레가 오는지 문간에 귀를 기울인다. 질퍽한 땅에서 영접한다면 부끄러운 일, 말을 타고 그대로 섬돌까지 오시도록.〔座對賢人酒 門聽長者車 相邀愧泥濘 騎馬到堦除〕"이라는 표현이 나온다. 《杜少陵詩集 卷1》

205 아이를……하였다오 : 소식(蘇軾)의 〈정월이십일일병후……(正月二十一日病後……)〉 시에 "사군이 행차하시는 풍악 소리 누워서 듣고는, 아이를 불러 의관을 얼른 갖추게 하였다오.〔臥聽使君鳴鼓角 試呼稚子整冠巾〕"라는 표현이 나온다. 《蘇東坡詩集 卷9》

## 낙망의 시에 차운하다 3수
次樂忘韻 三首

| | |
|---|---|
| 인간 세상 백 가지 일은 모두 잊었지만 | 人間百事已忘情 |
| 군친에 대한 한 생각은 항상 못 잊어 | 一念君親耿耿明 |
| 술 깬 뒤에 유독 더해지는 수심(愁心)이요 | 愁思偏從醒後逞 |
| 꿈속에서 때때로 생각나는 가유[206]로세 | 嘉猷時向夢中成 |
| 하늘은 사막에 산은 바다에 이어지고 | 天連絶漠山連海 |
| 바람은 들판에 달빛은 성에 가득해라 | 風滿長郊月滿城 |
| 으레 강퍅한 서생의 기질을 발휘하면[207] | 賴有書生强狠意 |
| 여기서도 심지를 맑게 할 수 있으련만 | 此間心地亦能淸 |
| | |
| 서울에서 전한 소식 소교[208]를 잃었다고 | 京洛書傳失所嬌 |
| 나그네 회포 이 뒤로 갑절이나 무료하리 | 羈懷此後倍無聊 |
| 어떻게 납주[209] 마시고 시름을 몰아낼까 | 誰將臘酒驅愁去 |

---

206 가유(嘉猷) : 나라를 다스릴 좋은 계책을 말한다. 《서경》 〈군진(君陳)〉에 "네가 좋은 꾀와 계책이 생각나면 안으로 들어와서 너의 임금에게 고하고, 밖으로 나와서 전하기를 '이 꾀와 이 계책은 우리 임금님의 덕이다.'라고 하라. 아, 신하가 모두 이와 같이 해야만 어질고 밝게 될 것이다.〔爾有嘉謀嘉猷 則入告爾后于內 爾乃順之于外 曰斯謀斯猷 惟我后之德 嗚呼 臣人咸若時 惟良顯哉〕"라는 말이 나온다.

207 으레……발휘하면 : 소식이 배를 타고 풍랑을 만나서도 태연히 술잔을 기울이며 "서생은 으레 기질이 강퍅한데, 조물이 괜히 귀찮게 구는구먼.〔書生例强狠 造物空煩擾〕"이라고 읊은 시구가 있다. 《蘇東坡詩集 卷19 與客游道場何山得鳥字》

208 소교(所嬌) : 귀여워했다는 뜻으로, 어린 자식을 가리킨다. 두보(杜甫)의 〈북정(北征)〉 시에 "평소에 귀여워했던 어린 자식은, 못 먹어서 낯빛이 눈보다도 희네.〔平生所嬌兒 顔色白勝雪〕"라는 말이 나온다. 《杜少陵詩集 卷5》

오로지 가을 산을 진심으로 맞이할 뿐 獨有秋山盡意邀
좋은 소리 들려주는 일만 골의 풍악이요 萬谷笙鐘聲正好
물들기 시작하는 일백 숲의 단청이라 百林金碧染初調
소쇄한 마음으로 광음을 보내시고[210] 且持蕭洒消光景
홍안이 공연히 시들게 하지 마시기를 莫遣紅顔浪自凋

솔 사이에 자란 식물 맛이 좋아서 松間生物有嘉味
쓰지도 시지도 않고 맵지도 않아 不苦不酸還不辛
지엽은 없어도 제대로 몸을 갖췄고 枝葉縱無能具體
싱그런 향기에 정신이 벌써 상쾌해라 馨香眞是已傳神
성중의 객에게 고인이 선물 보냈나니 故人遠饋城中客
도마의 먼지 닦느라 아낙은 바쁘도다 饌婦催除俎上塵
만약 장공에게 한 젓가락 맛보게 한다면 若使張公嘗一筯
오회의 강에 가득한 순채를 감히 말하리오[211] 敢言吳會滿江蓴

이 시는 송이버섯을 보내 준 것을 사례한 것이다.

---

209 납주(臘酒) : 설에 마시기 위해 섣달에 빚는 술을 말한다.

210 소쇄(蕭洒)한……보내시고 : 참고로 두보(杜甫)의 〈자경부봉선현영회오백자(自京赴奉先縣詠懷五百字)〉 시에 "강해에 숨을 뜻 지니고서, 소쇄한 마음으로 일월을 보내고 싶지 않은 것은 아니지만, 이 세상에 태어나 요순과 같은 성군을 만났는지라, 차마 영원히 결별하지는 못하겠네.〔非無江海志 蕭灑送日月 生逢堯舜君 不忍便永訣〕"라는 말이 나온다.《杜少陵詩集 卷4》

211 만약……말하리오 : 송이버섯의 진미는 어떤 음식도 따라올 수 없다는 말이다. 장공(張公)은 진(晉)나라 강동(江東)의 오중(吳中) 사람 장한(張翰)을 가리킨다. 그가 일찍이 낙양(洛陽)에 들어가서 제왕(齊王)의 동조연(東曹掾)으로 벼슬살이를 하던 중에, 어느 날 갑자기 가을바람이 불어오자 자기 고향의 순챗국과 농어회가 생각나서 말하기를 "인생은 자기 뜻에 맞게 사는 것이 중요한데, 어찌 수천 리 밖에서 벼슬에 얽매어 명작(名爵)을 구할 수 있겠는가."라고 하고는, 즉시 벼슬을 그만두고 고향으로 돌아간 고사가 전한다.《世說新語 識鑒》 오회(吳會)는 옛날 오나라 지역인 회계(會稽) 일대를 가리킨다.

## 낙망이 산곡의 '오농단억귀'[212]에 차운한 시를 보내며 화답을 청하기에
樂忘次山谷吳儂但憶歸詩投贈索和

궁벽지고 황량한 곳 제아무리 싫어도 窮荒雖甚惡
고향에 마음대로 돌아갈 수 없는 몸 故國縱難歸
늙은 아버님 몸이 항상 건강하시고 老父身長健
밝은 임금님 도가 어긋나지 않기만을 明君道不違
단지 이 일을 손 모아 축원할 뿐 但將斯祝手
어찌 슬퍼하며 옷깃을 적시리오 何用彼霑衣
매일 밤 꿈속에서 고향을 찾다가도 每夜占魂夢
아침이면 일어나 뜨는 해 바라본다오 晨興望日暉

212 산곡(山谷)의 오농단억귀(吳儂但憶歸) : 산곡은 북송(北宋)의 시인 황정견(黃庭堅)의 호이다. 이 시의 제목은 〈희제무산현용두자미운(戲題巫山縣用杜子美韻)〉으로, 그의 문집인 《산곡집(山谷集)》 권10과 《소동파시집(蘇東坡詩集)》 권48에 실려 있다. 참고로 그 시를 소개하면 다음과 같다. "파촉(巴蜀)의 풍속이 다정히 나그네 발길을 붙잡는데, 오나라 사람은 돌아갈 것만을 생각한다네. 이는 함께 얘기하기 어려움을 알기 때문이요, 서먹서먹해서 일부러 피하려 함이 아니라오. 동현에 와서는 구리 돈 냄새를 맡고, 강릉에서는 겹의로 옷을 바꿨다네. 정녕 바라노니 무협의 비여, 부디 아침 해를 어둡게 하지 말기를.〔巴俗深留客 吳儂但憶歸 直知難共語 不是故相違 東縣聞銅臭 江陵換裌衣 丁寧巫峽雨 愼莫暗朝暉〕" 시제(詩題)에 나오는 두자미운(杜子美韻)은 "기주(夔州)에 오래도록 병들어 누워 있다가, 금년에 억지로 일어나 돌아가네.〔臥病巴東久 今年强作歸〕"로 시작되는 두보(杜甫)의 시를 말하는데, 《두소릉시집(杜少陵詩集)》 권21에 〈무산현분주당사군십팔제연별……(巫山縣汾州唐使君十八弟宴別……)〉이라는 제목으로 실려 있다.

## 낙망의 시에 차운하다
次樂忘韻

성군의 은혜가 천지와 같건마는 聖主恩天地
미천한 신하 어쩌다 이 신세가 되었나 微臣偶此身
문을 닫고 잘못을 고치려 생각하노니 杜門思改過
계고한 것은 인을 구함이 아니었도다[213] 稽古匪求仁
밝은 달을 보고서 어떻게 얼굴을 감히 펴랴 顏敢開明月
신령을 감동시키기엔 마음이 많이 부끄러워 心多愧格神
생각건대 전해진 말이 잘못되었으리니 想應傳者誤
현인이 어찌 함부로 사람을 헐뜯으리오[214] 賢豈浪稱人

---

213 계고(稽古)한……아니었도다 : 고산이 그동안 공부한 것은 세속적인 영달을 위해서였지 인(仁)을 얻으려고 추구한 것이 아니었다는 말이다. 계고는 옛일을 상고하여 현실에 적절히 대처하는 것으로, 학문 연구에 매진하여 실생활에 적용할 수 있는 힘을 갖추는 것을 말하는데, 보통 각고면려하여 공부하는 것을 뜻하는 말로 쓰인다. 후한(後漢) 환영(桓榮)이 광무제(光武帝)로부터 태자소부(太子少傅)의 임명을 받자, 가르치던 유생들을 모아 놓고는 "내가 오늘날 이런 은총을 받게 된 것은 모두 옛일을 상고한 노력으로 말미암은 것이니, 어찌 힘쓰지 않아서야 되겠는가.〔今日所蒙 稽古之力也 可不勉乎〕"라고 말한 고사가 전한다. 《後漢書 卷37 桓榮列傳》 또 공자(孔子)가 백이(伯夷)와 숙제(叔齊)에 대해서 "원래 인을 얻으려고 추구하다가 그 인을 얻게 되었으니, 어찌 또 원망을 했겠는가.〔求仁而得仁 又何怨〕"라고 평한 말이 《논어》 〈술이(述而)〉에 나온다.

214 현인이……헐뜯으리오 : 자공(子貢)이 군자(君子)도 미워하는 것이 있는지를 묻자, 공자(孔子)가 미워하는 것이 있다고 대답하였는데, 그 말 중에 "남의 악을 들춰내어 헐뜯는 것을 미워한다.〔惡稱人之惡者〕"라는 내용이 있다. 《論語 陽貨》

## 두통을 앓던 중에 무료해서 〈구가〉[215]를 펼쳐 놓고 읽다가 느낌이 있기에 다시 앞의 운을 써서 시를 짓다

屬患頭痛無聊展讀九歌有感復用前韻

| | |
|---|---|
| 옛날에 행음을 했던 이[216]는 | 伊昔行吟子 |
| 임금을 걱정할 뿐 자신은 돌보지 않았지 | 憂君不計身 |
| 표현에는 실로 외설스러운 점이 있어도 | 爲辭誠越禮 |
| 뜻을 살피면 그래도 인에 가까웠어라 | 原志亦幾仁 |
| 나도 일천 곡을 노래해 보고 싶다마는 | 我欲歌千闋 |
| 어떻게 아홉 귀신을 제사할 수 있으랴 | 誰能祀九神 |
| 조리를 그와 같이 행하기는 어려운 일 | 糟醨難稍稍 |
| 빙긋이 웃는 어부나 그렇게 하라지 뭐[217] | 莞爾任漁人 |

215 구가(九歌) : 굴원(屈原)이 조정에서 쫓겨난 뒤에, 민간에서 여러 귀신에게 제사 지내며 부르는 노래를 가공하여, 충군애국(忠君愛國)의 뜻을 부친 시가이다.

216 행음(行吟)을 했던 이 : 굴원(屈原)을 가리킨다. 행음은 행음택반(行吟澤畔)의 준말이다. 113쪽 주154 참조.

217 조리(糟醨)를……뭐 : 고산이 세상의 풍조에 휩쓸려 똑같이 행동할 수는 없다는 말이다. 조리는 술지게미를 먹고 박주(薄酒)를 마시는 것〔餔其糟而歠其醨〕을 줄인 말이다. 어부가 굴원에게 "세상 사람들이 모두 흐리다면 어찌하여 함께 진흙을 휘저어서 흙탕물을 일으키지 않으며, 여러 사람들이 모두 취했다면 어찌하여 함께 술지게미를 먹거나 박주를 마시지 않고서, 무슨 까닭으로 깊이 생각하고 고상하게 행동하여 스스로 추방을 당하게 한단 말인가.〔世人皆濁 何不淈其泥 而揚其波 衆人皆醉 何不餔其糟 而歠其醨 何故深思高擧 自令放爲〕"라고 충고하고는, 빙긋이 웃으면서〔莞爾而笑〕〈창랑가(滄浪歌)〉를 부르며 떠나갔다는 말이 굴원의 〈어부사(漁父辭)〉에 나온다.

## 다시 앞의 운을 써서 시를 짓다
復用前韻

| | |
|---|---|
| 시루봉 동쪽 기슭 | 甑岳之東麓 |
| 띳집에 내 몸 담았네 | 茅窩貯我身 |
| 가고 머묾은 하느님 명에 따르고 | 去留惟帝命 |
| 죽고 삶은 임금님 인에 맡길 뿐 | 生死任君仁 |
| 이웃들이야 크게 웃거나 말거나 | 大笑貽隣竝 |
| 긴 노래로 귀신을 움직인다나요 | 長歌動鬼神 |
| 따비밭은 언제쯤 태워야 할지 | 燒畬何日始 |
| 봄이 되면 농부에게 물어봐야지 | 春及問農人 |

## 여종이 낡은 세숫대야를 깨뜨렸기에
女奚破盥面老瓦盆

| | |
|---|---|
| 대야 깼다고 어린 여종 혼내지 마라 | 莫爲破匜嗔小鬟 |
| 객지에서 괜히 사서 고생만 시켰으니 | 客居買取任他艱 |
| 산가의 별난 일을 하늘이 가르쳐 주려나 봐 | 山家奇事天教我 |
| 지금부턴 앞 시내 나가 얼굴을 씻으라고 | 從此前溪抔洗顔 |

## 오산장인에게 보내다

簡鰲山丈人

유거의 경치 좋지만 멀리 초청할 수 있나 幽居縱勝難遙屈
관부가 가까워도 자주 올라갈 수 있다오 官府雖親可數躋
후일 서로 만나려면 어느 곳이 좋을까 後日相期何處好
성 서쪽 오리 밖 맑은 시내 흐르는 곳 城西五里有淸溪

## 낙성한 뒤에 절로 흥이 나서
堂成後漫興

| | |
|---|---|
| 초청할 필요 없이 청산이 문에 들어오고 | 入戶青山不待邀 |
| 산 가득 화초들이 용모 다듬고 인사하네 | 滿山花卉整容朝 |
| 앞 여울 항상 요란하다 저어하지 마오 | 休嫌前瀨長喧耳 |
| 세상의 소음 언제나 듣지 않게 해 주니까 | 使我無時聽世囂 |

## 꾀꼬리 소리를 듣고 〈매미 소리〉[218]의 운을 쓰다
聞鶯用聞蟬韻

| | |
|---|---|
| 윤사월 초하룻날에 | 閏四月初吉 |
| 처음 들은 꾀꼬리 소리 | 始聞黃鳥聲 |
| 숲을 엿보니 색깔이 특이해 의아해서 | 窺林疑異色 |
| 주민에게 물으니 이름이 같아 기뻐라 | 問俗喜同名 |
| 유거의 흥치가 더욱 느껴지며 | 轉覺幽居興 |
| 고향 생각이 불현듯 일어나네 | 還生故國情 |
| 가랑비 지나는 앞산을 바라보며 | 前山微雨過 |
| 앉았노라니 시상(詩想)이 맑아지누나 | 詩思坐來淸 |

218 매미 소리 : 135쪽에 나온다.

## 홍향저[219]가 김정에게 준 시를 보고 이에 화운하여 향저에게 증정하다

見洪享諸贈金正詩和呈享諸

향저는 이름이 득일(得一)이니, 공의 동서이다.

| | |
|---|---|
| 매화 필 때 계화(桂花) 향기 없게 한 것은 | 梅花開處桂無香 |
| 본시 용의주도한 조물의 솜씨 | 自是天公用意長 |
| 가령 매화와 계화가 동시에 피게 했다면 | 若使桂花梅共發 |
| 풍상의 시절에 무슨 향기가 남아 있을까 | 風霜時節有何芳 |

219 홍향저(洪享諸) : 홍득일(洪得一, 1577～?)로, 본관은 남양(南陽), 자는 향저(享諸), 호는 만회(晩悔)·후포(後浦)이다. 1613년(광해군5)에 문과에 급제하여 호조와 예조의 좌랑, 동래 부사, 승지, 경주 부윤, 강원 감사 등을 지냈다.

## 노방의 사람에게 장난삼아 지어 주다 무오년(1618, 광해군10)

戱贈路傍人 戊午

이하는 기장(機張)으로 배소를 옮길 적에 지은 것이다. 노방의 사람은 조생(趙生)[220]이다.

| | |
|---|---|
| 그대가 소유의 노래[221] 애창하지 않는데 | 汝非愛唱少游歌 |
| 내 어찌 이협의 보조개[222]를 보기 좋아하랴 | 我豈耽看梨頰渦 |
| 단지 기쁜 것은 비단옷 걸친 몸속에서 | 只喜身編羅綺裏 |
| 세상과 다른 발언이 과감히 나오는 것 | 語言敢與世殊科 |

왜(媧)는 와(渦)로 고쳐야 할 듯하다.

220 조생(趙生) : 함경도 홍원(洪源)의 노기(老妓)이다. 120쪽 주174 참조.

221 소유(少游)의 노래 : 남녀의 애정을 다룬 노래를 말한다. 소유는 송(宋)나라 진관(秦觀)의 자(字)인데, 당시로서는 파격적으로 남녀 간의 성애(性愛)를 묘사한 〈하전(河傳)〉, 〈한미취안(恨眉醉眼)〉 등의 작품을 발표하여 음장취구(淫章醉句)라는 혹평을 받기도 하였다. 이 시는 그의 문집인 《회해집(淮海集)》 〈장단구(長短句)〉 권중(卷中)에 나온다.

222 이협(梨頰)의 보조개 : 젊은 기녀(妓女)의 예쁜 얼굴을 비유한 말이다. 이협은 배의 속살처럼 하얀 얼굴을 뜻한다. 송(宋)나라 나대경(羅大經)의 《학림옥로(鶴林玉露)》 권12에 "호담암(胡澹庵)이 10년 동안 해외에서 귀양살이하다가 북쪽으로 돌아가는 날에, 상담(湘潭)의 호씨(胡氏) 장원(莊園)에서 술을 마시며 시를 짓기를 '임금님 은혜로 돌아가며 이렇게 한번 취했나니, 옆에는 이협에 살짝 핀 보조개가 있네.〔君恩許歸此一醉 傍有梨頰生微渦〕'라고 하였는데, 이는 시기(侍妓) 여천(黎倩)을 두고 말한 것이다."라는 말이 나온다. 담암(澹庵)은 송나라 호전(胡銓)의 호이다. '이협의 보조개'가 대본에는 '梨頰媧'로 되어 있으나, 편자(編者)의 주(註)에서 지적한 것처럼 '媧'는 '渦'의 잘못이기에 바로잡아 번역하였다.

## 홍헌의 조랑에게 답하다 무오년(1618)

答洪獻趙娘 戊午

홍헌은 홍원(洪原)이다. 조랑은 조생(趙生)이다.

| | |
|---|---|
| 한자가 태전에게 글을 남겨 준 뒤로[223] | 韓子留書與太顚 |
| 세간의 기롱하는 평이 어느덧 천년 | 世間譏評已千年 |
| 나도 지금 그대가 객을 알아봄에 감격하여 | 我今感汝能看客 |
| 다시 가요를 지어서 짧은 종이에 쓰노매라 | 復作歌謠寫短箋 |

223 한자(韓子)가……뒤로 : 한자는 당(唐)나라 한유(韓愈)에 대한 경칭(敬稱)이다. 그가 조주 자사(潮州刺史)로 있을 적에 친하게 지냈던 노승(老僧) 태전(太顚)과 작별하면서 글과 함께 자신의 의복을 남겨 주었던 이야기가 그의 〈여맹상서서(與孟尙書書)〉에 실려 있다.

## 일일화를 읊다 무오년(1618)

詠一日花 戊午

이하는 기장(機張)으로 배소를 옮긴 뒤에 지은 것이다.

갑일에 핀 꽃은 을일에는 빛이 없나니　甲日花無乙日輝
한 꽃으로 양조의 빛 향하기가 무안해서　一花羞向兩朝暉
해바라기는 날마다 풍도[224]처럼 굽실거릴 뿐　葵傾日日如馮道
천추[225]의 옳은 듯 그른 점을 누가 구별할까　誰辨千秋似是非

---

224 풍도(馮道) : 오대(五代) 시대의 재상(宰相) 이름이다. 일생 동안 후당(後唐), 후진(後晉), 거란(契丹), 후한(後漢), 후주(後周) 등 다섯 나라의 조정에서 여섯 명의 임금을 섬긴 것을 자랑하며 장락로(長樂老)라고 자호(自號)한 고사가 전한다. 《新五代史 卷54 馮道列傳》

225 천추(千秋) : 한(漢)나라 전천추(田千秋)를 가리키는데, 기회를 잘 이용하여 임금의 뜻에 영합함으로써 재상과 같은 고위관직에 올라 부귀영화를 누리는 사람, 혹은 무능한 재상을 비유하는 말로 쓰인다. 한 무제(漢武帝) 때에 위 태자(衛太子) 유거(劉據)가 강충(江充)에 의하여 무고(巫蠱)의 화를 당한 끝에 자결하였는데, 고침랑(高寢郞)으로 있던 전천추가 꿈에 백두옹(白頭翁)의 교시를 받았다고 가탁하면서, 급변(急變)의 상소를 올려 태자의 억울함을 적극 변호하자, 무제가 곧바로 그를 대홍려(大鴻臚)에 임명하고 몇 달 사이에 승상(丞相)으로 임명하는 한편 부민후(富民侯)에 봉한 고사가 있다. 이와 관련하여 《한서(漢書)》 권66 〈차천추전(車千秋傳)〉에서는, "천추가 다른 재능이나 학술도 없고 벌열이나 공로도 없이, 단지 한마디 말로 상의 뜻을 쾌하게 함으로써 순월 사이에 재상과 봉후의 영광을 차지하였으니, 이는 세상에 일찍이 없었던 일이다.〔千秋無他材能術學 又無伐閱功勞 特以一言寤意 旬月取宰相封侯 世未嘗有也〕"라고 평하고 있다. 참고로 이백(李白)의 〈국가행(鞠歌行)〉 시에 "그대는 또 보지 못했는가. 전천추가 남보다 뛰어난 재지도 없이, 하루아침에 귀신처럼 부귀를 차지한 것을.〔又不見田千秋才智不出人 一朝富貴如有神〕"이라는 말이 나온다. 《李太白集 卷25 補遺》 전천추는 만년에 연로하여 작은 수레〔小車〕를 타고 궁궐에 들어오는 특전을 입어 차 승상(車丞相)이라고 칭해졌으므로, 흔히 차천추(車千秋)라고 부른다.

## 〈김장군전〉의 뒤에 제하다 3수 신유년(1621, 광해군13)

題金將軍傳後 三首 辛酉

김 장군 응하(金將軍應河)가 정령(井嶺)의 전역에서 전사하자, 명나라 조정에서 그에게 요동백(遼東伯)을 추증하였다.

| | |
|---|---|
| 유하장군[226]을 그대여 얘기하지 마오 | 柳下將軍君莫說 |
| 나의 슬픔 또다시 북받쳐 오르니까 | 說來令我有餘哀 |
| 사당에 올릴 한 잔 술이 없진 않소만 | 尋祠一酹非無酒 |
| 오랑캐 머리 찍어 술잔 만들지 못하였소[227] | 未斫胡頭作飲杯 |

226 유하장군(柳下將軍) : 김응하(金應河, 1580~1619)를 가리킨다. 김응하는 광해군 때의 무신으로, 자(字)는 경희(景羲)이며, 고려(高麗)의 명장(名將) 김방경(金方慶)의 후손이다. 경원 판관(慶源判官), 삼수 군수(三水郡守), 북우후(北虞候) 등을 지냈다. 1618년(광해군10)에 명나라가 후금(後金)을 치면서 조선에 원병을 청하자, 이듬해 2월에 도원수 강홍립(姜弘立)과 부원수 김경서(金景瑞)를 따라 좌영장(左營將)으로 출정했다. 이해 3월 심하(深河)의 전역(戰役)에서 유정(劉綎)이 이끈 명군(明軍)이 대패하고 조선의 원군도 후금 군대에 항복했을 때, 홀로 3천 명의 휘하 군사를 이끌고 수만 명의 적군을 상대로 고군분투하다가 중과부적으로 장렬히 전사하였다. 1620년에 명나라 신종(神宗)이 그를 요동백(遼東伯)에 봉하고 그의 처자에게 백금(百金)을 하사하였으며, 조선에서도 그를 영의정에 추증하고, 충무(忠武)의 시호(諡號)를 내렸다. 당시 일군(一軍)이 모두 전몰(戰歿)한 상황에서 김응하가 말에서 내려 버드나무 밑〔柳下〕에 몸을 기대고 활을 쏘아 적을 사살하다가 화살이 떨어지자 이번에는 칼을 빼 들고 적을 무수히 격살(擊殺)하였는데, 그가 전사한 뒤에 적들이 버드나무 밑의 장군이 가장 웅용(雄勇)하여 범접할 수 없었다면서 유하장군이라고 찬양하였다고 한다. 그의 전기에 대해서는 유몽인(柳夢寅)의 《어우야담(於于野談)》에 실린 각종 일화를 비롯하여, 조경(趙絅)의 《용주유고(龍洲遺稿)》 권19 〈증영의정김장군신도비명(贈領議政金將軍神道碑銘)〉, 홍세태(洪世泰)의 《유하집(柳下集)》 권9 〈김장군전(金將軍傳)〉, 이재(李栽)의 《밀암집(密菴集)》 권16 〈김장군응하전(金將軍應河傳)〉 등을 통하여 자세히 알아볼 수 있다.

227 오랑캐……못하였소 : 참고로 전국 시대 조양자(趙襄子)가 지백(智伯)을 멸망시

유하의 웅용(雄勇)한 풍도를 쉽게 말들 하지만　　柳下雄風人謾說
당시 마음속의 일을 누가 알기나 할까　　當時心事孰知哉
간뇌도지(肝腦塗地)해도 손은 칼을 굳게 쥐고　　肝塗尙握煌煌刃
뼈는 썩어도 얼굴은 여전히 노기를 띠었어라[228]　　骨朽猶存勃勃顋
항복한 두 원수[229] 응징하지 못해 한이 남았다만　　遺恨未殲降兩帥
오랑캐 괴수를 금세 칠 듯 위엄이 넘치도다　　餘威擬擊虜渠魁
영령은 정녕 천호[230]의 별 되어 떠났으리니　　英靈定作天弧去
산도 강도 아니고 우레도 아니리라　　不是山河不是雷

내가 전에 추성[231]에서 귀양살이할 때　　纍人昔在古楸城
금성[232]의 정공이 부사(府使)로 있었는데　　錦城鄭公莅其府
높은 의기 발휘하여 나를 후하게 대우하며　　鄭公高義向我厚
연석(宴席)에서 팔을 잡고 술단지 기울였지　　把臂華筵倒甁甀
술이 얼근해지면 왕왕 나라를 걱정하며　　飮酣往往憂國語
인재를 언급하고 문무를 두루 논했는데　　語及人材歷文武

---

킨 뒤에 그의 머리를 음기(飮器) 즉 술 마시는 그릇으로 삼았던 고사와 흉노(匈奴)가 월지왕(月氏王)의 머리를 음기로 삼았던 고사가 전한다.

228 간뇌도지(肝腦塗地)해도……띠었어라 : 후금(後金)의 노추(奴酋)가 명군(明軍)과 조선군의 시신을 수습할 때에, 이미 여러 날이 지나서 시체가 모두 문드러졌는데도, 유독 버드나무 아래의 김응하의 시신만은 얼굴에 노기를 띠며 살아 있는 것 같았으며, 손에 칼을 굳게 쥐고 있어서 빼낼 수가 없었다고 한다.

229 항복한 두 원수 : 도원수(都元帥) 강홍립(姜弘立)과 부원수(副元帥) 김경서(金景瑞)를 말한다. 심하(深河)의 전역(戰役)에 1만 3천의 군대를 이끌고 출정했다가, 전세(戰勢)가 불리해지자 휘하 전군(全軍)을 이끌고 후금(後金)에 항복하였다.

230 천호(天弧) : 병란(兵亂)에 관한 일을 주관한다고 칭해지는 별 이름이다. 호시(弧矢)라고도 한다.

231 추성(楸城) : 경원(慶源)의 별칭이다.

232 금성(錦城) : 나주(羅州)의 별칭이다.

| | |
|---|---|
| 공이 말하기를 “나의 벗 응하는 | 公言吾友有應河 |
| 충지와 의용이 고금에 으뜸이라 | 忠智義勇驅今古 |
| 노부가 감복하는 일이 별로 없는데 | 老夫於人少所服 |
| 우리 김후를 볼 때마다 망연자실한다”고 | 每見金侯輒自失 |
| 이해에 김후가 융막의 참모로 있으면서 | 是歲金侯佐戎幕 |
| 안부 묻는 편지를 내 집에 보냈기에 | 問訊曾到幽人室 |
| 그의 얼굴과 용모를 묻고 상상하며 | 詰其顔貌想見之 |
| 국가의 간성을 볼 날을 고대했는데 | 矯首佇看干城日 |
| 어찌 알았으랴 오늘날 하늘 남쪽 끝에서 | 豈知今日天南頭 |
| 그림 속의 유상을 참담히 보게 될 줄을 | 卷中慘憺瞻遺像 |
| 전도 한 번 펼쳐 보며 눈물 한 번 흩뿌리고 | 一披戰圖一揮淚 |
| 전기 재차 읽으면서 머리 재차 조아리네 | 再讀傳記再稽顙 |
| 사람들은 그대가 죽을 곳 얻었다며 영예로 알지마는 | 人皆榮子死得所 |
| 나는 공이 때를 만나지 못한 것을 애통해하노라 | 我獨哀公時不偶 |
| 산천의 험하고 평탄함도 분간하지 못한 채 | 不識山川險易 |
| 천리 먼 지역을 습격하고 백리를 달려갔으니 | 千里襲人百里趨 |
| 지모 없는 중국 장수야 꾸짖을 것도 없지마는[233] | 天將寡謀何足咎 |

233 산천의……없지마는 : 중국 장수가 병법을 제대로 알지도 못한 채 후금(後金)의 심하(深河) 부락으로 쳐들어갔다가 참패를 당한 것을 말한 것이다. 이 전투에서 명나라 장수 유정(劉綎)이 전사하였다. 춘추 시대 진 목공(秦穆公)이 정(鄭)나라를 공격하려 하자, 건숙(蹇叔)이 “군사를 피곤하게 하면서 먼 나라를 습격한다는 말은 들은 적이 없다. 우리 군사는 피곤해서 힘이 다 빠진 반면에, 먼 곳에 있는 나라의 군사들은 대비를 하고 있을 것이니, 실패하지 않을 수 있겠는가. 우리 군사가 취하는 행동을 정나라에서는 반드시 알게 될 것이다. 힘을 들이고도 좋은 결과가 나오지 않으면 반드시 배반하는 마음이 있게 마련이다. 우리가 행군하는 길이 천리나 되니, 누가 이를 보고서 알지 못하겠는가.〔勞師以襲遠 非所聞也 師勞力竭 遠主備之 無乃不可乎 師之所爲 鄭必知之 勤而無所 必有悖心 且行千里 其誰不知〕”라고 말하면서 극력 저지했으나, 이 말을 듣지 않고 공격했다가 크게 패한 고사가

유독 답견의 편사를 손을 내저어 獨揮踏繭偏師
팔만의 철부도에게 던져 주다니 投畀八萬鐵浮圖
원융의 머리를 먼저 베지 못함이 한이로다[234] 恨不先斬元戎首
당일 옥장의 조무래기 두 놈[235]이 玉帳當日二小豎

있다.《春秋左氏傳 僖公32年》 그리고《춘추공양전(春秋公羊傳)》 희공(僖公) 33년조에 "진백(秦伯)이 정나라를 습격하려고 하자, 백리해(百里奚)와 건숙이 '천리 먼 길을 달려가 습격하고서 망하지 않은 경우는 있지 않았다.〔千里而襲人 未有不亡者也〕'라고 간했다."라는 말이 나온다. 또《사기(史記)》 권65 〈손자열전(孫子列傳)〉에 "병법에 '백리를 급히 달려가 승리를 구하는 경우에는 상장이 꺾이고, 오십 리를 급히 달려가 승리를 구하는 경우에는 군사가 반절밖에 이르지 못한다.' 하였다.〔兵法 百里而趨利者 蹶上將 五十里而趨利者 軍半至〕"라는 말이 나온다.

234 유독……한이로다 : 도원수(都元帥) 강홍립(姜弘立)이 고군분투하는 김응하의 분전을 보고도 지원하지 않은 채 후금의 군사에게 전멸당하도록 그대로 놔두었다는 말이다. 답견(踏繭)의 편사(偏師)는 소규모 보병 부대를 말한다. 답견은 누에고치를 밟아서 발이 부르트고 못이 박혔다는 뜻인데, 여기서는 보병을 비유하는 말로 쓰였다. 송(宋)나라 문동(文同)의 〈직부원(織婦怨)〉 첫머리에 "북을 던지느라 두 손은 피곤에 지치고, 누에고치를 밟느라 두 발은 부르트고 못 박혔다.〔擲梭兩手倦 踏繭雙足趼〕"라는 말이 나온다.《宋詩抄 卷26》 편사는 주력군(主力軍) 이외의 단독 부대를 가리킨다. 철부도(鐵浮圖)는 원래는 금(金)나라의 철갑 군대를 뜻하는데, 여기서는 후금(後金)의 중무장한 기병을 가리킨다.《송사(宋史)》 권366 〈유기열전(劉錡列傳)〉에 "올출이 흰 도포 차림에 갑마를 타고서 아병 3천 명을 이끌고 독전하였는데, 그 군대가 모두 철갑을 중하게 착용하였으므로, 철부도라고 불렀다.〔兀朮被白袍 乘甲馬 以牙兵三千督戰 兵皆重鎧甲 號鐵浮圖〕"라는 말이 나온다. 올출(兀朮)은 금(金)나라 태조(太祖)의 넷째 아들인 완안종필(完顔宗弼)의 본명으로, 알철(斡啜) 혹은 알출(斡出)이라고도 한다. 홍세태(洪世泰)의《유하집(柳下集)》 권9 〈김장군전(金將軍傳)〉에, 명나라의 유격(遊擊) 교일기(喬一琦)가 중영(中營)에서 성벽에 나와 김응하의 전투를 참관하고는 "평지에서 보병으로 철기와 맞서서 이와 같이 싸우다니, 천하의 강군(强軍)이다.〔平地上步戰鐵騎如此 天下勁兵也〕"라고 감탄하면서, 강홍립에게 그를 구원하도록 권하였으나 강홍립이 끝내 병력을 움켜쥐고 꼼짝하지 않자, 교일기가 강홍립에게 배반하려는 뜻이 있음을 알고는 "배반자야, 나는 너에게 붙잡혀서 적에게 넘겨지지는 않을 것이다."라고 꾸짖고 한 번 크게 외친 뒤 절벽 아래로 투신해 자결했다는 말이 나온다.

235 옥장(玉帳)의……놈 : 강홍립과 김경서(金景瑞)를 말한다. 옥장은 옥같이 견고한 장막이라는 뜻으로, 총사령관의 막부를 뜻한다.

지레 겁먹고 항복한 것은 말하기도 추하도다　望風解甲言之醜
공은 두 장수의 심보를 훤히 알았을 터이니　以公之明料二帥
비장(裨將)으로 참전한 것이 어찌 그의 뜻이리오　與作偏裨豈其志
처음에 어찌하여 한사코 사양하지 않고　始也曷不以死辭
끝내 헛되이 죽을 곳에 몸을 던졌는가 하면　畢竟投身徒死地
동방예의지국의 풍도를 보존하려 함이요　要存東土禮義風
임금에게 보국의 뜻을 사뢰려 함이었네　要白吾王報國意
나는 공이 죽기로 나무에 기대어 적을 사살한 것을 기리지 않고
我不愛公抵死倚樹射强胡
나는 공이 죽어서도 손에서 칼을 놓지 않은 것을 기리지 않으며
我不愛公死後手中劍不置
나는 공이 귀한 집 딸을 취하지 않은 것[236]을 기리고
我愛公嘗不卜貴家女
나는 공이 황문의 사자에게 아첨하지 않은 것[237]을 기린다오
我愛公嘗不媚黃門使
평생에 이해를 따지는 마음이 없었으니　平生苟無利害心

---

236 공이……것 : 김응하가 경원 판관(慶源判官)으로 부임할 적에 어떤 이가 귀한 집의 딸을 소개하며 첩으로 데리고 가도록 권하자, 김응하가 "우리 집은 가난한데, 그녀는 귀한 집의 딸이다. 아내와 같이 대우한다면 명분이 문란해지니 안 될 일이요, 그렇다고 첩으로 대우한다면 섭섭하게 여길 것이다. 그리고 첩으로 인하여 귀하게 되는 것은 대장부가 할 일이 아니다."라고 사양하였다고 한다.

237 공이……것 : 병조 판서 박승종(朴承宗)이 친상(親喪)을 당하여 고양(高陽)에 장사 지낼 적에, 대내(大內)에서 중사(中使)를 보내어 조의(弔意)를 표했는데, 그때 인척(姻戚)으로 참석한 김응하에게 어떤 이가 "장군은 풍채가 좋으니 중사가 보면 반드시 상에게 보고할 것이다."라고 하면서 중사를 만나 볼 것을 권하자, 김응하가 "뭔가 바라는 마음을 갖고서 환관(宦官)을 만나는 것은 사대부가 할 일이 아니다. 어찌 마음에 부끄럽지 않겠는가."라고 하며 거절했다고 한다. 황문(黃門)은 내시(內侍)를 말한다.

환난에 임하여 의열의 일이 어찌 어려우랴　　臨難何難義烈事
공과 같은 분에게 곤외의 일[238]을 위임하고　　若使如公制閫外
십만의 용사를 내주어 지휘하게 하였다면　　付與十萬貔貅任指揮
이목이 흉노를 격퇴한 일[239]은 말할 것도 없고　　李牧擊走凶奴不足道
이정이 힐리를 사로잡은 일[240]도 기대할 만한데　　李靖襲擒頡利其庶幾
머리에 굴레 씌우고 다리에 밧줄 얽어맨 채　　頭有韁繫脚索縻
범옷 입은 사슴 새끼에게 지시받게 하였도다[241]　　稟撝於麛而虎衣
공에게 만고의 공훈을 성취하게는 하지 않고　　使公不能成就萬古勳
공에게 단지 만고의 명성만 성취하게 하다니　　使公只能成就萬古名

---

238 곤외(閫外)의 일 : 임금으로부터 정벌(征伐)의 명을 받고 전권(全權)을 행사하는 일을 말한다. 옛날 장군이 출정할 때 임금이 "곤내(閫內)는 내가 통제할 터이니 곤외는 장군이 통제하라."라고 하면서 수레바퀴를 밀어 주었던 고사에서 유래한 것이다.《史記 卷102 馮唐列傳》

239 이목(李牧)이……일 : 전국 시대 조(趙)나라 명장 이목이 흉노의 10여만 기(騎)를 대파하고 동호(東胡)와 담림(澹林)을 격멸하고 선우(單于)를 축출하여 그 뒤 10여 년 동안 흉노가 감히 조나라 변경을 범하지 못하게 한 고사가 전한다.《史記 卷81 廉頗藺相如列傳》

240 이정(李靖)이……일 : 당 태종(唐太宗) 정관(貞觀) 3년(629)에 병부 상서(兵部尙書) 이정이 대주도대총관(代州道大摠管)이 되어 동돌궐(東突厥)의 가한(可汗)인 힐리(頡利)를 정양(定襄)에서 격파하고 대국공(代國公)에 봉해졌다. 이듬해에 힐리가한이 귀부(歸附)하겠다고 청하자, 정양행군총관(定襄行軍摠管)을 보내 맞게 하여 그를 사로잡아 경사(京師)로 압송하였다.《舊唐書 卷67 李靖列傳》

241 머리에……하였도다 : 김응하에게 아무것도 모르는 강홍립의 지휘를 받게 하였다는 말이다. 이 대목은 한유(韓愈)의 시 〈기최이십육입지(寄崔二十六立之)〉의 "어떻게 둥지 속에서 방금 부화한 새 새끼에게, 깃털을 꽂아 주어 하늘을 날게 할 수 있으며, 망아지나 사슴 새끼에게 사나운 발톱을 달아 주고, 맹호의 가죽옷을 빌려 주어 입게 할 수가 있는가. 그대의 머리에는 굴레를 씌우고, 그대의 다리에는 밧줄을 얽어매어, 진흙 구덩이 속에 몸을 빠뜨렸으니, 누가 다시 지시하는 말을 받아들이겠는가.〔安有巢中鷇 揷翅飛天陲 駒麛著爪牙 猛虎借與皮 汝頭有韁繫 汝脚有索縻 陷身泥溝間 誰復稟指撝〕"라는 시구에서 발췌한 것이다.《韓昌黎集 卷5》

하늘이 왜 인재는 안 아끼면서 인명에는 인색한지 天胡不嗇人才嗇人命

생각하는 중에 온갖 감회와 한스러움이 몰려오네 思之中有百感千恨幷

아 嗚呼

후세에 어찌 또 김응하가 없겠으며 後來豈無金應河

후세에 어찌 또 강홍립이 없겠는가 後來豈無姜弘立

아 嗚呼

나는 분간해 뽑는 법을 알고 있나니 我有揀選法

대궐 문 두드려 내 말을 매고 싶구나 欲叩天門我馬縶

정공(鄭公)의 이름은 여린(如麟)이다. 조무래기 두 놈〔二小豎〕은 강홍립(姜弘立)과 김경서(金慶瑞)이다.

## 아우와 헤어지며 지어 주다 2수

贈別少弟 二首

공의 서제(庶弟) 선양(善養)이다.

자주 : 금계(金雞)[242] 중추 25일에, 전송하며 삼성대(三聖臺)까지 왔을 때 지어 주었다.

신천[243]을 명하면 몇 산만 격하게 되겠지만　若命新阡隔幾山
얼굴이 붉어지니 어떻게 세파(世波)를 따를 수야　隨波其奈赧生顔
이제 헤어지려 하니 천 줄기 눈물　臨分惟有千行淚
옷자락에 흩뿌려 점점이 얼룩졌네　灑爾衣裾點點斑

당시에 돈을 바치고 벌을 감면받는 일이 있었다. 세파를 따른다〔隨波〕는 것은 이 일을 가리킨다.

나의 말은 서두르고 너의 말은 느릿느릿　我馬騑騑汝馬遲
이 길 어찌 차마 따라오지 말라 하느냐　此行那忍勿追隨
가장 무정한 것은 가을날의 짧은 태양　無情最是秋天日
작별하는 사람 위해 잠시도 머물지 않으니　不爲離人駐少時

242 금계(金雞) : 신유년인 1621년(광해군13)을 가리킨다.

243 신천(新阡) : 새 묘역(墓域)이라는 뜻으로, 유배의 형벌이 감면되어 새로 옮겨지는 배소(配所)를 가리킨다. 당시에 속전(贖錢)을 바치면 중도부처(中途付處)되는 혜택을 받을 수 있었으므로, 고산의 서제가 이 일을 주선해 보려 하였으나 고산이 극력 반대하였다.

## 병중의 회포를 풀다
病中遣懷

| | |
|---|---|
| 거이어매함이 어찌 내가 잘못된 때문이리오[244] | 居夷禦魅豈余悞 |
| 나라와 선왕 생각에 매양 혼자 걱정할 뿐이지 | 戀國懷先每自虞 |
| 산 넘어 괴롭게 옮겨 산다 괴이하게 생각 마오 | 莫怪踰山移住苦 |
| 서울 바라봄에 그래도 한 겹 막힘이 없으니까 | 望京猶覺一重無 |

244 거이어매(居夷禦魅)함이……때문이리오 : 귀양살이하게 된 것이 고산 자신의 재명(才名)이 성해서 다른 사람들의 시기를 받아 그렇게 된 것이 아니라는 말이다. 거이(居夷)는 거구이(居九夷)의 준말로, 누추하고 불편한 지역에 거하는 것을 뜻한다. 공자(孔子)가 동이족(東夷族)의 지역에서 살고 싶다고 하자〔居九夷〕, 어떤 사람이 누추한 곳이라고 걱정을 하니, 공자가 "군자가 살고 있다면 그 땅이 누추한들 무슨 상관이 있겠는가.〔君子居之 何陋之有〕"라고 대답했던 고사가 있다.《論語 子罕》 어매(禦魅)는 어리매(禦螭魅)의 준말로, 유배를 당한 것을 뜻한다. 순(舜)이 요(堯) 임금의 신하가 된 뒤에 "네 흉족인 혼돈과 궁기와 도올과 도철을 귀양 보내 사방 변경으로 쫓아내어 도깨비의 재앙을 막게 하였다.〔流四凶族 渾敦窮奇檮杌饕餮 投諸四裔 以禦螭魅〕"라는 말에서 유래한 것이다.《春秋左氏傳 文公18年》 이 대목은 두보(杜甫)의 〈유회태주정십팔사호(有懷台州鄭十八司戶)〉에 "그동안 유배당한 사람들을 보면, 대부분 재명이 성해서 잘못된 때문. 선생도 혜강(嵇康)과 완적(阮籍)의 부류라서, 또 세상 사람들의 시기를 받았구려.〔從來禦魑魅 多爲才名悞 夫子嵇阮流 更被時俗惡〕"라고 한 시구를 발췌한 것이다.《杜少陵詩集 卷7》 대본에는 '居夷禦魅豈余娛'로 되어 있으나, '娛'는 '悞'의 잘못으로 보이기에 바로잡아 번역하였다.

# 닭을 노래하다
詠鷄

| | |
|---|---|
| 물성이 치우치고 막혔다 하더라도 | 物性雖偏塞 |
| 품부받은 것 중에 밝은 면도 있나니 | 稟賦有明處 |
| 우리 사람이 물론 가장 영명하다지만 | 吾人固最靈 |
| 시야[245]야 어떻게 너에게 미치리오 | 時夜誰及汝 |
| 새벽 기운이 이르면 절로 꼬끼오 울며 | 氣至自咿喔 |
| 대롱 속의 재가 율려(律呂)에 응하듯 하나니[246] | 若灰管應呂 |
| 부상의 닭에 호응하여 운다는 것[247]도 | 鳴應扶桑鷄 |
| 실로 황당무계한 말이라 할 것인데 | 實惟無稽語 |
| 더구나 사람의 가짜 닭 소리를 듣고서 | 矧肯聽人假 |

245 시야(時夜) : 야간의 시보(時報)를 주관한다는 뜻인데, 보통 닭의 별칭으로 쓰인다. 《장자(莊子)》〈제물론(齊物論)〉의 "계란을 보고는 벌써 새벽에 울어 줄 것을 요구하며, 탄환을 보고는 올빼미 구이를 생각한다.〔見卵而求時夜 見彈而求鴞炙〕"라는 말에서 유래한 것이다.

246 대롱……하나니 : 옛날에 갈대의 줄기에 있는 얇은 막을 태워서 그 재를 각각 12율려(律呂)에 해당하는 대롱〔管〕 속에 넣은 다음에 밀실(密室)에 놔두고 기후를 점쳤는데, 하나의 시절이 도래하면 그 시절의 율려에 해당하는 대롱 속의 재가 풀썩 일어나며 반응하여 그 계절이 돌아온 것을 알려 주었다고 한다. 《漢書 卷21上 律曆志上》

247 부상(扶桑)의……것 : 부상은 동해 속에 있다는 상상의 신목(神木)으로, 해가 뜰 때에는 이 나뭇가지를 흔들고서 올라온다고 하는데, 이 부상의 산 위에서 전설상의 황금 닭인 금계(金雞)가 한 번 크게 울면 천하의 닭이 모두 따라 울면서 새벽이 밝아 온다고 한다. 《神異經 東荒經》 또 중국 동남쪽에 하늘 높이 치솟은 도도(桃都)라는 이름의 거목(巨木)이 있고, 그 위에 천계(天雞)라는 닭이 서식하는데, 해가 떠오르면서 이 나무를 비추면 천계가 바로 울고, 그러면 천하의 닭들이 모두 뒤따라 울기 시작한다는 전설도 있다. 《述異記 卷下》

뇌동하여 상도(常道)를 잃을 리가 있겠는가　　雷同失常敍
이에 알겠도다 맹상군의 식객이　　乃知孟嘗客
때마침 너와 거조를 같이 했음을　　適與汝同擧
식객이 전문을 잘도 속인 것이요　　客能欺田文
전문이 진을 속이고 떠난 것이 아니로다[248]　　非文欺秦去

---

248 식객(食客)이……아니로다 : 전국 시대 제(齊)나라 맹상군(孟嘗君)이 진(秦)나라에 갇혀 있다가 요행으로 탈출하여 한밤중에 함곡관(函谷關)에 이르렀는데, 관법(關法)에는 새벽닭이 울기 전에는 객을 내보내지 않게 되어 있었다. 그때 마침 맹상군의 식객 중에 닭 울음소리 흉내를 잘 내는 자가 있어서 그가 닭 울음소리를 내자 다른 닭들이 모두 따라서 울었으므로, 마침내 관문(關門)이 열려 탈출할 수 있었다는 이야기가《사기(史記)》권75〈맹상군열전(孟嘗君列傳)〉에 실려 있다. 그런데 고산은 마침 닭이 우는 시각이 되었기 때문에 닭들이 울었던 것이지, 식객의 닭 울음소리를 듣고 따라서 운 것이 아닌데, 그 식객이 마치 자기의 공로인 것처럼 과시하며 맹상군을 속인 것이라고 재미있게 풀이하고 있다. 전문(田文)은 맹상군의 성명이다.

## 임 박사와 이 평사의 시에 차운하여 봉황대 주인에게 봉증하다

次任博士李評事韻奉贈鳳凰臺主人

박사는 임소암 숙영(任疎菴叔英)[249]이다.

듣건대 선생이 거하는 냇가의 승경에 聞子溪居勝
높은 누대가 골짜기 깊이 들어섰다고 高臺入谷深
채찍 그림인 줄 요요히 알겠노니[250] 畫鞭頗了了
눈앞에 그 모습 저절로 삼삼해라 生目自森森
산빛이 들어 있는 이 평사의 시어요 李語有山色
봉황의 마음 얻은 임 박사의 시편이라 任篇獲鳳心
어떡하면 두 다리 품을 팔아서 何當辦兩脚

249 임소암 숙영(任疎菴叔英) : 임숙영(1576~1623)으로, 본관은 풍천(豐川), 자는 무숙(茂叔), 호는 소암이다. 1601년(선조34)에 진사가 되었으며 1611년(광해군3) 별시 문과의 대책(對策)에서 외척인 유씨(柳氏)와 이이첨의 전횡을 비난하는 글을 지어 급제가 취소되었다가 다시 회복되었다. 인조반정 후에 복직되어 홍문관 정자・박사 등을 거쳐 사헌부 지평을 지냈다.

250 채찍……알겠노니 : 얼핏 보면 다른 누대와 별로 다를 것 없게 보일 수도 있겠지만, 찬찬히 보면 그 누대가 주위의 배경과 어울려서 멋있게 조화를 이루고 있을 것이라는 말이다. 화공(畫工)이 말채찍에 3년 동안 애써 그려서 바친 그림을 보고 임금이 "그냥 옻칠한 다른 채찍과 다를 것이 없다.〔與髹莢者同狀〕"라고 하면서 화를 내자, 화공이 "10판의 축대를 쌓고 8척의 창문을 뚫은 뒤에 해가 처음 나올 적에 그 창 위에 올려놓고 감상해 보십시오.〔築十版之牆 鑿八尺之牖 而以日始出時加之其上而觀〕"라고 권하였는데, 이에 임금이 그렇게 시험해 보니 용사(龍蛇)와 금수(禽獸)와 거마(車馬) 등 만물의 형상이 모두 눈에 들어왔으므로 크게 기뻐하였다는 말채찍 그림〔畫莢〕 이야기가 《한비자(韓非子)》 권11 〈외저설 좌 상(外儲說左上)〉에 나온다.

## 후조[251]의 숲에 함께 깃들일거나 偶庇後凋林

251 후조(後凋) : 뒤에 시든다는 뜻으로, 송백(松柏)처럼 변함없이 굳은 지사(志士)의 절조를 비유하는 말이다. 《논어》 〈자한(子罕)〉의 "한 해가 다하여 날씨가 추워진 뒤에야 소나무와 잣나무가 뒤에 시드는 것을 안다.〔歲寒然後 知松柏之後凋也〕"라는 공자(孔子)의 말에서 유래한 것이다.

## 차운하여 선일 태수에게 답하다 계해년(1623, 인조1)

次韻酬善一太守 癸亥

이하는 풀려난 뒤에 지은 것이다. 선일은 선산(善山)이다.

낙동강 물결이 양 언덕 집어삼키고　洛水波濤沒兩隈
비가 강물 건너와 금오산에 날리네　金烏飛雨過江來
산 역에 체류하니 양식도 떨어져 달랑달랑　山郵留滯糧垂橐
부리가 맞아 환대하니 술이 잔에 넘실넘실　府吏逢迎酒滿杯
낮엔 물소리 듣느라 관을 누차 기울이고　晝聽溪聲冠屢亞
밤엔 구름빛 보느라 방문 자주 연다네　夜看雲色戶頻開
마음이 바쁜 것은 금당의 모임[252] 때문이지　忙心只爲琴堂會
귀향에 차질 빚을까 걱정해서가 아니라오　不是差池故國回

252 금당(琴堂)의 모임 : 선산 부사(善山府使)가 베푸는 연회(宴會)를 말한다. 금당은 선정(善政)을 베푸는 수령의 청사라는 뜻이다. 공자(孔子)의 제자 복자천(宓子賤)이 선보(單父) 고을의 수령이 되었을 적에 마루 아래로 내려오는 일이 없이 거문고〔琴〕만 연주했는데도 잘 다스려지며 교화가 이루어졌다는 고사에서 유래한 것이다. 《呂氏春秋 察賢》

## 이경우의 부인에 대한 만사 2수
挽李景愚內 二首

이름은 희안(希顔)이고, 공의 동서이다.

| | |
|---|---|
| 시집에 역병이 돌던 날 | 姑家遘癘日 |
| 한숨 안 자고 간호하였지 | 之子不眠情 |
| 장수를 누림이 당연한 이치인데 | 理則躋遐壽 |
| 어찌하여 붉은 명정 나부끼는가 | 胡然丹旐明 |

| | |
|---|---|
| 집시하고 겨우 일곱 화갑 지난 나이 | 執枲纔過七花甲 |
| 시반한 뒤로 여덟 차례 해가 돌았네[253] | 視鞶今也八周圍 |
| 밟은 자취는 두 집 부엌의 흙 속에 | 跡存兩舍廚中土 |
| 바느질한 옷은 세 아이의 몸 위에 | 線故三兒身上衣 |
| 부자는 잔 올리며 저녁상식에 눈물짓고 | 夫子擧杯啼夕案 |

253 집시(執枲)하고……돌았네 : 17세에 시집을 와서 지금 8년의 세월이 지나 세상을 떠났다는 말이다. 집시는 모시 길쌈을 한다는 말로, 여자의 나이 10세를 가리킨다. 《예기》〈내칙(內則)〉에, 여자가 열 살이 되면 "삼베와 모시 길쌈을 하며, 누에고치를 만들고 생사를 뽑는다.〔執麻枲 治絲繭〕"라는 말이 나온다. 시반(視鞶)은 반낭(鞶囊) 즉 가죽 주머니를 돌아본다는 뜻으로, 여자의 시집살이를 뜻한다. 《의례(儀禮)》〈사혼례(士昏禮)〉에, 부모가 딸을 시집보낼 적에 작은 띠와 가죽 주머니를 허리에 채워 주면서 "시부모님의 말씀을 공경히 듣고 받들어 행하며, 밤낮으로 허물이 없도록 하면서, 이 띠와 주머니를 돌아보고 항상 기억하라.〔敬恭聽宗爾父母之言 夙夜無愆 視諸衿鞶〕"라고 당부하는 말이 나온다. 또 한유(韓愈)의 〈송구홍남귀(送區弘南歸)〉 시에 "내가 남쪽으로 귀양 와서 태양이 한 번 도는 사이에, 찾아오는 사람은 많았지만 그럴듯한 사람은 보지 못했다.〔我遷于南日周圍 來見者衆莫依稀〕"라는 말이 나온다. 《韓昌黎集 卷4》

| | |
|---|---|
| 시희는 거울 환하게 아침 휘장 젖히네 | 侍姬開鏡闢朝幃 |
| 평생의 부덕을 끝내 잊지 못하리니 | 平生婦德終難忘 |
| 어느 날에나 고당에 눈물이 마를까 | 何日高堂淚却晞 |

## 족모 윤 정랑 부인에 대한 만사
挽族母尹正郎內

| | |
|---|---|
| 우리 집안 의리의 명성 드러내신 분 | 曾著吾家行義聲 |
| 족모의 영원한 안식 어떻게 슬퍼하랴 | 誰傷族母向佳城 |
| 아래로 부자를 따름은 현부(賢婦)의 뜻이요 | 下從夫子賢娘志 |
| 위로 하늘에 부르짖음은 효자의 정이로다 | 上叫天公孝子情 |
| 칠 년 동안 입은 상복 이제 막 벗었나니 | 七載衰痲方解脫 |
| 평생토록 베틀 북만 속절없이 왔다 갔다 | 平生機杼謾縱橫 |
| 이제 어떻게 문 열어 놓고 가르침을 받을거나[254] | 闖門承誨今何得 |
| 만사 지으며 흐르는 눈물 걷잡을 수가 없네 | 題挽難堪我淚傾 |

254 이제……받을거나 : 참고로 《국어(國語)》 〈노어 하(魯語下)〉에 "공보문백의 모친은 계강자의 종조숙모였다. 그래서 계강자가 찾아가서는 문을 열어 놓고 대화를 나누었으며 모두 문지방을 넘지 않았다.〔公父文伯之母 季康子之從祖叔母也 康子往焉 闖門與之言 皆不踰閾〕"라는 말이 나온다. 종조숙모(從祖叔母)는 조부 형제의 처를 말한다.

## 중수 김씨에 대한 만사

挽仲嫂金氏

형님의 두 번째 계실이기 때문에 중수라고 하였다.

| | |
|---|---|
| 이제 고작 서른을 넘긴 나이 | 花甲只經三十載 |
| 친정도 일천리 길 오래 막혔다네 | 親闈久隔一千程 |
| 대랑은 끝내 자식 없는 한을 품고 | 大娘終抱無兒恨 |
| 부자는 처 잃은 곡성 더욱 슬퍼라 | 夫子增傷哭內聲 |
| 약 달이던 화덕에는 청수와 찬 재뿐 | 白水寒灰傾藥竈 |
| 광릉의 가을비가 명정에 흩뿌리네 | 廣陵秋雨灑銘旌 |
| 평생의 부덕을 어떻게 잊을 수 있으리오 | 平生婦德誰忘得 |
| 내 슬픔은 비단 수숙의 정만이 아니라오 | 慟我非徒嫂叔情 |

## 장자호의 시에 차운하다 정묘년(1627, 인조5)

次張子浩韻 丁卯

| | |
|---|---|
| 찰방과 금오랑(金吾郎) 그리고 별제 | 察訪金吾與別提 |
| 관직이 낮아도 나에게는 낮지 않아[255] | 官卑於我亦非卑 |
| 다만 충성 펴려 해도 손댈 곳이 없나니 | 但無着手輸忠處 |
| 진퇴하는 이 마음을 그 누가 알아줄지 | 進退微衷孰有知 |

255 찰방(察訪)과……않아 : 고산은 37세 되던 1623년(인조1) 4월과 1625년 1월에 의금부 도사(義禁府都事)에 제수되었으나 사직하였고, 1626년 11월에 안기 찰방(安奇察訪)에 제수되었으나 응하지 않았고, 1627년 10월에 사포서 별제(司圃署別提)에 제수되었으나 취임하지 않았다. 금오랑 즉 의금부 도사와 찰방, 별제는 모두 종6품의 관직이다.

## 새벽 비를 읊으며 고시에 차운하다
曉雨次古韻

| | |
|---|---|
| 주룩주룩 이것이 무슨 소리인고 | 淙淙是何聲 |
| 새벽녘에 발 앞에 떨어지는 소리 | 曉向簾前滴 |
| 앵무새가 사람의 말을 따라서 | 鸚鵡喚人言 |
| 어제저녁처럼 비가 오신다나 | 雨來如昨夕 |

## 가을밤에 우연히 읊으며 고시에 차운하다
秋夜偶吟次古韻

| | |
|---|---|
| 서리 내린 성긴 대에 새벽바람 일렁이고 | 霜落疏篁動曉風 |
| 바퀴 같은 밝은 달이 먼 허공에 걸렸네 | 一輪明月掛遙空 |
| 유인의 무한한 창랑의 이 흥취[256]를 | 幽人無限滄浪趣 |
| 그저 거문고 몇 곡에 담아 보노라 | 只在瑤琴數曲中 |

256 유인(幽人)의……흥취 : 강호에 은거하여 자기 몸을 보전하며 유유자적하는 즐거움을 뜻한다. 전국 시대 초(楚)나라 굴원(屈原)이 조정에서 쫓겨나 초췌한 안색으로 강변을 거닐자 어부가 그 이유를 물었는데, 굴원이 더러운 세상에 대해서 푸념을 늘어놓으니, 어부가 빙그레 웃으면서 "창랑의 물이 맑으면 내 갓끈을 씻고, 창랑의 물이 흐리면 내 발을 씻으면 된다.〔滄浪之水淸兮 可以濯吾纓 滄浪之水濁兮 可以濯吾足〕"라고 은거 생활을 권하는 노래를 부르면서 떠나갔다는 〈어부사(漁夫辭)〉의 이야기에서 유래한 것이다. 유인은 은자(隱者)를 가리킨다.

## 닭을 노래하다

詠鷄

| | |
|---|---|
| 뜰에서 쪼는 모양 찬찬히 살펴보니 | 細看啄庭姿 |
| 하는 짓이 그야말로 꿩과 똑같네 | 正與雉同規 |
| 아마도 산량[257]의 족속인 듯한데 | 疑是山梁種 |
| 복희 시절부터 횃대에 올랐나 봐[258] | 棲塒自伏羲 |

257 산량(山梁) : 산에 있는 다리라는 뜻인데, 꿩의 별칭으로 쓰인다. 《논어》〈향당(鄕黨)〉의 "산량의 암꿩이 제때를 만났구나.〔山梁雌雉 時哉時哉〕"라는 공자의 탄식에서 유래한 것이다.

258 복희(伏羲)……봐 : 복희씨(伏羲氏)가 처음 그었다고 전해지는 팔괘(八卦)에 닭이 등장하기 때문에 이렇게 말한 것이다. 《주역》〈설괘전(說卦傳)〉에, 동물에서 팔괘의 상(象)을 취하여 "건은 말이 되고, 곤은 소가 되고, 진은 용이 되고, 손은 닭이 되고, 감은 돼지가 되고, 이는 꿩이 되고, 간은 개가 되고, 태는 양이 된다.〔乾爲馬 坤爲牛 震爲龍 巽爲雞 坎爲豕 離爲雉 艮爲狗 兌爲羊〕"라고 한 말이 나온다.

## 작은 벼루를 노래하다
詠小硯

| | |
|---|---|
| 나의 벗 도군[259]은 매우 짧고 작지만 | 吾友陶君絶短小 |
| 밖은 모나고 속은 평탄해 흠이 전혀 없네 | 外方中坦百無尤 |
| 어찌 꼭 풍자[260]처럼 한 길 넘어 커야 할까 | 何須風字丈餘大 |
| 지금 바로 즉묵후[261]에 봉해 주어도 되리라 | 便可封爲卽墨侯 |

풍자(風子)의 자(子)는 자(字)가 되어야 할 듯하다.

259 도군(陶君) : 도홍(陶泓) 즉 벼루를 가리킨다. 55쪽 주9 참조.

260 풍자(風字) : 풍자연(風字硯) 즉 풍자(風字) 형태의 연석(硯石)을 말한다. 송(宋)나라 미불(米芾)의 〈연보(硯譜)〉에 "왕희지의 후손이 풍자연 하나를 가지고 있는데, 길이는 여섯 자가 넘고, 색은 붉으며, 아무리 써도 단계석(端溪石)이 닳지 않는다.〔右軍之後 持一風字硯 六尺餘 色正赤 用之不減端石〕"라는 말이 나온다. 줄여서 풍연(風硯)이라고도 한다. 대본에는 '風子'로 되어 있으나, 편자(編者)의 주(註)에서 지적한 것처럼 '子'는 '字'의 잘못이기에 바로잡아 번역하였다.

261 즉묵후(卽墨侯) : 즉묵에 봉해진 제후라는 뜻으로, 벼루의 별칭으로 쓰인다. 당(唐)나라 사람 문숭(文嵩)이 벼루를 의인화하여 〈즉묵후석허중전(卽墨侯石虛中傳)〉을 지은 고사에서 유래한 것인데, 송(宋)나라 소이간(蘇易簡)의 《문방사보(文房四譜)》 〈연보(硯譜)〉에 이 내용이 나온다.

## 차운하여 동명[262]에게 답하다 4수
次韻酬東溟 四首

| | |
|---|---|
| 근년에 세상을 피하고만 싶은데 | 近年生避性 |
| 몇 달 동안 벗님의 소식도 없어 | 累月間徽音 |
| 눈은 봄날의 나무[263]를 마주하고 | 眼對春天樹 |
| 손은 유수의 거문고를 멈추었네[264] | 手停流水琴 |
| 화창한 날 나들이도 하지 못한 채 | 淸遊違麗日 |
| 지루한 장맛비로 울적하던 차에 | 幽抱屬淫霖 |
| 그대의 주옥같은 시구를 대하니 | 見子瓊琚句 |
| 강해의 마음이 일어나는구려 | 起余江海心 |

| | |
|---|---|
| 순유는 독실한 자세를 견지하고 | 醇儒期慥慥 |

---

262 동명(東溟) : 정두경(鄭斗卿, 1597～1673)의 호이다.

263 봄날의 나무 : 멀리 떨어져 있는 벗을 그리워할 때 흔히 쓰는 표현이다. 두보(杜甫)의 〈춘일억이백(春日憶李白)〉 시에 "내가 있는 위수(渭水) 북쪽엔 봄날의 나무, 그대 있는 장강(長江) 동쪽엔 저녁의 구름. 어느 때나 한 동이 술로 서로 만나서, 다시 한 번 글을 함께 자세히 논해 볼꼬.〔渭北春天樹 江東日暮雲 何時一樽酒 重與細論文〕"라고 한 시구에서 유래한 것이다. 《杜少陵詩集 卷1》

264 손은……멈추었네 : 옛날 종자기(鍾子期)처럼 들어 줄 사람이 없어서 거문고 연주도 그만두었다는 말이다. 춘추 시대 거문고의 명인 백아(伯牙)가 높은 산〔泰山〕에 뜻을 두고 연주를 하면, 친구인 종자기가 그 음악 소리를 듣고는 "멋지다. 마치 태산처럼 높기도 하구나.〔善哉 峩峩兮若泰山〕"라고 평하였고, 흐르는 물〔流水〕에 뜻을 두고 연주를 하면 "멋지구나. 마치 강하처럼 넘실대는구나.〔善哉 洋洋兮若江河〕"라고 평하였는데, 종자기가 죽고 나서는 백아가 더 이상 세상에 지음(知音)이 없다고 탄식하며 거문고 줄을 끊어 버린 고사가 전한다. 《列子 湯問》《呂氏春秋 本味》

고사는 우뚝한 절조를 지킨다네　高士保亭亭
득마도 물거품 위의 그림자요　得馬浮漚影
망양도 부싯돌의 불꽃이로세[265]　亡羊石火星
그보다는 산발한 채 한가히 앉아　爭如披綠髮
단경을 공부함이 낫지 않겠소　閑坐講丹經
유광이야 빠르게 지나건 말건　遮莫流光促
꽃 피고 또 잎이 지라지요 뭐　花開又葉零

입으로 먹으려면 밭갈이해야 하고　口食須東作
몸에 옷 걸치려면 길쌈을 기다려야　身衣待擲梭
평생 교묘한 술수에 넌더리 내다가[266]　平生厭機巧
늙어 가는 임시에 중화를 얻었도다　老境得中和
좋은 비는 때를 알아 마침 멈추고　好雨知時止
서늘바람은 나를 많이도 먹여 주네　涼風餉我多
오늘밤에 분명히 달님이 떠오르면　今宵應有月
새로 간 듯 밝은 거울 비춰 주리라　寶鏡露新磨

오두로 밥을 해 먹지 않고　五斗捐炊米

265 득마(得馬)도……불꽃이로세 : 이 세상에서 잘되든 못되든 물거품이나 전광석화처럼 금방 사라질 일시적인 현상으로서 결과적으로는 모두 똑같게 된다는 말이다. 득마는 새옹지마(塞翁之馬)의 고사에서 발췌한 것이다. 망양(亡羊)은 《장자(莊子)》 〈변무(騈拇)〉의 "장(臧)은 책을 읽다 양을 잃어버리고, 곡(穀)은 노름을 하다가 양을 잃어버렸으나, 양을 잃어버린 것은〔亡羊〕 모두 똑같다."라는 말을 취한 것이다.

266 평생……내다가 : 참고로 두보(杜甫)의 〈증이백(贈李白)〉 시에 "이 년 동안 낙양에서 나그네살이하며, 가는 곳마다 교묘한 술수에 넌더리 났네.〔二年客東都 所歷厭機巧〕"라는 말이 나온다. 《杜少陵詩集 卷1》

| | |
|---|---|
| 쌍제의 복상을 자청했구려[267] | 雙蹄自服箱 |
| 공의 배 속 아우성을 없애 줄 테니[268] | 送除公腹吼 |
| 나의 목의 가시를 빼 주었으면 | 要去鄙喉芒 |
| 어제 선조의 사당에 제사 드렸는바 | 昨日祀先廟 |
| 오늘 우리 어머님이 강림하셨다오 | 玆辰降我孃 |
| 제육(祭肉)과 함께 한 병의 술로 | 仍膰一壺酒 |
| 양식 대신 급한 불 꺼 드릴까 하오 | 救急替糇糧 |

267 오두(五斗)로……자청했구려 : 벼슬에 얽매어 박봉(薄俸)을 받고 굽실거리는 대신에, 수레를 끄는 우마(牛馬)처럼 힘들기는 하지만 자유롭게 사는 일을 택했다는 말이다. 오두는 닷 말 쌀이라는 말로, 박봉을 뜻한다. 진(晉)나라 도잠(陶潛)이 팽택 영(彭澤令)으로 있을 적에, 군(郡)에서 파견한 독우(督郵)의 시찰을 받게 되었는데, 아전이 도잠에게 의관(衣冠)을 갖추고 독우에게 인사를 해야 한다고 하자, 도잠이 탄식하면서 "내가 쌀 닷 말 때문에 허리를 구부려 향리의 어린아이에게 굽실거릴 수는 없다.〔我不能爲五斗米折腰向鄕里小兒〕"라고 하고는, 즉시 수령의 인끈을 풀어 놓고 고향으로 돌아갔던 고사가 전한다.《晉書 卷94 隱逸列傳 陶潛》 쌍제(雙蹄)는 우마처럼 발굽이 두 개인 가축을 말하고, 복상(服箱)은 수레에 짐을 싣는 것을 말한다.《시경》〈대동(大東)〉에 "저 견우성은 반짝거리기만 할 뿐, 수레에 짐을 싣고 끌지도 못하도다.〔睆彼牽牛 不以服箱〕"라는 말이 나온다.

268 공의……테니 : 고산이 동명에게 술을 보내 주겠다는 말이다. 송(宋)나라 매요신(梅堯臣)이 국화는 피었는데 술이 없음을 탄식하면서 지은〈화강린기유국무주(和江鄰幾有菊無酒)〉 시에 "어제 서너 명이 심심하게 앉아서 술이 고파 배 속이 아우성쳤네.〔昨日三四人 澹坐飢腹吼〕"라는 말이 나온다.《宛陵集 卷38》

## 대둔사에 노닐며 현판의 시에 차운하다 3수

遊大芚寺次楣上韻 三首

대둔사는 해남(海南) 두륜산(頭輪山)에 있다.

맑은 시내 한 구비 곧장 가다 비스듬 　淸溪一曲直而斜
짙푸른 나무 색깔 저녁에 더욱 짙어라 　樹色陰濃晩更多
작은 봉우리 구름 이는 곳 훔쳐보노라니[269] 　偸眼小峯雲起處
전일 생애를 꾀하던 일 문득 잊히네 　却忘前日計生涯

절간에 도착하니 해가 지려 하는데 　到寺日將暮
맑은 유람의 뜻은 줄어들지 않누나 　淸遊意未衰
다락에 오르니 물소리가 울리고 　水鳴登閣處
섬돌에 앉으니 구름이 일어나네 　雲起坐階時
나그네 발길 머물게 하는 소나기요 　白雨留佳客
시의 소재 제공하는 푸른 산이로세 　靑山供小詩
단란하여 돌아갈 생각이 끊어져서 　團欒歸思絶
대지팡이 버리고 술잔을 잡았다네 　把酒捨笻枝

몇 개의 누대가 푸른 산빛 사이에 　多少樓臺間翠微
맑은 풍경 한 소리 멀리서 아련해라 　一聲淸磬遠依依
지팡이 짚은 시인은 다리 가에서 휴식하고 　扶笻騷客臨橋憩

269 작은……훔쳐보노라니 : 참고로 당(唐)나라 왕유(王維)의 〈종남별업(終南別業)〉 시에 "물이 다하는 곳까지 가서, 구름이 일어나는 것을 본다.〔行到水窮處 坐看雲起時〕"라는 명구가 나온다. 《王右丞集 卷3》

| | |
|---|---|
| 새끼 거느린 산새는 물을 박차고 날아가네 | 引子仙禽掠水飛 |
| 성긴 비 밀치고 나온 높은 산 위의 달이요 | 危岫月排疏雨至 |
| 저녁 연무 띠고 돌아오는 절간의 중이라 | 上方僧帶暝煙歸 |
| 누가 예쁜 꽃을 빈 골짜기에 남게 했나 | 誰將芳卉留空谷 |
| 저녁 햇빛에 조촐한 섬돌 아래 저 접시꽃 | 階下葵花淨晚暉 |

## 정자우[270]의 시에 차운하여 황 각로의 송붕팔경을 노래하다
次鄭子羽韻詠黃閣老松棚八景

| | |
|---|---|
| 황가의 차일(遮日)이 홀연히 하늘 위에 | 黃家棚架忽穹窿 |
| 사람들이 말하길 소황의 구목[271]과 같다나 | 人道巢皇構木同 |
| 유막의 한 하늘은 옛것 그대로 쓰고[272] | 劉幕一天仍舊貫 |
| 백척의 진루는 표봉이 되거나 말거나[273] | 陳樓百尺任飄蓬 |

270 정자우(鄭子羽) : 자우는 정진명(鄭振溟, 1567~1614)의 자(字)이다. 송강(松江) 정철(鄭澈)의 셋째 아들로, 정홍명(鄭弘溟)의 형이며, 김천일(金千鎰)의 사위이기도 하다. 문재(文才)가 뛰어나 석주(石洲) 권필(權韠) 등과 수창하였다.

271 소황(巢皇)의 구목(構木) : 나무 위에 얽어서 만든 집이라는 뜻이다. 소황은 중국의 전설에 나오는 고대의 제왕 유소씨(有巢氏)를 말한다. 《한비자(韓非子)》 〈오두(五蠹)〉에 "상고 시대에는 사람들이 적고 금수는 많아서, 사람들이 금수와 충사의 피해를 감당하지 못했다. 이에 성인이 나와 나무를 엮어 둥지를 만들어서 피해를 면하게 하니, 사람들이 기뻐하며 그를 천하에 왕이 되게 하고는 유소씨라고 불렀다.〔上古之世 人民少而禽獸衆 人民不勝禽獸蟲蛇 有聖人作 構木爲巢以避群害 而民悅之 使王天下 號曰有巢氏〕"라는 말이 나온다.

272 유막(劉幕)의……쓰고 : 차일을 치면서 하늘에는 전혀 손을 대지 않고 그대로 두었다는 뜻의 해학적인 표현이다. 유막은 유령(劉伶)의 장막이라는 말이다. 유령은 진(晉)나라 사람으로 죽림칠현(竹林七賢)의 한 사람인데, 그의 〈주덕송(酒德頌)〉에 "하늘을 장막으로 삼고 땅을 자리로 삼아 마음이 가는 대로 행한다.〔幕天席地 縱意所如〕"라는 말이 나온다. 또 노(魯)나라 사람이 장부(長府)라는 창고를 만들 적에, 민자건(閔子騫)이 "옛것을 그대로 쓰면 어때서 하필 새로 지어야만 하는가.〔仍舊貫如之何 何必改作〕"라고 말하니, 공자가 "저 사람이 말을 하지 않으면 그만이지만 말을 하면 꼭 도리에 맞게 한다.〔夫人不言 言必有中〕"라고 평한 말이 《논어》 〈선진(先進)〉에 나온다.

273 백척(百尺)의……말거나 : 소나무 사이에 높이 친 장막이 바람에 펄럭이며 나부끼는 것을 형용한 말이다. 표봉(飄蓬)은 바람에 흩날리는 쑥대를 뜻한다. 백척의 진루(陳樓)는 진등(陳登)의 백척루(百尺樓) 고사를 인용한 것이다. 후한(後漢) 말엽에 허사(許汜)가 진등을 찾아와서 집안일에 대해서만 이야기하자, 진등이 아무 말도

저물녘엔 동해의 달을 제일 먼저 맞이하고　向昏先得東溟月
더울 땐 북악의 바람을 나만 혼자 부른다오　當暑偏呼北岳風
누가 주문[274]에 와서 이런 방법 전했을까　誰到朱門傳此制
단청(丹靑)이 괜히 허공에 뜨는 것이 싫어서　定嫌金碧浪浮空

이는 송붕(松棚)을 읊은 것이다.

요조하게 살포시 다가와 눈가에 휘감기며　窈窕逶迤繞眼邊
서늘 상쾌한 기운이 찌는 계절에 솟아나네　蕭疏灑淅出炎天
단우만풍[275]에 시달린 몸 낫게 해 주니　爲除蜑雨蠻風氣
남쪽에 온 일천리 먼 길도 모두 잊겠네　忘却南來路一千

이는 금강상기(金剛爽氣)를 읊은 것이다.

먼 산이 흡사 눈과 서로 꾀하는 듯[276]　遙岑與目恰相圖

---

하지 않은 채 자기는 위에 있는 큰 침상에 눕고 허사는 아래의 침상에 눕게 하였는데, 허사가 푸대접을 받았다며 원룡(元龍)의 호기(豪氣)가 아직도 없어지지 않았다고 유비(劉備)에게 하소연하자, 유비가 "나 같았으면 자신은 백척루 위에 눕고 당신은 땅바닥에 눕게 했을 것이다.〔如小人 欲臥百尺樓上 臥君于地〕"라고 진등을 옹호했던 고사가 전한다. 《三國志 卷7 魏書 陳登傳》 원룡은 진등의 자(字)이다.

274 주문(朱門) : 대문을 붉은색으로 치장한 집으로, 귀족이 사는 고대광실을 말한다.

275 단우만풍(蜑雨蠻風) : 남방 해상의 비바람을 말한다. 원래 만단(蠻蜑)은 중국 남방의 부족 이름으로, 대부분 배를 타고 물 위에서 생활하기 때문에 단호(蜑戶)라고도 한다. 참고로 소식(蘇軾)의 〈십일월이십육일송풍정하매화성개(十一月二十六日松風亭下梅花盛開)〉 시에 "어찌 유락하며 다시 볼 줄 알았으랴, 남방의 비바람에 시름하는 이 황혼 녘에.〔豈知流落復相見 蠻風蜑雨愁黃昏〕"라는 말이 나온다. 《蘇東坡詩集 卷38》

276 먼……듯 : 어떤 모양이 보기에 좋을지 산이 사람에게 상의하여 자기를 꾸미려 하는 것 같다는 말이다. 참고로 유종원(柳宗元)의 〈고무담서소구기(鈷鉧潭西小丘記)〉에 "자리를 깔고 누우면, 청랭한 모양이 눈과 서로 꾀하고, 영영한 소리가 귀와 서로 꾀한다.〔枕席而臥 則淸泠之狀與目謀 瀯瀯之聲與耳謀〕"라는 말이 나온다. 《柳河東集 卷29》

푸른 이내 자욱하게 말렸다 펴졌다　　嵐翠空濛捲又鋪
이 산 단장하는 것도 그리 나쁘진 않으나　　粧點此山殊不惡
이 산 가려서 없어질까 그것이 걱정일세　　但愁遮却此山無

이는 대둔남광(大屯嵐光)을 읊은 것이다.

구름이 바람에 쫓겨나 비 흔적 사라지니　　雲逐涼風斷雨蹤
달이 맑은 흥치를 내 가슴에 안겨 주네　　月將淸興置吾胸
아동이 놀라 기뻐하며 사람에게 말하기를　　兒童驚喜向人道
백옥 같은 쟁반이 작은 산에 걸렸다고　　白玉盤來掛小峯

이는 동봉제월(東峯霽月)을 읊은 것이다.

처마 아래 꿈 깨어 오사모 바로 하고　　疏簷夢覺整烏紗
혼자서 석양 녘에 지는 노을 바라보네　　獨向斜陽望落霞
대나무 가 푸른 소매[277] 끝없는 생각을　　翠袖竹邊無限思
어떻게 이 시골 할멈에게 말해 주리오　　如何說與這村婆

이는 서령낙조(西嶺落照)를 읊은 것이다.

인가가 별처럼 흩어진 두 줄기 냇가　　人居星散兩溪潯
해 뜰 녘 깊은 산골에 밥 짓는 연기　　旭日炊煙一洞深
오늘날 안위를 어느 곳에서 알아보는가 하면　　今日安危何處卜
앞 숲에 연기가 얼마나 끼었는지 우선 본다오　　且看多少羃前林

이는 해촌조연(海村朝煙)을 읊은 것이다.

---

277 대나무……소매 : 두보(杜甫)의 〈가인(佳人)〉이라는 시에 "추운 날 푸른 옷 소매 얇기만 한데, 해 지도록 긴 대나무에 기대어 섰네.〔天寒翠袖薄 日暮倚脩竹〕"라는 구절이 나온다.《杜少陵詩集 卷7》 이 시는 두보가 관중(關中)의 난 이후에 노성(老成)한 현인은 몰락한 반면 신진(新進)이 득세하는 것을 버림받고 늙어 가는 정절(貞節)의 여인에 비유하여 읊은 것이라는 평을 받고 있다.

비장한 뿔피리 소리에 가던 구름도 멈칫[278]　角聲悲壯遏行雲
지팡이에 턱 받치고 저녁 햇빛 다 지도록[279]　拄杖支頤盡夕曛
고요함 속에 비동의 뜻[280] 다시 일어나나니　靜裏還生飛動意
천산에 활 걸었다는 말 언제쯤 들을는지[281]　天山何日掛弓聞

이는 성문모각(城門暮角)을 읊은 것이다.

저 멀리 호미 들고 김매는 몇 사람　望裏提鋤有幾儔
밭두둑에 노동요(勞動謠) 호응하며 일어나네　勞歌相應起平疇
가라지 미워하는 전가의 뜻[282]을 누가 알랴　誰知惡莠田家志

278 비장한……멈칫 : 진(秦)나라의 명창 진청(秦靑)이 노래를 부르자, 가던 구름도 그 소리를 듣고 멈춰 섰다는 향알행운(響遏行雲)의 이야기가 《열자(列子)》 〈탕문(湯問)〉에 전한다.

279 지팡이에……지도록 : 석양의 경치 속에 뿔피리 소리가 가슴을 파고들어서 지팡이에 턱을 괴고 시간이 가는 줄도 모른다는 말이다. 진(晉)나라 왕자유(王子猷)가 환온(桓溫)의 참군(參軍)이 되었을 때, 환온이 "경은 부(府)에 오래도록 있었으니 일을 잘 처리할 줄로 믿는다."라고 하니, 왕자유가 업무에 대해서는 아무 말도 하지 않고 수판(手板) 즉 홀(笏)을 턱에 받쳐 괴고는 "서산의 아침 빛 기운이 삽상하다.〔西山朝來 致有爽氣〕"라고 응대하며 경치를 계속 감상한 고사가 있다. 《世說新語 簡傲》

280 비동(飛動)의 뜻 : 날아갈 듯 생동하는 기상을 말한다. 참고로 두보(杜甫)의 〈증고식안(贈高式顔)〉 시에 "평소에 지니고 있던 날아갈 듯한 기분이, 그대를 보니 나도 모르게 불현듯 일어나네.〔平生飛動意 見爾不能無〕"라는 말이 나온다. 《杜少陵詩集 卷6》

281 천산(天山)에……들을는지 : 오랑캐 소탕의 소식을 얼른 듣고 싶다는 말이다. 당(唐)나라 설인귀(薛仁貴)가 천산에서 돌궐(突厥)을 공격할 적에, 세 발의 화살로 세 사람을 연이어 거꾸러뜨려 쉽게 평정을 하고는 활을 천산에 걸어 두었다는 궁괘천산(弓掛天山)의 고사가 있다. 《新唐書 卷111 薛仁貴列傳》

282 가라지……뜻 : 《맹자》 〈진심 하(盡心下)〉에 "겉으로는 비슷하나 속은 완전히 다른 것을 미워하노니, 가라지를 미워함은 벼 싹을 어지럽힐까 걱정해서요, 말재주 있는 자를 미워함은 의를 어지럽힐까 걱정해서이다.〔惡似而非者 惡莠恐其亂苗也 惡佞恐其亂義也〕"라는 공자(孔子)의 말이 나온다.

남풍의 전상을 향해 답해 드리고 싶어라[283] 欲向南風殿上酬

이는 전교농가(前郊農歌)를 읊은 것이다.

금옥이 구르듯 선랑에 울리는 소리 鏘然宮徵響仙廊

금강산 한쪽에서 흘러나온 물이라오 流出金剛山一方

여기 와서 고독한 객이 있는 줄 알겠노니 到此定知孤客在

귓가에서 처절하게 상성(商聲)[284]으로 변하니까 耳邊悽切變爲商

이 금강산(金剛山)은 해남(海南)에 있는 산이다.

이는 후계수성(後溪水聲)을 읊은 것이다.

---

283 남풍(南風)의……싶어라 : 잡초를 뽑으며 부르는 향촌의 농부가(農夫歌)를 가지고 성군(聖君)의 〈남풍가(南風歌)〉에 화답하고 싶다는 말이다. 순(舜) 임금이 오현금(五絃琴)을 처음으로 만들어 〈남풍가〉를 지어 부르면서 "훈훈한 남쪽 바람이여, 우리 백성의 수심을 풀어 주기를. 제때에 부는 남풍이여, 우리 백성의 재산을 늘려 주기를.〔南風之薰兮 可以解吾民之慍兮 南風之時兮 可以阜吾民之財兮〕"이라고 했다는 고사가 전한다.《禮記注疏 樂記》

284 상성(商聲) : 오음(五音)의 하나로, 비장(悲壯)한 성조(聲調)를 뜻한다.

# 다시 차운하다
再次

| | |
|---|---|
| 비린내가 어떻게 몸 가까이에 오겠는가 | 腥臊安得到身邊 |
| 산 기운이 청랭하게 해천에 발산하는걸 | 山氣淸泠散海天 |
| 북쪽 객이 이제는 한스러움이 없으리니 | 北客從今無可恨 |
| 쇠한 백발 삼천 장이 자라나게 말지어다[285] | 莫敎衰髮白三千 |

이는 금강상기(金剛爽氣)를 읊은 것이다.

| | |
|---|---|
| 영구[286]의 수묵화를 펼칠 것도 없이 | 休展營丘水墨圖 |
| 푸른 이내가 대둔산 꾸미는 것을 한번 보소 | 且看嵐翠大屯鋪 |
| 그가 그리는 대로 조석으로 달라져서 | 朝昏異態從他畫 |
| 봉우리들도 금방 있다가 없어진다네 | 可使群峯乍有無 |

이는 대둔남광(大屯嵐光)을 읊은 것이다.

| | |
|---|---|
| 빙륜이 바다를 떠나 홀연히 사라졌나니 | 氷輪離海忽無蹤 |
| 계백이 술잔을 따라 흉중에 들어갔음이라[287] | 桂魄隨杯已下胸 |

285 쇠한……말지어다 : 근심과 걱정으로 더 이상 백발이 길어지게 하지 말라는 말이다. 이백(李白)의 〈추포음(秋浦吟)〉 시에 "하얀 머리가 무려 삼천 장, 시름 때문에 이렇게 길어졌다오. 모르겠네 밝은 거울 그 어디에서, 이런 가을 서리를 얻게 되었는지. 〔白髮三千丈 緣愁似箇長 不知明鏡裏 何處得秋霜〕"라는 구절이 있다. 《李太白集 卷7》

286 영구(營丘) : 영구 출신으로 산수화(山水畫)에 뛰어났던 송(宋)나라의 화가 이성(李成)을 가리킨다.

287 빙륜(氷輪)이……들어갔음이라 : 바다 위의 달이 잔 속에 들어와 비치면서 술과 함께 벌써 배 속으로 들어갔다는 말이다. 빙륜은 얼음으로 된 수레바퀴이고, 계백(桂魄)은 계수나무의 넋인데, 모두 달을 비유하는 시어(詩語)로 쓰인다.

이 때문에 날이 개자 따로 밝게 나왔는걸　　爲是新晴明分外
같은 달이 동산에 떴다고 누가 말하는가　　誰言一樣上東峯

이는 동봉제월(東峯霽月)을 읊은 것이다.

서편에 애당초 사창(紗窓)을 달지 않았나니　　西偏初不設窓紗
처마에 기대어 저녁노을 보기 위함이라　　爲倚疏簷看暮霞
낭풍[288]도 정면에 보여 멀지 않을 듯　　直望閬風如不遠
희어[289] 따라 신선을 찾아보고 싶어라　　欲隨羲御訪仙婆

이는 서령낙조(西嶺落照)를 읊은 것이다.

붉은 해 떠오르는 한 마을의 작은 냇가　　一村紅旭小溪潯
초당 깊은 곳에서 출몰하는 푸른 연기　　出沒青煙竹屋深
시인이 좋은 시구 찾는 줄 잘 알고서　　應解騷人方覓句
일부러 생색나게 일천 숲을 발라 주네　　故教生色抹千林

이는 해촌조연(海村朝煙)을 읊은 것이다.

성 위에서 용이 해운에 울부짖으니　　城上龍音吼海雲
서쪽의 해가 저문 줄 또한 알겠네　　也知西日已成曛
〈출새곡〉이나 〈관산곡〉은 불지 말아 주오　　休吹出塞關山曲
거년의 정부[290]가 들을지 모르니까　　恐有去年征婦聞

이는 성문모각(城門暮角)을 읊은 것이다.

---

288 낭풍(閬風) : 곤륜산(崑崙山) 꼭대기로, 이곳에 선녀인 서왕모(西王母)가 살고 있다는 전설이 있다.

289 희어(羲御) : 희화(羲和)의 수레라는 말이다. 희화는 태양 수레〔日車〕를 모는 신(神)의 이름이다.

290 정부(征婦) : 변방으로 수자리 살러 떠난 병사의 아내를 말한다.

노랫가락 상응하며 절로 짝을 이뤘나니 　謳吟相應自成儔
밭두둑에 진짜 음악 있는 줄 누가 알까 　誰識眞聲在壟疇
장안의 귀공자에게는 이야기하지 마오 　勿語長安貴公子
그들이야 요망한 노래 주고받건 말건 　妖歌遮莫唱還酬

이는 전교농가(前郊農歌)를 읊은 것이다.

산골 물이 시골집 에두를 생각 어찌 하였겠는가 　山溪何事繞村廊
퐁퐁 솟아 패인 곳 채우며 자기 갈 길 향할 뿐[291] 　混混盈科自有方
달빛 아래 차가운 소리 그대여 아끼지 마오 　月下寒聲君莫愛
임우[292]가 되면 상을 흥하게 할 수 있으니까 　化爲霖雨可興商

이는 후계수성(後溪水聲)을 읊은 것이다.

---

291 퐁퐁……뿐 : 공자(孔子)가 물의 덕을 칭찬한 까닭에 대해서 맹자(孟子)의 제자 서자(徐子)가 맹자에게 물어보자, 맹자가 "근원이 있는 샘물은 퐁퐁 솟아 흐르면서 밤이고 낮이고 멈추는 법이 없다. 그리고 구덩이가 패인 곳 모두를 채우고 난 뒤에야 앞으로 나아가서 드디어 사방의 바다에 이르게 되는데, 학문에 근본이 있는 자도 바로 이와 같다. 공자께서는 바로 이 점을 취하신 것이다. 만약 근원이 없다면, 칠팔월 사이에 집중호우가 내려서 도랑에 모두 물이 가득 찼다가도 언제 그랬느냐는 듯이 금방 말라 버리고 말 것이다. 그렇기 때문에 명성과 소문이 실제보다 지나치게 되는 것을 군자는 부끄러워하는 것이다.〔原泉混混 不舍晝夜 盈科而後進 放乎四海 有本者如是 是之取爾 苟爲無本 七八月之間 雨集 溝澮皆盈 其涸也可立而待也 故聲聞過情 君子恥之〕"라고 말한 내용이 《맹자》〈이루 하(離婁下)〉에 나온다.

292 임우(霖雨) : 가뭄에 내리는 단비라는 뜻이다. 상(商)나라 고종(高宗)이 현상(賢相) 부열(傅說)을 얻고 나서 "만일 큰 강을 건너게 되면 내가 그대를 배와 노로 삼을 것이요, 만일 큰 가뭄을 만나게 되면 그대를 단비로 삼을 것이다.〔若濟巨川 用汝舟楫 若歲大旱 用汝作霖雨〕"라고 말하였는데, 과연 부열 덕분에 상나라가 크게 흥성한 고사가 전한다. 《史記 卷3 殷本紀》《書經 說命上》

## 또 차운하다
又次

| | |
|---|---|
| 어떤 물건이 푸른 산 남쪽 변두리에서 | 何物青山南斗邊 |
| 축융천[293]에 삽상한 기운을 낸단 말인고 | 能生爽氣祝融天 |
| 회울조제하는 것[294]은 절대로 아니리니 | 要非薈蔚朝隮者 |
| 괜히 머리 굴려 찾아낼 필요 없으리라 | 不必尋思浪百千 |

이는 금강상기(金剛爽氣)를 읊은 것이다.

| | |
|---|---|
| 일찍이 〈연강첩장도〉[295]를 보았나니 | 曾見煙江疊嶂圖 |
| 연무가 깔려 걷히지 않음이 아쉬웠어라 | 恨煙無捲却長鋪 |
| 그보다는 이 산의 남기(嵐氣)가 훨씬 좋나니 | 爭如此岫嵐光好 |
| 때로 펼쳤다가 때로 걷곤 해 주니까 | 時以施行時以無 |

이는 대둔남광(大屯嵐光)을 읊은 것이다.

| | |
|---|---|
| 하늘 길에 우사[296]의 발자취 사라지니 | 天街已滅雨師蹤 |

293 축융천(祝融天) : 염천(炎天)과 같은 말이다. 축융은 화신(火神)이며 남방의 귀신 이름이다. 여름은 오행(五行)으로는 화(火), 방위로는 남방에 속한다.

294 회울조제(薈蔚朝隮)하는 것 : 소인들이 위세를 부리며 기염을 토하는 것을 말한다. 《시경》〈후인(候人)〉에 "울창하고 무성한 남산에 아침에 구름 기운이 피어오르도다. 어리고 예쁜 소녀가 이에 굶주리도다.〔薈兮蔚兮 南山朝隮 婉兮孌兮 季女斯飢〕"라는 말이 나오는데, 아침에 운무(雲霧)와 같은 구름 기운이 피어오르는 것은 소인들이 득세하여 부귀를 누리는 것을 비유하고, 소녀가 굶주리는 것은 현자(賢者)가 버려져서 작록(爵祿)을 받지 못함을 비유한 것이다.

295 연강첩장도(煙江疊嶂圖) : 소식(蘇軾)과 동시대의 왕진경(王晉卿) 즉 왕선(王詵)이 그린 그림인데, 《소동파시집(蘇東坡詩集)》 권30 〈서왕정국소장연강첩장도(書王定國所藏煙江疊嶂圖)〉에 그 내용이 소개되어 있다.

계수 궁전의 옥토끼 가슴 분간이 되네 桂殿初分玉兎胸
비철[297]이 떨어질까 늘 걱정이었는데 飛轍每愁危不穩
청산 위에 받혀 놓으니 안심이 되네그려 却欣扶上有青峯

이는 동봉제월(東峯霽月)을 읊은 것이다.

멀리 붉은빛이 휘장을 뚫고 들어오니 遙見紅光透絳紗
서쪽 해 남은 노을 비치는 줄 알겠도다 始知西日照餘霞
덕분에 노랗게 물든 책을 볼 수 있으니 憑君尙閱芸緗帙
어둠을 몰아냄이 광한파[298]보다 낫군그래 破暗猶賢廣寒婆

이는 서령낙조(西嶺落照)를 읊은 것이다.

새벽 냇가에 이는 마을의 밥 짓는 연기 村墟煙起曉溪潯
이를 보니 사람을 깊이 성찰하게 하네 看此令人發省深
불붙기 시작하는 것과 같음[299]을 징험하겠노니 如火始燃今更驗
처음에는 한 올이더니 일천 숲을 뒤덮는구나 初生一縷竟千林

이는 해촌조연(海村朝煙)을 읊은 것이다.

---

296 우사(雨師) : 고대 신화 속의 비를 맡은 천신(天神)이다.

297 비철(飛轍) : 하늘 위로 날아다니는 수레바퀴로, 달을 형용한 시어(詩語)이다.

298 광한파(廣寒婆) : 광한궁(廣寒宮) 속의 노파라는 말로 달을 가리킨다. 광한궁은 항아(姮娥)가 산다는 달나라 속의 궁전 이름이다. 대본에는 '廣漢婆'로 되어 있으나, '漢'은 '寒'의 잘못이기에 바로잡아 번역하였다.

299 불붙기……같음 : 맹자(孟子)가 사단(四端)을 설명하면서 "우리에게 있는 사단을 모두 확충할 줄 알면, 마치 불붙기 시작하고 샘솟기 시작하는 것과 같을 것이니, 제대로 확충한다면 사해를 보전할 수 있을 것이요, 확충하지 못한다면 부모도 섬길 수 없을 것이다.〔凡有四端於我者 知皆擴而充之矣 若火之始然 泉之始達 苟能充之 足以保四海 苟不充之 不足以事父母〕"라고 말한 내용이 《맹자》 〈공손추 상(公孫丑上)〉에 나온다.

산 구름 진동하는 성 위의 뿔피리 소리　城頭畫角震山雲
봉과 용의 울음에 오늘 해도 저무누나　鳳叫龍吟日向曛
안불망위[300]의 옛 교훈이 전해지나니　安不忘危垂古訓
문 닫고 이 곡조 듣기 싫어하지 마오　重門此曲莫嫌聞

이는 성문모각(城門暮角)을 읊은 것이다.

야외의 농부들 노래 모두 몇 쌍인고　野外田歌凡幾儔
동쪽 밭두둑 끝나면 다시 서쪽 두둑　東疇聞罷又西疇
동성은 예로부터 본디 서로 응하나니[301]　同聲自古元相應
하필 조율(調律)하여 주고받아야 하리오　豈必調音互唱酬

이는 전교농가(前郊農歌)를 읊은 것이다.

순 임금 회랑에 연주한 소소[302]에야 미칠 수 없겠지만　那及簫韶奏舜廊
인간 세상의 풍악으로는 진정 견주기 어렵도다　人間箏笛固難方
물소리 그 속에 진짜 악성(樂聲)이 들었나니　水聲自有眞聲在
구구하게 치니 상이니 거론하지 말지어다　莫道區區徵與商

이는 후계수성(後溪水聲)을 읊은 것이다.

---

300 안불망위(安不忘危) : 편안할 때에도 위태함을 잊지 않는 것을 말한다. 《주역》 〈계사전 하(繫辭傳下)〉에 "이 때문에 군자는 편안할 때에도 위태함을 잊지 않고, 보존될 때에도 망하는 일을 잊지 않고, 잘 다스려질 때에도 어지러워지는 일을 잊지 않으니, 이런 까닭에 몸이 안전해지고 국가가 보존될 수 있는 것이다.〔是故君子安而不忘危 存而不忘亡 治而不忘亂 是以身安而國家可保也〕"라는 말이 나온다.

301 동성(同聲)은……응하나니 : 동류(同類)끼리 서로 기맥이 통하여 자연히 의기투합하는 것을 비유한 말이다. 《주역》 〈건괘(乾卦) 문언(文言)〉에 "같은 소리끼리는 서로 응하고, 같은 기운끼리는 서로 찾게 마련이니,……이는 각자 자기와 비슷한 것끼리 어울리기 때문이다.〔同聲相應 同氣相求……則各從其類也〕"라는 말이 나온다.

302 소소(簫韶) : 순(舜) 임금이 창작했다는 악곡(樂曲) 이름이다. 《서경》 〈익직(益稷)〉에 "소소를 끝까지 다 연주하자, 봉황이 듣고 찾아와서 춤을 추었다.〔簫韶九成 鳳凰來儀〕"라는 말이 나온다.

## 차운하여 동명에게 답하다

次韻酬東溟

| | |
|---|---|
| 뽕과 삼 누항에 오는 사람 끊어진 채 | 桑麻陋巷斷來人 |
| 쓸쓸한 방 하나 먼지도 쓸지 않았다네 | 一室蕭然不掃塵 |
| 중서가 세교(世交)를 생각할 줄 누가 알았으랴 | 誰謂中書思世舊 |
| 거사도 데리고 오신다니 뜻이 더욱 새로워라 | 自携居士意彌新 |
| 어제저녁부터 감기 들어 누웠나니 | 傷風臥病從前夕 |
| 오늘 종일 청담을 나누지도 못하겠네 | 盡日淸談負此辰 |
| 국생[303]의 힘을 빌려 장차 말을 달려가 | 賴有麴生將馬走 |
| 임정에서 모시며 가까이 뵐까 하오이다 | 林亭祇侍替相親 |

303 국생(麴生) : 누룩으로 빚은 술을 의인화(擬人化)한 별칭으로, 국 선생(麴先生) 혹은 국 수재(麴秀才)라고도 한다.

## 엄 의주의 부인에 대한 만사

挽嚴義州夫人

엄 의주는 이름이 황(愰)이다.

| | |
|---|---|
| 지금 부인이 돌아가시다니 | 於今之子沒 |
| 일이 이처럼 잘못될 수가 | 差事有如斯 |
| 삼대를 뒤따르는 규방의 범절이요 | 閨範追三代 |
| 일아가 이룩한 가문의 명성이라 | 家聲底一兒 |
| 일찍이 규목[304]의 은혜를 일컬었는데 | 早稱樛木惠 |
| 끝내 은뢰의 비통함을 안았어라[305] | 終抱隱雷悲 |
| 타일 어느 분이 조문(弔文)을 잘 지어서 | 他日誰銘誄 |
| 부족한 나의 시를 부끄럽게 해 줬으면 | 多遺愧我詩 |

304 규목(樛木) : 후비(后妃)의 훌륭한 덕을 읊은 《시경》 〈주남(周南)〉의 편명이다. 그 시에 "아래로 늘어진 남산의 나뭇가지, 칡덩굴이 의지하고 얽혀 있구나.〔南有樛木 葛藟纍之〕"라고 하였는데, 여기에서 나뭇가지는 문왕(文王)의 후비를 가리키고, 칡덩굴은 후궁들을 가리킨다. 후비가 투기(妬忌)를 하지 않고 미천한 후궁들에게 두루 은혜를 베풀자, 후궁들이 그 덕에 감복하여 이렇게 노래했다고 한다.

305 끝내……안았어라 : 외방(外方)에 나가 있는 남편을 만나 보지도 못하고 죽음을 맞이했다는 말이다. 은뢰(隱雷)는 은뢰(殷雷)와 같다. 은(隱)은 은(殷)과 통한다. 《시경》 〈은기뢰(殷其雷)〉는 부역을 나간 남편을 그리워하며 빨리 돌아오기를 바라는 부인의 마음을 읊은 시이다.

## 이 별좌의 아들에 대한 만사 기사년(1629, 인조7)

挽李別坐子 己巳

별좌의 이름은 정방(庭芳)이다.

그대의 부친과는 약관 때부터 친했는데 尊君弱冠卽相親
자녀가 줄을 이룬 뒤로[306] 다시 몇몇 해 兒女成行復幾春
해상의 고래 올라탄[307] 그대의 백씨 애도했는데 海上騎鯨哀汝伯
흙 속에 옥이 묻힌[308] 이 사람을 또 추도하다니 土中埋玉悼斯人
그대의 집에선 생전의 술잔[309]을 어찌 차마 잡으리오 渠家忍把前杯酒

306 자녀가……뒤로 : 참고로 두보(杜甫)의 〈증위팔처사(贈衛八處士)〉 시에 "옛날 헤어질 땐 결혼도 하지 않았는데, 지금은 자녀들이 줄을 짓게 되었구려.〔昔別君未婚 兒女忽成行〕"라는 구절이 있다. 《杜少陵詩集 卷6》

307 해상의 고래 올라탄 : 이백(李白)의 일화를 인용하여 죽음을 비유한 것이다. 이백이 최종지(崔宗之)와 함께 채석(采石)에서 금릉(金陵)까지 달밤에 배를 타고 갈 적에 시와 술을 한껏 즐기면서 노닐었는데, 뒷사람들이 두보(杜甫)의 "경어를 타고 가는 이백〔李白騎鯨魚〕"이라는 시구가 있는 것을 빌미로 해서, 이백이 술에 만취한 채 채석강에 비친 달을 붙잡으려다 빠져 죽었다고 믿게 되었다는 이야기가 전한다. 《唐才子傳 李白》 참고로 당(唐)나라 마존(馬存)의 〈연사정(燕思亭)〉이란 시에 "이백이 고래 타고 하늘로 날아 올라가니, 강남 땅 풍월이 한가한 지 여러 해라.〔李白騎鯨飛上天 江南風月閑多年〕"라는 구절이 있다.

308 흙……묻힌 : 아까운 인재의 죽음을 슬퍼할 때 쓰는 말이다. 진(晉)나라 유량(庾亮)이 죽어서 땅에 묻힐 즈음에, 하충(何充)이 슬픔을 가누지 못하면서 "옥 나무가 묻혀서 땅속에 들어가니, 인정상 어떻게 그만둘 수 있으랴.〔埋玉樹箸土中 使人情何能已已〕"라고 한 고사에서 유래한 것이다. 《世說新語 傷逝》

309 생전의 술잔 : 진(晉)나라 장한(張翰)이 세상의 구속을 받지 않고 자기의 뜻대로 살았으므로 완적(阮籍)에 비유하여 강동보병(江東步兵)이라고까지 하였는데, 사람들이 "마음대로 행동하면 지금은 좋겠지만, 죽은 뒤의 이름은 생각하지 않느냐."라고 묻자, "죽은 뒤에 얻는 명성보다는, 생전에 마시는 한 잔의 술이 더 낫다.〔使我有身後名 不如卽時一杯酒〕"라고 대답한 고사가 전한다. 《世說新語 任誕》

나의 집에도 옛 방석의 먼지[310]가 그대로 남아 있네 吾舍猶存舊席塵

십칠 년의 시간이 참으로 한바탕 꿈속이라 十七年間眞一夢

해로의 노래[311] 마치며 눈물이 수건 가득하네 歌殘薤露淚盈巾

---

310 옛 방석의 먼지 : 참고로 한유(韓愈)의 〈송후참모부하중막(送侯參謀赴河中幕)〉 시에 "말을 몰아 누구에게 갈 것이며, 누구를 상대로 대화를 나눌 것인가. 옛 방석의 먼지도 애석해서 떨지 않고, 대작하던 술동이엔 남은 술만 엉겨 있네.〔策馬誰可適 晤言誰爲應 席塵惜不掃 殘罇對空凝〕"라는 말이 나온다. 《韓昌黎集 卷4》

311 해로(薤露)의 노래 : 염교의 잎에 맺힌 이슬처럼 무상한 인생의 노래라는 뜻으로, 만사(輓詞)를 가리킨다.

## 등화를 노래하다 기사년(1629)

詠燈花 己巳

월과(月課)인데, 남 대신 지은 것이다.

| | |
|---|---|
| 반짝반짝 은등잔불 속에서 | 灼灼銀缸裏 |
| 누가 경각화[312]를 피워 냈는고 | 誰開頃刻花 |
| 요락에 당하여 이삭이 잘도 패고 | 能當搖落秀 |
| 발생을 기다리지 않고 꽃이 피었네[313] | 不待發生華 |
| 금속[314]이 오래 머물게 하려면 | 金粟如要久 |
| 난고[315]를 우선 더 넣어야겠지 | 蘭膏且自加 |

---

312 경각화(頃刻花) : 홀연히 피어나는 신기한 꽃송이라는 말로, 여기서는 등화(燈花)를 비유한 것이다. 등화는 등잔불이나 촛불의 심지 끝이 타서 빨갛게 불똥이 맺히는 것을 말한다. 한유(韓愈)의 질손(姪孫) 한상(韓湘)이 〈언지(言志)〉라는 시를 지어 "준순주를 만들 줄도 알고, 경각화를 피울 수도 있다.〔解造逡巡酒 能開頃刻花〕"라는 시구를 보여 주자 한유가 믿지 않았는데, 이에 한상이 흙을 긁어모아 동이로 덮어 두었다가 얼마 뒤에 동이를 들어 보니 모란꽃 두 송이가 피어 있었다는 이야기가 송(宋)나라 유부(劉斧)의 《청쇄고의(青瑣高議)》 〈한상자(韓湘子)〉에 나온다.

313 요락(搖落)에……피었네 : 가을철에 맞게 이삭이 패고, 봄이 오지 않았는데도 꽃을 피웠다는 말이다. 이삭이나 꽃은 모두 등화를 비유한 말이다. 요락은 가을을 뜻한다. 전국 시대 초(楚)나라 시인 송옥(宋玉)이 지은 〈구변(九辯)〉 첫머리의 "슬프다, 가을 기운이여. 쓸쓸하게 초목은 바람에 흔들려 땅에 지고 쇠한 모습으로 바뀌었도다.〔悲哉秋之爲氣也 蕭瑟兮 草木搖落而變衰〕"라는 명구에서 유래한 것이다. 발생(發生)은 만물이 생장하는 봄을 말한다. 참고로 한유(韓愈)가 등화를 읊은 〈영등화동후십일(詠燈花同侯十一)〉 시에 "눈 내리는 때에 절로 따뜻하게 해 주나니, 어찌 봄을 기다려서야 붉게 피리오.〔自能當雪暖 那肯待春紅〕"라는 말이 나온다. 《韓昌黎集 卷10》

314 금속(金粟) : 황금색 곡식 낟알이라는 뜻으로, 등화(燈花)를 가리킨다.

315 난고(蘭膏) : 난의 씨에서 추출한 기름이라는 뜻으로, 등잔불 기름을 말한다.

도발[316]해 준 은혜를 정녕코 생각하여 定思挑撥惠
우리 집에 기쁜 선물 안겨 주리라[317] 將喜報吾家

---

316 도발(挑撥) : 등잔 심지 끝이 다 타서 엉겨 붙은 불똥 찌꺼기를 잘라 내어 등불을 환하게 해 주는 것을 말한다.

317 우리……주리라 : 옛날에는 등화가 맺히는 현상을 길조(吉兆)로 여겼다. 진(晉)나라 갈홍(葛洪)이 지은《서경잡기(西京雜記)》권3에 "눈을 자꾸 깜짝거리면 술과 음식을 얻어먹고, 등불에 불똥이 맺히면 돈과 재물이 생기고, 까치가 지저귀면 길 떠난 사람이 돌아오고, 거미가 집을 지으면 모든 일이 잘된다.〔目瞬得酒食 燈火華得錢財 乾鵲噪而行人至 蜘蛛集而百事喜〕"라는 말이 나온다.

## 방 안에 함께 분재한 솔과 매화를 노래하다

詠房中共盆松梅

| | |
|---|---|
| 매화는 따뜻한 곳 찾아와야겠지 | 梅花須就暖 |
| 따뜻하지 않으면 꽃피우지 못하니까 | 不暖不能開 |
| 솔은 서리와 눈에도 끄떡없는데 | 松也凌霜雪 |
| 무슨 까닭으로 너를 따라왔을까 | 如何隨汝來 |

신미년(1631, 인조9) 3월에 이자용, 장자호와 함께 배를 타고 두무포에서 물길을 거슬러 올라가 동호에서 3일 동안 노닐다가 돌아왔다. 떠날 임시에 내전에서 주찬을 내려보냈으니, 자용이 이때 행락의 주인이 되었기 때문이다. 다음과 같이 시를 지었다.

辛未三月與李子容張子浩泛舟由頭無浦泝流而上遊東湖三日乃還臨行自內殿賜送酒饌子容爲樂主時也因賦得

자용의 이름은 한(瀚)이니, 종실 학림군(鶴林君)의 아들이다. 동호는 바로 고산(孤山)이다.

배를 저어 옛 동산 찾아오니 刺舟尋故園
산색은 바야흐로 황혼에 물들었네 山色正黃昏
궁중의 술병을 낚시꾼에게 뽐내면서 宮壺誇釣叟
신선의 음악을 강촌에 울렸다오 仙樂動江村
누가 알리오 사흘간의 이 즐거움 誰知三日樂
모두가 구중궁궐의 은혜인 것을 摠是九重恩
남산이 언제나 눈에 선한지라 終南長在眼
다시 상동문[318] 향해 돌아왔다오 還向上東門

화월은 어둡이 좋은데 오늘밤은 밝고 花月喜陰今夜白
우리는 일이 많은데 지금은 한가하네 吾儕多故此時閒
사공이여 오래 죽친다 괴이하게 생각 마오 舟人莫怪遲留久

318 상동문(上東門) : 동한(東漢)의 도성인 낙양(洛陽)의 동쪽 성문 이름으로, 건춘문(建春門)이라고도 하는데, 여기서는 한양(漢陽)의 동대문을 가리킨다.

십오 년 만에 처음으로 고향 산천 찾았으니 十五年初到故山

사흘 동안 강호의 흐드러진 유람이여 三日江湖爛熳遊

• 자호(子浩)

춘풍 속에 꽃버들이 모래섬에 가득해라 春風花柳滿芳洲

• 약이(約而)[319]

어딜 가나 감격스러운 임금님의 은혜여 到處君恩生感激

• 자용(子容)

밤 깊도록 쉴 새 없이 춤추고 노래했네 夜深歌舞不能休

• 약이(約而)

이는 연구(聯句)이다.

319 약이(約而) : 고산의 자(字)이다.

## 환희원 객점의 벽 위의 시에 차운하다 신미년(1631, 인조9)
次歡喜院店舍壁上韻 辛未

| | |
|---|---|
| 정묘에 고향 떠나 신미에 돌아가나니 | 丁卯離鄉辛未歸 |
| 인간 세상 끝도 없는 시비의 다툼이여 | 世間無限是和非 |
| 물에 낚시하는 나이 그래도 젊어서 기쁘고 | 惟欣釣水年猶少 |
| 밭 갈고자 하는 소원 어기지 않아 다행일세 | 且幸耕田願不違 |
| 지는 해에 마음은 구름 따라 북으로 가고 | 落日心隨雲北去 |
| 갈바람에 몸은 기러기와 남으로 날아가네 | 秋風身與鴈南飛 |
| 간밤에 홀연히 봉래의 꿈을 꾸었나니 | 前宵忽有蓬萊夢 |
| 침석에 향기가 괜히 아련히 묻어나네 | 枕席空餘香霧霏 |

## 차운하여 어떤 이에게 답하다 신미년(1631)
次韻答人 辛未

| | |
|---|---|
| 꽃 지자 숲이 우거지기 시작하고 | 花落林初茂 |
| 봄이 가니 해가 더욱 길어지누나 | 春歸日更遲 |
| 하나의 원기(元氣)를 조용히 살필지니 | 一元宜靜覩 |
| 사계절은 순서대로 바뀌건 말건 | 四序任遷移 |
| 장미의 시렁에는 제비의 지저귐이요 | 燕語薔薇架 |
| 양류의 가지에는 꾀꼬리의 노랫소리 | 鶯歌楊柳枝 |
| 풍광이 어딜 가나 좋기만 한데 | 風光隨處好 |
| 멋진 흥치를 아는 사람 적어라 | 佳興少人知 |

## 청학동에 유람할 즈음에 이자형에게 부치다 신미년(1631)
將遊青鶴洞寄李子馨 辛未

| | |
|---|---|
| 복사꽃은 갓 피고 살구꽃은 날리고 | 桃花初發杏花飛 |
| 버들은 푸르디푸르고 풀빛은 연하고 | 柳色青青草色微 |
| 나 그대를 청학동에 데려가고 싶나니 | 我欲携君青鶴洞 |
| 봄 찾아 달빛이 옷에 묻어날 때까지 | 探春直到月生衣 |

## 유 상주에게 차운하여 올리다 계유년(1633, 인조11)

次奉柳尙州 癸酉

이때 공이 처음 등제(登第)하였다.

| | |
|---|---|
| 오사건 위로 치솟은 푸른 봉우리들 | 烏紗巾上碧崢嶸 |
| 사십 년 마음속에 늘상 잊지 못하네 | 四十年心耿耿明 |
| 만리의 장풍을 타지 못한다면 | 萬里長風如未駕 |
| 오호의 연랑이 바로 앞길이라[320] | 五湖煙浪是前程 |
| 학과 갈매기와 벗이 되면 어떨는지 | 寧將鷗鶴爲朋黨 |
| 솔과 대와 의형제 맺어도 좋으리라 | 好結松篁作弟兄 |
| 큰 벼슬 맑은 관직 무슨 필요 있으리오 | 大爵淸班都不要 |
| 물과 구름 맞닿은 산들이나 점검할 뿐 | 群山點檢水雲平 |

320 만리(萬里)의……앞길이라 : 의기를 발휘하여 부조리한 현실을 개혁하지 못할 바에는, 차라리 벼슬을 그만두고 은퇴하는 것이 좋으리라는 뜻으로 비유한 말이다. 남조(南朝) 송(宋)의 종각(宗慤)이 소년 시절에 자신의 포부를 밝히면서 "끝없이 부는 바람을 타고 만리의 파도를 헤치고 싶다.〔願乘長風破萬里浪〕"라고 말한 고사가 전한다.《宋書 卷76 宗慤列傳》 또 춘추 시대 월(越)나라 대부(大夫) 범려(范蠡)가 월왕(越王) 구천(句踐)을 도와서 오(吳)나라를 멸망시키고 패자(霸者)가 되게 한 뒤에 벼슬을 그만두고는 일엽편주를 타고 오호(五湖)로 나가서 성명(姓名)을 모두 바꾸고 숨어 살았던 고사가 전한다.《吳越春秋 卷10 句踐伐吳外傳》

# 유 참판의 개장에 즈음한 만사 계유년(1633)

挽柳參判改葬 癸酉

| | |
|---|---|
| 부자의 인은 알기 쉬운 점이 있어 | 夫子之仁有易知 |
| 자손이 대대로 가훈으로 지켜 오네 | 兒孫袞袞守家規 |
| 하늘의 뜻 미정한 죽음 얼마나 참혹하였던가[321] | 昔天未定亡何慘 |
| 땅이 천간(天慳)[322]을 드러내 개장하게 되었도다 | 今地呈慳葬改治 |
| 나라가 설치(雪恥)를 논하는 황천의 깊은 원한이요 | 黃壤深冤邦論雪 |
| 행인도 탄식하는 분서의 애달픈 증직(贈職)이라[323] | 粉書哀贈路人咨 |
| 낭군과 나는 동기와 같은 관계 | 郎君與我如同氣 |
| 희비가 사적인 일만은 아니외다 | 悲喜還非爲我私 |

321 하늘의……참혹하였던가 : 유 참판이 과거에 뜻밖의 재앙을 당하여 죽었다는 말이다. 소식(蘇軾)의 〈삼괴당명(三槐堂銘)〉에 "도척과 같은 흉악한 인간이 오래 살고 공자와 안회 같은 훌륭한 인물이 재난을 당한 것은 모두 하늘의 뜻이 아직 정해지지 않은 것이다.〔盜跖之壽 孔顔之厄 此皆天之未定者也〕"라는 말이 나온다.

322 천간(天慳) : 하늘이 비장(秘藏)하여 아껴 둔 땅이라는 뜻으로, 범상한 인간의 눈으로는 쉽게 찾을 수 없는 길지(吉地)나 명소(名所)를 가리킨다.

323 나라가……증직(贈職)이라 : 참고로 당(唐)나라 두목(杜牧)의 〈지주이사군몰후……(池州李使君沒後……)〉 시에 "새로 내린 조정의 명을 황천에서 어찌 알까, 분서로 부질없이 옛 명정을 바꿨도다.〔黃壤不知新雨露 粉書空換舊銘旌〕"라는 표현이 나온다.《全唐詩 卷522》 분서(粉書)는 분처럼 흰 글씨라는 뜻이다. 명정(銘旌)에는 품관(品官)의 경우, 붉은 비단에 흰 글씨로 '모관모공지구(某官某公之柩)'라고 써넣는다.

# 홍 진사의 모친에 대한 만사
挽洪進士慈親

| | |
|---|---|
| 인생 칠십은 예로부터 드문 일[324] | 七十古來稀 |
| 더구나 이보다 오 년이나 많음에랴 | 況此加五歲 |
| 덕에 맞게 수명을 채우지 않고 | 而壽不滿德 |
| 귀실의 맹서를 이루려 하였도다[325] | 爲遂歸室誓 |
| 평생토록 성대한 위의를 갖추고서[326] | 平生棣棣儀 |
| 선인의 덕을 폐할까 매양 걱정했네 | 每懼先人廢 |
| 여경이 있다는 말[327] 빈말이 아니니 | 餘慶不爲虛 |

324 인생……일 : 두보(杜甫)의 시 〈곡강(曲江)〉의 "외상 술값이야 세상 어디나 보통 있는 일이지만, 일흔까지 사는 사람은 예로부터 보기 드물다네.〔酒債尋常行處有 人生七十古來稀〕"라는 시구에서 나온 것이다.《杜少陵詩集 卷6》

325 귀실(歸室)의……하였도다 : 먼저 죽은 남편과 함께 묻히려 했다는 말이다. 귀실은 귀우기실(歸于其室)의 준말로, 남편의 묘소에 부장(附葬)되는 것을 말한다. 《시경》〈갈생(葛生)〉의 "겨울의 긴 밤과 여름의 긴 날이여, 백세 뒤에나 한 무덤 속에 들어가리라.〔冬之夜 夏之日 百歲之後 歸于其室〕"라는 말에서 나온 것이다.

326 평생토록……갖추고서 : 《시경》〈백주(柏舟)〉의 "내 마음은 돌이 아니라서 굴릴 수도 없고, 내 마음은 돗자리가 아니라서 걷어치울 수도 없다. 위의가 성대히 갖추어져서 특별히 고를 것이 없다.〔我心匪石 不可轉也 我心匪席 不可卷也 威儀棣棣 不可選也〕"라는 말을 발췌한 것이다. 돌은 굴릴 수가 있고 돗자리도 말아서 치울 수가 있지만, 내 마음은 그렇지 않아서 구르지도 걷히지도 않아 한결같으며, 몸가짐도 예의가 제대로 갖추어져서 어느 것 하나 골라서 버리고 취할 것이 없으니, 자기를 반성해 보아도 버림을 받을 만한 흠이 전혀 없다는 뜻이다. 〈백주〉는 남편의 총애를 잃은 부인의 심리를 묘사한 시이다.

327 여경(餘慶)이 있다는 말 : 《주역》〈곤괘(坤卦) 문언(文言)〉에 "선을 쌓은 집안에는 후손이 반드시 경사를 받게 마련이고, 불선을 쌓은 집안에는 후손이 반드시 재앙을 받게 마련이다.〔積善之家 必有餘慶 積不善之家 必有餘殃〕"라는 말이 나온다.

| | |
|---|---|
| 자손이 모두 효도하고 우애한다오 | 兒孫皆孝悌 |
| 둘째 아들은 굳센 깃털 털고 닦고[328] | 二郎刷勁翮 |
| 첫째 아들은 맑은 시문이 풍부했네[329] | 一郎富淸製 |
| 열극의 영광을 청춘에 누렸으니 | 列戟在靑春 |
| 둘째의 죽음을 한탄할 것 있으리오[330] | 莫恨二郎逝 |
| 밑에 굽힌 첫째 아들의 재능 역시 | 底屈一郎才 |
| 나는야 춘계에게 물어보고 싶다오[331] | 吾欲問春桂 |
| 손자와 증손자 열두 사람이 | 孫曾十二人 |
| 상여 줄 잡고 차례로 따라오네 | 執紼來次第 |

328 둘째……닦고 : 둘째 아들은 무예(武藝)와 용력(勇力)이 뛰어났다는 말이다. 두보(杜甫)의 〈증사공왕공사례(贈司空王公思禮)〉 시에 "사공은 동방의 고려 출신으로, 어릴 때부터 굳센 깃털 털고 닦았다오.〔司空出東夷 童稚刷勁翮〕"라는 말이 나온다. 《杜少陵詩集 卷16 八哀詩》 '굳센 깃털 털고 닦는 것〔刷勁翮〕'은 독수리 같은 맹금(猛禽)이 부리로 털을 쪼아 윤기 나게 만드는 것을 말한다.

329 첫째……풍부했네 : 첫째 아들은 문재(文才)가 뛰어나 시문을 잘 지었다는 말이다. 두보의 〈증비서감강하이공옹(贈秘書監江夏李公邕)〉 시에 "화려한 명성은 웅건한 필치에 적당하고, 쇄락한 기풍으로 맑은 시문이 풍부했네.〔聲華當健筆 灑落富淸製〕"라는 말이 나온다. 《杜少陵詩集 卷16 八哀詩》

330 열극(列戟)의……있으리오 : 둘째 아들이 그래도 젊은 나이에 높은 벼슬에 올라, 열극 즉 병사들이 그의 집 앞에서 창을 들고 호위하는 영예를 누릴 수 있었으니, 그의 죽음을 너무 애통하게만 생각할 것은 없다는 말이다.

331 밑에……싶다오 : 첫째 아들 즉 홍 진사가 아직 등제(登第)하지는 못했지만 계수나무와 같은 군자의 절조를 지니고 있는 만큼 나중에 분명히 뜻을 이루고 대성할 것이라는 말이다. 당(唐)나라 왕유(王維)의 시에 〈춘계문답(春桂問答)〉이 있는데, 그 시를 소개하면 다음과 같다. "봄 계수나무에게 묻기를, 복사꽃 오얏꽃이 한창 흐드러져서, 어디를 가나 봄빛으로 가득한데, 그대는 무슨 일로 홀로 꽃이 없는가. 봄 계수나무가 대답하기를, 봄꽃이 어찌 오래갈 수 있으리오. 바람과 서리에 흔들려 떨어질 때, 나 홀로 빼어남을 그대는 모르는가.〔問春桂 桃李正芳華 年光隨處滿 何事獨無花 春桂答 春華詎能久 風霜搖落時 獨秀君知不〕" 이 시는 《전당시(全唐詩)》 권37에 실려 있으며, 《고문진보전집(古文眞寶前集)》에도 소개되어 있다.

| | |
|---|---|
| 누가 해로의 노래[332]를 부르는가 | 誰唱薤露歌 |
| 당세에 뽐내기에 충분하리라 | 足以詫當世 |

332 해로(薤露)의 노래 : 염교의 잎에 맺힌 이슬처럼 무상한 인생의 노래라는 뜻으로 만사(輓詞)를 가리킨다.

## 은산현의 객관에서 삼가 조부 이견당[333]의 시에 차운하여 짓다 2수

殷山客館敬次祖父理遣堂韻 二首

이때 공이 경시관(京試官)으로 관서(關西)에 갔다.

| | |
|---|---|
| 홀연히 할아버지 글씨를 보고 나서 | 忽瞻先祖筆 |
| 관서의 이 행차가 비로소 흐뭇해라 | 始喜此行西 |
| 먼동이 트도록 잠 못 이루는 밤 | 明發未成夢 |
| 빈 방에 촛불 홀로 눈물 흘리네 | 空齋蠟燭啼 |

| | |
|---|---|
| 누구에게 지나간 일 물어보리오 | 憑誰問往事 |
| 오직 물만 동서로 흘러갈 따름 | 惟見水東西 |
| 지금도 영위의 새[334]가 있는지 | 倘有令威鳥 |

333 이견당(理遣堂) : 윤의중(尹毅中, 1524～?)의 당호(堂號)이다. 정랑(正郎) 윤구(尹衢)의 아들로 자(字)는 치원(致遠)이며, 낙촌(駱村)이라는 호로 많이 알려졌다. 1548년(명종3) 별시 문과(別試文科)에 병과(丙科)로 급제하였으며, 성균관 대사성, 홍문관 부제학, 도승지에 이어 대사간, 이조 참의, 병조 참의 등을 역임하였다. 1566년 호조 참판으로 안주 영위사(安州迎慰使)가 되어 명나라 사신을 맞았고, 이듬해 경상도 관찰사가 되었다. 명종이 죽자 이조 참판으로 동지춘추관사(同知春秋館事)를 겸직하여《명종실록(明宗實錄)》의 편찬에 참여하였고, 이후 평안도 관찰사, 병조 참판, 대사헌, 대사간, 예조 참판을 거쳐 1576년(선조9)에 형조 판서에 올랐다. 동인(東人)으로서 1589년 정여립(鄭汝立)의 옥사(獄事) 때 삭출(削黜)되었다가 1610년(광해군2)에 복관(復官)되었다. 이견(理遣)은 진(晉)나라 위개(衛玠)의 고사에서 유래한 것으로, 사리에 입각해 마음을 다스려서 슬픔이나 원통한 마음을 풀어 없애는 등 감정을 잘 조절하며 관후하고 화평하게 사람을 대하는 것을 말한다.

334 영위(令威)의 새 : 정영위(丁令威)의 새라는 말로, 학을 가리킨다. 요동(遼東) 사람 정영위가 고향을 떠나 신선이 되고 나서 1천 년 만에 학으로 변해 다시 찾아

은근히 나를 위해 울어 주누나 慇懃向我啼

내가 어렸을 때 이견(理遣) 조부(祖父)께서 관서(關西) 지방을 안찰(按察)하셨다는 말을 들었다. 그리고 기도(箕都 평양)에 군자루(君子樓)를 세우셨다는 말도 들었는데, 그 기록이 〈평양지(平壤誌)〉에 실려 있다. 지난번에 기도에 와서 이른바 군자루에 대해서 물어보았지만 지금 사람들은 알지 못하였다. 이는 필시 병화(兵火)로 인해 없어졌을 것이라고 추정된다.

지금 이 은산현에 도착해서 객관의 들보 위에 걸린 조부의 오언절구를 홀연히 보게 되었는데, 필획(筆劃)이 완연한 그 시를 보고 있노라니 창연(愴然)한 심정을 금할 수 없었다. 아, 내가 태어나 네 살이 되었을 적에 조부께서 돌아가셨다. 그래서 지금 그 용안(容顔)을 겨우 희미하게 기억할 수 있을 뿐이요, 어루만져 길러 주신 추억도 겨우 한두 가지만 생각날 뿐이다.

임진왜란을 겪은 뒤로 조부께서 머무시던 경외(京外)의 제택(第宅) 중에 하나도 남아 있는 곳이 없으니, 어디에서 평일의 모습을 떠올리고 그 법도를 상상해 볼 수가 있겠는가. 이 제판(題板)을 보건대 분묵(粉墨 흑백)이 분명하여 금방 쓴 것만 같은데, 이 객관은 바로 그 당시의 옛 건물 그대로임을 짐작할 수 있다. 여기에 올라와서 휴식을 취하고 기거하며 담소하셨을 터인데, 이곳이야 어찌 옛날과 변함이

---

와서는 요동 성문의 화표주(華表柱) 위에 내려앉았는데, 소년 하나가 활을 쏘려고 하자 허공으로 날아 올라가 배회하면서 "옛날 정영위가 한 마리 새가 되어, 집 떠난 지 천 년 만에 이제 처음 돌아왔소. 성곽은 의구한데 사람은 모두 바뀌었나니, 신선술 왜 안 배우고 무덤만 이리도 즐비한고.〔有鳥有鳥丁令威 去家千年今始歸 城郭如故人民非 何不學仙冢纍纍〕"라고 탄식하고는 사라졌다는 전설이 전한다.《搜神後記 卷1》

있겠는가. 배회하며 돌아보는 사이에 흡사 모습이 눈에 선하고 목소리가 귀에 들어오듯 하면서 애연(僾然)히 보이는 것이 있고 숙연(肅然)히 들리는 것이 있었다.[335]

조부께서 이 현에 봄철의 순행을 하신 것이 바로 임신년(1572, 선조5) 3월이니, 지금으로부터 한 갑자(甲子)하고도 2년 전의 일이다. 옛날의 자취를 물어보고 싶어도 알 만한 자는 없고, 오직 산이 푸르게 서 있고 물이 유유히 흘러갈 따름이니, 멀리 사모하고 길이 생각하는 이 회포가 또 어떻다고 하겠는가.

나의 선고(先考)의 묘소는 해남(海南)에 있고 가루(家累 가속(家屬))도 그 지역에 있다. 금년 봄에 과거에 급제하고 나서 국휼(國恤)[336]을 지내느라 영묘(榮墓)[337]의 예를 행하지 못한 채 경화(京華 서울)에서 객지 생활을 한 것이 5개월이나 되었다. 국휼을 마치고 나서 귀향하려는 뜻을 바야흐로 다잡고 있을 적에 홀연히 대궐에서 이렇게 유지(有旨)를 내리며 관서(關西)의 시험을 관장하게 하셨다. 이에

---

335 흡사……있었다 : 《예기》 〈제의(祭義)〉의 "제삿날에 방에 들어가면 애연히 자리에 모습이 보이는 것이 반드시 있고, 주선(周旋)하며 문을 나가면 숙연히 목소리가 들리는 것이 반드시 있고, 문을 나가 들으면 개연히 탄식하는 소리가 들리는 것이 반드시 있다. 그렇기 때문에 선왕의 효는 눈에서 모습이 떠나지 않고, 귀에서 소리가 끊이지 않고, 마음에서 심지와 기욕이 잊히지 않는 것이다. 애모(愛慕)함이 극에 이르면 엄연히 존재하는 듯하고, 성각(誠慤)함이 극에 이르면 눈앞에 드러나서, 드러나고 존재하는 것이 마음에 잊히지 않는 법이니, 어떻게 공경하지 않을 수가 있겠는가.〔祭之日入室 僾然必有見乎其位 周還出戶 肅然必有聞乎其容聲 出戶而聽 愾然必有聞乎其歎息之聲 是故先王之孝也 色不忘乎目 聲不絶乎耳 心志嗜欲不忘乎心 致愛則存 致愨則著 著存不忘乎心矣 夫安得不敬乎〕"라는 말을 발췌하여 인용한 것이다.

336 국휼(國恤) : 인목대비(仁穆大妃) 김씨(金氏)의 국상(國喪)을 말한다. 1632년(인조10) 6월에 승하(昇遐)하였다.

337 영묘(榮墓) : 돌아가신 어버이의 묘소를 찾아 제사를 지내며 과거 급제의 영광을 고해 올리는 것을 말한다. 보통 영분(榮墳)이라고 한다.

내가 고향으로 돌아갈 날이 점점 멀어지는 것을 안타깝게 여겼으며, 사람들도 내가 먼 길을 떠나게 된 것을 탄식하였다.

그러다가 오늘에 와서야 남쪽으로 가지 않고 서쪽으로 오게 된 것이 바로 신명(神明)의 도우심이요 성상(聖上)의 막중한 은혜라는 사실을 깨닫게 되었다. 이 객관을 눈으로 직접 보고 나서야, 드러나고 존재하여 잊히지 않는〔著存不忘〕 나의 마음[338]을 일으키게 되었다. 이번 길을 오지 않았더라면 어떻게 이 객관을 볼 수 있었겠으며, 성상의 은혜가 없었더라면 어떻게 이번 길을 올 수 있었겠는가. 감탄하고 탄식한 끝에 언어로 형용하지 않을 수 없기에 졸렬함을 잊고 삼가 원운(元韻)에 따라 시를 지으면서, 이와 함께 나의 무궁한 뜻을 뒤에 붙이게 되었다.

숭정(崇禎) 6년 계유년(1633, 인조11) 7월 26일 손자 선도(善道) 씀.

### 이견당의 원운 理遣堂元韻

은산 고을에 병들어 누운 몸　　病臥殷山縣
외로운 회포 냇물 따라 서쪽으로　　孤懷澗水西
작은 뜨락 비바람 치는 속에　　小庭風雨裏
꽃은 지고 새는 부질없이 우네　　花落鳥空啼

338 드러나고……마음 : 214쪽 주335 참조.

## 강서의 객관에서 벽 위의 시에 차운하다 4수 계유년(1633)
江西客館次壁上韻 四首 癸酉

석모와 백포[339]가 내 앞을 떠나간 뒤　席帽白袍去我前
주인이 베풀어 준 화려한 연석(筵席)　主人仍敞綺羅筵
이 정자에도 중추의 달빛이 넘치나니　小亭剩得中秋月
어찌 꼭 유선과 강선을 찾으리오　何必留仙與降仙

유선(留仙)은 객관의 이름이고, 강선(降仙)은 누대의 이름인데, 모두 성천(成川)에 있다.

작은 등불 하나 밝힌 적막한 객당　客堂寥落小燈明
풍로가 소연하여 청흥을 가누기 어려워라　風露脩然不勝淸
고향 동산 오늘밤 달빛은 어떠할까　忽憶故園今夜月

339 석모(席帽)와 백포(白袍) : 과거 응시생들을 가리킨다. 석모는 햇빛을 가리는 전립(氈笠) 비슷한 모자이다. 송(宋)나라 이손(李巽)이 과거를 볼 때마다 낙방을 하자 고향 사람들이 "저 석모를 언제나 벗을지 누가 알겠나.〔知席帽甚時得離身〕"라며 비웃었는데, 뒤에 이손이 탁지 낭중(度支郎中)이 되어 그들에게 시를 지어 주기를 "마을의 친척들에게 알려 주노니, 지금 석모를 이미 벗었다오.〔爲報鄕閭親戚道 如今席帽已離身〕"라고 했다는 고사에서 유래하여 석모이신(席帽離身)이 과거 급제의 뜻으로 쓰이게 되었다. 이 고사는 송(宋)나라 오처후(吳處厚)의 《청상잡기(靑箱雜記)》 권2에 나온다. 또 당나라 때에는 관직을 지닌 자는 조포(皁袍)를 입고, 관직이 없는 유생은 백포(白袍)를 입고, 서민은 포포(布袍)를 입었는데, 여기에서 유래하여 백포가 거인(擧人) 즉 입시생(入試生)의 복장으로 쓰이게 되었다. 《說郛 卷44上 臣庶許服紫袍》 참고로 소식(蘇軾)의 〈최시관고교희작(催試官考較戲作)〉 시에 "그대여 내 말 듣고 납촉을 더 태우시기를, 문밖에 백포들이 고니처럼 서서 기다리니까.〔願君聞此添蠟燭 門外白袍如立鵠〕"라는 말이 나온다. 《蘇東坡詩集 卷8》

한 가닥 내 낀 강물 아스라이 비치리　　一江煙水浩冥冥

관서의 승경 묻노니 몇 고을인고　　勝槩西關問幾州
도처의 풍광을 다 거두기 어려워라　　風光隨處浩難收
이처럼 활짝 트인 산골도 없을 텐데　　山圍洞闢無如此
학령이 또 눈을 번쩍 뜨이게 하네　　鶴嶺還堪聳我眸

구산의 선자[340]가 혹시 여기에 머무는지　　緱山仙子倘留玆
학령에 채색 구름 찬란하게 피어나네　　鶴嶺彤雲正陸離
주묵이 물러가고 산새가 섬돌에 내려앉나니[341]　　山鳥下階朱墨屛
나의 몸이 무위의 세계에 들어온 듯하네그려　　却疑身世入無爲

340 구산(緱山)의 선자(仙子) : 신선이 되어 구지산(緱氏山)에 내려왔다는 주 영왕(周靈王)의 태자(太子) 진(晉) 즉 왕자교(王子喬)를 말한다. 그가 왕에게 직간을 하다가 서인(庶人)으로 폐출되었는데, 피리 불기를 좋아하여 곧잘 봉황의 울음소리를 내다가, 선인(仙人) 부구공(浮丘公)을 따라 숭산(嵩山)에 올라가서 선도(仙道)를 닦은 뒤에, 30년이 지난 칠월 칠석 날에 구산 정상에 백학(白鶴)을 타고 내려와서 산 아래 가족들에게 손을 흔들어 인사하고는 며칠 뒤에 떠나갔다는 전설이 있다. 《列仙傳 王子喬》

341 주묵(朱墨)이……내려앉나니 : 주필(朱筆)과 묵필(墨筆)을 쥐고 공문(公文)을 처리할 일도 없이 관소가 마냥 한가하기 때문에 산새들도 마음 놓고 찾아와서 섬돌에 내려앉아 노닌다는 말이다. 참고로 이백(李白)의 〈증청장명부질율(贈淸漳明府姪聿)〉 시에 "처리할 송사도 없이 조용하여 새가 섬돌에 내려앉나니, 높이 누워서 도서(道書)를 펼쳐 읽는다.〔訟息鳥下階 高臥披道帙〕"라는 말이 나온다. 《李太白集 卷8》

# 먹으로 그린 매화

墨梅

월과(月課)이다.

| | |
|---|---|
| 물리를 음미할 만한 점이 있기에 | 物理有堪賞 |
| 매화를 버리고 묵매를 취했다오 | 捨梅取墨梅 |
| 함장[342]이 최고의 미임을 알겠노니 | 含章知至美 |
| 영색[343]이 어찌 좋은 재목감이랴 | 令色豈良材 |
| 자신의 덕을 감추어 선현의 길을 따르고 | 自晦追前哲 |
| 속진을 함께하며 세상의 시샘을 피했도다 | 同塵避俗猜 |
| 복사꽃 오얏꽃 그들을 돌아보면 | 回看桃與李 |
| 시중들게 하는 것이 되레 낫겠네 | 猶可作輿臺 |

342 함장(含章) : 내면에 간직한 아름다운 자질을 뜻한다. 《주역》〈곤괘(坤卦) 육삼(六三)〉에 "아름다움을 속에 품고 곧은 덕을 지킬 수 있다. 혹 나라의 일에 종사하여 이루어지지 않더라도 끝내는 좋아질 것이다.〔含章可貞 或從王事 无成有終〕"라는 말이 나온다.

343 영색(令色) : 겉모습을 보기 좋게 꾸민 것을 말한다.

## 차운하여 어떤 이에게 답하다 계유년(1633)

次韻答人 癸酉

| | |
|---|---|
| 고인이 지금 서울 동대문에 있으면서 | 故人今在洛東城 |
| 멀리 새 시 부쳐 나그네 소식 물어 왔네 | 遠寄新詩問客情 |
| 오직 원컨대 여러분은 실지를 구하시고 | 惟願諸公求實地 |
| 천한 이 몸이 허명에 부림 받게 마시기를 | 休令賤子役浮名 |
| 삼십삼 년의 물러남을 이루었는데 | 得成三十三年退 |
| 열하루의 여정을 어찌 싫어하리오 | 那厭一旬一日程 |
| 군민의 소원[344]을 펼칠 수 있다면야 | 素志君民如可展 |
| 강호에서 나도 한영[345]을 씻으련마는 | 江湖吾亦濯韓纓 |

---

344 군민(君民)의 소원 : 요순(堯舜)과 같은 임금과 요순 때의 백성처럼 태평 시대를 만들어 보고 싶다는 말이다. 이윤(伊尹)이 상탕(商湯)의 초빙을 세 차례나 받고 나서 "내가 밭두둑 사이에 있으면서 이대로 요순의 도를 즐기는 것이, 내 어찌 이 임금으로 하여금 요순과 같은 성군이 되게 하는 것만 하겠으며, 내 어찌 이 백성들로 하여금 요순 때의 백성이 되게 하는 것만 하겠으며, 내 어찌 그런 시대를 내 몸으로 직접 보는 것만 하겠는가.〔與我處畎畝之中由是以樂堯舜之道 吾豈若使是君爲堯舜之君哉 吾豈若使是民爲堯舜之民哉 吾豈若於吾身親見之哉〕"라고 포부를 밝힌 내용이 《맹자》〈만장 상(萬章上)〉에 나온다.

345 한영(韓纓) : 한자(韓子) 즉 한유(韓愈)의 갓끈이라는 뜻이다. 한유의 〈현재유회(縣齋有懷)〉 시에 "사업은 고요(皐陶)와 후직(后稷)을 엿보고, 문장은 조식(曹植)과 사영운(謝靈運)을 멸시하였으며, 갓끈을 씻고 강호에서 일어나, 난사와 같은 향기로운 패옥을 허리에 찼다.〔事業窺皐稷 文章蔑曹謝 濯纓起江湖 綴珮雜蘭麝〕"라는 말이 나온다. 《韓昌黎集 卷2》

## 환희원 벽 위의 시에 차운하다 계유년(1633)
次歡喜院壁上韻 癸酉

| | |
|---|---|
| 환희원 안에도 환희가 없으니 | 歡喜院中歡喜無 |
| 강남의 귀향객 장탄식할 수밖에 | 江南歸客興長吁 |
| 경륜 펴지 못한 채 여기서 병들다니 | 經綸未展病於此 |
| 억만창생은 어느 날에나 소생할꼬 | 萬億蒼生何日穌 |

## 가야산에 노닐며 2수 을해년(1635, 인조13)
遊伽倻山 二首 乙亥

가야산 신선[346]이 이미 천년 전에 떠났는데 伽倻仙去已千年
이 신선을 가야산에서 찾으려 한다면 우스운 일 堪笑伽倻訪此仙
자필암[347]과 유상대[348]도 명승고적 아니요 泚筆流觴非勝跡
사람 피하려 한 것임을 또한 알겠도다 也知都在避人前

좋은 시절 지난 뒤에 승경을 찾다 보니 探勝參差後歲華
단풍도 없고 꽃도 없어서 유감이었는데 恨無紅樹亦無花
일천 산을 하룻밤에 흰 구슬로 꾸몄으니 千峯一夜粧珠玉
신선들이 나를 후대함을 비로소 알겠도다 始覺群仙餉我多

346 가야산(伽倻山) 신선 : 만년에 가야산에 들어가 신선이 되었다고 전설로 전하는 고운(孤雲) 최치원(崔致遠)을 말한다.

347 자필암(泚筆巖) : 최치원이 이름 붙였다는 가야산의 바위 이름이다. 자필은 붓에 먹을 찍어서 시문을 지었다는 뜻이다.

348 유상대(流觴臺) : 최치원이 태인(泰仁)에서 진(晉)나라 왕희지(王羲之)의 난정(蘭亭) 유상곡수(流觴曲水) 고사를 흉내 내어 술잔을 띄우고 노닐었다는 곳이다.

## 죽은 아들 진사 의미에 대한 만사 병자년(1636, 인조14)
亡子進士義美挽 丙子

| | |
|---|---|
| 애통해함이 자식을 말한 것은 아니지만 | 有慟非言子 |
| 그 재주는 실로 짝할 이가 없었다오[349] | 其才實寡儔 |
| 온순하고 선량했던 스물다섯 해 | 溫良廿五載 |
| 백년 천년 슬프고 가슴 아프리 | 悲悼百千秋 |
| 자결한 부인과 같은 묘혈(墓穴)에 | 同穴婦之決 |
| 세 아이만 하늘이 남겨 놓았네 | 三孩天所留 |
| 가을바람 불고 달 밝은 밤이면 | 西風明月夜 |
| 어찌 차마 서루에 오르겠느냐 | 那忍上書樓 |

349 애통해함이……없었다오 : 고산이 자식의 죽음을 슬퍼하는 것을 공자가 제자 안연(顔淵)의 죽음을 슬퍼한 것에 비유한 것이다. 안연이 죽자 공자가 곡하며 매우 애통해하였는데, 종자(從者)가 "선생님께서 너무 애통해하십니다.〔子慟矣〕"라고 하니, 공자가 "내가 너무 애통해하느냐? 하지만 이 사람을 위해 애통해하지 않고서 누구를 위해 애통해하겠느냐?〔有慟乎 非夫人之爲慟 而誰爲〕"라고 말한 내용이 《논어》 〈선진(先進)〉에 나온다.

## 격자봉 정축년(1637, 인조15)

格紫峯 丁丑

자주 : 이 봉우리가 낙서재(樂書齋) 뒤에 있는데, 민간에서 격자라고 부른다. 이하는 보길도(甫吉島)의 부용동(芙蓉洞)에 거할 때에 지은 것이다.

| | |
|---|---|
| 높은 파도 거대한 물결 가운데 | 洪濤巨浪中 |
| 우뚝 서서 진퇴(進退)를 하지 않나니 | 特立不前却 |
| 자미의 마음을 바로잡고자 한다면 | 欲格紫微心 |
| 먼저 부끄러워하며 바르게 되어야지[350] | 要先恥且格 |

350 자미(紫微)의……되어야지 : 임금의 잘못된 마음을 바로잡으려 한다면 우선 자신부터 바르게 되어야 할 것이라는 말이다. 자미는 북두성 북쪽의 자미원(紫微垣)을 가리키는데, 흔히 제왕의 거소를 뜻하는 말로 쓰인다. 《맹자》〈이루 상(離婁上)〉에 "오직 대인만이 임금의 잘못된 마음을 바로잡을 수 있다. 임금이 인자하면 인해지지 않는 일이 없고, 임금이 의로우면 의롭지 않은 일이 없고, 임금이 바르면 바르게 되지 않는 일이 없으니, 한 번 임금의 마음을 바르게 하면 나라가 안정되는 것이다.〔惟大人爲能格君心之非 君仁莫不仁 君義莫不義 君正莫不正 一正君而國定矣〕"라는 말이 나온다.

## 소은병 정축년(1637)

小隱屛 丁丑

자주 : 이곳은 낙서재 뒤편 처마의 위쪽에 있다. 무이구곡(武夷九曲)의 대은병(大隱屛)에 비교하면 작기 때문에 이렇게 이름 붙였다.

| | |
|---|---|
| 하늘이 만들어 준 푸른 병풍바위 | 蒼屛自天造 |
| 소은은 사람 따라 붙여진 이름 | 小隱因人名 |
| 아득히 세상 먼지 막아 주는지라 | 邈矣塵凡隔 |
| 마음 바탕이 소연히 맑아지도다 | 翛然心地淸 |

## 귀암 정축년(1637)

龜巖 丁丑

자주 : 낙서재 앞뜰에 있다.

| | |
|---|---|
| 사령[351]에 참여하는 줄만 알았지 | 但知參四靈 |
| 돌처럼 견고함[352]을 누가 알리오 | 誰識介于石 |
| 집터 정할 때에 너를 배려하였나니 | 振爾卜居時 |
| 내가 달 뜨는 밤 감상하기에 맞겠기에 | 宜吾玩月夕 |

351 사령(四靈) : 태평 시대에 출현한다는 네 가지 신령스러운 동물, 즉 용(龍), 기린(麒麟), 신귀(神龜), 봉황(鳳凰)을 가리킨다.

352 돌처럼 견고함 : 귀암이 돌처럼 단단한 지조를 지녔다는 말로, 자신의 신념과 어긋날 경우에는 지조를 돌처럼 굳게 지키면서 단호하게 벼슬을 버리고 전원에 돌아감을 은근히 비유한 말이다. 《주역》〈계사전 하(繫辭傳下)〉에 "군자는 기미를 보고 떠나면서 하루가 다하기를 기다리지 않는다. 〈예괘(豫卦) 육이(六二)〉에 '돌처럼 견고해서 하루가 다하기를 기다리지 않으니, 정하고 길하다.'라고 하였다. 절개가 돌과 같으니 어찌 하루가 다하기를 기다리겠는가. 이를 통해서 군자가 결단하는 것을 알 수 있다.〔君子見幾而作 不俟終日 易曰 介于石 不終日 貞吉 介如石焉 寧用終日 斷可知矣〕"라는 말이 나온다.

## 미산 정축년(1637)

薇山 丁丑

자주 : 부용동 서쪽에 있다.

| | |
|---|---|
| 서산에 고사리의 이름을 붙였나니[353] | 西山號曰薇 |
| 아득히 연무와 노을 속에 잠겼어라 | 邈邈煙霞裏 |
| 백이숙제 형제에게 보게 한다면 | 試使夷齊看 |
| 서로 손을 잡고 분명히 오르리라 | 相携定登彼 |

353 서산(西山)에……붙였나니 : 은(殷)나라가 주 무왕(周武王)에게 멸망당하자 백이(伯夷)와 숙제(叔齊) 형제가 주나라 곡식을 먹지 않겠다면서 서산 즉 수양산(首陽山)으로 들어가 〈채미가(采薇歌)〉를 부르며 고사리만 뜯어 먹다가 굶어 죽은 고사가 전한다. 《史記 卷61 伯夷列傳》

## 낭음계 정축년(1637)

朗吟溪 丁丑

수원(水源)은 격자봉(格紫峯) 아래에서 나온다.

경요의 굴속에서 옥을 씻은 물이 　 嗽玉瓊瑤窟
영롱하게 작은 누대 휘감고 가네 　 玲瓏縈小臺
동정호 날아 지나가는 나그네[354]가 　 洞庭飛過客
응당 이쪽으로 방향을 돌리리라 　 應向此中來

354 동정호(洞庭湖)……나그네 : 도교(道教)의 이른바 팔선(八仙) 중의 하나인 여동빈(呂洞賓)을 말한다. 그가 악양루(岳陽樓)에 제한 〈동빈유악양(洞賓遊岳陽)〉 시에 “아침에 북해에서 노닐다가 저녁에는 창오산, 담기가 크기도 해라 소매 속에 푸른 뱀. 세 번 악양에 왔어도 아는 사람 없이, 시 한 수 읊조리며 동정호 날아 지나가네.〔朝遊北海暮蒼梧 袖裏青蛇膽氣麤 三入岳陽人不識 朗吟飛過洞庭湖〕”라는 말이 나온다.《事文類聚前集 卷34》

## 혁희대 정축년(1637)

赫曦臺 丁丑

부용동 동쪽에 있다.

아 내가 멀리 노니는 뜻은 嗟我遠遊意
본래 한만을 만나 보려 함인데[355] 本爲汗漫期
여기에서 일하를 바라다보니 於斯望日下
마부만 슬퍼할 뿐이 아니로세[356] 不獨僕夫悲

---

355 내가……함인데 : 신선처럼 세상 밖을 벗어나서 마음 내키는 대로 한가로이 노닐고 싶었다는 말이다. 옛날 노오(盧敖)가 북해(北海)에서 노닐다가 이인(異人)인 약사(若士)를 만나 함께 벗으로 노닐자고 청하자, 약사가 응답하기를 "나는 구해 밖에서 한만과 만날 약속이 되어 있으니 오래 머물러 있을 수가 없다.〔吾與汗漫期于九垓之外 吾不可以久駐〕"라고 하고는 곧바로 구름 속으로 들어가 보이지 않았다는 이야기가 전해 온다. 구해(九垓)는 구천(九天)을 말한다.《淮南子 道應訓》 한만(汗漫)은 원래 광대무변한 공간을 가리키는 말인데, 여기서는 신선의 이름으로 전용되었다.

356 여기에서……아니로세 : 서울을 멀리 떠나왔으면서도 조정을 잊지 못하는 심정을 비유한 것이다. 일하(日下)는 경도(京都)를 가리킨다. 옛날에는 제왕을 태양에 비유하였으므로, 제왕이 있는 곳을 일하 혹은 일변(日邊)이라고 하였다. 굴원(屈原)의 〈이소(離騷)〉 말미에 고국인 초(楚)나라를 그리워하면서 "하늘 위 눈부시게 빛나는 세계에 올라와서, 홀연히 옛 고향을 아래로 굽어보노라니, 마부도 슬퍼하고 내 말도 그리워하여, 머뭇머뭇 뒤돌아보며 앞으로 나아가지 않네.〔陟升皇之赫戲兮 忽臨睨夫舊鄕 僕夫悲余馬懷兮 蜷局顧而不行〕"라고 마무리한 말이 나온다. 혁희대(赫曦臺)의 혁희는 눈부시게 빛나는 태양이라는 말이다.

## 혹약암[357] 정축년(1637)

或躍巖 丁丑

낭음계(朗吟溪) 하류의 세연정(洗然亭) 연못 가운데에 있다.

| | |
|---|---|
| 꿈틀거리는 물속의 저 바윗돌 | 蜿然水中石 |
| 어찌면 그리도 누워 있는 용[358] 같은지 | 何似臥龍巖 |
| 내가 제갈공명 초상화 그려 | 我欲寫諸葛 |
| 이 못 옆에 사당을 세워 볼거나 | 立祠傍此潭 |

357 혹약암(或躍巖) : 용 모양의 바위라는 말이다. 혹약은 《주역》〈건괘(乾卦) 구사(九四)〉의 "용이 혹 뛰어 깊은 연못에 들어가 있듯 하면 허물이 없으리라.〔或躍在淵无咎〕"라는 말에서 발췌한 것이다.

358 누워 있는 용 : 유비(劉備)가 형주(荊州) 신야(新野)에 있을 적에 서서(徐庶)가 "제갈공명은 누워 있는 용이다.〔諸葛孔明者 臥龍也〕"라고 추천하면서 한번 찾아가 보기를 권한 고사가 전한다.《三國志 卷35 蜀書 諸葛亮傳》

## 장재도 정축년(1637)

藏在島 丁丑

보길도 앞에 있다.

| | |
|---|---|
| 자그마한 섬이 산궐[359]과 맞먹기에 | 小島當山闕 |
| 그 이름을 보물섬이라 지었다네 | 其名藏在曰 |
| 무슨 보물이 그 속에 있느냐고? | 藏在問何財 |
| 맑은 바람 그리고 밝은 달이지 | 淸風與明月 |

359 산궐(山闕) : 바닷속 삼신산(三神山)에 있다는 금은주옥의 궁궐을 말한다.

## 오운대에서의 즉흥시 정축년(1637)

五雲臺卽事 丁丑

오운대는 부용동 서쪽에 있다.

| | |
|---|---|
| 운대에 베개 높이 드러누우니 | 雲臺高枕臥 |
| 산 너머 떠가는 구름이 들러 주고 | 山外浮雲過 |
| 깊은 골 소나무의 노랫소리를 | 絶壑有松聲 |
| 청풍이 내 옆에 실어다 주네 | 淸風來我左 |

## 낚싯배 정축년(1637)
釣舟 丁丑

| | |
|---|---|
| 긴 도롱이 짧은 삿갓에 푸른 소 걸터타고 | 長蓑短笠跨靑牛 |
| 소매로 연하 떨치며 깊은 산골 나오네 | 袖拂煙霞出洞幽 |
| 저녁부터 아침까지 무슨 일로 바쁘신지 | 暮去朝來何事役 |
| 창주[360]에서 한가히 낚싯배로 노느라고 | 滄洲閑弄釣魚舟 |

360 창주(滄洲) : 삼국 시대 위(魏)나라 완적(阮籍)이 지은 〈위정충권진왕전(爲鄭沖勸晉王箋)〉의 "창주를 굽어보며 지백에게 사례하고, 기산에 올라가 허유에게 읍을 한다.〔臨蒼洲而謝支伯 登箕山而揖許由〕"라는 말에서 나온 것으로, 경치 좋은 은자(隱者)의 거처로 쓰이는 말이다. 《文選 卷40》

## 낙서재 정축년(1637)

樂書齋 丁丑

부용동 격자봉(格紫峯) 아래에 있다.

| | |
|---|---|
| 한줌 띠풀 얹은 초당 비록 낮아도 | 一把茅雖低 |
| 책은 다섯 수레[361] 그래도 꽤 많다오 | 五車書亦夥 |
| 어찌 나의 시름만 삭일 뿐이리오 | 豈徒消我憂 |
| 나의 허물도 고쳐 주기 바란다오 | 庶以補吾過 |

361 책은 다섯 수레 : 전국 시대 명가(名家)의 대표적 인물인 혜시(惠施)에 대해서, 장자(莊子)가 "그의 학술은 다방면에 걸쳐 있으며 책이 다섯 수레나 된다.〔惠施多方 其書五車〕"라고 말한 데에서 유래한 것으로, 박학다식하여 학문의 세계가 넓은 것을 비유할 때 흔히 쓰는 말이다. 《莊子 天下》

## 석실 정축년(1637)

石室 丁丑

부용동 서쪽에 있다.

| | |
|---|---|
| 파로의 시처럼 수레를 들일 만하고[362] | 容車坡老詩 |
| 문공의 기문처럼 옆으로 문이 났네[363] | 側戶文公記 |
| 어찌 여섯 겹 문이 있으리오마는 | 那有六重門 |
| 뜰에 샘과 대와 못을 갖추었다오 | 庭泉臺沼備 |

362 파로(坡老)의……만하고 : 소식(蘇軾)의 〈화채경번해주석실(和蔡景繁海州石室)〉 시에 "꽃 사이의 석실이 수레를 들일 만해서, 귀인의 화려한 행차가 영우를 엿보기도.〔花間石室可容車 流蘇寶蓋窺靈宇〕"라는 말이 나온다. 《蘇東坡詩集 卷22》 파로는 동파(東坡) 노인이라는 말로 소식을 가리킨다.

363 문공(文公)의……났네 : 주희(朱熹)의 〈운곡기(雲谷記)〉에 "동남쪽 다른 골짜기에 석실 세 개가 있는데 모두 거할 만하다. 그중에서도 한 석실이 특히 좋은데, 다른 두 개의 방에 비해 가운데가 뚫리고 옆으로 문이 나 있으며, 근방에 샘물이 있어서 끌어다가 양치질하고 씻을 수가 있다.〔東南別谷有石室三皆可居 其一尤勝 比兩房中通側戶 旁近水泉可引以漱濯〕"라는 말이 나온다. 《晦菴集 卷78》 문공은 주희의 시호(諡號)이다.

## 황원잡영 3수 정축년(1637)

黃原雜詠 三首 丁丑

보길도의 바다를 황원포(黃原浦)라고 한다.

| | |
|---|---|
| 누가 이처럼 소박하면서도 멋들어지게 지었을까 | 誰能創此朴而工 |
| 그것은 물론 호탕하고 거리낌 없는 조화옹이지[364] | 豪縱由來造化翁 |
| 방일임풍하는 것은 운곡과 같다 할 것이요[365] | 傍日臨風若雲谷 |
| 택유세조하는 것은 반중보다 낫다 하리[366] | 宅幽勢阻勝盤中 |
| 옥구유 날리는 폭포는 향 안개를 뚫고 | 玉槽飛瀑穿香霧 |

364 그것은……조화옹이지 : 참고로 소식(蘇軾)이 산의 모습을 형용하면서 "위대하도다 조물은 진실로 호탕하고 거리낌 없어서, 흙 다지고 모래 뭉쳐 이렇게 장난을 하였다네.〔偉哉造物眞豪縱 攫土摶沙爲此弄〕"라고 표현한 구절이 있다. 《蘇東坡詩集 卷39 同正輔表兄遊白水山》

365 방일임풍(傍日臨風)하는……것이요 : 방일임풍은 "해와 달을 옆에 끼고 바람과 비를 임한다.〔旁日月而臨風雨〕"라는 말을 줄인 것이다. 주희(朱熹)의 〈운곡기(雲谷記)〉에 "그 사이에서 아래로 굽어보고 위로 쳐다보노라면, 자기 몸이 멀리 높은 곳에 있다는 것도 깨닫지 못한 채, 단지 해와 달을 옆에 끼고 비와 바람을 임할 수 있을 따름이다.〔俯仰其間 不自知其身之高地之逈 直可以旁日月而臨風雨也〕"라는 말이 나온다. 《晦菴集 卷78》

366 택유세조(宅幽勢阻)하는……하리 : 택유세조는 집터가 그윽하고 산세(山勢)가 막혀 있다는 말이다. 반중(盤中)은 반곡(盤谷)과 같은 말로, 보통 은자(隱者)의 처소를 가리키는데, 여기서는 한유(韓愈)의 우인(友人)인 이원(李愿)이 숨어 살았던 지명을 말한다. 〈송이원귀반곡서(送李愿歸盤谷序)〉라는 한유의 글에, 반곡이라는 이름의 유래와 관련하여 "혹자는 말하기를 '두 산 사이에 둘러싸여 있으므로 반곡이라 한다.'라고 하고, 혹자는 말하기를 '집터가 그윽하고 산세가 막혀 있어서 은자가 반선(盤旋) 즉 소요하는 곳이기 때문에 반곡이라 한다.' 하였다.〔或曰 謂其環兩山之間 故曰盤 或曰 是谷也 宅幽而勢阻 隱者之所盤旋〕"라는 말이 나온다. 《韓昌黎集 補遺》

돌단지 차가운 못은 푸른 하늘 비치네　石甕寒潭映碧空
십 리의 봉호는 하늘이 내린 봉지(封地)　十里蓬壺天賜履
나의 도가 꼭 궁한 것 아님을 알겠도다　始知吾道未全窮

봉래로 착각하고 들어와 홀로 진경 찾으니　蓬萊誤入獨尋眞
물물이 맑고 기이하며 하나하나 신비로워　物物淸奇箇箇神
가파른 절벽은 천고의 뜻을 말없이 간직하고　峭壁默存千古意
아늑한 수풀은 사시의 봄빛을 한가히 띠었어라　穹林閑帶四時春
어찌 알랴 오늘 산중의 이 나그네가　那知今日巖中客
뒷날 그림의 소재가 되지 않을 줄을　不是他時畫裏人
진세의 재잘거림이야 말할 것이 있으랴만　塵世啾喧何足道
돌아갈 생각하니 신선들 책할까 두렵도다　思歸却怕列仙嗔

달팽이 집이라고 그대여 웃지 마오　蝸廬君莫笑
어딜 봐도 그림을 새롭게 이루었소　面面畫新成
이미 장춘포[367]를 얻었으니　已得長春圃
어찌 불야성[368]이 필요할까　何須不夜城
우묵한 술통에는 고의가 담겨 있고　窪樽留古意
돌집에는 그윽한 정취가 흡족해라　石室愜幽情

---

367 장춘포(長春圃) : 날씨가 항상 봄날처럼 따뜻해서 만물이 잘 생장하는 밭이라는 뜻이다. 포박자(抱朴子) 갈홍(葛洪)이 천하 명산을 편력하다가 동백산(桐柏山)에서 연단(鍊丹)할 장소를 찾아내고는 이곳이 바로 장춘포라고 감탄했다는 이야기가 갈홍의 26대손인 송(宋)나라 갈병오(葛炳午)의 《후산기(后山記)》에 나온다.

368 불야성(不夜城) : 밤에도 등불이 켜져서 대낮같이 환한 곳을 말하는데, 밤에도 해가 떴다는 산동성(山東省) 동래군(東萊郡) 불야현(不夜縣)의 성(城) 이야기에서 유래한 것이다. 《齊地記》

| | |
|---|---|
| 산이 오히려 낮아서 귀를 씻기보다는 | 洗耳山猶淺 |
| 귀에 아예 소리가 끊어짐이 나으리라[369] | 爭如耳絶聲 |

369 산이……나으리라 : 허유(許由)와 소보(巢父)가 기산(箕山) 영수(潁水)에 숨어 살았는데, 요(堯) 임금이 제위(帝位)를 맡기려 하자 허유가 이를 거절하고서 더러운 말을 들었다면서 귀를 씻으니, 이 말을 들은 소보가 "그대가 만약 높은 산 깊은 골에 살면서 세상과 통하지 않았다면 누가 그대를 알아볼 수 있었겠는가.〔子若處高岸深谷 人道不通 誰能見子〕"라고 꾸짖고는, 귀를 씻은 더러운 물을 자기 소에게 마시게 할 수 없다고 하며 소를 끌고 상류로 올라가서 물을 먹였다는 전설이 전한다.《高士傳 許由》

## 희황교 무인년(1638, 인조16)

羲皇橋 戊寅

자주 : 석실의 두 번째 석문 밖 언선대(偃仙臺) 북쪽에 있다.

| | |
|---|---|
| 다리 북쪽 다리 남쪽에 작은 난간 붙여 놓고 | 橋北橋南着小欄 |
| 중간엔 두 개의 부들방석 펴 놓기에 적격이라 | 中間恰受兩蒲團 |
| 청산에 비 갠 뒤에 턱 괴고 누우면 | 靑山霽後支頤臥 |
| 수락 하향[370]의 그 흥치와 매일반일세 | 水樂荷香興一般 |

370 수락(水樂) 하향(荷香) : 수락은 정(亭) 혹은 동(洞)의 이름이 아닐까 추측해 본다. 하향은 연꽃 향기라는 뜻인데, 수락과 같은 고유명사인지 아니면 수락과 관계된 내용인지 전거가 확실하지 않다.

## 공암에서 말을 쉬며

歇馬孔巖

자주 : 단양(丹陽)의 잔도이다. 무인년(1638, 인조16) 6월에 영덕(盈德)으로 귀양 갈 적에 지은 것이다. 두 절구 모두 같다.

이하는 영덕에 귀양 갈 때 지은 것이다.

| | |
|---|---|
| 말안장 내려놓고 조용히 누운 푸른 강가 | 休鞍靜臥綠江湄 |
| 강변의 흰 모래밭이 뜻밖에도 기이해라 | 江上明沙分外奇 |
| 일천 겹 비단 병풍은 살아 있는 채색화 | 千疊錦屛生色畫 |
| 세간의 장막 중에 이런 것이 또 있을까 | 世間供帳孰如斯 |

## 죽령 가는 도중에
竹嶺道中

| | |
|---|---|
| 왕년에는 조령으로 넘어갔는데 | 昔歲曾從鳥嶺去 |
| 지금은 죽령에서 앞길을 묻네 | 今來竹嶺問前程 |
| 어째서 지났던 길 피해서 가느냐면 | 如何回避經行處 |
| 밝은 시대 이 길이 너무 부끄러워서 | 愧殺明時有此行 |

자주 : 기미년(1619, 광해군11)에 남쪽으로 이배될 적에 조령(鳥嶺)의 길을 취하였다.

## 상담 무인년(1638)

嘗膽 戊寅

자주 : 제생(諸生)에게 화운하여 지었다.

| | |
|---|---|
| 거연히 이십 성상 쓸개를 맛본 것은 | 飮膽居然二十霜 |
| 회계를 잠시라도 잊을까 두려워서[371] | 會稽惟恐片時忘 |
| 어떤 사람인가 황죽[372]의 노래 속에 | 何人黃竹歌聲裏 |
| 교주[373]를 잊고 옥술잔에 취하는 이는 | 不記膠舟醉玉觴 |

371 거연히……두려워서 : 춘추 시대 월(越)나라의 제2대 왕 구천(句踐)이 오(吳)나라 왕 부차(夫差)와 싸우다가 크게 패하여 회계산(會稽山)에서 굴욕적인 화의(和議)를 체결하고 귀국한 뒤에 20년 동안 섶나무 위에 눕고 쓸개를 맛보는 '와신상담(臥薪嘗膽)' 끝에 부차를 죽이고 오나라를 멸망시켜 회계의 치욕을 씻은 고사가 있다. 《史記 卷41 越王句踐世家》

372 황죽(黃竹) : 주(周)나라 목왕(穆王)이 바람 불고 눈이 오는 차가운 날에 사냥을 하다가 추위에 떠는 백성을 보고 지었다는 시의 이름인데, 보통 궁중에서 잔치를 벌이며 연주하는 음악을 말한다. 《穆天子傳 卷5》 참고로 백거이(白居易)의 〈팔준도(八駿圖)〉 시에 "백운과 황죽의 노랫소리 울려 퍼지니, 임금 혼자 즐거울 뿐 만백성은 시름겹네.〔白雲黃竹歌聲動 一人荒樂萬人愁〕"라는 말이 나온다. 《白樂天詩集 卷4》 백운(白雲)은 서왕모(西王母)가 목천자(穆天子)와 이별할 때 불렀다는 노래 이름이다. 《穆天子傳 卷2》

373 교주(膠舟) : 아교로 바른 배라는 뜻이다. 주 소왕(周昭王)이 남쪽으로 순수(巡狩)하며 한수(漢水)를 건널 적에, 초(楚)나라 사람이 왕을 미워하여 아교로 바른 배를 바쳤으므로, 소왕이 그 배를 타고 가다가 중류(中流)에 이르렀을 때 그 아교가 녹아 풀려서 일행이 모두 물에 빠져 죽은 고사가 전한다. 《帝王世紀 周》

## 보천 2수 무인년(1638)

補天 二首 戊寅

자주 : 제생에게 화운하여 지었다.

| | |
|---|---|
| 터진 하늘 메운 지 어언 일만년[374] | 補缺蒼穹已萬年 |
| 공전절후(空前絶後)의 신묘한 공적 | 神功耀後更光前 |
| 뒷날 기국이 무너지고 기우는 날[375] | 他時杞國傾崩日 |
| 또 어떤 사람이 그 일을 계승할꼬 | 復有何人墜緖連 |
| | |
| 여와씨가 사람 속인 지 지금 몇 해런가 | 女主誣民今幾年 |
| 내가 옥황상제 앞에 나아가 따져 보리라 | 吾將上質玉皇前 |
| 하늘과 땅은 중과 화로 자리를 잡는 법인데[376] | 乾坤須用中和位 |
| 원기를 어떻게 돌을 구워 이을 수 있단 말인가 | 元氣安能鍊石連 |

---

374 터진……일만년 : 돌을 구워 하늘을 메운다는 연석보천(鍊石補天)의 고사를 인용한 것으로, 보통 엄청난 재난을 극복하거나 불리한 국세(局勢)를 만회하는 것을 비유한다. 옛날에 공공씨(共工氏)가 전욱(顓頊)과 싸우다가 성이 나서 부주산(不周山)을 머리로 치받자 하늘 기둥이 부러지면서 하늘은 서북쪽으로 기울고 땅은 동남쪽으로 꺼졌는데, 이에 여와씨(女媧氏)가 "오색의 돌을 구워서 터진 하늘을 메우고, 자라의 다리를 잘라서 땅의 사방 기둥을 받쳐 세웠다.〔鍊五色石以補蒼天 斷鼇足以立四極〕"라는 전설에 기인한 것이다. 《淮南子 覽冥訓》《列子 湯問》

375 기국(杞國)이……날 : 옛날 기(杞)나라의 어떤 사람이 하늘이 무너지고 땅이 꺼지면 자기 몸을 붙일 곳이 없게 된다 하여 침식(寢食)을 폐하고 걱정을 했다는 고사를 인용한 것이다. 《列子 天瑞》 보통은 쓸데없는 걱정을 의미하지만, 여기서는 국가에 뜻하지 않은 큰 환란이 발생하는 것을 비유하는 말로 쓰였다.

376 하늘과……법인데 : 《중용장구(中庸章句)》 제1장에 "중과 화의 지극한 경지에 이르게 되면, 하늘과 땅이 제대로 자리를 잡고 만물이 제대로 육성될 것이다.〔致中和 天地位焉 萬物育焉〕"라는 말이 나온다.

## 새 거처에서 중추의 달을 바라보며 2수 무인년(1638)
新居對中秋月 二首 戊寅

| | |
|---|---|
| 지난해 중추에는 남쪽 바닷가 있으면서 | 去歲中秋在南海 |
| 수운[377]의 저녁 초가에서 달을 기다렸지 | 茅簷待月水雲昏 |
| 어찌 알았으랴 오늘밤은 동쪽 바닷가에서 | 那知此夜東溟上 |
| 맑은 달빛 대하고 앉아 고향 생각할 줄을 | 坐對淸光憶故園 |

| | |
|---|---|
| 구름도 없고 바람도 자고 티끌 하나 없으니 | 雲消風定絶纖埃 |
| 지금은 바로 유인이 달구경하기 좋은 때 | 正是幽人玩月來 |
| 어찌 감히 청유 위해 번거롭게 묵도할까 | 敢爲淸遊煩嘿禱 |
| 노쇠한 이 몸 해선의 동정을 받을 텐데 뭘 | 龍鍾應被海仙哀 |

377 수운(水雲) : 물과 구름의 고향이라는 뜻의 수운향(水雲鄕)의 준말로, 은자(隱者)가 사는 청유(淸幽)한 지방을 가리킨다.

## 밤에 산재에서 얘기하다가 계하[378]의 시에 차운하다
무인년(1638)

山齋夜話次李夏韻 戊寅

계하(李夏)의 성은 이씨(李氏)이고 이름은 해창(海昌)이다. 당시에 그도 영덕에 유배 중이었다.

| | |
|---|---|
| 밤이 너무 깊었다고 술잔 사양하지 마오 | 當杯休訴夜三更 |
| 달도 환히 밝고 비도 말끔히 개었는걸요 | 月爲分明雨爲晴 |
| 새벽 알리는 북소리도 귀로에 없을 테고 | 歸路亦無鼕鼓響 |
| 어부 다투어 다리 건넘도 어찌 싫으리오[379] | 何嫌漁父渡橋爭 |

378 계하(李夏) : 이해창(李海昌, 1599~1651)의 자이다. 호는 송파(松坡)이다. 본집에는 계하로 많이 나온다. 임숙영(任叔英)의 문인으로, 시문에 능하였으며, 1638년(인조16)에 지평(持平)의 신분으로 김상헌(金尙憲) 등을 변호하다가 영덕(盈德)에 유배되어 고산과 많은 시를 창화(唱和)하였다. 효종 때에 춘추관 편수관(春秋館編修官)으로 《인조실록(仁祖實錄)》 편찬에 참여하였고, 뒤에 사간(司諫)이 되었다. 저서에 《송파집(松坡集)》이 있다.

379 어부……싫으리오 : 술에 얼근히 취한 가운데 예절에 구애받지 않고 시골 사람들과 서로 허물없이 순박하게 어울리는 것도 좋을 것이라는 말이다. 춘추 시대 양자거(陽子居)라는 사람이 예모를 엄히 차릴 때에는 다른 사람들이 그를 두려워하여 매우 조심스럽게 대하였는데, 그가 노자(老子)의 가르침을 받고 나서 소탈한 태도를 보인 뒤로는 사람들이 좋은 자리를 그와 서로 다툴 정도로 친하게 되었다는 이야기가 《장자(莊子)》 〈우언(寓言)〉에 나온다. 참고로 소식(蘇軾)의 〈자창화쌍계관하보심계원지치평사(自昌化雙谿館下步尋谿源至治平寺)〉 시에 "현령이 절에 노니는 것을 안 것이 마음에 켕기지만, 어부가 다리를 먼저 건너려 다투는 것은 그래도 기뻐라.〔却愁縣令知游寺 尙喜漁人爭渡橋〕"라는 표현이 나온다. 《蘇東坡詩集 卷9》

## 신퇴지가 신 상사 이겸 · 최생 현 · 김생 광우와 함께 술을 들고 찾아왔고, 이계하도 왔다. 계하의 시에 차운하였다.

무인년(1638)

申退之與申上舍履謙崔生炫金生光宇携酒來訪李季夏亦來次季夏韻 戊寅

| | |
|---|---|
| 오늘밤 이 집의 모임에는 | 今夜會此堂 |
| 지난밤의 환한 달빛이 없고 | 月無前夜白 |
| 지난밤 이 집의 모임에는 | 前夜會此堂 |
| 오늘밤의 객이 자리에 없었나니 | 座無今夜客 |
| 사람 일이 완벽하기 어려운 것이 | 人事古難諧 |
| 사죽 금석의 일과 같다고나 할까[380] | 如絲竹金石 |
| 술이 있으니 어찌 마시지 않으리오 | 有酒胡不飮 |
| 하늘의 은하가 서쪽으로 기울 때까지 | 直到天河落 |

380 사람……할까 : 모든 조건이 완벽하게 갖추어진 상태에서 사람들이 한번 모여 멋지게 노니는 것은, 마치 현악기와 관악기와 타악기 등 모든 악기가 한자리에 모여서 멋진 하나의 음악을 만들어 내는 것처럼 어려운 일이라는 말이다. 사죽(絲竹) 금석(金石)은 팔음(八音) 즉 악기를 만드는 여덟 가지 재료인 금(金), 석(石), 사(絲), 죽(竹), 포(匏), 토(土), 혁(革), 목(木)을 줄여서 말한 것이다.

## 차운하여 계하에게 답하다 4수 무인년(1638)

次韻酬季夏 四首 戊寅

세상 속에 있어도 세상 티끌 벗어날 수 있음은　在世猶能出世塵
옥이 그대의 뼈가 되고 물이 정신이 되었음이라[381]　玉爲伊骨水爲神
천심의 멋진 표현은 기풍이 예스럽고　天心綺語風標舊
해상의 사립문에는 경물이 새로워라　海上柴扉物色新
그대는 다급하니 후말[382]을 구함이 당연하나　君急正宜煩呴沫
나는 빈궁해서 한 몸도 많으니 어떡하오　吾貧其奈覺多身
멀리 생각하건대 가고의 정이 엉기는 곳[383]　遙思笳鼓凝情處
쫓겨난 두 신하 동정할 겨를도 없으리라　不暇相哀兩逐臣

이때 이계하(李季夏) 역시 적소(謫所)에 있었다.

관리의 책임을 내가 자못 지녔으니　吏責吾頗有
천하의 궁지(窮地)에 던져짐도 당연한 일　宜投天下窮

---

381 옥이……되었음이라 : 참고로 두보(杜甫)의 〈서경이자가(徐卿二子歌)〉 시에 "큰 아이는 아홉 살에 얼굴빛 맑고 투명하니, 가을의 물이 정신이 되고 옥이 뼈가 되었다오.〔大兒九齡色淸徹 秋水爲神玉爲骨〕"라는 말이 나온다.《杜少陵詩集 卷10》

382 후말(呴沫) : 위기에 처해서 서로 보살펴 주는 것을 말한다.《장자》〈대종사(大宗師)〉의 "물이 바짝 말라 물고기들이 땅바닥에 처하게 되면, 서로 김을 내뿜어 축축하게 해 주고 서로 거품으로 적셔 주지만, 강과 호수에서 서로 잊고 사느니만 못하다.〔泉涸 魚相與處於陸 相呴以濕 相濡以沫 不如相忘於江湖〕"라는 말에서 나온 것이다.

383 가고(笳鼓)의……곳 : 임금이 있는 곳을 가리킨다. 두보(杜甫)의 시 〈증좌복야정국공엄공무(贈左僕射鄭國公嚴公武)〉의 "촉(蜀) 땅 강산에서 오는 상황(上皇) 즉 현종(玄宗)의 사자가 없자, 가고가 울리는 속에서 숙종황제(肅宗皇帝)의 사모하는 정이 엉겼다.〔江山少使者 笳鼓凝皇情〕"라는 시구에서 유래한 것이다.《杜少陵詩集 卷16 八哀詩》 가고는 날라리와 북소리라는 뜻으로 군악(軍樂)을 가리킨다.

나와 같은 사람은 없는 줄로 알았는데 自知無物比
그대와 함께할 줄이야 어찌 생각했으랴 誰料與君同
아득히 넘어가는 지는 햇빛이요 落照微茫外
아스라이 떠 있는 맑은 이내로다 晴嵐縹緲中
일찍이 듣건대 동학이 좋다 하니 曾聞洞壑好
붉게 물든 일만 산을 보러 가리라 去看萬山紅

고불[384]이란 산 이름에 모두들 고개 갸웃 峯名高不人皆怪
다른 봉우리들 비하면 그래도 가장 우뚝 峯在諸峯最特然
어떻게 고고하게 운월에 비교하랴마는 何用孤高比雲月
쓰일 땐 그래도 홀로 하늘을 받치리라[385] 用時猶得獨擎天

자주 : 우곡(愚谷)의 새 거처 뒤에 있는 산의 이름이 고불봉(高不峯)이다.

내가 지팡이 짚고 구름사다리 밟아 보니 我嘗携杖躡雲梯
만학천봉이 들쭉날쭉 나의 발과 가지런 萬壑參差與足齊
고향을 굽어보는 사람이 이미 왜소하니 臨睨舊鄉人已隘
천백억 화신 운운한 우계[386]가 우스워라 化爲千億笑愚溪

---

384 고불(高不) : 높아서 도저히 올라갈 수 없다〔高不可攀〕는 말을 줄인 것이다.

385 쓰일……받치리라 : "여덟 개의 산이 하늘을 떠받치는 기둥 역할을 한다.〔天有八山爲柱〕"라는 말이 《초사(楚辭)》 〈천문(天問)〉의 주(註)에 나오는데, 보통 중대한 임무를 담당하는 인재를 비유하는 말로 쓰인다.

386 천백억……우계(愚溪) : 우계는 중국 호남성(湖南省) 영주시(永州市) 서남쪽에 있는 냇물인데, 당나라 유종원(柳宗元)의 별칭으로 쓰인다. 본래 이름은 염계(冉溪)였는데, 유종원이 이곳에 귀양 와 살면서 우계로 이름을 고친 사연이 그의 〈우계시서(愚溪詩序)〉와 〈우계대(愚溪對)〉에 나온다. 또 그의 〈여호동간산기경화친고(與浩同看山寄京華親故)〉 시에 "칼날과 흡사한 바닷가의 뾰족한 산들, 가을이 되니 곳곳마다 나의 애를 긋는구나. 이 몸이 천백억 화신(化身)이 될 수 있다면, 산꼭대기 날아 올라가 고향을 바라보련마는.〔海畔尖山似劍鋩 秋來處處割愁腸 若爲化得身千億 散上峰頭望故鄉〕"이라는 구절이 나온다. 《柳河東集 卷42》

## 이계하의 〈적벽가〉에 차운하여 답하다 무인년(1638)

次韻酬李季夏赤壁歌 戊寅

| | |
|---|---|
| 야성[387]에 숨어 사는 우리 신 선생 | 野城逸人申夫子 |
| 한번 보고 서로 만난 것이 기뻤는데 | 宿昔一見欣相遇 |
| 나에게 고을 서쪽 적벽을 말하면서 | 謂我縣西有赤壁 |
| 그 아래 맑은 강이 누인 베와 같다네 | 其下澄江如練布 |
| 소선[388]이 세상을 떠난 지 어언 천년 | 蘇仙仙去已千年 |
| 지금 세상에서 그 누가 돌아보려 하랴 | 今世何人肯相顧 |
| 강가에 가을빛이 바야흐로 차려지려 하니 | 江上秋光方准備 |
| 강 귀신도 안목 있는 자가 보기를 원하리라 | 江神應要具眼睹 |
| 나의 벗 이후가 이런 때에 왔으니 | 吾友李侯此時來 |
| 하늘이 건구[389]를 짝하게 함이 아니리오 | 豈非天教巾屨偶 |
| 내 낀 트레머리 산은 줄지어 다투어 환영하고 | 煙鬟森列爭相迎 |
| 일만 대열 붉은 치마는 발 구르며 춤을 추네[390] | 萬隊紅裙踏筵舞 |

387 야성(野城) : 영덕(盈德)의 신라 때 이름이다.

388 소선(蘇仙) : 송(宋)나라 소식(蘇軾)을 가리킨다. "임술년 가을 7월 16일에, 소자가 객과 함께 적벽 아래에 배를 띄우고 노닐었다.〔壬戌之秋 七月旣望 蘇子與客泛舟遊於赤壁之下〕"라는 말로 시작되는 그의 〈적벽부(赤壁賦)〉가 불후의 명문으로 전해진다.

389 건구(巾屨) : 두건과 신발이라는 말인데, 두보(杜甫)의 시 〈제이존사송수장자가(題李尊師松樹障子歌)〉의 "솔 아래 노인들 두건과 신발이 똑같으니, 짝하여 앉은 모습이 상산의 노인네 같네.〔松下丈人巾屨同 偶坐似是商山翁〕"라는 시구에서 발췌한 것이다. 《杜少陵詩集 卷6》

390 일만……추네 : 참고로 소식(蘇軾)의 〈기유효숙(寄劉孝叔)〉 시에 "공의 부엌에서는 열흘이나 연기가 나지 않는데, 붉은 치마 기녀가 발 구르며 춤추기를 또 바라네.〔公廚十日不生煙 更望紅裙踏筵舞〕"라는 말이 나온다. 《蘇東坡詩集 卷13》

이후는 성벽이 멋진 시구 욕심내는지라　李侯性癖耽佳句
식초 마실지언정 시 없으면 읍도 안 해[391]　不揖無詩寧飮醋
대하[392]를 부지하게 조물이 허락하지 않고　造物不許支大廈
적벽에서 노닐 것을 이미 분부하였다오　赤壁之遊已分付
천상의 신선이 부구[393] 사이에서 유희하나니　天仙遊戲浮漚間
어느 때나 뗏목 타고 은하수에 오를는지[394]　幾時乘槎上銀浦
저녁에 일만 골에 울리는 생황과 종소리여[395]　晚來萬谷酣笙鐘
담생활[396] 그만두면 그것이 나의 괴로움이라　淡生活休爲我苦

---

391 식초……해 : 송(宋)나라 진여의(陳與義)의 〈송왕주사부발운사속관(送王周士赴發運司屬官)〉 시에 "차라리 서 말의 먼지를 먹을지언정 시 없는 사람에겐 손으로 읍도 안 하고, 차라리 서 말의 식초를 마실지언정 재미없는 시구는 귀로 듣지도 않는다.〔寧食三斗塵 有手不揖無詩人 寧飮三斗醋 有耳不聽無味句〕"라는 구절이 나온다. 《簡齋集 卷7》

392 대하(大廈) : 큰 집이라는 뜻으로, 국가의 조정이나 종묘사직을 비유하는 말이다.

393 부구(浮漚) : 물 위의 거품이라는 뜻으로, 변화무상한 세상일 혹은 이 세상을 가리킨다. 참고로 소식(蘇軾)의 〈구산변재사(龜山辯才師)〉 시에 "부러워라 부구 사이에서 자유롭게 유희하는 스님이여, 우스워라 손가락 튕길 사이에 영고성쇠 겪는 이 몸이여.〔羨師游戲浮漚間 笑我榮枯彈指內〕"라는 말이 나온다. 《蘇東坡詩集 卷24》

394 어느……오를는지 : 한(漢)나라 장건(張騫)이 무제(武帝)의 명을 받고 대하(大夏)에 사신으로 나가서 황하(黃河)의 근원을 찾았는데, 이때 뗏목을 타고〔乘槎〕 은하수로 올라가서 견우(牽牛)와 직녀(織女)를 만나고 왔다는 전설이 전한다. 《天中記 卷2》

395 저녁에……종소리여 : 바람이 불고 비가 내렸다는 말이다. 소식(蘇軾)의 〈행경담간……(行瓊儋間……)〉 시에 "일천 산에 비늘과 딱지가 진동하고, 일만 골에 생황과 종소리 울리네.〔千山動鱗甲 萬谷酣笙鐘〕"라는 구절이 나오는데, 그 시의 제목에 "깜박 졸다가 이 시구를 얻었는데, 깨고 보니 실제로 바람이 불고 비가 내렸다."라는 해설이 붙어 있다. 《蘇東坡詩集 卷41》

396 담생활(淡生活) : 시나 읊으며 사는 심심한 생활이라는 말이다. 소식의 〈유노산차운장전도(遊廬山次韻章傳道)〉 시에 "시나 읊는 심심한 생활이라 비웃지 마오, 조카로 하여금 그대 위해 베껴 쓰게 하리이다.〔莫笑吟詩淡生活 當令阿買爲君書〕"라는 말이 나온다. 《蘇東坡詩集 卷13》

| | |
|---|---|
| 문장유도의 폐단을 없애지 못한지라 | 門墻有徒弊不祛 |
| 배우려는 이들이 선선히 뒤따라오네[397] | 媚學躚躚隨步武 |
| 바가지 술잔 권한 일[398] 그대와 함께하며 | 擧匏相屬與子同 |
| 돌아갈 때 서리와 이슬 젖는 줄도 몰랐다오 | 歸時不覺霑霜露 |
| 모래사장 지팡이 짚고 앞서거니 뒤서거니 | 扶筇沙際相後先 |
| 하늘에는 명주실처럼 환히 빛나는 은하수 | 仰見河漢明如素 |
| 밥 짓는 연기 희미한 물가의 서쪽 마을 | 煙火依微水西村 |
| 나무 한 그루 노부의 집[399]이 눈에 들어오네 | 指點老夫家獨樹 |
| 그대는 보지 못하는가 | 君不見 |
| 소선은 퉁소 부는 객만 대동하였으니 | 蘇仙只携洞簫客 |
| 당년의 흥치가 금일에 미치지 못함을 | 當年不及今日趣 |

397 문장유도(門墻有徒)의……뒤따라오네 : 스승의 자격이 없는데도 뭔가 배우려는 사람들이 계속 찾아오곤 하는데, 오늘 적벽의 유람에도 그들이 뒤따라왔다는 말이다. 문장유도는 장병유도(牆屛有徒)와 같은 뜻으로, 제자가 되겠다고 학생들이 날마다 집으로 찾아오는 것을 말한다. 한유(韓愈)의 〈시아(示兒)〉 시에 "선선히 배우기 좋아하는 이들이, 날마다 문간에 와서 제자를 일컫는데, 유능한 자가 무능한 자에게 물어보는, 이 폐단을 어떻게 없앨 수가 있겠는가.〔躚躚媚學子 牆屛日有徒 以能問不能 其蔽豈可祛〕"라는 말이 나온다.《韓昌黎集 卷7》 유능한 자 운운은 증자(曾子)가 안연(顔淵)에 대해서 "유능하면서도 무능한 자에게 물어보고, 박학다식하면서도 천학과문한 자에게 물어보고, 있어도 없는 것처럼 하고, 찼어도 빈 것처럼 하고, 누가 덤벼들어도 따지지 않는 이런 태도를 옛날에 우리 벗은 지니고 있었다.〔以能問於不能 以多問於寡 有若無 實若虛 犯而不校 昔者吾友嘗從事於斯矣〕"라고 평한 말을 발췌한 것이다.《論語 太白》

398 바가지……일 : 소식의 〈전적벽부(前赤壁賦)〉에 "하나의 잎사귀 같은 조각배를 타고서, 바가지 술잔 들어 서로 권한다.〔駕一葉之扁舟 擧匏樽以相屬〕"라는 말이 나온다.

399 나무……집 : 고산 자신의 집을 가리킨다. 두보(杜甫)가 성도(成都) 완화계(浣花溪)의 초당에서 지은 〈초당즉사(草堂卽事)〉 시에 "황량한 마을의 겨울 동짓달, 한 그루 나무 서 있는 이 노부의 집.〔荒村建子月 獨樹老夫家〕"이라는 말이 나온다.《杜少陵詩集 卷10》

그대는 보지 못하는가　　君不見
나의 마음 아득히 미인을 바라보며[400]　　渺渺余懷望美人
오늘 방불하게 당년의 걸음을 밟는 것을　　今日宛踏當年步
이곳에 그 누군가 뒤에 다시 온다면　　此地誰爲後來者
그때 지금을 봄이 지금 옛날을 봄 같으리라　　後視今如今視古

400 나의……바라보며 : 소식의 〈전적벽부(前赤壁賦)〉에 "나의 마음 아득하고 아득하게, 하늘 한쪽의 미인을 바라보도다.〔渺渺兮余懷 望美人兮天一方〕"라는 말이 나온다.

## 또 앞의 운을 써서 짓다 무인년(1638)
又用前韻 戊寅

적벽은 예로부터 다투어 싸우던 곳　赤壁自古爭戰地
소선의 풍류와 우연히도 들어맞았네　風流偶與蘇仙遇
만약 소선의 전후부[401]가 없었다면　如無蘇仙前後賦
아름다운 이름이 천하에 퍼졌겠는가　豈得佳名天下布
이에 알겠도다 강산도 기마와 같아서　乃知江山如冀馬
백락이 돌아보아야 값이 뛴다는 것을[402]　增價要須伯樂顧
지금도 사람들이 계도의 노래 부르면서　至今人詠桂棹歌
만경의 아득함을 눈으로 보는 듯 한다오[403]　萬頃茫然如目覩
승지가 사람 덕분이라는 말도 사실이지만　地以人勝語不妄

---

401 전후부(前後賦) : 소식(蘇軾)의 〈전적벽부(前赤壁賦)〉와 〈후적벽부(後赤壁賦)〉를 말한다.

402 이에……것을 : 소식 덕분에 적벽이 유명해졌다는 말이다. 백락(伯樂)은 주(周)나라 때 말을 잘 감별했다는 사람인데, 사흘 동안이나 시장에서 팔리지 않던 말도 그가 "한번 둘러보고 떠나며 뒤돌아보자 하루아침에 말의 값이 열 배나 뛰었다.〔環而視之 去而顧之 一旦而馬價十倍〕"라는 백락일고(伯樂一顧)의 고사가 유명하다.《戰國策 燕策2》 기마(冀馬)는 기주(冀州)의 말이다. 기주 북쪽은 양마(良馬)가 많이 나는 곳으로 유명한데, 백락이 기주 북쪽 들판을 한번 지나가자 준마가 한 마리도 없이 텅 비어 버렸다는 내용이 한유(韓愈)의 〈송온처사부하양군서(送溫處士赴河陽軍序)〉에 나온다.

403 지금도……한다오 : 〈전적벽부〉에 "계수나무 노와 목란(木蘭) 상앗대로 물속에 비치는 달의 그림자를 치면서 흐르는 강물을 거슬러 올라간다.〔桂棹兮蘭槳 擊空明兮泝流光〕"라는 노래 가사가 나오고, 또 "한 조각 작은 배가 떠가는 대로 맡겨 두고, 아득히 만경창파를 건너가노라.〔縱一葦之所如 凌萬頃之茫然〕"라는 구절이 나온다.

사람이 승지에 오는 것도 우연이 아니라오 人到勝地還非偶
하느님이 일부러 일으켰다 넘어지게 한 것일 뿐[404] 天公故遣起且僵
멋진 춤 곤란한 짧은 옷소매가 애당초 아니었네[405] 短袖初非困巧舞
물외에 투신해 청정채를 말끔히 씻으려 하였나니[406] 欲投物外洗盡淸淨債
세상과는 염초처럼 산함이 서로들 맞지 않았다오[407] 於世酸鹹不入如鹽醋
학은 한밤중에 울고 풀벌레는 가을에 우나니 鶴鳴夜半蟲號秋
크건 작건 어느 것이 하늘의 작품이 아니리오 巨細誰非天所付
이곳에 작은 적벽이 있다는 말 들었나니 此地聞有小赤壁

---

404 하느님이……뿐 : 한유(韓愈)의 〈조장적(調張籍)〉 시에 "두보(杜甫)와 이백(李白) 이 두 분으로 말하면, 집에 거할 적에 대개 황량하였나니, 하느님이 길이 읊조리게 해 주려고, 일부러 일으켰다 넘어지게 했기 때문일세.〔惟此兩夫子 家居率荒涼 帝欲長吟哦 故遣起且僵〕"라는 말이 나온다. 《韓昌黎集 卷5》

405 멋진……아니었네 : 소식(蘇軾)의 〈차운답장전도견증(次韻答章傳道見贈)〉 시에 "걸출한 인재는 얼른 써먹기에는 부족하고, 멋진 춤은 짧은 옷소매로는 곤란하다.〔宏材乏近用 巧舞困短袖〕"라는 말이 나온다. 《蘇東坡詩集 卷9》 참고로 "소매가 길면 춤도 잘 추게 되고, 돈이 많으면 장사도 잘하게 된다.〔長袖善舞 多錢善賈〕"라는 말이 《한비자(韓非子)》 〈오두(五蠹)〉에 나온다.

406 물외(物外)에……하였나니 : 소식의 〈여호사부유법화산(與胡祠部游法華山)〉 시에 "새로 시 지어 이 유람 기념하지 않는다면, 산중에 청정한 부채 지게 될까 두려워라.〔不將新句紀茲游 恐負山中淸淨債〕"라는 말이 나온다. 《蘇東坡詩集 卷19》

407 세상과는……않았다오 : 산함(酸鹹)은 맛이 시고 짜다는 뜻으로, 사람들과 취향이 다른 것을 비유할 때 쓰는 표현이다. 염초(鹽醋)는 소금과 식초이다. 한유의 〈수사문노사형운부원장망추작(酬司門盧四兄雲夫院長望秋作)〉 시에 "우리 형 운부는 광기가 있어서, 기호가 산함처럼 세속과 다르다네.〔雲夫吾兄有狂氣 嗜好與俗殊酸鹹〕"라는 말이 나온다. 《韓昌黎集 卷5》 또 소식의 〈산산송림중가복거……(蒜山松林中可卜居……)〉 시에도 "모년에 유하혜를 본받으려 해 봤지만, 산함처럼 기호가 달라 세상과 맞지 않는다네.〔暮年欲學柳下惠 嗜好酸鹹不相入〕"라는 말이 나온다. 《蘇東坡詩集 卷24》 대본에는 '於世酸鹹不人如鹽醋'로 되어 있으나, '人'은 '入'의 잘못이기에 바로잡아 번역하였다.

천 길 붉은 벼랑이 가을 갯가에 어른어른 千仞丹崖映秋浦
그대와 둘이 모랫벌에서 한가히 소요하며 與君沙上兩婆娑
지팡이 짚고 허리 다리 고통도 불사하노라 携杖不辭腰脚苦
태산과 추호 모두 하나의 티끌일 뿐이니 泰山秋毫俱一塵
영항의 어떤 것이 수무인지 알 수 없네[408] 潁杭未覺誰首武
강물은 하늘에 맞닿는 물결이 못 되어도 江流縱非接天波
계절은 옛날처럼 이슬이 강에 비꼈어라[409] 節序依舊橫江露
땅의 크고 작음이야 따질 것이 있으리오 地之大小何足較
나와 동파 노인은 본래 마음이 같은 것을 我與坡老同心素
경루 높은 곳도 추위를 이기지 못하리니[410] 瓊樓高處不勝寒
소양[411]의 나무에도 서리가 하마 내렸으리 想見霜落昭陽樹

---

408 태산과……없네 : 영항(潁杭)은 영주(潁州)와 항주(杭州)의 서호(西湖)를 가리킨다. 수무(首武)는 머리와 발이라는 말이다. 소식의 〈식재영주……(軾在潁州……)〉 시에 "태산과 추호는 둘 다 무궁하게 전개되나니, 크고 작은 것은 본래 유형(有形)에서 나옴이로다. 대천세계(大千世界)도 한 티끌 속에서 기멸하나니, 항주와 영주의 서호 중에 어떤 것이 더 좋은지 알 수가 없네.〔太山秋毫兩無窮 鉅細本出相形中 大千起滅一塵裏 未覺杭潁誰雌雄〕"라는 말이 나온다. 《蘇東坡詩集 卷35》 태산과 추호, 그리고 유형 운운의 구절은 《장자(莊子)》 〈추수(秋水)〉에 나오는 내용을 발췌한 것이다. '영항'이 대본에는 '穎杭'으로 되어 있으나, '穎'은 '潁'의 잘못이기에 바로잡아 번역하였다.

409 강물은……비꼈어라 : 소식의 〈전적벽부〉에 "흰 이슬은 강물에 비껴 내리고 물빛은 하늘에 맞닿아 있다.〔白露橫江 水光接天〕"라는 말이 나온다.

410 경루(瓊樓)……못하리니 : 경루는 경루옥우(瓊樓玉宇)의 준말로, 신화 속에 나오는 월궁(月宮) 속의 누각을 말한다. 소식이 송 신종(宋神宗) 희령(熙寧) 9년(1076)에 황주(黃州)로 귀양 가서 지은 〈병진중추작겸회자유(丙辰中秋作兼懷子由)〉 가사(歌詞)에 "내가 바람 타고 돌아가고 싶나니, 경루옥우 높은 곳이 추위를 이기지 못할까 또 걱정일세.〔我欲乘風歸去 又恐瓊樓玉宇 高處不勝寒〕"라는 말이 나오는데, 이 내용을 신종이 보고는 "소식이 끝내는 임금을 사랑하는구나.〔蘇軾終是愛君〕"라고 탄식하며 여주(汝州)로 양이(量移)하라고 명했다 한다. 《水調歌頭》

411 소양(昭陽) : 한 성제(漢成帝) 때 황후 조비연(趙飛燕)이 거처했던 궁궐 이름으로, 이후 총애를 받는 후비(后妃)의 궁전을 뜻하는 말로 쓰였다.

| | |
|---|---|
| 바가지 술잔 탁주에도 묘한 도리가 들었나니 | 匏樽濁醪有妙理 |
| 회포 풀려면 서공의 흥취를 배워야 하고말고[412] | 遣懷須學徐公趣 |
| 앉은뱅이 일어날 생각하듯 내 어찌 잊으리오[413] | 痿人念起我豈忘 |
| 해 그림자 좇아 어느 때나 과보[414]처럼 달려갈지 | 隨日何時夸父步 |
| 동파가 지하에서 일어나 이 시를 논한다면 | 九原可作論此詩 |
| 적벽에 고금이 없음을 비로소 알게 되리라 | 赤壁始知無今古 |

412 바가지……하고말고 : 바가지 술잔에 대해서는 250쪽 주398 참조. 서공(徐公)은 서막(徐邈)을 가리킨다. 한말(漢末)에 기근이 심해서 조조(曹操)가 금주령(禁酒令)을 내리자 주객(酒客)들이 술이라는 말을 피하기 위하여 청주(淸酒)를 성인(聖人)이라 하고 탁주(濁酒)를 현인(賢人)이라고 불렀다. 이때 위(魏)나라 상서랑(尙書郎)인 서막이 몹시 술을 좋아한 나머지, 금주령을 어기고 술을 마시다 적발되자 "성인에게 중독되었다.〔中聖人〕"라고 익살을 부렸는데, 뒤에 문제(文帝)가 서막을 보고는 "요즘도 성인에게 중독되는가?〔頗復中聖人不〕"라고 묻자, "아직도 자신을 혼내지 못하고 때때로 다시 중독되곤 합니다.〔不能自懲 時復中之〕"라고 답변한 고사가 전한다. 《三國志 卷27 魏書 徐邈傳》

413 앉은뱅이……잊으리오 : 소식의 〈화도환구거몽귀혜주백학산거작(和陶還舊居夢歸惠州白鶴山居作)〉 시에 "앉은뱅이가 항상 일어나기를 생각하듯, 내 어찌 고향에 돌아갈 것을 잊으리오.〔痿人常念起 夫我豈忘歸〕"라는 말이 나온다. 《蘇東坡詩集 卷41》

414 과보(夸父) : 해 그림자를 쫓아갈 만큼 걸음이 빨랐다는 고대 신화 속의 인물인데, 해와 경주하다가 도중에 목이 마르고 지쳐서 쓰러져 죽었다는 이야기가 전한다. 《山海經 海外北經》《列子 湯問》

## 이계하가 앞의 운을 써서 임경대를 읊기에 다시 차운하다
季夏用前韻賦臨鏡臺又次

파옹이 궁박한 이유가 하늘이 부여한 것임을 스스로 알기에[415]
自知坡翁窮薄出天賦
유자가 언덕과의 조우를 외려 경하한 것을 본받고자 하노라[416]
肯效柳子反賀玆丘遇
나는 미녀를 대하듯 승지를 사랑하노니 我愛勝地如美女
베 안고 온 그 남자[417]처럼 구한다고 할까 求之有如蚩蚩來抱布
승지도 나를 지음으로 여기나니 勝地以我爲知音
아쟁 울리며 주랑을 돌아보게 한다고 할까[418] 又如鳴箏欲得周郞顧

---

415 파옹(坡翁)이……알기에 : 파옹은 소식(蘇軾)을 가리킨다. 그의 〈차운화왕공(次韻和王鞏)〉 시에 “나의 빈궁한 이유 묻는다면 그것은 하늘이 부여한 것, 귀양 왔기 때문에 비로소 주머니 빈 것이 아니라오.〔若問我貧天所賦 不因遷謫始囊空〕”라는 말이 나온다. 《蘇東坡詩集 卷21》

416 유자(柳子)가……하노라 : 유자는 유종원(柳宗元)을 가리킨다. 그가 영주(永州)로 귀양 가서 〈영주팔기(永州八記)〉라는 유명한 글을 남겼는데, 그중 제3편인 〈고무담서소구기(鈷鉧潭西小丘記)〉에서 조그마한 언덕을 저가(低價)로 구입하여 가꾸게 된 기쁨과 그곳의 아름다운 경관을 서술한 뒤에, “그래서 이 언덕과 조우하게 된 것을 경하하는 것이다.〔所以賀玆丘之遭也〕”라는 말로 마무리하고 있다. 《柳河東集 卷29》

417 베……남자 : 《시경》 〈맹(氓)〉의 “어수룩한 저 남자, 베 안고 실 사러 찾아왔다는데, 실 사러 온 것이 목적이 아니요, 나에게 곧장 와서 수작을 부리누나.〔氓之蚩蚩 抱布貿絲 匪來貿絲 來卽我謀〕”라는 구절을 발췌한 것이다.

418 아쟁……할까 : 당나라 이단(李端)의 시 〈청쟁(聽箏)〉에 “금속의 안족(雁足)으로 울리는 아쟁이요, 옥방의 앞에서 연주하는 흰 손이라. 주랑이 돌아보게 할 목적으로, 이따금 줄을 부러 잘못 튕기네.〔鳴箏金粟柱 素手玉房前 欲得周郞顧 時時誤拂弦〕”라고 하였다. 《全唐詩 卷286》 이단이 곽애(郭曖)의 연회에 갔을 때 곽애의 애

| | |
|---|---|
| 그렇지만 귀양 오는 한가한 때가 없었다면 | 雖然不有投閑譴謫時 |
| 해변의 수려한 절경을 무슨 수로 보겠는가 | 海外絶境奇秀何由睹 |
| 천공이 우리 둘을 만나게 할 목적으로 | 天公要使兩相得 |
| 세상에서 오래도록 불우하게 했는지도 | 使我於世久不偶 |
| 어여뻐라 임경대 앞 강물이여 | 臨鏡臺前江可憐 |
| 누대 위의 솔바람도 나를 고무시키네 | 臺上松風亦足供我舞 |
| 모래톱 물고기 구경에 돌아갈 줄 모르나니 | 觀魚沙際日忘歸 |
| 세상의 맛은 식초와 같음을 새삼 느꼈노라 | 世味更覺如心醋 |
| 이백도 그저 백구와 길이 친하리라 하였고[419] | 白也且與白鷗長相親 |
| 두보도 여러분에게 임금을 부탁한다 하였지[420] | 甫也致君久已公等付 |
| 이를 보면 천하의 인사 중에 어떤 사람이 | 卽此足稽天下士 |
| 감호와 추포[421]를 차지하고 뻐겼는지 알겠노라 | 誰詑鑑湖誇秋浦 |

기(愛妓)인 경아(鏡兒)가 아쟁을 타는 것을 보고 황홀해하자, 곽애가 탄쟁(彈箏)이라는 시제(詩題)를 내며 좌중의 객을 즐겁게 해 주면 경아를 주겠다고 제안하였는데, 이단이 그 즉시 입으로 이 시를 읊으니 곽애가 경탄하면서 석상(席上)의 금옥(金玉) 주기(酒器)와 함께 경아를 이단에게 주었다는 고사가 전한다. 《說郛 卷77下 鏡兒善箏》 주랑(周郞)은 적벽대전(赤壁大戰)에서 조조(曹操)에게 대승을 거둔 오(吳)나라의 명장 주유(周瑜)를 가리킨다. 그가 음악을 잘 알았으므로 연회 때마다 악인(樂人)이 혹 잘못 연주하면 반드시 머리를 돌려 바라보았다고 한다.

419 이백(李白)도……하였고 : 이백의 〈명고가송잠징군(鳴皐歌送岑徵君)〉 시에 "그저 백구나 날아와서 길이 그대와 친하리라.〔白鷗兮飛來 長與君兮相親〕"라는 말이 나온다. 《李太白集 卷6》

420 두보(杜甫)도……하였지 : 두보의 〈모추왕배도주수찰……(暮秋枉裴道州手札……)〉 시에 "임금을 요순으로 만드는 일은 여러분에게 부탁하노니, 얼른 요직을 차지하고서 몸 바칠 일을 생각하시라.〔致君堯舜付公等 早據要路思捐軀〕"라는 말이 나온다. 《杜少陵詩集 卷23》

421 감호(鑑湖)와 추포(秋浦) : 천하의 절승(絶勝)을 비유한 말이다. 감호는 하지장(賀知章)의 경호(鏡湖)로 유명한데 절강(浙江) 소흥(紹興)에 있고, 추포는 강남(江南)의 무호(蕪湖)로 사조(謝朓)의 선성(宣城)과 가까우며 이백의 〈추포음(秋浦吟)〉 17수(首)가 유명하다.

회교헌기[422]하고 무정유의양막측[423]한 경치를 回巧獻技無情有意兩莫測

돌아다보며 감상하기에 겨를이 없었으리 顧眄令人應接苦

사군이 때때로 손님을 대동하고 와서는 使君有時携客來

당상에서 도화 가리킨 엄무를 비웃는다네[424] 堂上指圖笑嚴武

능허대[425]를 다시 쌓을 필요나 있겠는가 不須更築凌虛臺

사방의 산들이 구름 위로 상투를 내미는걸 面面群峯雲髻露

---

422 회교헌기(回巧獻技) : 기교를 부려 에워싸고서 재주를 보여 준다는 뜻으로, 주위의 경관이 매우 아름다운 것을 형용하는 말이다. 당나라 유종원(柳宗元)의 〈고무담서소구기(鈷鉧潭西小丘記)〉에 "그 안에서 바라다보면, 산이 높이 솟고 구름이 떠 있으며 시내가 흐르고 새와 짐승들이 한가히 노닌다. 이들 모두가 즐겁고 기쁜 낯빛으로 기교를 부려 에워싸고 재주를 보여 주며 이 언덕 아래에 공을 바친다.〔由其中以望 則山之高 雲之浮 溪之流 鳥獸之遨遊 擧熙熙然回巧獻技以效玆丘之下〕"라는 말이 나온다. 여기에서 회교는 산이 둘러싸고 구름과 시내가 휘감은 것을 말하고, 헌기는 각종 조수(鳥獸)들이 제각기 장기를 보여 준다는 말이다.

423 무정유의양막측(無情有意兩莫測) : 계곡 물이 과연 특별한 뜻이 있어 이렇게 격렬하게 부딪치며 휘감고 도는지 알 수 없다는 말인데, 소식(蘇軾)의 〈문임부당사영은사우거……(聞林夫當徙靈隱寺寓居……)〉에 "물이 어디에서 왔는지 알 수 없지만, 물결이 뛰어올라 골짜기로 쏟아져 들어오며 우레 같은 소리를 낸다. 뜻이 있는지 없는지 둘 다 알 수는 없지만, 냉천정 아래쪽으로 휘감고 돌아가려 한다.〔不知水從何處來 跳波赴壑如奔雷 無情有意兩莫測 肯向冷泉亭下相縈回〕"라는 말에서 나온 것이다. 《蘇東坡詩集 卷35》

424 당상(堂上)에서……비웃는다네 : 촉중(蜀中)의 엄무(嚴武)가 정사를 행하는 청사에서 그림이나 보고 즐겼을 뿐, 실제로 가서 경치를 직접 보지는 못한 것을 애도한 두보(杜甫)의 〈증좌복야정국공엄공무(贈左僕射鄭國公嚴公武)〉 시에 "당상에서 도화를 손으로 가리키고, 군중에서 옥피리를 불었다네.〔堂上指圖畫 軍中吹玉笙〕"라는 말이 나온다. 《杜少陵詩集 卷16 八哀詩》

425 능허대(凌虛臺) : 송(宋)나라 진희량(陳希亮)이 봉상(鳳翔)의 태수로 있을 때 관사 후원에 지은 누대로, 이곳에서 남산(南山)을 바라보며 술을 마시고 기러기를 쏘며 풍악을 즐겼는데, 그때의 광경을 묘사한 소식(蘇軾)의 〈능허대〉라는 시가 전한다. 《蘇東坡詩集 卷5》

나도 물가에 띠풀 얹은 한 칸의 초당 짓고 앉아[426] 我欲波上一間蔭白茅
빗발에 하얗게 물방울 튕기는 광경을 보고 싶어라 坐看雨脚搖漾波心素
우리 이후도 이런 일에 범상하지 않아서 李侯於此亦不凡
사군에게 벽도와 홍행을 점철하게 한다나 欲教使君點綴碧桃紅杏樹
서호의 담장 농말[427]을 아우를 수 있을 뿐더러 西湖淡粧濃抹旣可幷
부용선인의 석실[428]과 청취를 견줄 만도 하리라
又與芙蓉仙人石室較淸趣
그런 뒤엔 문 닫고 붙잡아 두면서[429] 우리들 가고 오리니
然後留我閉門看我輩往來
마려[430]처럼 묵은 자국만 밟는다 한들 무슨 상관이랴
豈憚磨驢踏故步

---

426 나도……앉아 : 참고로 두보(杜甫)의 〈당성(堂成)〉 시에 "성곽을 등지고 흰 띠풀 얹어 초당을 짓고는, 강변 따라 잘 다니던 길에서 푸른 들판 굽어본다.〔背郭堂成蔭白茅 緣江路熟俯靑郊〕"라는 말이 나온다. 《杜少陵詩集 卷9》

427 서호(西湖)의 담장(淡粧) 농말(濃抹) : 소식(蘇軾)의 〈음호상초청후우(飮湖上初晴後雨)〉에서 "서호를 서시(西施)에 비유한다면, 짙은 화장 옅은 화장 모두 어울린다 할까.〔欲把西湖比西子 淡粧濃抹摠相宜〕"라는 시구를 발췌한 것이다. 《蘇東坡詩集 卷9》

428 부용선인(芙蓉仙人)의 석실 : 부용선인은 소식의 망우(亡友)인 석연년(石延年)의 별호(別號)이다. 석만경(石曼卿)으로 더 잘 알려져 있는데, 만경은 그의 자(字)이다. 《소동파시집(蘇東坡詩集)》 권22 〈화채경번해주석실(和蔡景繁海州石室)〉에 부용선인의 석실에 대해서 많이 언급하고 있다.

429 문……두면서 : 참고로 소식의 〈유제서씨화원(留題徐氏花園)〉 시에 "문 닫고 나를 붙잡아 둘 줄만 아는 분, 주인은 묻지 마세요 누구의 집이냐고.〔但解閉門留我住 主人休問是誰家〕"라는 말이 나온다. 《蘇東坡詩集 卷9》

430 마려(磨驢) : 빙글빙글 돌면서 연자매를 끄는 나귀라는 뜻으로, 새롭게 발전하지 못한 채 계속해서 똑같은 일만 반복하는 것을 비유할 때 쓰는 말이다. 소식의 〈백부송선인하제귀촉시운……(伯父送先人下第歸蜀詩云……)〉 시에 "나의 생계가 졸렬하기 그지없어서, 연자매 끄는 나귀처럼 돌기만 하는 것을 비웃겠지.〔應笑謀生拙 團團如磨驢〕"라는 말과 〈송지상인유여산(送芝上人游廬山)〉 시에 "돌고 도는 것이 연자매 끄는 소와 같아서, 걸음걸음마다 묵은 자국만 밟노라.〔團團如磨牛 步步踏陳跡〕"라는 말이 나온다. 《蘇東坡詩集 卷21, 卷35》

아 창주의 우리 도[431]를 누구와 함께 논하리오　吁嗟滄洲吾道與誰論
무이를 돌아보니 벌써 옛사람이 되었는걸　回首武夷人已古

431 창주(滄洲)의 우리 도 : 주희(朱熹)의 성리학(性理學)을 말한다. 주희가 무이산(武夷山) 창주정사(滄洲精舍)에서 지은 악부시(樂府詩) 〈수조가두(水調歌頭)〉에 "영원히 인간 세상 일을 버리고, 나의 도를 창주에 부치려 하노라.〔永棄人間事 吾道付滄洲〕"라는 말이 나온다. 《晦菴集 卷10》

## 차운하여 이계하에게 답하다 무인년(1638)

次韻酬李季夏 戊寅

| | |
|---|---|
| 아 나는 해바라기보다도 몸을 지키지 못했나니[432] | 嗟我不及葵自衛 |
| 일곱 번 넘어진 안[433]이요 세 번 쫓겨난 혜[434]라 할까 | 七顚之顏三黜惠 |
| 섬으로 들어간 것도 격경 양을 본받아서가 아니요[435] | 入海非學擊磬襄 |

---

432 나는……못했나니 : 고산이 이 세상에서 처신을 잘못하여 임금의 총애를 받기는 커녕 자신의 몸도 제대로 보호하지 못했다는 말이다. 춘추 시대 제(齊)나라 경극(慶克)이 영공(靈公)의 모부인(母夫人)인 성맹자(聲孟子)와 간통하는 것을 포장자(鮑莊子)가 알고는 국무자(國武子)에게 말하니, 국무자가 경극을 꾸짖었다. 이에 경극이 성맹자에게 고자질하니, 성맹자가 영공에게 포장자를 참소하여 발을 베는 형벌에 처하게 하였다. 이에 대해서 공자(孔子)가 "포장자는 해바라기보다도 자기를 보호할 줄을 모른다. 해바라기는 그래도 자기의 발을 돌볼 줄을 아는데.〔鮑莊子之知不如葵 葵猶能衛其足〕"라고 평하였는데, 두예(杜預)의 주(註)에 "해바라기는 잎사귀가 해를 향하게 하여 햇빛이 자기의 뿌리에 닿지 않게 한다.〔葵傾葉向日 以蔽其根〕"라고 하였다. 《春秋左氏傳 成公17年》

433 일곱……안(顔) : 당나라의 충신이며 명필인 안진경(顔眞卿)을 가리킨다. 송(宋)나라 증공(曾鞏)의 〈무주안노공사당기(撫州顔魯公祠堂記)〉에 "생각건대 권간(權奸)의 뜻을 차례로 어겨, 넘어지고 거꾸러지고 흔들리고 꺾인 것이 일고여덟 번에 이르렀는데도, 처음부터 끝까지 사생 화복을 추호도 고려하지 않았으니, 도에 독실한 자가 아니면 이렇게 할 수가 없는 일이다. 이를 통해서도 공의 위대함을 엿볼 수가 있다.〔維歷忤大奸 顚跌撼頓 至於七八 而終始不以死生禍福 爲秋毫顧慮 非篤於道者 不能如此 此足以觀公之大也〕"라는 말이 나온다. 노공(魯公)은 안진경의 봉호(封號)인 노군공(魯郡公)의 약칭이다.

434 세……혜(惠) : 춘추 시대 노(魯)나라의 유하혜(柳下惠)를 가리킨다. 그가 사사(士師)가 되었다가 세 번이나 쫓겨나자, 사람들이 왜 나라를 떠나지 않느냐고 물었는데, 이에 대해서 유하혜가 "도를 곧게 지키면서 벼슬을 한다면, 어디를 간들 세 번쯤 쫓겨나지 않겠는가.〔直道而事人 焉往而不三黜〕"라고 대답한 내용이 《논어》〈미자(微子)〉에 나온다.

435 섬으로……아니요 : 고산이 보길도(甫吉島)에 들어간 목적은 어지러운 세상을 피

동강의 일사가 붙들어 맨 것[436]에 적이 부회(附會)했다오

窃附桐江一絲繫

즐거우면 행하고 걱정되면 떠난다는 성인의 말씀[437] 외우며

樂行憂違詠聖言

노을 밖에서 소요할 뿐 다른 사람의 권세는 잊었나니[438]

徜徉霞外忘人勢

나의 생애에 구한 것은 단지 주림과 추위 면하는 것이요

生涯但求飢寒免

---

해 은둔하려는 것이 아니라는 말이다. 노(魯)나라가 쇠미해져 예악(禮樂)이 무너지자, 예관(禮官)과 악관(樂官)들이 뿔뿔이 흩어져서 다른 곳으로 떠나갔는데, 그 중에 "소사 양과 격경 양은 바닷속 섬으로 들어갔다.〔少師陽擊磬襄入於海〕"라는 말이 《논어》〈미자(微子)〉에 나온다. 소사(少師)는 악관(樂官)의 보좌관이고, 격경(擊磬)은 경쇠를 치는 악인(樂人)이며, 양(陽)과 양(襄)은 각각 그들의 이름이다.

436 동강(桐江)의……것 : 예로부터 "동강의 낚싯줄 하나가 한나라의 구정을 붙들어 매었다.〔桐江一絲繫漢九鼎〕"라는 말이 전해 온다. 후한(後漢) 광무제(光武帝)의 절친한 친구인 엄광(嚴光)이 높은 벼슬을 주려는 광무제의 호의를 거절하고 부춘산(富春山)에 들어가 숨어 살며 동강에서 낚시로 소일한 고사가 유명한데, 이것이 결과적으로 선비들의 기개를 높여 주어 후한의 국운을 유지하게 했다는 말이다.《後漢書 卷83 逸民列傳 嚴光》 구정(九鼎)은 하우씨(夏禹氏)가 구주(九州)의 쇠붙이를 모아 주조했다는 솥을 말하는데, 하(夏)·은(殷)·주(周) 시대를 전해 내려오면서 천하를 차지한 제왕 혹은 왕조의 정통성을 상징하는 보배로 여겨져 왔다.《史記 卷12 武帝紀》

437 즐거우면……말씀 : 《주역》〈건괘(乾卦) 문언(文言)〉에서 공자(孔子)가 잠룡(潛龍)을 설명하면서 "세상을 피해 숨어 살면서도 근심이 없고, 남의 인정을 받지 못해도 근심이 없다. 즐거우면 행하고 걱정되면 떠난다. 그의 뜻이 확고해서 동요시킬 수가 없다. 이것이 숨은 용이다.〔遯世無悶 不見是而無悶 樂則行之 憂則違之 確乎其不可拔 潛龍也〕"라고 말한 대목이 나온다.

438 다른……잊었나니 : 맹자(孟子)가 옛날의 현사(賢士)에 대해 설명하면서 "자기의 도를 즐거워하며 남의 권세는 잊었으므로, 왕이나 공이 공경을 다하고 예를 극진히 하지 않으면 자주 볼 수가 없었다. 보는 것도 자주 하지 못하였는데, 하물며 신하로 삼을 수 있었겠는가.〔樂其道而忘人之勢 故王公不致敬盡禮 則不得亟見之 見且由不得亟 而況得而臣之乎〕"라고 말한 대목이 《맹자》〈진심 상(盡心上)〉에 나온다.

나의 거지에 취한 것은 단지 바람과 볕을 가리는 것이었네

居止只取風日蔽

금당[439]의 석실이 나의 손에 떨어지고 나서 金堂石室落吾手

신선들과 전생의 약속이 있음을 깨달았나니 始覺群仙有宿契

동천의 향기로운 운무 속에서 사백 일 동안 洞天香霧四百日

몇 층 경루에 허락받고 올라가곤 하였다오 許到瓊樓重幾第

어찌 알았으랴 백로의 섬에 이르려고 추구했다가 豈料推求到白鷺

무단히 동쪽 바닷가에서 깃촉이 상하게 될 줄이야[440]

無端鎩翮東溟際

곰곰이 생각하면 조물이 불란하기 위함이 아닐는지[441]

細思造物匪拂亂

요컨대 이런 뜻을 먼 변방에 남겨 두어야 하리라[442] 要使此意留遐裔

---

439 금당(金堂) : 황금으로 장식한 당옥(堂屋)이라는 말로, 신선의 거처를 뜻하는데, 여기서는 보길도(甫吉島)의 부용동(芙蓉洞)을 가리킨다. 진(晉)나라 왕가(王嘉)의 《습유기(拾遺記)》 동정산(洞庭山)에 "동정산이 물 위에 떠 있고, 그 아래에 수백 칸의 금당이 있는데, 여기에 옥녀가 거한다. 사시에 금석사죽의 음악 소리가 울리며 산꼭대기까지 들린다.〔洞庭山浮於水上 其下有金堂數百間 玉女居之 四時聞金石絲竹之聲 徹於山頂〕"라는 말이 나온다.

440 무단히……줄이야 : 고산이 아무 근거 없이 억울하게 누명을 쓰고 영덕(盈德)에 유배된 것을 말한다. 남조(南朝) 송(宋)의 시인 안연지(顏延之)가 혜강(嵇康)이 당한 불운에 대해서 읊은 〈혜중산(嵇中散)〉에 "난봉(鸞鳳)의 깃촉이 때로 상했나니, 용의 성질을 어떻게 길들이랴.〔鸞翮有時鎩 龍性誰能馴〕"라고 한 고사가 전한다. 《文選 卷21 五君詠五首》

441 곰곰이……아닐는지 : 하늘이 고산을 곤궁에 빠지게 한 것은 고산이 능하지 못한 것을 잘하게 해서 보다 큰 인물을 만들려는 의도에서 그렇게 한 것이 아니겠느냐는 말이다. 《맹자》 〈고자 하(告子下)〉에, 하늘이 어떤 사람에게 큰 사명을 내리려 할 때에는, 반드시 그가 하는 일마다 어긋나게 만들곤 하는데〔行拂亂其所爲〕, 이것은 그의 마음을 격동시키고 성질을 참게 하여〔動心忍性〕, 지금까지 못하던 일도 더 잘할 수 있게 해 주기 위해서라는 말이 나온다.

442 요컨대……하리라 : 참고로 소식(蘇軾)이 해남(海南)으로 귀양 가면서 지은 〈오

평소 공부한 목적이 임금과 백성에 있나니　平生所學在君民
세상을 피했어도 세상을 잊은 건 아니라오　我雖遯世非忘世
한 걸음 양보해 걷는 일은 오래전부터 잘하지만　退一步行久已能
기름처럼 매끄럽고 가죽처럼 무르게는 못 한다오[443]　不能脂滑而韋脆
내 귀에 파고드는 이후의 멋진 시들이여　李侯佳什感我耳
학 울음을 행인이 듣는 것[444]과 같다 할까　有如行人聞鶴唳
나그네도 잘 돌보는 사군의 높은 의리여　使君高義好看客
금당에서 비단을 잘 재단할 뿐만이 아닐세[445]　不獨琴堂工錦製
나그네 시름 홀연히 사라지는 포청춘이여[446]　客愁頓失抛青春

---

적해남……(吾謫海南……)〉 시에 "하늘이 어쩌면 나를 기자처럼 만들려 하는 것은 아닐는지, 요컨대 이런 뜻을 먼 변방에 남겨 두어야 하리라.〔天其以我爲箕子 要使此意留要荒〕"라는 말이 나온다. 《蘇東坡詩集 卷41》

443 기름처럼……한다오 : 미끈미끈한 기름이나 무두질한 가죽처럼 유약하게 세상에 영합하며 구차하게 아첨하지는 못한다는 말이다.

444 학……것 : 소식(蘇軾)의 〈차운승잠견증(次韻僧潛見贈)〉 시에 "원숭이와 학은 본래 무심하게 울어 댈 뿐, 그 아래 행인이 슬프게 듣는 줄은 알지 못하네.〔猿吟鶴唳本無意 不知下有行人行〕"라는 말이 나온다. 《蘇東坡詩集 卷16》

445 금당(琴堂)에서……아닐세 : 현재(賢才)가 수령으로 부임하여 선정(善政)을 베푼다는 말이다. 금당은 수령의 정사당(政事堂)을 가리킨다. 공자의 제자 복자천(宓子賤)이 선보(單父) 고을의 수령이 되었을 적에, "거문고만 연주할 뿐 마루 아래로 내려오는 일이 없었는데도 잘 다스려졌다.〔彈鳴琴 身不下堂而單父治〕"라는 고사에서 유래한 것이다. 《呂氏春秋 察賢》 또 《춘추좌씨전(春秋左氏傳)》 양공(襄公) 31년에 "그대에게 아름다운 비단이 있을 경우에, 자격이 없는 어떤 사람으로 하여금 그 비단을 시험 삼아 재단하게 하지는 않을 것이다.〔子有美錦 不使人學製焉〕"라고 하면서 수령의 자격을 논하는 대목이 나온다.

446 나그네……포청춘(抛青春)이여 : 포청춘은 술 이름이다. 한유(韓愈)의 〈감춘(感春)〉 시에 "백년이 차지 않아 아직 죽지도 않았으니, 우선은 부지런히 포청춘 사서 마셔야지.〔百年未滿不得死 且可勤買抛青春〕"라는 말이 나온다. 《韓昌黎集 卷3》 또 이백(李白)의 〈야박황산문은십사오음(夜泊黃山聞殷十四吳吟)〉 시에 "반쯤 얼근해지자 또 발하는 강해의 노랫소리여, 나그네 시름이 홀연히 술잔 속에서 사라지네.〔半酣更發江海聲 客愁頓向杯中失〕"라는 말이 나온다. 《李太白集 卷21》

| | |
|---|---|
| 고향을 내려다보는 영균이 외려 우스워라[447] | 還笑靈均舊鄕睨 |
| 절서의 산수를 하늘이 보게 하였으니[448] | 浙西山水天敎看 |
| 이후의 계획대로 감상해야 하고말고 | 淸賞吾從李侯計 |
| 중양에 백의를 행여 보내 주신다면 | 重陽倘得白衣送 |
| 오마가 취미에 오실 필요 있으리오[449] | 五馬何須翠微戾 |
| 바람에 모자 날리는 것[450]을 그대여 혐의 마오 | 憑君莫嫌落帽風 |
| 윙윙대는 쉬파리와 모기가 없어서 좋은걸요 | 喜無蠅營與蚊嚌 |

---

447 고향을……우스워라 : 영균(靈均)은 굴원(屈原)의 자(字)이다. 그가 고국인 초(楚)나라를 그리워하면서 "하늘 위 눈부시게 빛나는 세계에 올라와서, 홀연히 옛 고향을 아래로 굽어보노라니, 마부도 슬퍼하고 내 말도 그리워하여, 머뭇머뭇 뒤돌아보며 앞으로 나아가지 않네.〔陟升皇之赫戲兮 忽臨睨夫舊鄕 僕夫悲余馬懷兮 蜷局顧而不行〕"라고 탄식한 말이 〈이소(離騷)〉 맨 마지막에 나온다.

448 절서(浙西)의……하였으니 : 소식(蘇軾)의 〈여모령방위유서보제사(與毛令方尉遊西菩提寺)〉 시에 "사람이 풀려나 강북의 길로 돌아가지 못함에, 하늘이 절서의 산수를 죄다 보게 하였네.〔人未放歸江北路 天敎看盡浙西山〕"라는 말이 나온다.《蘇東坡詩集 卷12》

449 중양(重陽)에……있으리오 : 중양절에 술을 보내 주기만 하면 됐지, 원님이 굳이 산속에까지 왕림할 필요가 없다는 뜻의 해학적인 표현이다. 백의(白衣)는 고을 수령이 보낸 술 심부름꾼을 말한다. 진(晉)나라 도잠(陶潛)이 중양절을 맞아 술 생각이 간절한데도 마실 술이 없어서 집 가의 국화 떨기 가운데 들어가 앉아 시름에 잠겨 있을 적에, 마침 강주 자사(江州刺史) 왕홍(王弘)이 보낸 흰옷 입은 사람〔白衣〕이 술을 가지고 문에 들어섰다는 고사가 전한다.《宋書 卷93 隱逸列傳 陶潛》 오마(五馬)는 한(漢)나라 때 태수(太守)가 다섯 필의 말이 끄는 수레를 타고 다녔던 데에서 유래한 것으로, 지방 수령이나 외직(外職)의 높은 관원을 가리킨다. 취미(翠微)는 푸른 산자락이란 뜻의 시어(詩語)이다.

450 바람에……것 : 진(晉)나라 맹가(孟嘉)가 9월 9일에 정서장군(征西將軍) 환온(桓溫)이 베푼 용산(龍山)의 주연(酒宴)에 참군(參軍)의 신분으로 참석했다가, 국화주에 취한 나머지 모자가 바람에 날아가는 것도 알아채지 못하고서 측간에 가자, 환온이 그에게 알려 주지 말라고 사람들에게 눈짓을 하고는 손성(孫盛)에게 희롱하는 글을 짓게 하였는데, 맹가가 돌아와서 그 글을 보고는 곧장 멋지게 대응하는 글을 지어서 좌중을 경탄하게 했던 용산낙모(龍山落帽)의 고사가 있다.《晉書 卷98 孟嘉列傳》

황화를 그 누가 소해의 궁에 꺾어서 바칠까[451] 黃花誰折少海宮
만리 멀리 오랑캐에게 얼마나 견제받으실지 忽念萬里爲狄制
어떡하면 역목[452] 같은 장사를 얻어서 安得壯士如力牧
깃발 들어 바람 일으켜 요기를 소탕할까[453] 擧旗爲風掃氛翳

451 황화(黃花)를……바칠까 : 청(淸)나라 심양(瀋陽)에 볼모로 붙잡혀 있는 소현세자(昭顯世子)에게 국화꽃을 꺾어서 중양절을 기념할 사람이 누가 있겠느냐는 말이다. 소해(少海)는 세자를 가리킨다. 송(宋)나라 섭정규(葉廷珪)의 《해록쇄사(海錄碎事)》 〈제왕(帝王)〉에 "천자는 대해에 비유하고, 태자는 소해에 비유한다.〔天子比大海 太子比少海〕"라는 말이 나온다. '소해'가 대본에는 '小海'로 되어 있으나 '小'는 '少'의 잘못이기에 바로잡아 번역하였다.

452 역목(力牧) : 황제(黃帝)가 손에 천균(千鈞)의 강노(强弩)를 쥐고 양 수만 마리를 모는 사람의 꿈을 꾸고 대택(大澤)에서 찾아내어 장수로 임명했다는 신하의 이름이다.

453 깃발……소탕할까 : 참고로 송(宋)나라 장뢰(張耒)의 〈마애비후(磨崖碑後)〉에 "깃발을 들면 바람을 일으키고 눕히면 비가 되나니, 구묘를 깨끗이 씻어 먼지 없게 하였네.〔擧旗爲風偃爲雨 洒掃九廟無塵埃〕"라는 말이 나온다.

## 앞의 운을 써서 유선사를 우스개로 지어 답을 구하다
무인년(1638)

用前韻戲作遊仙辭求和 戊寅

| | |
|---|---|
| 띠풀 집은 물과 구름이 둘러싸게 하고 | 茅茨付與水雲衛 |
| 거친 밥도 하늘과 땅이 은혜 베푸는 대로 | 麤糲任從乾坤惠 |
| 낮에는 현주 기울이며 기조를 연주하고[454] | 晝傾玄酒鼓箕操 |
| 밤에는 관솔불에 공계[455]를 비춰 본다네 | 夜照松明看孔繫 |
| 몸이 살지며 부자가 이김을 점차 느끼나니[456] | 身肥漸覺夫子勝 |

454 낮에는……연주하고 : 은거하는 즐거움을 형용한 말이다. 기조(箕操)는 기산(箕山)의 악곡(樂曲)이라는 말로, 벼슬하지 않고 숨어 사는 것을 노래한 것이다. 237쪽 주369 참조. 현주(玄酒)는 보통 제사 때 올리는 청수(淸水)를 가리키지만, 여기서는 담박한 술의 뜻으로 쓰였다. 참고로 진(晉)나라 정효(程曉)의 〈증부휴혁시(贈傅休奕詩)〉에 "그 손님은 누구였냐면 허유와 소보였고, 그 예는 무엇이었냐면 묽은 술과 오이 장아찌였다네.〔厥客伊何 許由巢父 厥醴伊何 玄酒瓠脯〕"라는 말이 나온다.

455 공계(孔繫) : 공자가 지었다고 전해지는 《주역》의 〈계사전(繫辭傳)〉을 말한다.

456 몸이……느끼나니 : 증자(曾子)가 자하(子夏)에게 살진 이유를 물으니, 자하가 "내가 집에 들어가서 선왕의 의를 보면 이것이 좋고, 밖으로 나와서 부귀의 낙을 보면 또 이것이 좋았으므로, 양자가 나의 가슴속에서 싸우며 승부를 알 수 없었기 때문에 몸이 여위었는데, 지금은 선왕의 의가 이겼으므로 이렇게 살졌다.〔吾入見先王之義則榮之 出見富貴之樂又榮之 兩者戰于胸中 未知勝負 故臞 今先王之義勝 故肥〕"라고 답한 이야기가 《한비자(韓非子)》 〈유로(喩老)〉에 나온다. 그리고 자하(子夏)가 "나가서 분화하고 성려한 것을 보면 그것이 좋고, 들어와서 부자의 도를 들으면 그것이 좋다. 그래서 이와 같이 두 가지가 마음속에서 싸우며 아직도 결판을 내지 못하고 있다.〔出見紛華盛麗而說 入聞夫子之道而樂 二者心戰 未能自決〕"라고 고백한 말이 《사기(史記)》 권23 〈예서(禮書)〉에 나온다. 참고로 소식(蘇軾)의 〈경산도중차운……(徑山道中次韻……)〉 시에 "최근 몇 년 동안 분화와 싸웠는데, 점차 부자가 이기는 것을 느낀다.〔年來戰紛華 漸覺夫子勝〕"라고 표현한 구절이 보인다. 《蘇東坡詩集 卷10》 분화(紛華)는 번화하고 화려한 것으로, 세속적인 욕망을 뜻한다.

| | |
|---|---|
| 손을 데는데 승상의 권세에 감히 접근할까[457] | 手熱敢近丞相勢 |
| 소옹처럼 자취의 거처를 이미 마련하였고[458] | 蘇翁已辦紫翠居 |
| 두로처럼 백일이 가려진 탄식을 멈췄다네[459] | 杜老休嗟白日蔽 |
| 남전산의 옥을 먹을 필요 있으리오[460] | 飡玉未必藍田山 |
| 《참동계》[461]를 배워서 연단할 생각인걸 | 鍊丹擬學參同契 |
| 월굴과 천근(天根)[462]의 선후를 요달한다면 | 月窟倘了天後先 |

---

457 손을……접근할까 : 두보(杜甫)의 〈여인행(麗人行)〉 시에 “손을 델 만큼 뜨거운 권세가 비길 데 없으니, 그 앞에 접근하여 승상의 화를 돋우지 말도록 조심하라.〔炙手可熱勢絶倫 愼莫近前丞相嗔〕”라는 표현이 나온다. 《杜少陵詩集 卷2》

458 소옹(蘇翁)처럼……마련하였고 : 소식(蘇軾)의 〈백학봉신거……(白鶴峯新居……)〉 시에 “황혼 뒤에 가늘게 구부러진 상현달이요, 자취 사이에 아득한 나의 새 거처로다.〔連娟缺月黃昏後 縹緲新居紫翠間〕”라는 말이 나온다. 《蘇東坡詩集 卷40》 자취(紫翠)는 보랏빛과 푸른빛이 한데 뒤섞인 산이라는 뜻이다.

459 두로(杜老)처럼……멈췄다네 : 두보(杜甫)의 〈영옥(營屋)〉 시에 “육 년 동안 아껴 온 일천 그루 대나무를, 오늘 모두 베고 집을 지으니, 가려졌던 백일이 또렷이 보이고, 흉흉하게 여울물이 쏟아져 내려가네.〔愛惜已六載 茲晨去千竿 蕭蕭見白日 洶洶開奔湍〕”라는 말이 나온다. 《杜少陵詩集 卷14》

460 남전산(藍田山)의……있으리오 : 남전산은 장안(長安) 동남쪽 30리 지점의 남전현(藍田縣)에 있는데, 이 산에서 옥이 생산되므로 옥산(玉山)이라고도 부른다. 도가(道家)에서는 주머니 속에 옥가루를 넣어 가지고 다니면서 먹는 양생법이 있는데, 두보(杜甫)의 〈거의행(去矣行)〉 시에 “주머니 속 옥 먹는 법 시험해 보지 못했으니, 내일 아침에는 남전산에나 들어가 볼까.〔未試囊中餐玉法 明朝且入藍田山〕”라는 말이 나온다. 《杜少陵詩集 卷3》

461 참동계(參同契) : 《주역》의 효상(爻象)을 차용하여 도가(道家)의 연단양생법(鍊丹養生法)을 논한 책으로, 후한(後漢)의 위백양(魏伯陽)이 지었다.

462 월굴(月窟)과 천근(天根) : 각각 음(陰)과 양(陽)을 비유한 것으로, 천지 음양의 이치를 말할 때 쓰는 표현이다. 송(宋)나라 소옹(邵雍)이 〈관물음(觀物吟)〉에서 “이목 총명한 남자의 몸으로 태어났으니, 천지조화가 부여한 것이 빈약하지 않도다. 월굴을 찾아야만 물을 알게 되는 법, 천근을 밟지 않으면 사람을 어떻게 알까. 건괘가 손괘를 만난 때에 월굴을 보고, 지괘가 뇌괘를 만난 때에 천근을 보는도다. 천근과 월굴이 한가히 왕래하는 중에, 삼십육궁이 모두 봄이로구나.〔耳目聰明男子身 洪鈞賦與不爲貧 須探月窟方知物 未躡天根豈識人 乾遇巽時觀月窟 地逢雷處見天根 天根月窟閒往來 三十六宮都是春〕”라고 읊은 데에서 나온 것이다.

| | |
|---|---|
| 금정에 불을 때는 차제야 무엇이 어려우랴 | 金鼎何難火次第 |
| 높아서 끝이 없는 낭풍과 현포라면 | 閬風玄圃高不極 |
| 가없이 아득한 봉해와 영주로다 | 蓬海瀛洲渺無際 |
| 화표에 돌아오는 새[463]를 어찌 본받을까 보냐 | 來歸肯效華表翎 |
| 고양의 묘예(苗裔)[464]는 원유하며 내리보고 웃노라 | 遠遊下笑高陽裔 |
| 지상의 벗들이야 바쁘게 경영하건 말건[465] | 經營遮莫地上友 |
| 인간 세상 일들이야 엎치락뒤치락하건 말건[466] | 翻覆不管人間世 |
| 금지와 취기 속에 진기가 무르익고 | 金支翠旗眞氣濃 |
| 봉생과 용관 속에 난음이 가냘퍼라[467] | 鳳笙龍管蘭音脆 |
| 청도에선 옥국의 바둑이 아직 끝나지 않았는데 | 淸都未闌玉局圍 |
| 진구에선 화정의 울음을 벌써 몇 번 탄식하네[468] | 塵臼幾歎華亭唳 |

---

463 화표(華表)에 돌아오는 새 : 학으로 변해 고향을 찾은 정영위(丁令威)의 전설을 인용한 것이다. 212쪽 주334 참조.

464 고양(高陽)의 묘예(苗裔) : 굴원(屈原)을 가리킨다. 그가 지은 〈이소(離騷)〉 첫머리에 "나는 고양 임금님의 후손으로서, 선친의 함자는 백용이셨네.〔帝高陽之苗裔兮 朕皇考曰伯庸〕"라는 말이 나온다.

465 지상의……말건 : 한유(韓愈)의 〈조장적(調張籍)〉에서 "지상의 벗들을 돌아보며 말하노니, 너무 바쁘게 경영하지 말지어다.〔顧語地上友 經營無太忙〕"라는 시구를 발췌한 것이다. 《韓昌黎集 卷5》

466 인간……말건 : 한유의 〈기최이십육입지(寄崔二十六立之)〉에서 "원래 인간 세상의 일은, 엎치락뒤치락 알 수 없는 것.〔由來人間事 翻覆不可知〕"이라는 시구를 발췌한 것이다. 《韓昌黎集 卷5》

467 금지(金支)와……가냘퍼라 : 이 세상에서 한껏 풍악을 울리며 즐기는 것을 형용한 말이다. 금지와 취기(翠旗)는 악기에 부착한 장식품들이다. 두보(杜甫)의 〈미피행(渼陂行)〉 시에 "상비와 한녀 두 수신(水神)이 나와서 노래하고 춤추며, 금지와 취기의 빛이 어른거리네.〔湘妃漢女出歌舞 金支翠旗光有無〕"라는 말이 나온다. 《杜少陵詩集 卷3》 봉생(鳳笙)과 용관(龍管)은 각각 생황과 피리를 가리킨다. 이백(李白)의 〈양양가(襄陽歌)〉 시에 "수레 곁에 한 병의 술 삐딱하게 걸어 놓고, 봉생과 용관 연주하며 서로들 길을 재촉하네.〔車傍側掛一壺酒 鳳笙龍管行相催〕"라는 말이 나온다. 《李太白集 卷6》

황종과 와부가 구분 없이 훼손당하고　　俱毁黃鐘及瓦釜
분위와 지제가 한꺼번에 멸망당하네[469]　　幷滅糞幃與芰製
목후의 유허[470]엔 질타하는 소리가 끊어지고　　沐猴遺墟絶喑嗚
와우의 고국[471]엔 몰래 훔쳐보는 눈이 없네　　蝸牛故國無睥睨

---

468 청도(淸都)에선……탄식하네 : 하늘 위에서 바둑 한 판을 두기도 전에 이 세상에서는 인간의 영고성쇠(榮枯盛衰)가 벌써 몇 번이나 반복된다는 말이다. 청도는 하늘 위에 있는 상제(上帝)의 궁궐을 뜻하고, 옥국(玉局)은 기반(碁盤)의 미칭(美稱)이다. 진구(塵臼)는 먼지 구덩이라는 뜻으로, 속세를 말한다. 화정(華亭)은 지금의 상해시(上海市) 송강현(松江縣) 서쪽에 있는데, 학(鶴)의 산지(產地)로 유명하다. 진(晉)나라 육기(陸機)가 벼슬길에 들어서기 전에 동생 육운(陸雲)과 함께 이곳에서 10여 년을 살았는데, 나중에 참소를 받고 처형당하기 직전에 "화정의 학 울음소리를 듣고 싶다만 그 일이 또 어떻게 가능하겠는가.〔欲聞華亭鶴唳 可復得乎〕"라고 탄식했다는 고사가 전한다.《世說新語 尤悔》

469 황종(黃鐘)과……멸망당하네 : 군자와 소인이 구분되지 않고 한데 뒤섞여 멸망을 당하는 것을 비유한 말이다. 황종은 십이율려(十二律呂)의 기본이 되는 음(音)이고, 와부(瓦釜)는 흙으로 만든 솥이다.《초사(楚辭)》에 나오는 굴원(屈原)의 〈복거(卜居)〉에 "웅장한 소리를 내는 황종은 버림을 받고, 질그릇 두드리는 소리만이 요란하게 울려 퍼진다.〔黃鍾毁棄 瓦釜雷鳴〕"라는 말이 나온다. 분위(糞幃)는 똥을 채운 주머니이고, 지제(芰製)는 향초인 마름과 연잎으로 만든 저고리이다. 굴원이 초(楚)나라 조정에서 쫓겨난 뒤에 자신을 변호하면서 지은 〈이소(離騷)〉에 "거름을 가져다가 향주머니를 채우고, 신초는 향기롭지 않다고 말하네.〔蘇糞壤以充幃兮 謂申椒其不芳〕"라는 말과 "마름과 연잎으로 저고리를 지어 입고, 부용을 따서 모아 바지를 해 입노라.〔製芰荷以爲衣兮 集芙蓉以爲裳〕"라는 말이 나온다.

470 목후(沐猴)의 유허 : 목후이관(沐猴而冠)의 고사가 전해 오는 진(秦)나라 수도 함양(咸陽)을 말한다. 항우(項羽)가 진나라 궁궐을 모두 불태우고는 고향으로 돌아갈 생각을 하며 "부귀해지고 나서 고향에 돌아가지 않는다면 비단옷을 입고 밤에 돌아다니는 것과 같으니 누가 알아주겠는가."라고 하자, 유세하는 자가 "초나라 사람은 원숭이를 목욕시키고 갓을 씌워 놓은 것과 같다고 하더니, 그 말이 사실이로구나.〔人言楚人沐猴而冠耳 果然〕"라고 하였는데, 항우가 이 말을 듣고는 그를 삶아 죽였다는 고사가 전한다.《史記 卷7 項羽本紀》

471 와우(蝸牛)의 고국 : 삼국 시대 위(魏)나라를 말한다. 그 지역의 은사(隱士) 초선(焦先)이 달팽이집〔蝸牛廬〕 같은 조그만 원형 오두막을 짓고 살면서, 외출할 때마다 부녀자가 있는지 몰래 훔쳐보고는 그들이 지나갈 때까지 몸을 숨기고 기다렸다가 나가곤 했다는 고사가 전한다.《三國志 卷11 魏書 管寧傳 宋裴松之注》

도도하게 몇 주의 무쇠를 헛되이 녹였던가[472] 滔滔虛鑄幾州鐵
만년의 계책이 즐비하게 무덤 속에 묻혔도다[473] 纍纍空埋萬年計
동쪽 창엔 쓸쓸하게 하얀 달이 밝고 東窓寥落素月明
서쪽 집엔 참담하게 삭풍이 사나워라 西第慘憺陰風戾
당년에는 기린의 그림[474]을 다투어 뻐겼건만 當年競誇麒麟畫
오늘날 개미의 밥이 될 줄 그 누가 알았으랴 此日誰知螻蟻嚌
구원에 있는 촉루에게 이야기하게 한다면[475] 九原如使髑髏語

---

472 도도하게……녹였던가 : 인간 세상에서 쓸데없이 정력을 낭비하며 계속해서 잘못을 저지르는 것을 비유한 말이다. 당 소종(唐昭宗) 연간에 위박 절도사(魏博節度使) 나소위(羅紹威)가 주전충(朱全忠)과 연합하여, 자신을 핍박하는 위부(魏府)의 아군(牙軍) 8천 인을 소탕하는 숙원을 풀었으나, 그 과정에서 주전충을 대접하느라 엄청난 재물을 탕진한 나머지 자신의 세력이 쇠잔해지는 결과를 초래하였으므로, 이를 후회하여 "6주 43현의 무쇠를 모아 줄칼 하나도 주조하지 못했다.〔合六州四十三縣鐵 不能爲此錯也〕"라고 말한 주성대착(鑄成大錯)의 고사가 전한다.《資治通鑑 唐昭宗天祐3年》《北夢瑣言 卷14》 여기에서 착(錯)은 곧 옥석(玉石)을 다루는 도구인 줄칼〔鑢〕이라는 뜻과 함께 착오(錯誤)의 의미를 동시에 지니고 있으므로, 나소위가 스스로 큰 착오를 빚었다는 뜻으로 한 말이었다. 그래서 이 주착(鑄錯)의 고사가 만회할 수 없는 중대한 실수라는 뜻으로 쓰이곤 한다. 참고로 소식(蘇軾)의 〈증전도인(贈錢道人)〉 시에 이 고사를 인용하여 "당시에는 한번 뜻이 쾌했어도, 일이 지난 뒤엔 부끄러움이 남는 법. 모르겠네 몇 주의 무쇠를 모아, 이 하나의 착오를 빚어냈는지.〔當時一快意 事過有餘怍 不知幾州鐵 鑄此一大錯〕"라고 표현한 말이 나온다.《蘇東坡詩集 卷18》

473 만년의……묻혔도다 : 사람들이 천년만년을 살 것처럼 욕심을 부리지만, 백년의 세월도 채우지 못하고서 모두 땅속에 묻히고 만다는 말이다. 212쪽 주334 참조. 참고로 당(唐)나라 허혼(許渾)의 〈능고대(淩敲臺)〉 시에 "백년 인생에 지었을 만년의 계책이여, 바위 위 옛 비석엔 푸른 이끼만 남았네.〔百年應作萬年計 巖上古碑空綠苔〕"라는 시구가 있다.《唐百家詩選 卷16》

474 기린(麒麟)의 그림 : 공신각(功臣閣)에 걸린 초상화를 가리킨다. 기린은 기린각(麒麟閣)의 준말이다. 한 선제(漢宣帝) 때 곽광(霍光) 등 공신 11인의 초상화를 기린각에 걸어서 길이 기념하도록 한 고사가 전한다.《漢書 卷54 蘇武傳》

475 구원(九原)에……한다면 : 촉루(髑髏)는 해골을 말한다. 장자(莊子)가 초(楚)나라로 가다가 도중에 깡마른 해골을 발견하고는, 어쩌다가 이 모양이 되었느냐고 여러 가지로 물어보고는 그날 밤에 해골을 베고 잠을 잤는데, 그 해골이 꿈에 나

| | |
|---|---|
| 천년토록 구복의 부림을 당함이 부끄러우리 | 千載羞爲口腹制 |
| 내 이제 훨훨 날아 상제를 뵈려 하노니 | 我方翩然朝帝庭 |
| 우스워라 난거 타고 봉예 모는 이들[476]이여 | 笑駕鸞車驅鳳翳 |

타나서 장자의 말을 반박하며 "그대의 말은 변사와 같다. 그대가 말한 것은 살아 있는 사람들의 허물이요, 죽은 사람은 그런 걱정이 없다. 그대는 죽음에 대해 듣고 싶은가?〔子之談者似辯士 諸子所言 皆生人之累也 死則無此矣 子欲聞死之說乎〕" 하자 장자가 그렇다고 하였다. 해골이 말하기를 "죽으면 위로 임금도 없고, 아래로 신하도 없으며, 또한 네 계절의 변화도 없이 편안히 천지와 수명을 같이하니, 비록 남면하는 제왕의 즐거움이라도 이보다는 못할 것이다.〔死無君於上 無臣於下 亦無四時之事 從然以天地爲春秋 雖南面王樂 不能過也〕"라고 한 이야기가 《장자(莊子)》 〈지락(至樂)〉에 나온다.

476 난거(鸞車)……이들 : 임금을 비롯해서 화려한 수레를 타고 다니는 이 세상의 신분이 높은 사람들이라는 뜻이다. 난거는 제왕의 수레를 가리키고, 봉예(鳳翳)는 봉황의 깃털로 장식한 수레 덮개라는 뜻으로, 귀인의 수레를 가리킨다.

## 차운하여 이계하의 〈대풍가〉에 답하다 무인년(1638)

次韻酬季夏大風歌 戊寅

| | |
|---|---|
| 해산에 부는 바람 마치 낫을 휘두르는 듯 | 海山風勢似揮鎌 |
| 우스워라 비렴[477]이 이토록 청렴하지 못하다니 | 堪笑飛廉太不廉 |
| 비단 숲 일천 채단(綵緞)을 온통 거둬 가고 | 收取錦林千綵去 |
| 황금 잎 일만 금전을 죄다 쓸어 가누나 | 掃將黃葉萬金兼 |
| 잠도에선 남수 가의 초가지붕 날아가고[478] | 蠶都已捲柟邊屋 |
| 토전에선 계수 언덕 처마가 흔들렸으리[479] | 兎殿疑搖桂畔簷 |
| 주포의 무더운 지방도 갈바람 살벌할 텐데 | 珠浦炎方猶肅殺 |
| 경루의 높은 곳이라고 어찌 편안하겠는가[480] | 瓊樓高處豈安恬 |
| 작은 배의 방 안에선 장막을 급히 불어제치고 | 小舟舍裏吹帷急 |
| 짧은 노의 만 앞에선 특별히 엄하기도 해라 | 短棹灣前特地嚴 |
| 종각[481]도 물결 뒤집혀서 쉽게 타지 못할 터 | 宗慤浪翻乘未易 |

477 비렴(飛廉) : 신화에 나오는 바람 귀신 이름이다.

478 잠도(蠶都)에선……날아가고 : 두보(杜甫)의 〈남목위풍우소발탄(柟木爲風雨所拔歎)〉에 "강변에 기댄 남수가 초당 앞에 있는데, 고로가 서로 전하기를 이백 년이 되었다네.〔倚江柟樹草堂前 故老相傳二百年〕"라는 말이 나오고, 그 시 바로 뒤에 〈모옥위추풍소파가(茅屋爲秋風所破歌)〉가 또 나온다.《杜少陵詩集 卷10》 잠도는 성도(成都)의 별칭이다. 남수(柟樹)의 '柟'은 '楠'과 통한다.

479 토전(兎殿)에선……흔들렸으리 : 옥토끼가 사는 계수나무의 월궁(月宮)도 바람에 요동쳤을 것이라는 말이다.

480 경루(瓊樓)의……편안하겠는가 : 경루는 경루옥우(瓊樓玉宇)의 준말로, 임금을 걱정하는 소식(蘇軾)의 시에서 나온 말이다. 254쪽 주410 참조.

481 종각(宗慤) : 남조(南朝) 송(宋)의 좌위장군(左衛將軍)이다. 그가 소년 시절에 숙부 종병(宗炳)의 질문을 받고 자신의 뜻을 "장풍을 타고서 만리의 파도를 휘젓고 싶다.〔願乘長風破萬里浪〕"라고 토로한 고사가 전한다.《宋書 卷76 宗慤列傳》

| | |
|---|---|
| 원규의 더러운 먼지야 가린들 무슨 상관이랴[482] | 元規塵汚障何嫌 |
| 대붕이 구름 밖 치솟는 건 굳세어서가 아니요[483] | 鵬摶雲表非緣健 |
| 익조가 땅끝 물러남은 겸손해서가 아니라네[484] | 鷁退坤端不是謙 |
| 상강 언덕에선 진나라 황제가 노여워하든 말든[485] | 湘岸那關秦帝怒 |
| 수강에서는 한나라 군대가 전멸당하지 않게 했지[486] | 睢江願救漢軍殲 |
| 두로는 풍진(風塵)이 맑아짐을 볼 길이 없었는데[487] | 塵淸杜老無由見 |

---

482 원규(元規)의……상관이랴 : 원규는 유량(庾亮)의 자(字)이다. 진(晉)나라 정서장군(征西將軍) 유량이 막강한 권세를 휘둘렀는데, 언젠가 서풍(西風)이 세게 불어 먼지를 일으키자, 유량을 혐오하던 왕도(王導)가 부채로 얼굴을 가리면서 "원규의 먼지가 사람을 더럽힌다.〔元規塵汚人〕"라고 말했던 고사가 있다. 《世說新語 輕詆》

483 대붕(大鵬)이……아니요 : 붕새가 하늘 높이 올라간 것도 바람이 불어 준 덕분이라는 말이다. 《장자(莊子)》〈소요유(逍遙遊)〉에 "붕새가 때마침 불어오는 회오리바람을 타고 구만리 하늘 위로 솟구쳐 올라간다.〔摶扶搖而上者九萬里〕"라는 말이 나온다.

484 익조(鷁鳥)가……아니라네 : 익(鷁)이라는 물새가 뒤로 밀려 날아간 것도 강풍 때문이라는 말이다. 《춘추(春秋)》 희공(僖公) 16년 경문(經文)에 "익조 여섯 마리가 바람에 떠밀려 뒤로 날아서 송나라 도읍을 지나갔다.〔六鷁退飛 過宋都〕"라는 말이 나온다.

485 상강(湘江)……말든 : 진 시황(秦始皇)이 강을 건너 상산(湘山)의 사당에 갈 적에 대풍(大風)이 일어나 건널 수 없게 되자 상군(湘君)이 어떤 신(神)이냐고 물었는데, 요(堯) 임금의 딸이요 순(舜) 임금의 처라는 박사(博士)의 대답을 듣고는, "시황이 이에 크게 노하여 도형수 3천 인으로 하여금 상산의 나무를 모두 뽑게 하여 민둥산으로 만들었다.〔於是始皇大怒 使刑徒三千人皆伐湘山樹 赭其山〕"라는 기사가 《사기(史記)》 권6 〈진시황본기(秦始皇本紀)〉에 나온다.

486 수강(睢江)에서는……했지 : 유방(劉邦)의 한(漢)나라 군대가 항우(項羽)의 초(楚)나라 군대에게 계속 쫓기다가, 10여만 명이 모두 수수(睢水)에 들어가니 수수의 물이 이 때문에 막혀서 흐르지 못했다. 이때 초나라 군대가 유방을 세 겹으로 에워쌌는데 대풍(大風)이 서북방에서 일어나더니, 나무를 뽑고 지붕을 날리는가 하면 대낮이 칠흑처럼 어두워지면서 바람의 방향이 초나라 군대를 향했으므로 초나라 군대가 혼란해진 틈을 타서 유방이 빠져나와 도망쳤다. 《史記 卷7 項羽本紀》

487 두로(杜老)는……없었는데 : 두보(杜甫)의 〈석민(釋悶)〉 시에 "강변의 노옹이 일을 잘못 요량한 것인지, 눈이 어두워서 풍진이 맑아짐을 보지 못하겠네.〔江邊老翁錯料事 眼暗不見風塵淸〕"라는 말이 나온다. 《杜少陵詩集 卷12》

소선은 풍경(風磬)이 하는 말로 점을 잘도 풀었네[488]　鈴語蘇仙早解占
준마는 갈기를 흔들면서 공연히 머뭇거리고　騏驥搖駿空躑躅
봉황은 날개를 거두고서 부질없이 엿보누나　鸞凰戢翼謾窺覘
빠르기는 하늘에 잇닿은 홍수의 물결[489] 같고　迅如洪水滔天浪
세차기는 옥돌을 태우는 곤강의 불길[490] 같네　烈若崑岡燒玉炎
이른 서리에 죄다 시든 벼를 서로 구제하며　相濟早霜禾盡槁
연돌에 불도 못 땐 채 한 해 보낼까 걱정일세　共憂卒歲埃難黔
사립문에선 증자의 신발을 유난히도 차갑게 하고[491]　蓽門偏使曾鞋冷
대궐에선 공자의 옷자락 가지런히 흔들리게 하네[492]　螭陛仍搖孔服襜

---

488 소선(蘇仙)은……풀었네 : 소식(蘇軾)의 〈대풍유금산양일(大風留金山兩日)〉 시에 "탑 위의 풍경(風磬) 하나가 혼자 스스로 말하기를, 내일은 거센 바람에 뱃길이 끊어질 것이라네.〔塔上一鈴獨自語 明日顚風當斷渡〕"라는 말이 나온다. 《蘇東坡詩集 卷18》 참고로 진(晉)나라 고승(高僧) 불도징(佛圖澄)이 바람도 없이 맑은 날에 탑 위의 풍경 하나가 저 혼자서 울리는 것을 보고 풍경이 뭔가 말을 해 준다면서 그 말을 해석하였는데 나중에 모두 그 말이 들어맞았다는 고사가 전한다. 《晉書 卷95 藝術列傳 佛圖澄》

489 하늘에……물결 : 《서경》 〈요전(堯典)〉에 "넘실넘실 홍수가 바야흐로 터져서, 끝없이 산을 에워싸고 언덕을 넘어서, 질펀하게 하늘까지 잇닿았으므로, 백성들이 탄식하고 있다.〔湯湯洪水方割 蕩蕩懷山襄陵 浩浩滔天 下民其咨〕"라는 말이 나온다.

490 옥돌을……불길 : 곤강(崑岡)은 곤륜산(崑崙山)이다. 《서경》 〈윤정(胤征)〉에 "곤강에 불길이 번짐에 옥석이 모두 탄다.〔火炎崑岡 玉石俱焚〕"라는 말이 나온다.

491 사립문에선……하고 : 증자(曾子)가 위(衛)나라에 있을 때 10년 동안 옷 한 벌도 지어 입지 못하고 3일 동안 밥을 먹지 못하는 고달픈 환경 속에서 뒤축이 다 떨어진 신발을 끌며 상송(商頌)을 소리 높여 부르니, 그 음성이 천지를 가득 진동시키면서 마치 금석(金石)의 악기에서 나오는 듯했다는 이야기가 《장자(莊子)》 〈양왕(讓王)〉에 나온다.

492 대궐에선……하네 : 공자(孔子)가 조정에서 함께 서 있는 사람들과 읍(揖)을 하며 손을 좌우로 할 적에 "옷자락의 앞뒤가 가지런하였다.〔衣前後襜如也〕"라는 말이 《논어》 〈향당(鄕黨)〉에 나온다.

| | |
|---|---|
| 절물(節物)을 관찰하는 시인은 목락[493]에 슬퍼하고 | 覽物騷人悲木落 |
| 효사(爻辭)를 음미하는 군자는 빙점[494]을 염려한다오 | 玩爻君子慮氷漸 |
| 유유하게 때에 따라 예전엔 행하고 그쳤으나[495] | 悠悠舊欲時行止 |
| 활발발한 여잠[496]이 지금은 좋은 줄 알았노라 | 潑潑今知羨戾潛 |
| 울적함 달래려고 현성에 중독될까 생각하나니[497] | 破悶吾思中賢聖 |
| 누가 또 단첨[498] 보내 마시는 홍치를 돕워 줄까 | 侑觴誰復送團尖 |
| 하원에 소해께서 체류하고 계실 텐데[499] | 河源少海方留滯 |

---

493 목락(木落) : 초목요락(草木搖落)의 준말이다. 서글픈 가을의 정경을 읊은 전국시대 초(楚)나라 송옥(宋玉)의 〈구변(九辯)〉 첫머리에 "슬프다 가을 기운이여, 싸늘한 바람에 풀과 나무 온통 시들어 버렸도다. 처량해라 먼 길 떠난 길손의 심정이라 할까, 높은 산 올라 물 굽어보며 귀향객 보내는 기분일세.〔悲哉秋之爲氣也 蕭瑟兮草木搖落而變衰 憭慄兮若在遠行 登山臨水兮送將歸〕"라는 유명한 구절이 나온다. 《文選 卷33》

494 빙점(氷漸) : 얼음의 조짐이라는 뜻으로, 미세한 조짐을 보고서도 앞으로 닥칠 일을 미리 아는 것을 말한다. 《주역》 〈곤괘(坤卦) 초육(初六)〉의 "서리를 밟게 되면 두꺼운 얼음이 곧 얼게 된다.〔履霜堅冰至〕"라는 말에서 나온 것이다.

495 유유하게……그쳤으나 : 《주역》 〈간괘(艮卦) 단(彖)〉에 "그쳐야 할 때는 그치고 행해야 할 때는 행하여 동정 간에 그 때를 잃지 않으니 그 도가 광명하다.〔時止則止 時行則行 動靜不失其時 其道光明〕"라는 말이 나온다.

496 여잠(戾潛) : 한비여천 잠도우연(翰飛戾天 潛逃于淵)의 준말로, 세상을 떠나 숨어 사는 것을 비유한 말이다. 《시경》 〈사월(四月)〉의 "수리도 아니고 솔개도 아니니, 어떻게 날개 치고 하늘에 이를 것이며, 전어도 아니고 상어도 아니니, 어떻게 못에 잠겨 도망치겠는가.〔匪鶉匪鳶 翰飛戾天 匪鱣匪鮪 潛逃于淵〕"라는 말에서 나온 것이다.

497 울적함……생각하나니 : 술을 마시고 싶다는 말이다. 현성(賢聖)은 탁주(濁酒)와 청주(淸酒)를 말한다. 255쪽 주412 참조.

498 단첨(團尖) : 게의 별칭이다. 암놈은 배가 불룩해서 단제(團臍)라고 하고, 수놈은 배가 뾰족해서 첨제(尖臍)라고 한다.

499 하원(河源)에……텐데 : 소현세자(昭顯世子)가 중국의 먼 변방에 머물러 있을 것이라는 말이다. 소해(少海)는 세자의 별칭이다. 266쪽 주451 참조. 하원은 토번(吐蕃) 지구에 속하는 청해(靑海) 일대의 지역을 말한다. 소현세자가 심양(瀋陽)에 볼모로 잡혀가서 청(淸)나라의 서역(西域) 원정에 참여하기도 하였다.

변새(邊塞) 밖의 혹한이 침보다도 더 찌르리　塞外祈寒過割砭
시어도 어금니가 덜덜 떨릴 것이요　寺御想應牙互戰
궁료도 손가락이 달라붙는 걸 어떡하랴　宮僚爭奈指相黏
시대를 구제할 천 그루 재목감이 어찌 없으랴만　濟時詎乏千章木
세상과 맞지 않는 것이 진정 육일섬 같아라[500]　乖世眞同六日蟾
어구처럼 신나게 누가 바람을 몰 수 있는지[501]　禦寇泠然誰辦得
고대광실 문 두드려 여러 분에게 물어보시라　請敲朱邸問群僉

---

500 세상과……같아라 : 육일섬(六日蟾)은 5월 6일의 두꺼비라는 뜻으로, 세상에 쓸모없는 물건을 비유할 때 쓰는 표현이다. 5월 5일 단오에 잡은 두꺼비를 그늘에서 말려 몸에 차고 다니면 오병(五兵)의 재앙을 물리칠 수 있지만 이날에서 하루만 지나도 효력이 없다는 속설(俗說)이 있다. 송(宋)나라 진여의(陳與義)가 지은 〈대섬여(帶蟾蜍)〉에 "육일의 두꺼비는 세상의 쓰임에 어긋난다.〔六日蟾蜍乖世用〕"라는 말이 나온다. 《山堂肆考 卷11》 이 시구는 그의 문집인 《간재집(簡齋集)》 권10에 〈재용경순운영회(再用景純韻詠懷)〉라는 제목으로 나오는데, 거기에는 '六日取蟾乖世用'으로 약간 다르게 되어 있다.

501 어구(禦寇)처럼……있는지 : 신선처럼 한유한 생활을 즐기는 것을 비유한 말이다. 《장자(莊子)》 〈소요유(逍遙遊)〉에, 열어구(列禦寇) 즉 열자(列子)가 "바람을 몰고 하늘 위로 올라가서 신나게 보름 동안쯤 마음대로 돌아다니다가 돌아오곤 한다.〔御風而行 泠然善也 旬有五日而後反〕"라는 말이 나온다.

## 입춘에 축원하는 시를 지어 계하에게 주다 기묘년(1639, 인조17)
春祝贈季夏 己卯

재앙이 변하여 오랑캐 망하는 해요　禍轉亡胡歲
천심이 돌아와 만물을 기르는 때라　天回煦物辰
솔과 대의 매서운 서릿발도 풀어지고　松篁霜凜解
난초와 혜초의 이슬 꽃이 가지런해라　蘭蕙露華均
동궁(東宮)에는 어진 바람이 돌아오고　靑邸仁風返
대궐 뜰에는 맑은 기운이 새롭고녀　彤庭淑氣新
소신도 그동안의 눈물 거두고　小臣收舊涕
태평의 봄날을 노래하나이다　歌詠太平春

## 계하가 앞의 시에 화운하고, 또 칠언을 지어 화답을 청하기에, 차운하여 답하다 기묘년(1639)

季夏和前篇又作七言求和次酬 己卯

| | |
|---|---|
| 무인년 보내고 새로 맞은 기묘년 | 己卯年來去戊寅 |
| 음기는 줄고 양기가 느는 이 시절 | 陰消陽長屬玆辰 |
| 뇌풍이 떨침에 땅 아래 벌레들 꿈틀꿈틀 | 重泉蠢動雷風振 |
| 우로가 고름에 땅 위의 풀싹들 삐죽삐죽[502] | 大地勾尖雨露均 |
| 학가[503]가 봄기운 따라 지금 막 돌아왔나니 | 鶴駕初隨佳氣返 |
| 용루[504]도 새로 환희하는 모습 더욱 느껴지네 | 龍樓剩覺喜容新 |
| 고신도 삼 년의 고질병 홀연히 나았기에 | 孤臣頓失三年疾 |
| 눈 들어 사해의 봄날을 함께 보나이다 | 擧眼同瞻四海春 |

502 우로(雨露)가……삐죽삐죽 : 대본에는 '大地句尖雨露均'으로 되어 있으나, '句'는 '勾'의 잘못이기에 바로잡아 번역하였다.

503 학가(鶴駕) : 세자의 별칭이다. 주 영왕(周靈王)의 태자 진(晉) 즉 왕자교(王子喬)가 도술을 닦아 신선이 된 뒤에 백학(白鶴)을 타고 구지산(緱氏山)에 내려왔다는 전설에서 유래한 것이다. 《列仙傳 王子喬》

504 용루(龍樓) : 세자궁(世子宮)의 별칭이다. 한(漢)나라 태자궁(太子宮) 문루(門樓)의 이름이 동룡루(銅龍樓)인 데에서 유래한 것이다.

## 차운하여 이계하에게 답하며, 여남[505]의 고사를 써서 눈을 노래하다 기묘년(1639)

次韻酬李季夏用汝南故事詠雪 己卯

| | |
|---|---|
| 땅에 떨어져 적셔 주는 것 언제 본 적 있는가 | 落地何曾見物潤 |
| 공중에 치솟아 바람 따라 재빠르게 나부낄 뿐 | 騰空秖得隨風迅 |
| 만상은 색이 변했으니 알아볼 수가 있나 | 萬象變色不可認 |
| 허공 꽃 번득이니 어떻게 두 눈 깜박이랴 | 兩眼生纈那能瞬 |
| 마치 흔종(釁鐘)[506]하듯 흠을 말끔히 덮어 주니 | 匿疵發輝如鐘釁 |
| 구의도 어느새 사로의 귀밑머리로세[507] | 九疑居然四老鬢 |
| 지씨[508]의 진에 홀연히 터뜨린 물살과 같다 할까 | 波濤忽放智氏陣 |

505 여남(汝南) : 여남월단(汝南月旦)의 준말로, 어떤 인물에 대해서 품평하는 것을 말하는데, 여기서는 사람 대신에 눈을 품평해 보겠다는 말이다. 여남에 살던 후한(後漢)의 허소(許劭)와 허정(許靖) 형제가 매월 초하루〔月旦〕에 향리의 인물들에 대해서 평을 했던 고사에서 비롯된 것이다. 《後漢書 卷66 許劭列傳》

506 흔종(釁鐘) : 고대에 종을 새로 주조(鑄造)했을 때 희생(犧牲)을 죽여서 그 피를 종의 틈새에 바르는 제의(祭儀)를 말한다. 《孟子 梁惠王上》

507 구의(九疑)도……귀밑머리로세 : 아홉 개의 비슷한 봉우리들이 어느새 노인의 백발처럼 하얗게 변했다는 말이다. 구의는 원래 중국 호남성(湖南省)에 있는 산 이름으로, 순(舜) 임금이 여기에 묻혔다는 전설로 유명하며, 아홉 개의 봉우리 모양이 서로 비슷하다고 해서 붙여진 이름이기 때문에, 분간하기 어려운 것을 표현할 때의 비유로 쓰이기도 한다. 사로(四老)는 진(秦)나라 말기에 전란(戰亂)을 피해 진령(秦嶺)의 지맥(支脈)인 상산(商山)에 들어가서 은거했던 4인의 백발노인, 즉 동원공(東園公), 기리계(綺里季), 하황공(夏黃公), 녹리선생(甪里先生) 등의 상산사호(商山四皓)를 가리킨다. 《史記 卷55 留侯世家》

508 지씨(智氏) : 춘추 시대 진(晉)나라 육경(六卿)의 하나인데, 여기서는 지백(智伯)으로 불렸던 지양자(智襄子)를 가리킨다. 조양자(趙襄子)가 자기의 요구를 들어주지 않자, 지백이 한씨(韓氏), 위씨(魏氏)와 연합하여 조양자를 공격하였으나,

언뜻 보기에 뒤따르는 한위의 갑주(甲胄) 같기도　介胄仍看韓魏順
송황은 철마의 유린에 극력 항쟁하고[509]　松篁力爭鐵馬躪
계곡은 재화가 그득 쌓여 외려 기뻐하네[510]　谿壑却喜財貨牣
악진이 더 높아지게 어찌 도울 수 있으리오[511]　爲高詎堪裨嶽鎭
아홉 길 산 흉내 내며 괜히 쌓일 따름이라[512]　堆積謾擬山九仞
금세 거름더미를 높이 부풀려 배양하고　頃刻饒培糞壤峻
문정의 통로를 막으니 누가 출입하리오　門庭隔絶誰能進
의상을 산뜻하게 부끄럼 없이 나부끼니[513]　不愧楚楚衣裳振

---

조양자의 회유에 넘어간 한씨와 위씨의 배신으로 인해 패배하여 멸족을 당하였다. 이때 조양자가 밤에 제방의 물을 갑자기 터뜨리며 수공(水攻) 작전을 펴서 지백의 군대를 혼란에 빠뜨리고, 그 틈을 타서 한씨와 위씨가 협격(挾擊)하여 지백의 군대에게 대승을 거둔 일화가 유명하다. 《戰國策 趙策1》

509 송황(松篁)은……항쟁하고 : 소나무와 대나무가 거세게 몰아치는 눈보라에도 굴복하지 않고 꿋꿋이 서서 버티고 있다는 말이다. 철마(鐵馬)는 바람에 휘몰아쳐 날리는 눈발을 형용한 말이다.

510 계곡은……기뻐하네 : 골짜기에 눈이 수북이 쌓인 것을 형용한 말이다. 계학 즉 산속의 골짜기는 탐욕을 비유하는 말로 흔히 쓰인다. "빈번히 발탁되어 올라가면서도, 계학처럼 만족할 줄을 알지 못하였다.〔頻煩升擢 谿壑靡厭〕"라는 말이 《남제서(南齊書)》 권25 〈원숭조열전(垣崇祖列傳)〉에 나온다.

511 악진(嶽鎭)이……있으리오 : 눈이 아무리 많이 쌓여도 산이 더 높아지게 할 수는 없다는 말이다. 한유(韓愈)의 〈영설증장적(詠雪贈張籍)〉 시에 "어찌 악진을 도울 수 있으리오, 억지로 염매를 본받으려 할 뿐이라.〔豈堪裨嶽鎭 强欲效鹽梅〕"라는 말이 나온다. 《韓昌黎集 卷9》 악진은 오악(五嶽)과 대산(大山)을 가리킨다.

512 아홉……따름이라 : 《서경》 〈여오(旅獒)〉의 "자그마한 행동이라도 신중히 하지 않으면 끝내 큰 덕에 누를 끼칠 것이니, 이는 마치 아홉 길 산을 만들 적에 한 삼태기의 흙이 부족하여 그 공이 허물어지는 것과 같다.〔不矜細行 終累大德 爲山九仞 功虧一簣〕"라는 말을 인용한 것이다. 쌓이는 눈을 한 삼태기의 흙에 비유한 것이다.

513 의상을……나부끼니 : 하루살이의 깃처럼 눈발이 허무하게 공중에 나부낀다는 말이다. 《시경》 〈부유(蜉蝣)〉에 "부유의 깃이여, 의상이 산뜻하도다.〔蜉蝣之羽 衣裳楚楚〕"라는 말과 "부유의 날개여 의복이 화려하도다.〔蜉蝣之翼 采采衣服〕"라는 말 등이 나온다. 부유는 하루살이를 가리킨다.

군자가 옥을 감춰 둠[514]을 배우려 하겠는가　　肯學君子櫝韞瑾
조방의 호구는 빛을 가까이할 수 없고　　雕房狐裘光莫襯
모옥의 포피는 위엄을 유독 아낀다네[515]　　茅屋布被威獨吝
청산이 매몰되어 옛 모습 사라졌나니　　青山埋沒舊容盡
곤강이 막 잿더미 된 듯 참담하기만[516]　　慘憺崑岡初過燼
깔보며 또 매화 소식 막으려 하나니　　憑陵又欲阻梅信
암향[517]에 봄기운 따라옴을 시샘하는 듯　　妬却暗香春意趁
나의 마음 병들게 함은 상관없지만　　於我未害爲疾疢
초진처럼 엄하게 약속을 지키지 않네[518]　　守約不曾嚴楚晉

---

514 군자(君子)가……둠 : 뛰어난 재능을 가슴속에 품고서 때를 기다리는 것을 말한다. 공자(孔子)의 제자 자공(子貢)이 "아름다운 옥이 여기에 있는데, 궤에 담아서 감춰 둘 것입니까, 아니면 좋은 값을 받고 팔 것입니까?〔有美玉於斯 韞櫝而藏諸 求善賈而沽諸〕"라고 묻자, 공자가 "팔아야지, 팔아야지. 그러나 나는 좋은 값을 기다리는 사람이다.〔沽之哉沽之哉 我待賈者也〕"라고 말한 고사가 전한다.《論語 子罕》

515 조방(雕房)의……아낀다네 : 부잣집 안방 여인네의 호백구(狐白裘)나 초가집에 사는 고사(高士)의 베옷〔布被〕에서 발산하는 흰빛을 볼 수는 없지만, 그 대신 눈을 통해서 순백의 색깔을 만끽할 수 있다는 말이다. 조방은 화려하게 장식한 내실(內室)을 말한다. 호백구는 여우 겨드랑이의 흰 털을 모아 만든 의복으로, 전국시대 제(齊)나라 맹상군(孟嘗君)이 진(秦)나라 궁중에 호백구를 바치고 빠져나온 고사가 유명하다.《史記 卷75 孟嘗君列傳》

516 곤강(崑岡)이……참담하기만 : 산에 쌓인 눈을 불탄 재에 비유한 것이다. 275쪽 주490 참조.

517 암향(暗香) : 은은한 향기라는 뜻으로, 매화를 수식하는 시어(詩語)이다. 송(宋)나라의 고사(高士) 임포(林逋)가 매화를 읊은 〈산원소매(山園小梅)〉 시의 "맑고 얕은 물에 성긴 그림자 가로 비끼고, 황혼 녘 달빛 속에 은은한 향기 떠도누나.〔疎影橫斜水淸淺 暗香浮動月黃昏〕"라는 명구(名句)에서 유래한 것이다.《林和靖集 卷2》

518 초진(楚晉)처럼……않네 : 진 문공(晉文公)이 망명객의 신분으로 열국(列國)을 주유(周遊)하다가 초(楚)나라에 들렀을 때, "만약 군왕 덕분에 진나라로 돌아갈 수 있다면, 나중에 진나라와 초나라가 군사 작전을 벌이면서 중원에서 마주칠 경우 군왕을 위해 90리를 물러서겠다.〔若以君之靈得反晉國 晉楚治兵遇於中原 其辟

세간의 고락을 두루 묻고자 하였을 뿐　世間苦樂欲遍訊
삼함[519]한 금인처럼 신중하지 못하였네　三緘不及金人愼
젖은 장작 깨진 화덕엔 반딧불 같은 불씨지만　濕薪破竈火戢嶙
금박 휘장 아래에는 술이 아직 남았으리라[520]　銷金帳底酒有餕
징집된 지아비는 깃발에 뿌리는 눈보라가 지겨울 것이요　征夫厭聞旌竿汛
노니는 나그네는 눈 위에 찍힌 말발굽 자국 보기 좋으리　遊客耽看馬蹄印
누가 칩충(蟄蟲) 염려하여 문틈을 꼭 막아 주고[521]　誰愁冷蟄謹扉墐
누가 노래 지어 걸출한 재주를 뻐기리오[522]　孰作歌謠放才儁

---

君三舍〕"라고 약속하였는데, 그 뒤에 과연 그 약속대로 전장(戰場)에서 90리를 물러나 은혜에 보답한 고사가 전한다. 《春秋左氏傳 僖公23年, 28年》

519 삼함(三緘) : 입을 세 겹으로 꿰맸다는 뜻으로, 말조심을 비유하는 말이다. 공자(孔子)가 주(周)나라 태묘(太廟)에 갔을 적에 쇠로 만든 사람〔金人〕의 입을 세 겹으로 꿰맨〔三緘其口〕 것을 보았는데, 그 등 뒤에 새긴 명문(銘文)을 보니 "옛날에 말조심을 하던 사람이다. 경계하여 많은 말을 하지 말지어다. 말이 많으면 실패가 또한 많으니라.〔古之愼言人也 戒之哉 無多言 多言多敗〕"라고 되어 있더라는 고사가 전한다. 《孔子家語 觀周》

520 젖은……남았으리라 : 눈 내리는 길가에서 차를 끓이는 사람은 불을 잘 붙이지 못하는데, 고대광실 안에서는 느긋하게 술을 마실 것이라는 뜻의 해학적인 표현이다. 송(宋)나라 학사(學士) 도곡(陶穀)이 태위(太尉)인 당진(黨進)의 집에서 가기(歌妓)를 데려온 뒤에, 정도(定陶)를 지나다가 쌓인 눈을 떠서 차를 끓이며 "당 태위의 집에서는 이런 풍류를 맛보지 못했을 것이다.〔黨太尉家應不識此〕"라고 자랑하였는데, 그 가기가 "그분은 멋이 없는 분이니, 어떻게 이런 정경이 있었겠습니까. 단지 금박 휘장을 친 따뜻한 자리에서 제가 들려 드리는 노랫소리를 음미하며 양고라는 유명한 술을 마실 따름이었습니다.〔彼粗人也 安有此景 但能銷金煖帳下 淺斟低唱 飮羊羔美酒耳〕"라고 대답하니, 도곡이 그 말을 듣고 부끄러움을 느꼈다는 고사가 전한다. 《綠窗新話 卷2 引 湘江近事》

521 누가……주고 : 《예기》 〈월령(月令) 계추지월(季秋之月)〉에 "칩충들이 모두 머리를 숙이고 구멍 속에 들어가서 문틈을 막는다.〔蟄蟲咸俯 在內皆墐其戶〕"라는 말이 나온다.

522 누가……뻐기리오 : 한유(韓愈)의 〈영설증장적(詠雪贈張籍)〉 시에 "눈을 감상하

| | |
|---|---|
| 우스워라 호사한 자의 술에 취한 눈빛이여 | 笑殺奢豪醉眼膦 |
| 눈을 봐도 서리 내린 새벽에 신기루 보듯 | 賞玩如觀霜曉蜃 |
| 불우 이웃 기근당한 줄 어찌 알기나 할까 | 焉知煢獨値饑饉 |
| 벼랑에서 얼고 주려 죽어도 묻어 주질 않네 | 凍餓巓崖死不殣 |
| 풀숲의 여우나 토끼야 무슨 관계있으리오 | 草中何關狐與毚 |
| 나는 공이 말 달릴 곳을 가렸으면 하노라[523] | 我願公馬走須遴 |
| 이소는 눈 오는 날 준마를 타고 치달려서 | 李愬乘此騁雄駿 |
| 곧바로 적진에 들어가 승전고를 울렸다오[524] | 直入賊營雷鼓震 |
| 지금 누가 한밤중에 출발하려 한다면 | 當今誰發半夜軔 |
| 내가 십 년 간 칼[525]을 그에게 주고 싶네 | 我欲贈之十年刃 |
| 이 말이 혹 세상에서 배척을 받는다면 | 斯言倘爲世所擯 |

며 다른 일은 아랑곳 않고, 나의 재주 뻐기면서 노래 지어 부르노라.〔賞玩捐他事 歌謠放我才〕"라는 말이 나온다. 《韓昌黎集 卷9》

523 풀숲의……하노라 : 눈 오는 겨울날 여우나 토끼 사냥하느라 시간을 허비하지 말고, 오랑캐를 격멸하기 위해 군사훈련을 하는 등 모든 힘을 기울여야 한다는 말이다. 두보(杜甫)의 〈동수행(冬狩行)〉 시에 "풀숲의 여우와 토끼를 죄다 잡은들 무슨 소용이리오, 천자께서 함양의 궁전에 계시지 않는 것을.〔草中狐兎盡何益 天子不在咸陽宮〕"라고 하였다. 《杜少陵詩集 卷12》 또 한유(韓愈)의 〈변사교류증장복야(汴泗交流贈張僕射)〉 시에 "오늘날 충성스러운 신하를 얻을 수 없으니, 공은 말을 내달리지 말고 부디 적을 죽이시기를.〔當今忠臣不可得 公馬莫走須殺賊〕"라고 하였다. 《韓昌黎集 卷3》

524 이소(李愬)는……울렸다오 : 당 헌종(唐憲宗) 연간에 오원제(吳元濟)가 반란을 일으켰을 때, 승상(丞相) 배도(裴度)의 지휘 아래 장군 이소가 폭설이 내린 밤에 채주(蔡州)를 습격하여 오원제를 사로잡고, 그 공으로 산남동도 절도사(山南東道節度使)에 임명되고 양국공(涼國公)에 봉해진 고사가 전한다. 《新唐書 卷154 李愬列傳》

525 십……칼 : 당나라 가도(賈島)의 〈검객(劍客)〉 시에 "십 년 동안 갈아 놓은 한 자루 칼, 서릿발 같은 칼날 아직 써 보지 못했네. 오늘날 이 칼을 그대에게 주노니, 누가 감히 부정한 일 저지르겠는가.〔十年磨一劍 霜刃未曾試 今日把贈君 誰有不平事〕"라는 구절이 있다. 《長江集 卷1》

입조심하면서 몸으로 도를 따를 밖에[526] 捫舌還將身道殉

526 입조심하면서……밖에 : 《맹자》 〈진심 상(盡心上)〉에 "천하에 도가 있을 때에는 도로써 몸을 따르고, 천하에 도가 없을 때에는 몸으로써 도를 따르나니, 도로써 남을 따른다는 말은 듣지 못했다.〔天下有道 以道殉身 天下無道 以身殉道 未聞以道殉乎人者也〕"라는 말이 나온다.

## 이달 23일에 또 큰 눈이 내렸기에, 다시 앞의 운을 써서 계하에게 주며 화답을 구하였다 기묘년(1639)

是月二十三日又大雪復用前韻贈季夏求和 己卯

| | |
|---|---|
| 태호[527]가 은택 베풀어 온기가 돋는 때에 | 太昊施澤氣初潤 |
| 전욱[528]이 눈 내리며 아직도 위세 부리누나 | 顓頊行雪威猶迅 |
| 바자울에 사각사각 밤중에 유독 느꼈는데 | 笆籬蕭瑟夜獨認 |
| 천지가 휘황해서 아침에 눈을 못 뜨겠네 | 天地眩晛朝難瞬 |
| 하자를 덮어 주며 물색을 완전히 바꿨나니 | 渾移物色滅瑕釁 |
| 바꾸지 않고 놔둔 것은 나의 흰머리뿐 | 不變惟餘我華鬢 |
| 깃발 휘둘러 어리진을 굳이 칠 것 있으리오[529] | 旛旂那用魚麗陣 |
| 우위가 일사불란하게 따르지 않음이 없는걸 | 羽衛到底無不順 |
| 온 세상 짓밟는 권한을 수관[530]에게 주었는지 | 寰區付與水官躪 |
| 대지에는 찬 기운만 잔뜩 엉겨 붙어 있네 | 大塊贔屭寒氣牣 |
| 방에 들면 진유서(鎭帷犀)[531]의 덕을 볼 수 없고 | 入室無賴帷犀鎭 |

527 태호(太昊) : 봄을 주관하는 천제(天帝)의 이름이다. 《예기》 〈월령(月令)〉에 "봄을 주관하는 천제는 태호이다.〔其帝太皥〕"라고 하였다. '太皥'는 '太昊'와 통한다.

528 전욱(顓頊) : 겨울을 주관하는 천제의 이름이다. 《예기》 〈월령〉에 "겨울을 주관하는 천제는 전욱이요, 그 귀신은 현명이다.〔其帝顓頊 其神玄冥〕"라고 하였다.

529 깃발……있으리오 : 한유(韓愈)의 〈희설헌배상서(喜雪獻裴尙書)〉 시에 "어리진을 펼친 것이 저 멀리까지, 글자 만든 새 발자국 기이하기만.〔陣勢魚麗遠 書文鳥篆奇〕"이라는 말이 나온다. 《韓昌黎集 卷9》 어리진(魚麗陣)은 물고기가 떼 지어 앞으로 나아가는 것처럼 둥글고 긴 대형을 이루는 진법을 말한다.

530 수관(水官) : 현명(玄冥) 즉 겨울 귀신의 별칭이다. 위의 주528 참조.

531 진유서(鎭帷犀) : 바람에 흔들리는 것을 방지하기 위하여 휘장의 네 모서리에 매다는 서각(犀角)을 가리킨다. 소식(蘇軾)의 〈사시사(四時詞)〉 시에 "밤에 바람

| | |
|---|---|
| 길을 가면 만길 높은 산 오르듯 어렵기만 | 行路難如山萬仞 |
| 마당에 쌓여 층계의 모난 턱을 없애더니 | 堆庭已失廉陛峻 |
| 골을 메워 영과의 진행[532]을 또 막는구나 | 塡壑又遏盈科進 |
| 금아[533]는 겁이 나서 날개를 펴지 못하고 | 金鴉恇怯翅不振 |
| 명월은 숨어서 돌 속의 옥이 되었어라 | 明月藏爲石中瑾 |
| 구주의 면오[534]를 가까이할 길이 없으니 | 九州綿襖無由襯 |
| 뜨거운 물건을 손에 쥔들 어찌 후회하리오[535] | 執熱何曾生悔吝 |
| 섬돌 위 길쭉한 대는 죄다 묻히지 않았는데 | 階上脩篁埋未盡 |

---

불어 요동하는 진유서, 술 깨고 잠 깨니 눈이 떨어지는 소리.〔夜風搖動鎭帷犀 酒醒夢回聞雪落〕"라는 말이 나온다. 《蘇東坡詩集 卷21》

532 영과(盈科)의 진행 : 물이 구덩이를 채우고 나서 앞으로 흘러가는 것을 말한다. 공자(孔子)가 물의 덕을 칭찬한 이유에 대해서 맹자(孟子)의 제자 서자(徐子)가 물어 보자, 맹자가 "근원이 있는 샘물은 퐁퐁 솟아 흐르면서 밤이고 낮이고 멈추는 법이 없다. 그리고 구덩이가 패인 곳 모두를 채우고 난 뒤에야 앞으로 나아가서 드디어는 사방의 바다에 이르게 되는데, 학문에 근본이 있는 자도 바로 이와 같다.〔原泉混混 不舍晝夜 盈科而後進 放乎四海 有本者如是〕"라고 대답한 말이 《맹자》〈이루 하(離婁下)〉에 나온다.

533 금아(金鴉) : 태양의 별칭이다. 금오(金烏)라고도 한다. 태양 속에 세 발 달린 까마귀〔三足烏〕가 있다는 전설에서 나온 것이다.

534 구주(九州)의 면오(綿襖) : 온 세상을 모두 따뜻하게 해 주는 솜옷이라는 뜻으로, 겨울철의 태양을 비유한 말이다. 면오는 황면오자(黃綿襖子)의 준말로, 황면오(黃綿襖) 혹은 황오(黃襖)라고도 한다. 송(宋)나라 나대경(羅大經)의 《학림옥로(鶴林玉露)》 권1에 "임인년 정월에 잇따라 열흘 동안 눈이 내리다가 홀연히 날이 개니, 동네 사람들이 서로 축하하며 '황면오자가 나왔다.〔黃綿襖子出矣〕'라고 탄성을 질렀다."라는 내용과 "진(秦)나라 범숙의 솜옷은 한 사람을 따뜻하게 해 주고, 백거이(白居易)의 큰 가죽옷은 낙양 사람을 입혀 줄 뿐이니, 천공이 우리에게 골고루 선물하며, 구주 사해에 베풀어 주는 누런 솜옷과 같은 것이 또 있으랴.〔范叔綈袍暖一身 大裘只蓋洛陽人 九州四海黃綿襖 誰似天公賜與均〕"라는 시가 나온다.

535 뜨거운……후회하리오 : 날씨가 너무 추우니까 차라리 손을 델지언정 뜨거운 것이라도 쥐어 보고 싶다는 말이다. 《시경》〈상유(桑柔)〉에 "뜨거운 물건을 손에 쥐고서, 얼른 물에다 씻지 않을 사람이 있겠는가.〔誰能執熱 逝不以濯〕"라는 말이 나온다.

간책은 절반이 그만 진나라 잿더미 속으로[536] 簡冊半入秦灰燼
언덕 위 솔과 잣은 곧음과 믿음 간직하고 岡頭松柏抱貞信
원기[537]처럼 보기 좋게 서로 따라다니누나 園綺婉孌行相趁
옥두(玉斗)가 부서진들 어찌 등창이 생기리오[538] 碎斗豈有背生疢
조거는 단지 진의 영광을 과시했을 뿐이라오[539] 照車徒誇光耀晉
범과 용의 괴로움이야 따질 것이 없다 해도[540] 虎號龍蟄不足訊
두괴에 닿을까 걱정되니 하늘은 조심하시기를[541] 斗魁恐撥天須愼

---

536 간책(簡冊)은……속으로 : 진 시황(秦始皇)의 분서(焚書) 사건을 거론한 것이다. 눈이 쌓인 것이 마치 책을 불태우고 남은 잿더미와 같다는 말이다.

537 원기(園綺) : 진(秦)나라 말기에 상산사호(商山四皓) 즉 상산(商山)에 들어가서 은거했던 4인의 백발노인 중 동원공(東園公)과 기리계(綺里季)의 합칭인데, 여기서는 흰 눈을 덮어 쓰고 있는 소나무와 잣나무를 비유한 것이다.

538 옥두(玉斗)가……생기리오 : 옥두가 부서져서 가루로 날리는 것처럼 눈발이 휘날리지만, 그렇다고 해서 옛날 범증(范增)처럼 등창이 생겨서 죽지는 않을 것이라는 뜻의 해학적인 표현이다. 옥두는 옥으로 만든 술그릇이다. 항우(項羽)의 모신(謀臣)인 범증이 홍문(鴻門)의 주연(酒筵)에서 유방(劉邦)을 죽이라고 누차 항우에게 눈짓을 했으나 항우가 듣지 않아 실패로 돌아간 뒤에, 장량(張良)이 유방을 대신하여 옥두 한 쌍을 바치자, 범증이 성이 나서 옥두를 땅에 놓고 칼로 때려 부쉈으며, 나중에 항우와 뜻이 맞지 않아 헤어져 돌아갈 때 팽성(彭城)에 못 미쳐서 종기가 등에 발작하여 죽었다는 기사가 《사기(史記)》 권7 〈항우본기(項羽本紀)〉에 나온다.

539 조거(照車)는……뿐이라오 : 조거는 수레를 비출 정도로 환히 빛나는 구슬이라는 말인데, 눈은 이 정도로 그치지 않고 온 세상을 환히 비춰 줄 수 있다는 말이다. 전국 시대 양 혜왕(梁惠王)이 제 위왕(齊威王)에게 자신의 야광주를 자랑하며 "전후로 각각 열두 채의 수레를 비출 수 있는 구슬이 열 개나 된다.〔照車前後各十二乘者十枚〕"라고 자랑한 고사가 있다. 《史記 卷46 田敬仲完世家》 양나라 즉 위(魏)나라는 본래 삼진(三晉)의 하나였으므로 여기에서 진(晉)이라고 표현하였다.

540 범과……해도 : 한유(韓愈)의 〈영설증장적(詠雪贈張籍)〉 시에 "어룡은 추워서 고달프게 칩거하고, 호표는 배고파서 애달프게 울부짖네.〔龍魚冷蟄苦 虎豹餓號哀〕"라는 말이 나온다. 《韓昌黎集 卷9》

541 두괴(斗魁)에……조심하시기를 : 한유의 〈영설증장적〉 시에 "눈이 많이 내리면 계곡을 메울까 걱정이요, 눈이 높이 쌓이면 두괴에 닿을까 걱정일세.〔厚慮塡溟壑 高

| | |
|---|---|
| 축융의 존비[542]는 모두 반딧불과 같다 할까 | 祝融卑尊共若燐 |
| 황지[543]가 얼어붙어 고기를 더 먹을 수도 없네 | 衁池凍合無可餕 |
| 확삭옹[544]도 몰려오는 추위에 겁을 내어 | 矍鑠翁復畏寒汛 |
| 다리 떨며 부인이 떨어진 것도 모르리라 | 股慄不覺遺符印 |
| 바라건대 군왕께서는 닫힌 문호 개방하여 | 我願君王開戶墐 |
| 사방 문에서 정중하게 현준을 등용하시기를[545] | 四門肅穆登賢雋 |
| 햇빛 나면 어떻게 눈을 뜰 수나 있으리오 | 見晛何得作眼瞵 |
| 음덕도 이내 녹으면서 신기루 어른거릴 뿐 | 陰德俄消浮海蜃 |
| 백성의 세금 감면하여 기근을 위로하고 | 賜租群氓慰饑饉 |

---

愁撥斗魁〕"라는 말이 나온다. 《韓昌黎集 卷9》 두괴는 북두칠성의 첫 번째부터 네 번째까지의 별을 말한다. 다섯 번째에서 일곱 번째까지는 표(杓) 혹은 표(標)라고 한다. 괴(魁)는 머리이고, 표(杓)는 꼬리이다.

542 축융(祝融)의 존비(尊卑) : 축융 즉 불귀신의 권속(眷屬)이라는 말이다. 한유(韓愈)의 〈육혼산화화황보식용기운(陸渾山火和皇甫湜用其韻)〉 시에 "축융이 휴가를 얻어서 높고 낮은 권속을 모아 주연을 베푼다.〔祝融告休酌卑尊〕"라는 말이 나온다. 《韓昌黎集 卷4》 이는 온 세상이 하얗게 눈이 쌓인 것을 보고는, 축융 자신이 불태워서 모두 잿더미로 만들었기 때문에 자기 할 일을 마쳤다고 여겨 상제(上帝)에게 휴가를 얻은 뒤에 잔치를 벌였다는 뜻이다.

543 황지(衁池) : 피가 모여서 만들어진 못이라는 뜻이다. 황(衁)은 혈(血)이다. 《춘추좌씨전》 희공(僖公) 15년에 "남자가 양을 찔러도 황이 없다.〔士刲羊 亦無衁也〕"라는 말이 나오는데, 두예(杜預)가 주해하기를 "황은 피이다.〔衁血也〕"라고 하였다. 한유가 축융 일가의 성대한 잔치를 묘사하면서, "황지에 풍파가 이는 가운데 고기가 언덕처럼 쌓여 있다.〔衁池波風肉陵屯〕"라고 표현한 구절이 있다. 《韓昌黎集 卷4 陸渾山火和皇甫湜用其韻》 여기에서 황지는 잔치에 쓰기 위해 잡은 희생의 피가 흘러서 못을 이루었다는 말이다.

544 확삭옹(矍鑠翁) : 늙은 나이에도 젊은이처럼 원기가 왕성하고 용맹스러운 사람을 가리킨다. 동한(東漢)의 복파장군(伏波將軍) 마원(馬援)이 62세의 나이에도 불구하고 말 위에 뛰어올라 무위(武威)를 과시하자, 광무제(光武帝)가 "이 노인네가 참으로 씩씩하기도 하다.〔矍鑠哉是翁也〕"라고 찬탄했던 고사가 전한다. 《後漢書 卷24 馬援列傳》

545 사방……등용하시기를 : 참고로 한유(韓愈)의 〈영정행(永貞行)〉 시에 "사방 문에서 정중하게 현준을 등용한다.〔四門肅穆賢俊登〕"라는 구절이 있다. 《韓昌黎集 卷3》

| | |
|---|---|
| 다친 자 돌봐 주며 죽은 자 묻어 주었으면 | 瘡痍者撫死者殣 |
| 욱명은 발을 오므림이 굴속의 토끼 같으련만[546] | 項冥拳跟如穴㕙 |
| 어찌 감히 절서(節序)를 빼앗아 늦추려 하는고 | 詎敢奪序時亦遴 |
| 팔준마 타고 흥청거린 주나라 왕[547]을 경계하고 | 般樂尙戒周王駿 |
| 간언을 청한 요 임금 북[548]이 다시 울리게 할지라 | 納諫更許堯鼓震 |
| 눈이 펄펄 날리는데 누가 북문의 수레 재촉하나[549] | 其雱誰促北門軔 |

546 욱명(項冥)은……같으련만 : 겨울이 위세를 부리던 시절은 이미 지나갔다는 말이다. 욱명은 전욱(顓頊)과 현명(玄冥)의 병칭으로, 겨울 귀신을 말한다. 286쪽 주 528 참조. 참고로 불귀신이며 여름 귀신인 축융(祝融)을 주제로 지은 한유(韓愈)의 〈육혼산화화황보식용기운(陸渾山火和皇甫湜用其韻)〉 시에 "욱명은 위세 거두고 물 밑 근거지로 피신하였나니, 의기양양하게 타고 다니던 거마도 버린 채 손자뻘인 축융에게서 도망치기만 할 뿐, 몸 움츠리고 몰래 숨 내쉬며 어깨와 발을 오므리네.〔項冥收威避玄根 斥棄輿馬背厥孫 縮身潛喘拳肩跟〕"라는 표현이 나온다. 《韓昌黎集 卷4》

547 팔준마(八駿馬)……왕 : 주 목왕(周穆王)이 정사는 돌보지 않은 채 팔준마가 모는 수레를 타고 하루에 만리를 치달리며 곤륜산(崑崙山)에 올라가서 서왕모(西王母)를 만나기도 하고 서쪽 끝까지 가서 해가 들어가는 광경을 구경하기도 하는 등 즐겁게 노닐기만 하고 돌아올 줄을 모르자 제후들이 반란을 일으켰다는 이야기가 전한다. 《列子 周穆王》

548 간언(諫言)을……북 : 임금이 직간(直諫)을 잘 받아들이는 것을 비유할 때 쓰는 표현이다. 《구당서(舊唐書)》 권72 〈저량열전(褚亮列傳)〉에 "요 임금은 북을 매달아 놓고 치게 하여 간언을 받아들였고, 순 임금은 나무 게시판을 세워서 잠언(箴言)을 구하였다.〔堯鼓納諫 舜木求箴〕"라는 말이 나온다.

549 눈이……재촉하나 : 나라가 위급한 상황에 처하여 민심이 동요하는 것을 비유한 것이다. 《시경》 〈북풍(北風)〉은 나라가 망하려고 하자 조정의 신하들이 서둘러 떠나는 것을 읊은 시인데, 그 시에 "북풍이 싸늘히 불더니 눈이 펄펄 날리누나. 사랑스럽게 나를 좋아하는 이와 손잡고 함께 가리라. 여유 부리며 천천히 할 수 있겠는가. 일이 이미 다급해졌는걸.〔北風其涼 雨雪其雱 惠而好我 攜手同行 其虛其邪 旣亟只且〕"이라는 말이 나온다. 또 〈북문(北門)〉은 어지러운 조정에서 벼슬하는 현인의 체념하는 심정을 읊은 시인데, 그 시에 "북문으로 나오니, 마음에 근심이 많기도 해라. 종내 궁하고 가난한데도, 나의 어려움 알아주지 않는구나. 그만두자꾸나, 하늘이 실로 이렇게 한 것이니, 말해 무엇 하겠는가.〔出自北門 憂心殷殷 終窶且貧 莫知我艱 已焉哉 天實爲之 謂之何哉〕"라는 말이 나온다.

너도나도 문도의 날 적시며 맥가(麥歌)를 부른다네[550]

頌麥競淬文刀刃

내 말이 이 시대에 배척받지 않는다면 斯言不爲時所擯

내가 갓끈 씻고 도로써 몸을 따르련만[551] 濯纓吾將道身殉

550 너도나도……부른다네 : 사람들이 모두 국가의 위망(危亡)을 걱정하며 탄식한다는 말이다. 문도(文刀)는 글의 칼이라는 뜻으로, 붓을 비유한 것이다. 맥가(麥歌)는 맥수(麥秀)의 노래라는 뜻으로, 조국의 멸망을 슬퍼하는 노래를 말한다. 《사기(史記)》 권38 〈미자세가(微子世家)〉의 "기자(箕子)가 주(周)나라에 조회하러 가는 길에 은(殷)나라의 옛 도읍을 지나다가 궁실은 무너지고 화서(禾黍)만 우거진 것을 보고는……맥수의 시를 지어 노래하였다.〔箕子朝周 過故殷虛 感宮室毁壞生禾黍……乃作麥秀之詩以歌詠之〕"라는 말에서 유래한 것이다.

551 내가……따르련만 : 고산이 조정에 나아가서 자신의 뜻을 펼쳐 볼 수도 있을 것이라는 말이다. 갓끈 운운은 176쪽 주256과 219쪽 주345 참조. 도로써 운운은 285쪽 주526 참조.

형이 눈을 노래한 시에 화답하여 다시 한 편을 읊었으나 흥이 미진한 게 남아 있었다. 그런데 작일에 형이 화운한 시를 보건대, 태주관립[552]의 힘이 넘쳐흐르면서 고왕지래[553]의 유익함을 안겨 주었다. 이에 감탄하며 노래하는 일을 아무래도 그만둘 수 없기에 또 청한 대로 앞의 운을 밟게 되었으니, 형은 모쪼록 한 번 웃어 주시기 바란다. 그리고 다시 건필을 휘둘러 내가 말하고 싶어도 못한 것을 드러냄으로써 나의 울적한 회포를 풀어 주었으면 한다.
和兄詠雪之作再賦一篇而興有所未盡矣昨見兄所和淸製偉汰輈貫笠之力有告往知來之益咨嗟詠歎欲罷不能又依故令步前韻兄須一噱復揮健筆發我欲言而未能者以暢我幽懷

구망[554]이 마른 초목 적셔 주려 하는 때에 句芒方議群槁潤

552 태주관립(汰輈貫笠) : 화살의 막강한 위력을 뜻하는데, 보통 시문이 힘찬 것을 비유하는 말로 쓰인다. 《춘추좌씨전》 선공(宣公) 4년에 "백분이 초왕(楚王)을 향해 화살을 발사하니, 그 화살이 끌채를 통과하여 고대(鼓臺)를 꿰뚫고 그 밑의 징에 맞았으며, 또 화살을 발사하니, 그 화살이 끌채를 통과하여 포장의 중심대를 꿰뚫었다.〔伯棼射王 汰輈及鼓跗 著於丁寧 又射 汰輈以貫笠轂〕"라는 말이 나온다. 참고로 소식(蘇軾)의 〈차운서요문기설무저천(次韻舒堯文祈雪霧豬泉)〉 시에 "이때에 또다시 그대의 시를 빌려, 남은 힘으로 태주하며 관립하려 한다.〔此時還復借君詩餘力汰輈仍貫笠〕"라는 말이 나온다. 《蘇東坡詩集 卷17》

553 고왕지래(告往知來) : 미처 말하지 않은 것까지도 유추하여 아는 것을 말한다. 공자가 자공(子貢)에게 "이제는 시에 대해서 함께 얘기할 만하도다. 지난 일을 말해 주었더니 앞으로 올 일까지 알고 있구나.〔始可與言詩已矣 告諸往而知來者〕"라고 말한 고사에서 유래한 것이다. 《論語 學而》

554 구망(句芒) : 목정(木正) 즉 목(木)을 담당하는 귀신을 말한다. 《춘추좌씨전》 소공(昭公) 29년에 "오행을 맡은 관원을 오관이라고 하였다. 그들은 모두 나란히 성씨를 하사받고 상공의 작위에 봉해지고, 제사를 지낼 때에는 귀한 신의 대

| | |
|---|---|
| 등륙[555]이 몰래 도발하며 호령이 신속해라 | 滕六竊發號令迅 |
| 땅에 끌리는 환한 갑충(甲蟲) 이루 헤아릴 수 없고 | 曳地明甲數難認 |
| 산에 그득한 번개 창끝에 눈을 깜박일 수도 없네 | 漫山電矛那可瞬 |
| 구름사다리 모래 화살로 교묘히 틈을 파고드니 | 雲梯沙箭巧投釁 |
| 하룻밤 사이에 목관[556]은 서리가 머리에 가득 | 一夜木官霜滿鬢 |
| 바람과 구름 교차하며 달무리가 진을 치니 | 風雲交回月暈陣 |
| 누란(累卵)의 위기에 어떻게 순역을 논할 수야[557] | 纍卯安能論逆順 |
| 청제[558]가 거니는 뜰은 유린을 당하였고 | 青帝庭闈被蹂躪 |
| 얼어붙은 영소에는 오인[559]이 없어졌도다 | 氷堅靈沼無於牣 |
| 세류영(細柳營)[560]에는 날리는 먼지가 사라졌고 | 飛塵已沒細柳鎭 |

---

우를 받았으며, 사직의 다섯 사신(祀神)으로서 높여지고 받들어졌다. 목을 담당하는 장관을 구망이라 했고, 화를 담당하는 자를 축융이라 했고, 금을 담당하는 자를 욕수라 했고, 수를 담당하는 장관을 현명이라 했고, 토를 담당하는 장관을 후토라 했다.〔五行之官 是謂五官 實列受氏姓 封爲上公 祀爲貴神 社稷五祀 是尊是奉 木正曰句芒 火正曰祝融 金正曰蓐收 水正曰玄冥 土正曰后土〕"라는 말이 나온다. 목(木)은 계절로는 봄에 해당한다. 그래서 《예기》〈월령(月令)〉에도 "봄을 주관하는 천제는 태호이고, 그 귀신은 구망이다.〔其帝太皥 其神句芒〕"라고 하였다.

555 등륙(滕六) : 눈 귀신 이름이다.

556 목관(木官) : 목정(木正)과 같다. 292쪽 주554 참조.

557 누란(累卵)의……수야 : 대본에는 '纍卯安能論逆順'으로 되어 있으나, '卯'는 '卵'의 잘못이기에 바로잡아 번역하였다.

558 청제(青帝) : 봄을 주관한다는 천제(天帝)의 이름이다. 봄이 오행(五行)상으로 목(木)에 속하여 동방(東方)과 청색(青色)의 속성을 지니고 있기 때문에, 동제(東帝)·청황(青皇) 등으로 칭하기도 한다.

559 오인(於牣) : 물고기들이 물속을 가득 채운 채 자유를 만끽하며 마음껏 뛰어오르는 것을 말하는데, 《시경》〈영대(靈臺)〉의 "왕이 영소에 계시니, 아 고기들이 가득히 뛰놀도다.〔王在靈沼 於牣魚躍〕"라는 말에서 나온 것이다. 이는 주 문왕(周文王)이 선정(善政)을 베풀자 백성들이 문왕의 못을 영소(靈沼)라 하고 그 못의 물고기까지 찬미한 것인데, 맹자(孟子)가 왕자(王者)의 덕화(德化)를 설명하면서 이 부분을 인용하기도 하였다. 《孟子 梁惠王上》

진양성(晉陽城)[561]은 잠긴 물이 몇 길도 넘었네　波浸晉陽餘數仞
광정섬점의 맹수처럼 기상이 맹렬하고[562]　獷睛磁磹氣象峻
고래 이빨 번득이며 무너졌다 솟구쳤다[563]　鯨齒閃爍崩騰進
화왕은 붉은 패옥을 감히 떨치지 못하고　花王霞珮不敢振
창룡은 놀라 턱 아래 구슬을 떨어뜨리네　蒼龍驚落頷下瑾
헝클어진 머리와 옷자락[564]에 모두 달라붙은 눈이여　鬖髿裳衣物皆襯
겉모습만 바뀌었을 뿐 비루한 마음이야 없어졌으리오　面革詎無心懷吝
일천 숲 옛 색깔이 일시에 사라졌나니　千林舊色一時盡

---

560 세류영(細柳營) : 한(漢)나라의 장군 주아부(周亞夫)의 군영이다. 문제(文帝)가 시찰을 왔을 때에도 군사들이 장군의 명령만 따르면서 황제를 제지한 고사로 유명한데, 이후 군기가 엄한 진영의 뜻으로 쓰이게 되었다. 《史記 卷57 絳侯周勃世家》

561 진양성(晉陽城) : 춘추 시대 조양자(趙襄子)가 지백(智伯)의 공격을 받고 피신하여 마지막 보루로 삼았던 곳인데, 당시에 "지백이 한씨와 위씨를 따라 조씨를 공격하면서, 진양을 포위하고 물로 공격을 하자, 성 아래로 잠기지 않은 것이 3판이었다.〔智伯從韓魏以攻趙 圍晉陽而水之 城下不沈者三板〕"라는 기록이 전한다. 《戰國策 趙策1》 3판(板)은 6척(尺)이다.

562 광정섬점(獷睛磁磹)의……맹렬하고 : 눈보라 치는 형세가 마치 맹수가 사납게 달려드는 것과 같다는 말이다. 광정섬점은 사나운 눈알에서 튀어나오는 번갯불 같은 섬광이라는 뜻으로, 맹수의 눈빛을 형용하는 말이다. 한 무제(漢武帝) 정화(征和) 3년(기원전 90)에 월지국(月支國)에서 맹수를 바쳤는데, "그 맹수가 홀연히 울부짖으니 그 소리가 하늘에서 우레가 크게 치는 듯하였고, 또 두 눈에서 마치 번갯불이 교차하듯 섬광이 하늘에 뻗쳤다.〔忽叫 如天大雷霹靂 又兩目如磁磹之交光 光朗沖天〕"라는 기록이 동방삭(東方朔)의 《해내십주기(海內十洲記)》 〈취굴주(聚窟洲)〉에 나온다.

563 고래……솟구쳤다 : 거센 파도가 몰아닥치는 것처럼 눈이 휘몰아치는 모습을 표현한 말이다. 참고로 이백(李白)의 〈공무도하(公無渡河)〉 시에 "긴 고래가 흰 이빨을 드러내면 마치 설산과 같다.〔有長鯨白齒若雪山〕"라는 표현이 나온다. 《李太白集 卷2》

564 헝클어진 머리와 옷자락 : 참고로 한유(韓愈)의 〈신묘년설(辛卯年雪)〉 시에 "백제가 우위의 의장(儀仗) 성대히 하고, 머리 헝클어진 채 옷자락을 휘날리누나.〔白帝盛羽衛 鬖髿振裳衣〕"라는 말이 나온다. 《韓昌黎集 卷5》

| | |
|---|---|
| 눈앞의 광경이 잿더미 된 이릉[565] 보는 듯 | 入眼如見夷陵燼 |
| 송죽의 굳센 절조 사람들이 불신하며 | 松篁勁節人不信 |
| 세상 유행 따라 치장하는가 의심하네 | 疑作珍粧時世趁 |
| 강과 산에 투신하여 혹한을 참고 견디면서 | 投江抵山忍寒疢 |
| 우를 꾀하는 진의 수극을 받으려 하시는가[566] | 垂棘肯納謀虞晉 |
| 내가 청제에 바라노니 천공(天公)에게 아뢰면서 | 我願靑帝向天訊 |
| 반복하여 귀에 대고 정녕 신중하게 하되[567] | 還復附耳丁寧愼 |
| 신이 양덕을 맡았으나 반딧불같이 미약하니 | 臣司陽德微如燐 |
| 사람들이 대궁도 안 먹여 줄까 겁난다고 하시라 | 直恐人將不我餕 |
| 음려[568]를 죄다 호소하고 눈물을 흩뿌리며 | 訴盡陰沴淚隨汛 |
| 모래밭에서 머리 조아리고 규인을 반환하면[569] | 額搨沙土還圭印 |

565 잿더미 된 이릉(夷陵) : 이릉은 전국 시대 초(楚)나라의 왕릉(王陵)인데, 진(秦)나라 백기(白起)가 "초나라를 공격하여 수도인 영을 함락하고 이릉을 불태웠다.〔攻楚 拔郢 燒夷陵〕"라는 기록이 전한다.《史記 卷73 白起列傳》 여기서는 눈 덮인 산의 모습을 형용한 것이다.

566 강과……하시는가 : 솔과 대가 눈에게 옥구슬 같은 선물을 받아 주렁주렁 달고 좋아하다 보면 결국 자신을 망치는 결과를 초래할 것이라는 뜻의 해학적인 표현이다. 수극(垂棘)은 춘추 시대 진(晉)나라의 지명이다. 미옥(美玉)의 생산지로 유명하기 때문에, 미옥의 별칭으로 쓰이기도 한다. 진(晉)나라 순식(荀息)이 수극에서 나오는 미옥과 굴(屈)에서 나오는 준마를 우(虞)나라에 선물로 주면서, 괵(虢)나라를 칠 테니 길을 빌려 달라고 요청했을 때, 우나라의 현신(賢臣) 궁지기(宮之奇)가 우나라와 괵나라는 순망치한(脣亡齒寒)의 관계이니 그 요구를 들어주면 안 된다고 임금에게 간했으나 이를 듣지 않다가, 끝내는 괵을 멸망시키고 돌아오는 진나라 군대에게 우나라까지 멸망을 당한 고사가《춘추좌씨전》 희공(僖公) 2년에 전한다.

567 반복하여……하되 : 한유(韓愈)의 〈월식시효옥천자작(月蝕詩效玉川子作)〉 시에 "정녕 천공(天公)의 귀에 대고 누설되지 않게 한다.〔丁寧附耳莫漏洩〕"라는 말이 나온다.《韓昌黎集 卷5》

568 음려(陰沴) : 음양(陰陽)의 기운이 조화를 잃어 음기(陰氣)가 치성한 나머지 절서(節序)가 어긋나는 등 재해가 발생하는 것을 말하는데, 소인들이 군자를 억누르고 득세(得勢)하는 현상을 은연중에 암시하고 있는 말이기도 하다.

천공이 바람 일으켜 닫힌 북문 개방하고　天遣生風開北墐
인재를 내려 보좌하도록 또 허락하시리라　佐理又許賚良雋
음침한 요기 사라져서 눈에 헛것이 안 보이면　氛消陰剝眼去瞵
신기루 물씬 일어나듯[570] 유능한 인재 몰려오리　士趨賢進霏昇蜃
눈 녹아 기름진 밭이 되면 기근이 끊어지리니　融作田膏絶饑饉
경예의 죽은 뼈다귀[571]야 묻어 줄 필요 있으리오　鯨鯢死骨何須殣
형벌과 은덕 베푸는 일 오토(烏兎)[572]에 맡길지니　主刑主德任烏㕙
위차(位次) 지켜 안행하며 머뭇거린 적 없었도다　安行于次曾無遴
유행함이 예로부터 역마보다도 신속하니　流行從古速郵駿
만물이 고무되며 뇌풍이 진동하리로다　萬物鼓舞雷風震
아 청제(靑帝)는 어느 때나 길 떠나 아뢰려나　嗚呼何時發此軔
나의 칼 복수하려고 피 안 묻혀도 되련마는　復冤何煩血我刃
명월을 던져 주려니 혼호가 내칠 게 분명하고　欲投明月閽虎擯

569 모래밭에서……반환하면 : 당나라 노동(盧仝)의 〈월식시(月蝕詩)〉 시에 "옥천자가 또 눈물을 흘리면서, 마음속으로 기도하고 두 번 절하며, 모래밭에서 머리 조아린다.〔玉川子又涕泗下 心禱再拜額搨沙土中〕"라는 말이 나온다. 《全唐詩 卷387》

570 신기루 물씬 일어나듯 : 한유(韓愈)의 〈송구홍남귀(送區弘南歸)〉 시에 "큰 조개가 바다 밑에 잠겼지만 때가 되면 신기루가 물씬 일어나고, 채색 꿩이 들판에 엎드려 있지만 그 깃털은 궁선(宮扇)을 만드는 데에 쓰인다.〔蜃沈海底氣昇霏 彩雉野伏朝扇翬〕"라는 말이 나온다. 《韓昌黎集 卷4》

571 경예(鯨鯢)의 죽은 뼈다귀 : 고래가 육지에 올라와 죽어서 부서진 뼈가 산처럼 쌓였다는 말로, 눈이 무더기로 쌓인 것을 비유한 말이다. 한유의 〈영설증장적(詠雪贈張籍)〉 시에 "고래가 땅에 올라와 죽은 뼈다귀요, 곤강(崑崗)에서 옥석이 모두 불타고 남은 잿더미라.〔鯨鯢陸死骨 玉石火炎灰〕"라는 말이 나온다. 《韓昌黎集 卷9》 경예는 잔 물고기를 게걸스럽게 먹어 치우는 큰 고래를 말하는데, 여기서는 사람을 곤혹스럽게 하는 못된 눈이라는 뜻을 내포하고 있다.

572 오토(烏兎) : 일월(日月)의 별칭이다. 해 속에 까마귀가 있고, 달 속에 토끼가 있다는 신화에서 유래한 것이다.

품고 있자니 재물 위해 죽는 탐부 같네그려[573]　　懷之有同貪夫殉

573 명월(明月)을……같네그려 : 고산이 나라를 위해 건의하며 바른말을 하고 싶지만, 현실 상황을 고려해 볼 때 이러지도 저러지도 못할 난처한 입장에 처한 것을 표명한 말이다. 명월은 명월주(明月珠)를 말한다. 밤에 길 가는 행인의 앞에다 명월주를 던져 주면 고맙게 생각하는 대신 모두 칼에 손을 대면서 좌우를 두리번거릴 것이라는 명주암투(明珠暗投)의 고사가 전하는데, 이 고사는 흔히 재능을 알아주기는커녕 오히려 질시와 비난을 받으며 소외당하는 것을 비유하는 말로 쓰인다. 《史記 卷83 鄒陽列傳》 혼호(閽虎)는 구중(九重)의 천문(天門)을 지키는 맹수라는 뜻의 구혼호표(九閽虎豹)를 줄인 말로, 포악한 권신(權臣)을 비유하는데, 보통 구관호표(九關虎豹)라고 한다. 또 《춘추좌씨전》 환공(桓公) 10년에 "필부가 무슨 죄가 있나, 옥구슬 품고 있는 것이 바로 죄라네.〔匹夫無罪 懷璧其罪〕"라는 주(周)나라 속담이 인용되어 나온다. 참고로 소식(蘇軾)의 〈용미연가(龍尾硯歌)〉 시에 "황종의 옥이나 백호의 구슬이나 하늘이 아낌없이 내주지만, 다만 걱정은 탐부가 그 보물을 품고 있다가 죽는 것.〔黃琮白琥天不惜 顧恐貪夫死懷璧〕"이라는 표현이 나온다. 《蘇東坡詩集 卷23》

네 번째 창화한 시. 객지 탑상 위에서 혼자서 웃게 할 만한 자료를 제공하려고 중언부언하며 그칠 줄을 모르니, 이는 바로 한자가 "혀를 붙잡아 맬 수가 없다."라고 한 것[574]이 아니리오.

四和欲供旅榻孤笑重言複言而不知止韓子所謂舌不可捫者歟

| | |
|---|---|
| 서리 밟으면 얼음 얼고 주춧돌 습하면 비 오나니[575] | 氷知履霜雨礎潤 |
| 연유하여 오는 것이 갑작스러운 것이 아니라네[576] | 所由來者曾非迅 |
| 집에 불이 난 뒤에야 겨우 알아차린다면 | 廈焚如到及已認 |
| 사람의 안목이 개와 다를 것이 무엇이랴 | 具眼何殊犬初瞬 |
| 제방의 개미구멍을 경계하지 않는다면[577] | 隄防不戒螻蟻釁 |
| 늙은이도 어린아이와 같다고 할 수밖에 | 老蒼還同髧兩鬢 |

574 한자(韓子)가……것 : 한유(韓愈)의 〈육혼산화화황보식용기운(陸渾山火和皇甫湜用其韻)〉 시에 "후회하여 그만두려고 해도 혀를 붙잡아 맬 수가 없다.〔雖欲悔舌不可捫〕"라는 표현이 나온다. 《韓昌黎集 卷4》

575 서리……오나니 : 미세한 조짐을 보고서 앞으로 닥칠 일을 미리 알아 대처해야 한다는 말이다. 《주역》 〈곤괘(坤卦) 초육(初六)〉에 "서리를 밟으면 두꺼운 얼음이 어는 때가 곧 닥친다.〔履霜堅氷至〕"라는 말이 나오고, 송(宋)나라 소순(蘇洵)의 〈변간론(辨奸論)〉에 "달무리가 생기면 바람이 일고, 주춧돌이 습하면 비가 내린다.〔月暈而風 礎潤而雨〕"라는 말이 나온다.

576 연유하여……아니라네 : 《주역》 〈곤괘(坤卦) 문언(文言)〉에 "신하가 임금을 시해하고 자식이 아비를 시해함은 일조일석에 생긴 사고가 아니요, 그 연유하여 온 것이 점차적인 것이다.〔臣弑其君 子弑其父 非一朝一夕之故 其所由來者 漸矣〕"라는 말이 나온다.

577 제방의……않는다면 : 《한비자(韓非子)》 〈유로(喩老)〉에 "천 길의 제방이 개미의 구멍 때문에 무너진다.〔千丈之隄 以螻蟻之穴潰〕"라는 말이 나온다. 작은 조짐이라도 미리 알아채어 조심하지 않으면 장차 큰 재앙을 초래한다는 말이다.

봄 하늘에 포거[578]가 여전히 진을 치다니　春天猶整礮車陣
지금이 어찌 욱명[579]의 시령을 따를 때인가　此豈頊冥時令順
구망[580]은 어찌하여 쌓인 음기 짓밟고서　句芒何不積陰躪
하늘에 얼른 양기를 활짝 펼치지 않는지　早布陽和天宇牣
금신[581]이 전격적으로 열진을 지나가니　金神電擊過列鎭
경각간에 천 길이나 넘쳐 나는 바람 먼지　頃刻風塵漲千仞
곧장 성 밖에 와서 구름사다리 걸쳐 놓고　直到城外雲梯峻
어깨 움츠린 청제에게 선전포고를 하는데　始告青帝拳肩進
목관은 잿빛이 되어 팔다리 벌벌 떨고　木官灰色股肱振
청제 옆에는 옥새를 지켜 줄 사람도 없네　帝傍無人守圭瑾
마른 나무는 흰 분을 바르게 되어 기뻐하고　枯槎喜得明粧襯
얼어붙은 풀은 다투어 호액[582]을 욕심내누나　凍卉爭將狐腋吝
일백 숲은 쓸쓸하게 봄 경치 죄다 없어지고　百林蕭索韶華盡
동산에는 병화(兵火)로 타 버린 재만 보일 뿐　園苑但見頹兵燼
솔이 꽃 소식 둔감해서 예전에 싫었는데　曾嫌松不媚花信
지금 홀로 옛 모습 그대로 와서 뒤따르네　今獨舊顏來相趁
꺾고 누른들 죽군[583]을 어떻게 병들게 하랴　挫抑何傷竹君疢

578 포거(礮車) : 포거운(礮車雲)의 준말로, 폭풍 직전의 먹구름을 가리킨다. 87쪽 주105 참조.

579 욱명(頊冥) : 겨울 귀신의 별칭이다. 286쪽 주528 참조.

580 구망(句芒) : 봄을 담당하는 귀신을 말한다. 292쪽 주554 참조.

581 금신(金神) : 서방의 신으로, 가을의 숙살지기(肅殺之氣)를 띠고 형벌을 주관한다. 소호(少皥) 혹은 욕수(蓐收)라고도 한다.

582 호액(狐腋) : 여우의 겨드랑이 털로 만든 옷이라는 뜻으로, 흰 눈이 덮인 것을 비유한 말이다.

583 죽군(竹君) : 대나무를 가리킨다. 이 말 속에는 고죽군(孤竹君)의 두 아들인 백이(伯夷)와 숙제(叔齊)의 굳센 절조의 뜻이 함축되어 있다.

정도(正道)를 지킴이 진괘의 초육과 같은 것을[584] 守正猶如初六晉
바라건대 청제는 집신[585]할 일을 꾀하여 我願青帝謀執訊
천기를 부디 뭇 꽃들에게 돌려주시기를 天機更與群芳愼
마치 반딧불 잡듯 손으로 불을 쥐고 手中握火如握螢
혀끝으로 남김없이 쓸개를 맛보시기를[586] 舌上嘗膽無些餕
먼저 풍후[587]에게 쓸어 내는 일 담당케 하고 先教風后主掃汛
다시 세류[588]에게 장군의 인수를 내주고서 申命細柳將軍印
명당의 좌개[589]를 닫지 않고 열어 두면 明堂左介闢不墐

584 정도(正道)를……것을 : 《주역》 〈진괘(晉卦) 초육(初六)〉에 "나아가다가 꺾이기도 하는데 정고(貞固)하면 길하다.〔晉如摧如 貞 吉〕"라고 하였고, 〈진괘 초육 상(象)〉에 "나아가다가 꺾이기도 하는 것은 홀로 바른 길을 행하기 때문이다.〔晉如摧如 獨行正也〕"라고 하였다.

585 집신(執訊) : 신문(訊問)해야 할 적의 괴수(魁首)를 붙잡는다는 뜻이다. 《시경》 〈출거(出車)〉에 "신문할 괴수를 체포하고 그 부하들을 생포하여, 잠깐 사이에 되돌아온다.〔執訊獲醜 薄言還歸〕"라는 말이 나온다.

586 마치……맛보시기를 : 청제(青帝)가 추운 날씨에 빼앗긴 봄의 권한을 되찾기 위해, 고심참담(苦心慘憺)하며 각고면려(刻苦勉勵)해야 할 것이라는 뜻의 해학적인 표현이다. 전국 시대 월왕(越王) 구천(句踐)이 오(吳)나라에 복수하려는 마음을 잊지 않으려고, "겨울에도 항상 얼음을 가슴에 품고, 여름에도 오려 불을 손에 쥐었으며, 마음과 뜻을 괴롭히며 문에 쓸개를 매달아 놓고 출입할 때마다 맛보았다.〔冬常抱冰 夏還握火 愁心苦志 懸膽於戶 出入嘗之〕"라는 기록이 전한다. 《吳越春秋 句踐歸國外傳》

587 풍후(風后) : 황제(黃帝)의 재상인데, 여기서는 바람을 의인화하였다. 《사기(史記)》 권1 〈오제본기(五帝本紀)〉에 "황제(黃帝)가 풍후와 역목(力牧)과 상선(常先)과 대홍(大鴻)을 등용하여 백성을 다스렸다."라고 하였는데, 그 주(註)에 "풍후는 황제의 삼공(三公)이다."라고 하였다.

588 세류(細柳) : 실버들이라는 말인데, 군기가 엄한 세류영(細柳營)의 고사가 있기 때문에, 이렇게 의인화한 것이다. 294쪽 주560 참조.

589 명당(明堂)의 좌개(左介) : 명당의 왼쪽 방이라는 뜻으로, 여기서는 청제(青帝)가 집무하는 방을 말한다. 《예기》 〈월령(月令)〉에, 맹춘지월(孟春之月)에 "천자는 청양의 좌개에 거한다.〔天子居青陽左介〕"라는 말이 나오고, 《여씨춘추(呂氏春秋)》 〈맹하기(孟夏紀)〉에 "천자는 명당의 좌개에 거한다.〔天子居明堂左个〕"라는 말이 나온다. 좌개(左介)는 좌개(左个)라고도 한다.

천하의 도리 영걸들이 줄지어 서리라　天下桃李羅英雋
먼지가 말끔하니 눈에 헛것이 보일 리야　塵淸始覺眼非瞞
칭송하는 글들 모두 신기루처럼 성대해라　頌作仍看文似蜃
가곡이 구름처럼 둔쳐 굶지 않을 것이요　嘉穀雲屯茱不饉
더구나 구첨이 황천 아래 묻혀 있음이리오[590]　況有勾尖泉下殣
욱명은 내빼는 토끼처럼 갑병 거두고　頊冥捲甲如脫㲋
연한 바람 봄에 불며 희어는 느릿느릿[591]　軟風吹春羲御遴
풀빛 푸른 화산에는 준마가 한가롭고　草綠華山閑驥駿
자금은 연화의 빛이 진을 에워싸리라[592]　紫禁煙花光繞震
푸른 버들 아래 수레 떠남을 어찌 보리오　楊柳那看車發軔
꾀꼬리 노랫소리 속에 칼날을 녹이리라[593]　倉庚載歌鋒銷刃

590 더구나……있음이리오 : 풀이 싹을 틔워 나오려고 땅속에서 대기하고 있다는 말이다. 구첨(勾尖)은 구부러지거나 뾰족하게 나오는 싹들을 형용한 말이다. 한유(韓愈)의 〈고한(苦寒)〉 시에 "봄 귀신인 태호가 기강을 세우지 못한 채, 겨울 귀신 무서워 피하며 겸양만 한 나머지, 마침내 황천 아래의 싹들이 구부러지고 뾰족하게 나오다가 일찍 죽게 만들었네.〔太昊弛維綱 畏避但守謙 遂令黃泉下 萌牙夭勾尖〕"라는 말이 나온다. 《韓昌黎集 卷4》

591 희어(羲御)는 느릿느릿 : 봄이 되면서 낮 시간이 조금씩 길어지는 것을 말한다. 희어는 희화(羲和)의 수레라는 말로, 태양을 말한다. 95쪽 주121 참조.

592 자금(紫禁)은……에워싸리라 : 대궐 안의 세자궁(世子宮)에도 봄빛이 완연할 것이라는 말이다. 옛날에 자미원(紫微垣)을 제왕의 거처에 비유했기 때문에, 궁금(宮禁)을 자금(紫禁)이라고 한다. 그리고 진괘(震卦)는 장남을 상징하기 때문에, 세자의 별칭으로 쓰인다.

593 푸른……녹이리라 : 버들 우거진 봄날에 변방을 지키러 떠나며 사람들이 슬프게 이별하곤 하는데, 만약 오랑캐를 평정하고 개선한다면 이런 아픔도 겪지 않게 될 것이라는 말이다. 《시경》 〈채미(采薇)〉는 변방에서 오래 수자리 살다가 고향에 돌아오는 병사의 심경을 읊은 시인데, 그중에 "옛날에 내가 길을 떠날 때에는, 푸른 버들가지가 휘휘 늘어졌는데, 지금 내가 돌아올 때에는 함박눈이 펄펄 내리네.〔昔我往矣 楊柳依依 今我來思 雨雪霏霏〕"라는 말이 나온다. 또 《시경》 〈출거(出車)〉는 개선하는 장수를 위로한 시인데, 그중에 "봄날의 해 길고 길어, 초목이 무성도 해라. 꾀꼬리 노래하는 속에, 흰쑥을 여럿이 뜯네. 신문할 괴수 체포하고

내 말이 쓰이기만 한다면 몸이야 버려지든 말든 吾言倘用身任擯
가설하여 순장(殉葬)하는 추령을 어찌 본받으리오[594] 假設肯效蒭靈殉

---

부하들 생포하여, 잠깐 사이에 돌아오네. 혁혁한 남중이여, 험윤을 평정하였도다.〔春日遲遲 卉木萋萋 倉庚喈喈 采蘩祁祁 執訊獲醜 薄言還歸 赫赫南仲 玁狁于夷〕"라는 말이 나온다.

594 가설(假設)하여……본받으리오 : 소식(蘇軾)의 〈진소유몽발빈이장지자운……(秦少游夢發殯而葬之者云……)〉 시에 "도거와 추령은 모두 가설한 것들이니, 그대여 자세히 눈여겨 보고 착각하지 마시라.〔塗車芻靈皆假設 著眼細看君勿誤〕"라는 말이 나온다.《蘇東坡詩集 卷24》 추령(芻靈)은 풀을 묶어서 사람의 형상을 만든 것이고, 도거(塗車)는 진흙을 빚어서 수레의 형상을 만든 것인데, 모두 죽은 자의 무덤에 순장용(殉葬用)으로 함께 묻어서 종위(從衛)하게 하는 명기(明器)의 일종이다.《禮記 檀弓下》

## 이해 2월 5일에 또 폭설이 내렸기에 다시 앞의 운을 써서 화답을 구하였다
是歲仲春五日又大雪復用前韻求和

| | |
|---|---|
| 봄날이면 비와 이슬이 적셔 주어야 할 텐데 | 春天端合雨露潤 |
| 남쪽 땅에 눈보라가 휘몰아치다니 웬 말인가 | 南土如何風雪迅 |
| 육출[595]인 줄 분명히 옷 위에선 알겠는데 | 六出分明衣上認 |
| 한번 떨면 순식간에 체 밑의 가루로세 | 一麾霏微簁底瞬 |
| 섬돌의 개미는 벌레 끌다 괴목(槐木)의 구멍을 못 찾고[596] | 階蟻拖蟲失槐釁 |
| 마당의 솔은 머리 파묻혀 구담(瞿曇)의 머리를 이루었네[597] | 庭松埋髮成曇鬢 |
| 행인은 마치 어복의 진에 들어간 듯[598] | 行人如入魚腹陣 |

595 육출(六出) : 육출화(六出花)의 준말로, 눈의 별칭이다. 다른 초목은 대부분 다섯 개의 꽃잎을 가지고 있는 반면에, 설화(雪花)만은 육각(六角)으로 되어 있다고 해서 붙여진 이름인데, 육출공(六出公)이라고도 한다.

596 섬돌의……찾고 : 개미도 집으로 들어갈 구멍이 눈으로 뒤덮여서 길을 잃었다는 말이다. 순우분(淳于棼)이란 사람이 괴목(槐木) 아래에 술 취해서 잠깐 누워 잠든 사이에 괴안국(槐安國)의 부마(駙馬)가 되어 남가(南柯)의 태수로 30년 동안 있으면서 온갖 부귀영화를 누렸는데, 꿈을 깨고 보니 괴안국은 바로 괴목의 남쪽 가지 밑에 있는 개미의 구멍이었다는 이야기가 당(唐)나라 이공좌(李公佐)의 〈남가태수전(南柯太守傳)〉에 나온다.

597 마당의……이루었네 : 소나무도 흰 눈이 쌓여서 머리 깎은 승려처럼 둥그런 대머리가 되었다는 말이다. 구담(瞿曇)은 범어(梵語) Gautama의 음역(音譯)으로 석가(釋迦)의 성씨인데, 이후 불승(佛僧)의 대명사로 쓰이게 되었다.

598 행인은……듯 : 눈보라가 휘몰아쳐서 사방을 구분할 수 없다는 말이다. 어복(魚腹)의 진은 제갈량(諸葛亮)이 만들었다는 팔진도(八陣圖)를 말하는데, "제갈량이 어복의 평사(平沙) 물가에서 팔진도를 구상할 적에, 돌을 포개 팔항(八行)을 만들고 각

가는 길에 생문[599]을 찾을 수가 없어라　去路未得生門順
땅에 붙고 하늘에 닿아 밟기도 쉽지 않고[600]　着地連天不易躪
모험을 하다 구덩이 만나면 쓰러질 밖에　乘危任摧逢坎物
화이의 진도 경계가 갑자기 희미해지고　界限遽迷華夷鎭
섬돌 역시 높고 낮은 구분이 없어졌네　階砌又無高卑仞
복파의 손가락 아래 깊숙한 일천 골짜기요[601]　伏波指下千谷峻
아부의 칼에 박살난 한 쌍의 옥두(玉斗)로세[602]　亞父刃邊雙斗進
가시덤불도 날개 돋아나 예의[603]를 휘날리고　莿榛羽化霓衣振

---

항의 거리를 2장(丈)으로 하였다.〔諸葛亮造八陣圖於魚腹平沙之下 纍石爲八行 行相去二丈〕"라는 말이 《진서(晉書)》 권98 〈환온열전(桓溫列傳)〉에 나온다. 이 진법 안에 한번 들어가면 너무도 신묘막측(神妙莫測)해서 도저히 빠져나올 수 없다고 한다.

599 생문(生門) : 팔진도에 설치된 8문(門) 중의 하나이다. 8문은 휴(休), 생(生), 상(傷), 두(杜), 사(死), 경(景), 경(驚), 개(開)의 문을 말하는데, 이 중에서 휴·생·개 3문은 길하고 나머지는 흉하다고 한다. 《기문둔갑(奇門遁甲)》 〈사시통용팔문첩법(四時通用八門捷法)〉에 "매일 출입하며 일을 할 때에, 개·휴·생 3문을 따르면 크게 길하다.〔凡每日出入用事 從開休生三門 大吉〕"라는 말이 나온다.

600 땅에……않고 : 한유(韓愈)의 〈영설증장적(詠雪贈張籍)〉 시에 "눈이 땅에 달라붙어 말 수도 없고, 하늘에 잇닿아서 밀 수도 없네.〔著地無由卷 連天不易推〕"라는 말이 나온다. 《韓昌黎集 卷9》

601 복파(伏波)의……골짜기요 : 후한(後漢) 광무제(光武帝)가 외효(隗囂)를 치기 위하여 친정(親征)했을 때, 제장(諸將)의 의견이 엇갈리자, 농서(隴西)에서 복파장군(伏波將軍) 마원(馬援)을 불러 자문을 구했는데, 마원이 황제 앞에서 쌀을 모아 산과 골짜기를 만들어 놓고 손가락으로 가리키며 형세를 설명하자, 광무제가 기뻐하며 그 계책대로 진군해서 대승을 거둔 고사가 전한다. 《後漢書 卷24 馬援列傳》 여기서는 고산이 흰 쌀을 흰 눈에 비유한 것이다.

602 아부(亞父)의……옥두(玉斗)로세 : 휘날리는 눈발을 마치 옥두가 부서져 가루로 날리는 것 같다고 표현한 것이다. 288쪽 주538 참조. 아부는 아버지 다음으로 존경한다는 뜻의 경칭으로, 항우(項羽)가 그의 모신(謀臣) 범증(范增)을 일컬은 칭호이다.

603 예의(霓衣) : 신선의 의상을 가리킨다. 예상(霓裳)이라고도 한다. 《초사(楚辭)》 〈동군(東君)〉에 "윗옷은 푸른 구름 아래옷은 흰 무지개, 긴 화살 메겨서 천랑성을 쏘네.〔青雲衣兮白霓裳 擧長矢兮射天狼〕"라는 말이 나온다. 대본에 "예의(霓衣)가 다른 판본에는 예상(霓裳)으로 되어 있다."라는 편자(編者)의 주가 붙어 있다.

표범은 요동 돼지요[604] 기와는 옥이 되었도다 豹爲遼豚瓦爲瑾
도성에서 그 누가 화패를 멀리 하랴마는[605] 傾都貨貝孰不襯
한 수레의 율무는 탐욕 때문이 아니라오[606] 一車薏苡非貪吝
산과 들 무성한 수풀 죄다 모습 바뀠나니 山原叢薄一變盡
얼핏 녹대[607]의 남은 보화 잿더미로 변한 듯 初似鹿臺餘寶燼
원신과 비교되는 춘객이 아닐 수 있겠는가 得非春客較原信
빛나는 칼집 장식 옆에 구슬 신발이 따라오니[608] 劍飾輝邊蹑履趁

---

604 표범은 요동(遼東) 돼지요 : 표범도 눈을 맞고 나서는 흰 돼지로 변했다는 말이다. 요동의 돼지가 머리가 흰 새끼를 낳자, 주인이 기이하게 여겨 조정에 바치려고 길을 떠났다가, 하동(河東)에 와서 돼지가 모두 흰 것을 보고는 부끄럽게 여겨 돌아갔다는 요동시(遼東豕)의 고사가 전한다.《後漢書 卷33 朱浮列傳》

605 도성에서……하랴마는 : 화패(貨貝)는 조개껍데기로 만든 고대의 화폐를 말하는데, 그 색깔이 희기 때문에 눈에 비유한 것이다. 참고로 한유(韓愈)의 〈영설증장적(詠雪贈張籍)〉 시에 "들판을 짓누르니 영지버섯 피어나고, 도성 전체에 돈이 그득 쌓여 있네.〔壓野榮芝菌 傾都委貨財〕"라는 말이 나온다.《韓昌黎集 卷9》

606 한……아니라오 : 후한(後漢)의 복파장군(伏波將軍) 마원(馬援)이 교지(交趾)를 정벌하고 돌아올 적에, 남방의 장기(瘴氣)를 막기 위하여 그곳에서 복용하던 율무〔薏苡〕를 수레에 가득 싣고 왔는데, 그가 죽고 난 뒤에 사람들이 명주(明珠)와 물소 뿔〔文犀〕을 수레에 싣고 왔었다고 비방하며 참소한 고사가 있다.《後漢書 卷24 馬援列傳》이 역시 율무의 색깔이 희기 때문에 눈에 비유한 것이다.

607 녹대(鹿臺) : 은(銀)나라 주왕(紂王)이 주옥(珠玉)과 전백(錢帛) 등을 저장했던 누대의 이름이다.

608 원신(原信)과……따라오니 : 원신은 평원군(平原君)과 신릉군(信陵君)의 병칭이고, 춘객(春客)은 춘신군(春申君)의 문객이라는 말이다. 구슬 신발은 눈 위를 걷는 신발을 비유한 말이다. 전국 시대 제(齊)나라의 맹상군(孟嘗君), 위(魏)나라의 신릉군, 조(趙)나라의 평원군, 초(楚)나라의 춘신군 등 이른바 사공자(四公子)가 모두 인재 기르는 것을 좋아하여 식객(食客) 수천 명을 두었다. 평원군이 춘신군에게 문객을 사신으로 보내자, 춘신군이 그를 상사(上舍)에 머물게 하였는데, "조나라 사신이 초나라 문객에게 뻐길 목적으로 비녀를 대모(瑇瑁)로 꾸미고 칼집을 주옥(珠玉)으로 장식하고는 춘신군의 문객을 만나자고 하니, 춘신군의 문객 3천 인 중 상객은 모두 구슬로 장식한 신발을 신고 나타났으므로 조나라 사신이 크게 부끄러워했다.〔趙使欲夸楚 爲瑇瑁簪 刀劍室以珠玉飾之 請命春申君客 春申君客三千餘人 其上客皆躡珠履以見趙使 趙使大慙〕"라는 기사가 《사기(史記)》 권78 〈춘신군열전(春申君列傳)〉에 나온다.

중이의 지혜는 위기 속에서 나온 것이 아니겠나　無乃重耳智存疢
진나라 돌아가기 전에 휘관하고 수찬하였으니[609]　揮盥受餐未還晉
뭇 꽃 소식 어떤지 물어보고 싶지만　衆芳消息我欲訊
겁이 나서 슬쩍슬쩍 훔쳐볼 뿐이라오　恇怯更復窺覘愼
매화 형은 대낮의 반딧불마냥 기운이 허약해서　梅兄氣餒眞晝燐
운자[610]를 하나도 남김없이 먹고 마신다나요　餔啜雲子曾無餕
차군[611]은 강직해서 붙으면 떨어 버리나니　此君倔强着便汎
마치 수정후[612] 인수(印綬)를 물리치는 듯　如却壽亭侯之印

---

609 중이(重耳)의……수찬(受餐)하였으니 : 중이는 춘추오패(春秋五霸)의 하나인 진 문공(晉文公)의 이름이다. 《맹자》 〈진심 상(盡心上)〉에 "사람의 덕스러운 지혜와 기술적인 재능은 항상 위기 속에서 나온다. 오직 외로운 신하와 서얼의 자식은 마음가짐을 극도로 조심하고 환란을 깊이 걱정하기 때문에 사리에 통달하는 것이다.〔人之有德慧術知者 恒存乎疢疾 獨孤臣孼子 其操心也危 其慮患也深 故達〕"라는 말이 나온다. 여기에서는 눈보라 치는 험한 날씨를 위기로 비유한 것이다. 휘관(揮盥)은 대야의 물을 털어서 뿌렸다는 말이고, 수찬은 잔치 음식을 얻어먹었다는 말이다. 중이가 진(晉)나라를 떠나 망명 생활을 할 적에 진 목공(秦穆公)의 딸 회영(懷嬴)이 가져온 대야의 물에 손을 씻고 털자 회영이 화를 내니 중이가 두려워하며 윗옷을 벗고 꿇어앉아서 죄인처럼 빌었고, 진 목공이 연회를 베풀며 〈유월(六月)〉의 시를 읊자 중이가 뜰로 내려가서 머리를 조아리고 절을 한 고사가 《춘추좌씨전》 희공(僖公) 23년에 나온다.

610 운자(雲子) : 운모(雲母) 가루를 말한다. 운모는 쌀알 모양의 작은 백색의 광석으로, 불로장생의 약재라고 하는데, 여기서는 눈을 비유하였다.

611 차군(此君) : 대나무의 애칭이다. 진(晉)나라 왕휘지(王徽之)가 주인이 없는 빈집에 잠시 거처할 적에 대나무를 빨리 심도록 다그치자, 사람들이 그 이유를 물으니, "어떻게 하루라도 차군 없이 지낼 수가 있겠는가.〔何可一日無此君耶〕"라고 대답한 고사에서 유래한 것이다. 《晉書 卷80 王徽之列傳》 왕휘지는 명필 왕희지(王羲之)의 아들이다.

612 수정후(壽亭侯) : 삼국 시대 촉(蜀)나라 관우(關羽)의 봉호(封號)이다. 관우가 원소(袁紹)의 대장 안량(顔良)을 참수(斬首)한 덕으로 마침내 백마(白馬)의 포위가 풀리자, "조조가 즉시 표문을 올려 관우를 한수정후로 봉하였다.〔曹公卽表封羽爲漢壽亭侯〕"라는 기록이 《삼국지(三國志)》 권36 〈촉서(蜀書) 관우전(關羽傳)〉에 나온다. 그런데 나관중(羅貫中)의 《삼국지연의(三國志演義)》에는, 처음에 조조가 수정후인(壽亭侯印)이라고 새겨서 관우에게 보냈을 때에는 관우가 거절하고

하늘 문 열리지 않고 땅의 문 막혔으니　天門不闢地戶墐
구원 어느 곳에 난초를 멋지게 심으리오[613]　九畹何處滋蘭雋
현명의 깊숙한 방에도 헛것이 눈에 어른어른　玄冥邃屋眼成瞵
전욱의 음침한 마당도 신기루처럼 현란해라　顓頊陰庭光眩蜃
지난 가을 기근 이어 올봄도 얼어붙어　今春凍繼去秋饉
얼음 밑의 사람이 교관[614]에 들어 있는 듯　氷底人若喬棺殣
아 내 어찌 토끼의 죽음[615]을 슬퍼하지 않으랴만　嗟我豈不哀死鵕
구관[616]의 문 두드리려 해도 가는 길이 어렵기만　欲叩九關行路遴
영균은 준마를 인도할 생각이 절실해도　靈均志切導騏駿

---

받지 않다가, 다시 한수정후지인(漢壽亭侯之印)이라고 여섯 글자를 새겨서 관우에게 보내니 관우가 "승상이 나의 뜻을 아는구나."라면서 받았는데, 이는 관우가 당초 조조에게 투항할 때의 "한나라에 항복하는 것이지 조씨에게 항복하는 것이 아니다.〔降漢不降曹〕"라는 조건을 충족시켰기 때문이라는 이야기가 실려 있다.

613 구원(九畹)……심으리오 : 굴원(屈原)이 조정에서 모함을 받고 쫓겨난 뒤에도 계속 인의(仁義)를 고수하겠다는 뜻을 밝히면서 "내가 구원의 땅에다 이미 난초를 심어 놓고는, 다시 백묘의 땅에다 혜초를 심었노라.〔余旣滋蘭之九畹兮 又樹蕙之百畝〕"라고 노래한 구절이 〈이소(離騷)〉에 나온다. 1원(畹)은 12묘(畝)이다.

614 교관(喬棺) : 왕교(王喬)의 관이라는 뜻으로, 백옥과 같이 흰 눈에 덮였다는 말이다. 왕교는 후한 사람으로 섭현(葉縣)의 수령으로 있으면서 조정에 올라올 때마다, 예전에 상서(尙書)의 관속으로 있을 적에 받았던 신발을 오리로 변하게 하여 그 위에 올라타고 왔다는 부석(鳧舃)의 전설로 유명한데, 하루는 하늘에서 옥으로 만든 관이 동헌 앞에 내려오자, 하늘이 자기를 부른다고 하면서 목욕하고 그 안에 들어가서 세상을 마쳤다는 이야기가 전한다.《後漢書 卷82上 方術列傳上 王喬》 참고로 이백(李白)의 〈증왕한양(贈王漢陽)〉 시에 "하늘에서 백옥의 관이 내려오자, 왕교가 섭현의 일을 그만두었다네.〔天落白玉棺 王喬辭葉縣〕"라는 말이 나온다.《李太白集 卷10》

615 토끼의 죽음 : 토사호비(兔死狐悲)의 고사에서 나온 말로, 동류(同類)가 죽고 다치는 등 낭패를 당하는 것을 말한다. 《삼국지연의(三國志演義)》 제89회에 "토끼가 죽으면 여우가 슬퍼하나니, 짐승도 이처럼 동류의 불행을 슬퍼한다.〔兔死狐悲 物傷其類〕"라는 맹획(孟獲)의 말이 나온다.

616 구관(九關) : 아홉 겹 하늘의 관문이라는 뜻으로, 대궐을 말한다.

| | |
|---|---|
| 태백처럼 하늘 북 둥둥 울리니 어떡하나[617] | 太白其如天鼓震 |
| 상담에 원유의 행차를 일단 멈추고서 | 湘潭已止遠遊軔 |
| 착어에 추수의 칼 속절없이 감췄어라[618] | 錯魚空藏秋水刃 |
| 하늘에 닿은 운한을 밀어내기는 어려워도 | 接天雲漢縱難擯 |
| 비슷함 다투는 아녀들이야 내 어찌 따르리오[619] | 兒女爭似吾何殉 |

617 영균(靈均)은……어떡하나 : 고산이 임금에게 간언(諫言)하여 바로잡고 싶어도 권신(權臣)이 방해를 하니 뜻대로 할 수 없다는 말이다. 영균은 굴원(屈原)의 자이다. 그가 지은 〈이소(離騷)〉에 "이 젊은 나이에도 더러움 버리지 않음이여, 어찌하여 이런 버릇 고치려 하지 않는지. 임금님이 준마 타고 달려오시면, 내가 앞장서서 길을 인도하련마는.〔不撫壯而棄穢兮 何不改乎此度也 乘騏驥以馳騁兮 來吾導夫先路〕"이라는 말이 나오고, 이백(李白)의 〈양보음(梁甫吟)〉 시에 "내가 용 갈기 붙잡고서 밝은 임금님 뵈려 하나, 뇌공이 하늘 북 둥둥 울리니 어떡하나.〔我欲攀龍見明主 雷公砰訇震天鼓〕"라는 말이 나온다. 《李太白集 卷2》

618 상담(湘潭)에……감췄어라 : 고산이 정치에 대한 뜻을 일단 접고 초야에 은거할 생각이라는 말이다. 상담은 굴원(屈原)이 지은 〈어부사(漁父辭)〉의 "굴원이 조정에서 쫓겨난 뒤에 상수(湘水)의 강담(江潭)을 서성이고 택반(澤畔)에서 읊조렸다."라는 말에서 나온 것이다. 착어(錯魚)는 착어의 가죽으로 만든 칼집을 말한다. 착어는 작어(鮎魚) 즉 교어(鮫魚)와 통한다. 이백(李白)의 〈취후증종생고진(醉後贈從甥高鎭)〉 시에 "갑 속에 서린 칼 작어로 장식하였나니, 한가히 허리에 찰 뿐 사용한 적이 없다네.〔匣中盤劍裝鮎魚 閒在腰間未用渠〕"라는 말이 나온다. 《李太白集 卷9》 추수(秋水)는 가을의 물빛처럼 싸늘하게 빛나는 검광(劍光)을 비유한 말이다. 원(元)나라 왕실보(王實甫)의 《서상기(西廂記)》 제1본(本) 제1절(折)에 "만금 나가는 보검은 추수의 칼 빛을 감추었고, 말 가득 봄 시름은 수놓은 안장을 짓누르네.〔萬金寶劍藏秋水 滿馬春愁壓繡鞍〕"라는 말이 나온다.

619 하늘에……따르리오 : 고산이 이해창(李海昌)의 뛰어난 시를 능가하기는 어렵다 하더라도, 눈을 읊을 때 사람들이 인용하는 상투적인 표현이야 어떻게 그대로 답습하겠느냐는 말이다. 하늘에 닿은 운한(雲漢)은 이해창의 시를 찬미한 것이다. 소식(蘇軾)의 〈용전운작설시류경문(用前韻作雪詩留景文)〉 시에 "분분하게 아녀들은 비슷한 표현만 다툴 뿐, 바다의 고래를 그대처럼 끌고 다니진 못한다네. 그대의 시는 아침부터 하늘에 닿은 은하인 듯, 나의 조그마한 시는 한 올 염색한 것에 불과할 뿐.〔紛紛兒女爭所似 碧海長鯨君未掣 朝來雲漢接天流 顧我小詩如點纈〕"이라는 말이 나온다. 《蘇東坡詩集 卷34》

## 도사 임효백에게 주다. 이계하, 조군헌 및 효백과 운자를 나누어 조 자를 얻었다. 기묘년(1639)

贈任都事孝伯與李季夏趙君獻及孝伯分韻得早字 己卯

효백은 이름이 유후(有後)[620]이고, 호는 만휴(萬休)이다.

| | |
|---|---|
| 예전에 볼 때는 그대 홍안이었는데 | 昔見子顏紅 |
| 지금 만나서는 이 몸이 백발이로세 | 今逢余髮皓 |
| 서로 어울려 떠도는 삶 이야기하다 | 相携述飄蕩 |
| 술에 취해서 쓰러지는 줄도 몰랐네 | 不覺醉成倒 |
| 달이 늦게 뜬다고 저어하지 마오 | 莫嫌月上遲 |
| 새벽닭 일찍 울까 그것이 걱정이오 | 却愁鷄叫早 |
| 듣건대 그대 돌아갈 길 바쁘다 하니 | 聞君歸去忙 |
| 날이 밝으면 길에 오르려 할 테니까 | 明發欲登道 |

620 유후(有後) : 대본에는 '有湲'로 되어 있으나, '湲'는 '後'와 통용이다. 임유후는 고산보다 14년 후배이다.

## 기묘년(1639, 인조17) 2월 3일 저녁에 이계하가 우곡에 와서 한밤중까지 대작하였는데, 고을의 기녀인 월선과 애옥이 함께 따라왔다. 계하가 취해서 벽에 시를 제하였으므로 내가 그 시에 차운하였다.

己卯仲春初三日日晡李季夏來愚谷對飮至夜分縣妓月仙愛玉隨來季夏醉題壁上次其韻

| | |
|---|---|
| 세상을 버리다니 나 실로 바보인데 | 世棄我實愚 |
| 골의 이름도 바보라서 내가 우스워 | 我笑谷名愚 |
| 그대 홀로 두 바보를 좋아하여 | 君獨愛兩愚 |
| 이 골 찾아와서 즐거워하는구려 | 來此谷而娛 |
| 옥은 어찌하여 저자에 내다 팔지 않고 | 玉胡不衒市 |
| 달은 어찌하여 초사흘 저녁에 둥근고 | 月胡圓朔晡 |
| 천천히 마시며 오늘밤 길게 늘이려 하니[621] | 細酌永今夕 |
| 네 사람 모두 똑같이 별 수 없는 바보들 | 四人成一迂 |
| 한번 물어보세 골짜기 귀신이여 | 爲問谷中神 |
| 이런 일 예전에 본 적이나 있는지 | 曾見此事無 |

621 천천히……하니 : 밤새도록 즐기면서 헤어지기 싫어하는 아쉬운 심정을 토로한 말이다. 《시경》〈백구(白駒)〉에 "그대의 흰 망아지가 내 밭의 콩잎을 먹었다 핑계 대고는, 붙잡아 매어 두고 오늘밤 길게 늘여, 저 훌륭하신 분을 내 집의 귀빈으로 모셨으면.〔皎皎白駒 食我場藿 縶之維之 以永今夕 所謂伊人 於焉嘉客〕"이라는 말이 나온다.

## 미아의 죽음을 슬퍼하며 기묘년(1639)

悼尾兒 己卯

이하의 시는 사면을 받은 뒤에 지은 것들이다.

미아(尾兒)는 나의 첩이 낳은 사내아이이다. 태어나면서부터 매우 영특해서 나의 사랑을 한 몸에 받았다. 기묘년(1639, 인조17) 2월에 내가 영덕(盈德)의 유배지에서 사면을 받고 돌아오게 되었는데, 20일 아침에 경주(慶州) 지역 요강원(要江院)에 이르렀을 때, 미아가 마마를 앓다가 이달 초하루에 죽었다는 말을 듣고는, 가슴이 찢어지는 듯 너무 아파서 어떻게 마음을 건잡을 수가 없었다. 이에 말 위에서 시를 지어 나의 슬픔을 토로하였다.

| | |
|---|---|
| 귀천의 구분은 다르다 해도 | 貴賤分則殊 |
| 부자의 정이야 어찌 다르랴 | 父子情何異 |
| 도중에 네가 죽었다는 말을 듣고 | 途中聞汝死 |
| 곡하기 전에 가슴이 먼저 떨렸다 | 未哭心先悸 |
| 나의 나이 마흔여섯 살에 | 我年四十六 |
| 슬하에 아이 두어서 기뻤나니 | 喜得膝下稚 |
| 생김새가 참으로 내 자식이요 | 眉目眞我兒 |
| 타고난 지능 또한 비범하였어라 | 良知出凡類 |
| 겨우 서너 살이 되었을 적에 | 甫及三四歲 |
| 행동거지가 내 뜻에 맞았나니 | 動止如我意 |
| 종이와 붓을 좋아할 줄 알았고 | 紙筆曉愛好 |
| 배나 밤은 삼갈 줄 알았으며 | 梨栗知敬忌 |

이따금 간단히 가르쳐 주면　　時將簡諒授
얼른 알아듣고 잘도 기억했지　　易學而能記
여섯 살 때 내가 들어간 섬은　　六歲我入海
바다에 떠 있는 아득한 선산　　海上仙山邃
수레 달리고 노를 저을 때마다　　巾車棹舟處
나를 따라서 안 간 곳이 없었는데　　隨我無不至
내가 앞뒤의 시내에서 노닐 때면　　我遊前後溪
나보다 먼저 짚신 끈을 조여 맸고　　先我約草屣
내가 혼자서 석실에 있을 때면　　我獨棲石室
날마다 찾아와 바위틈에서 놀았으며　　日來巖間戲
기이하게 솟은 형상을 애완하면서　　愛玩奇峭狀
신선의 비경인 줄을 알아챘다네　　解道靈仙祕
옛사람의 선행을 듣기 좋아하여　　喜聞古善行
내가 간단히 일러 주면 불평을 하고　　嫌我簡敎示
더 배우려 보채다 꾸지람까지 들으면서　　請益到嗔喝
밤에도 등잔불 아래 잠을 자지 않았다오　　靑燈夜不寐
지난해에 내가 붙잡혀 갈 당시에　　前年被逮行
서로 버리듯 황망히 이별하였는데　　忙別若相棄
네가 나의 말 옆에 서 있기에　　汝立我馬傍
채찍 멈추고 한번 돌아보았었지　　停鞭一回視
유배지 산골에서 함께 놀 사람 누구리오　　囚山誰與娛
너에 대한 생각을 그만둔 적 있었으랴　　憶汝何曾置
금년 봄 꿈속에서 너의 모습 보았나니　　今春夢見汝
완연히 들어와서 남창에 시립(侍立)하였기에　　宛入南窓侍
네가 어떻게 여기까지 멀리 왔을까　　汝豈能遠來
의아한 마음이 슬그머니 들었었다　　有疑心暗誌

내가 다행히 은사받고 돌아가게 되어　幸蒙恩赦歸
네가 날을 헤면서 고대하리라 여겼는데　料汝計日企
어찌 알았으랴 네가 죽었다는 소식을　豈料歸罔音
오늘 오는 도중에 듣게 될 줄이야　是日來道次
네가 죽었을 때 염습하지도 못하였고　汝沒斂不撫
네가 아팠을 때 약도 쓰지 못했으니　汝病藥不試
나의 마음 더더욱 아플 수밖에　所以增我傷
비통한 이 심정 비할 데 없어　痛悼無與比
밥을 대하면 눈물이 수저에 떨어지고　臨飡涕垂匙
말에 올라타면 눈물이 고삐를 적시노라　騎馬淚霑轡
전에 귀양 가서 소교[622]를 잃었는데　前謫失所嬌
지금 귀양 가서 또 이런 일 당하다니　今謫復此値
이것이 비록 나의 악업 때문이라 해도　雖緣我惡業
하늘의 벌은 어째서 이다지도 참혹한지　酷罰天何事
연전에 백미[623]가 세상을 떠나　頃歲白眉逝
지금도 마음이 에는 듯한데　至今心似刺
지금 또 네가 나를 저버리니　今又汝背我
인생이 잠깐임을 더욱 느끼겠다　轉覺身如寄
길고 짧음은 실로 명이 있는 것　脩短實有命

622 소교(所嬌) : 어린 자식을 가리킨다. 두보(杜甫)의 시 〈북정(北征)〉의 "평소에 귀여워했던 어린 자식은, 못 먹어서 낯빛이 눈보다도 희네.〔平生所嬌兒 顔色白勝雪〕"라는 시구에서 유래한 것이다.《杜少陵詩集 卷5》

623 백미(白眉) : 형제나 제자나 자제들 중에서 걸출한 사람을 일컫는 말이다. 삼국 시대 촉(蜀)나라 마량(馬良)의 다섯 형제가 모두 걸출한 가운데 마량이 그중에서도 특히 뛰어난 면모를 보였는데, 그의 눈썹에 흰 털이 있었으므로 백미라고 불렸다는 고사에서 유래한 것이다.《三國志 卷39 蜀書 馬良傳》

생을 해친다면 도를 모르는 것 傷生爲道累
어찌 부질없이 슬퍼만 하겠는가 何爲無益悲
이견[624]할 수 있기만 내가 바라노라 理遣吾庶冀

624 이견(理遣) : 이성적으로 사리를 살펴 이해함으로써 슬픈 감정을 해소하는 것을 말한다.

## 마음을 달래다 기묘년(1639)
遣懷 己卯

| | |
|---|---|
| 길 가다 만난 한 마리의 개 | 途中逢一犬 |
| 꼬리는 길고 색깔은 흰데 | 尾長而色白 |
| 이틀 동안 내 말을 따라다니며 | 兩日隨我馬 |
| 말에서 내리면 내 발을 맴돌았네 | 下馬繞我舃 |
| 손을 저어도 끝내 경계하지 않고 | 麾之終不懋 |
| 꼬리 흔들면서 뭔가 구하려는 듯 | 掉尾如有索 |
| 노비들도 기꺼이 밥을 던져 주며 | 奴婢欣投飯 |
| 토끼 쫓을 꾀를 다투어 생각했는데[625] | 爭思逐兎策 |
| 오늘 아침에 홀연히 보이지 않아 | 今朝忽不見 |
| 일행이 깊이 탄식하며 아쉬워했네 | 一行深歎惜 |
| 부르지도 않았는데 어디서 왔다가 | 來何不待招 |
| 쫓지도 않았는데 어디로 떠났는가 | 去何不待斥 |
| 인간 세상에 조물이 하는 짓이란 | 造物於人世 |
| 백 가지 일이 죄다 희극일 뿐이니 | 百事渾戲劇 |
| 얻었다고 기뻐할 것도 없고 | 得之不足喜 |

625 노비들도……생각했는데 : 그 개를 잘 길들여서 토끼를 잡으러 갈 때 사냥개로 이용할 생각도 해 보았다는 말이다. 진(秦)나라 승상 이사(李斯)가 간인(奸人)의 무함을 받고 함양(咸陽)에서 요참(腰斬)의 형을 당하기 직전에 그의 아들을 돌아보며 "내가 너와 함께 다시 사냥개를 이끌고 상채의 동문으로 나가서 약빠른 토끼를 쫓으려고 한들 어떻게 할 수 있겠느냐.〔吾欲與若復牽黃犬 俱出上蔡東門 逐狡兎 豈可得乎〕"라고 탄식했던 고사가 전한다. 《史記 卷87 李斯列傳》

| | |
|---|---|
| 잃었다고 한탄할 것도 없네 | 失之不足嘖 |
| 사람의 삶과 죽음이라는 것도 | 人之生與死 |
| 이것과 다를 것이 뭐가 있으랴 | 與此何殊跡 |
| 이에 알겠도다 세상 떠난 미아(尾兒)는 | 乃知化去兒 |
| 팔 년 동안 내 곁에 머문 객이었음을 | 是我八年客 |
| 이로 인해 갑자기 깨치며 | 因此頓有悟 |
| 가슴의 응어리가 비로소 풀렸나니 | 塡胸氣始釋 |
| 그동안 함께 놀아 준 신선의 짝이 | 無乃舊仙侶 |
| 너무 슬퍼하는 나를 애달피 여겨 | 哀我悲懷迫 |
| 특별히 이 동물을 나에게 보내 | 爲之遣此物 |
| 미혹을 깨우치려 함이 아니리오 | 以開迷惑膈 |
| 길가의 모래톱 물 밝게 비치나니 | 路傍沙水明 |
| 나의 뜻 다시 향할 곳이 있어라 | 我意還有適 |

## 동곽의 이로가 분매를 보내 주었기에 사례하다 기묘년(1639)
謝東郭李老惠盆梅 己卯

| | |
|---|---|
| 이처럼 눈보라가 거세게 부는 때에 | 當此風饕雪虐時 |
| 홀로 꽃 소식을 옥 가지에 부쳤어라 | 獨將芳信寓瓊枝 |
| 초나라 난초에 열매가 없음을 혐의한 듯[626] | 如嫌楚國蘭無實 |
| 심강의 국화[627]가 시든 것을 애석해하는 듯 | 似惜潯江菊已萎 |
| 굳센 절조 그야말로 군자에 걸맞기에 | 勁節正宜君子以 |
| 고인이 보낸 깊은 정이 더욱 느껴지네 | 深情更覺故人貽 |
| 밝은 창가 궤안 위에 높이 올려 두고 | 高安靜几明窓裏 |
| 날마다 샘물 떠서 손수 적셔 주리이다 | 日酌清泉手沃之 |

626 초(楚)나라……듯 : 전국 시대 초나라 굴원(屈原)의 〈이소(離騷)〉에 “내가 난초는 믿을 만하다고 여겼는데, 열매는 맺지 않고 허우대만 길쭉하네.〔余以蘭爲可恃兮 羌無實而容長〕”라는 말이 나온다.

627 심강(潯江)의 국화 : 도잠(陶潛)이 사랑한 국화라는 말이다. 심강은 심양강(潯陽江)을 말한다. 도잠이 강주(江州) 심양(潯陽) 시상(柴桑) 사람이기 때문에 그를 심양은(潯陽隱)이라고 부른다.

## 비 온 뒤의 취병비폭을 해학적으로 읊다 경진년(1640, 인조18)

雨後戲賦翠屛飛瀑 庚辰

이 취병비폭은 수정동(水晶洞) 인소정(人咲亭) 앞에 있다.

구름 비단 병풍이 요석 위에 드높이 雲錦屛高瑤席上
수정의 주렴[628]이 옥루 옆에 비스듬히 水晶簾迤玉樓傍
어쩌다 이런 호사를 극하게 되었는고 如何有此豪奢極
유인의 뜻밖의 횡재에 절로 웃음 나오누나[629] 自笑幽人忽濫觴

자주 : 취병(翠屛) 아래의 넓은 바위는 마치 요석(瑤席)이 평평하게 펼쳐져 있는 듯하고, 비폭(飛瀑) 위의 높은 벼랑은 마치 옥루(玉樓)가 공중에 떠 있는 듯하다.

---

628 수정의 주렴 : 폭포를 가리킨다.

629 유인(幽人)의……나오누나 : 비가 온 뒤에 갑자기 물이 불어나 폭포가 장관을 이룬 것을 숨어 사는 사람의 뜻밖의 횡재라고 해학적으로 표현한 것이다.

## 이 별좌에 대한 만사 경진년(1640)

挽李別坐 庚辰

| | |
|---|---|
| 우리 형 일찌감치 마음 편한 약 얻었나니 | 吾兄早得安心藥 |
| 병이 많아 늙기 전에 한가할 수 있었다오[630] | 多病秖能未老閑 |
| 산빛이 희거나 푸르거나 언제나 좋아하고 | 山白山靑欣有素 |
| 사람들 옳으니 그르니 상관하지 않았다네 | 人非人是不相關 |
| 가문에 걸맞게 한 아들 먼저 부월 쥐었고[631] | 稱家一子先持斧 |
| 난제인 삼랑 모두 반의(斑衣)를 착용했네[632] | 難弟三郎共着斑 |
| 배 돌리며 피리 소리 듣는 슬픔[633]을 어이하랴마는 | 聞笛回舡悲豈耐 |

---

630 우리……있었다오 : 참고로 소식(蘇軾)의 〈병중유조탑원(病中遊祖塔院)〉 시에 "병 때문에 한가할 수 있어 별로 나쁘지 않나니, 마음 편한 게 약이지 다른 처방이 있겠는가.〔因病得閒殊不惡 安心是藥更無方〕"라는 말이 나온다. 《蘇東坡詩集 卷10》

631 부월(斧鉞) 쥐었고 : 왕명을 받들고 지방에 나가서 법을 집행하는 관원이 되었다는 말이다. 한 무제(漢武帝) 때 수의 어사(繡衣御史) 폭승지(暴勝之)가 황제가 내린 부월을 쥐고서 군국(郡國)의 도적 떼를 일망타진했던 지부(持斧)의 고사가 전한다. 《漢書 卷66 王訢傳》

632 난제(難弟)인……착용했네 : 이 별좌의 자제 세 명이 모두 효자라는 말이다. 난제는 난형난제(難兄難弟)의 준말로, 뛰어난 형제들을 가리킨다. 후한(後漢)의 명사(名士)인 진식(陳寔)의 아들 진기(陳紀)와 진심(陳諶)이 총명하고 효성스럽기로 유명하였는데, "원방은 아우처럼 되기 어렵고, 계방은 형님처럼 되기 어렵다.〔元方難爲弟 季方難爲兄〕"라는 난형난제의 고사가 전한다. 원방은 진기의 자(字)이고 계방은 진심의 자이다. 《後漢書 卷62 陳寔列傳》 반의(斑衣)는 색동옷으로, 춘추 시대 초(楚)나라의 은사(隱士)인 노래자(老萊子)가 70의 나이에도 불구하고 부모님을 기쁘게 해 드리기 위하여 색동옷을 입고 재롱을 떨었던 고사가 있다. 《初學記 卷17 人部》

633 피리……슬픔 : 고인이 된 친지나 벗을 추념(追念)할 때 쓰는 시적 표현이다. 진(晉)나라 상수(向秀)가 혜강(嵇康)과 산양(山陽) 땅에서 절친하게 지냈는데, 혜강이 죽은 뒤에 그곳을 지나다가 이웃집에서 들려오는 피리 소리를 듣고는 옛 추억을 생각하며 〈사구부(思舊賦)〉를 지었던 고사가 전한다. 《晉書 卷49 向秀列傳》

관거도 스스로 돌아보며 흐르는 눈물 거두노라[634]　　觀居還自涕收淸

634 관거(觀居)도……거두노라 : 고산도 다음은 자기 차례라고 생각하며 눈물을 거둔다는 말이다. 참고로 백거이(白居易)의 〈곡제고인인기원구(哭諸故人因寄元九)〉 시에 "손가락 꼽아 햇수를 세어 보며, 눈물 거두고 다음은 내 차례라고 생각한다.〔屈指數年世 收涕私思身〕"라는 말이 나온다.《白樂天詩集 卷11》 관거는 관거차세자(觀居此世者), 즉 이 세상에 죽지 않고 살아남아 남이 죽는 것을 차마 보고 있다는 뜻으로, 고산 자신을 가리킨다. 109쪽 주144 참조.

## 문소동에 들어가며 입으로 읊다 경진년(1640)

入聞簫洞口占 庚辰

문소는 해남(海南)에 있는데, 이 역시 공의 별장이다.

| | |
|---|---|
| 한 달 동안 문소동에 하루에 한 번씩 | 一月聞簫日一來 |
| 푸른 산 붉은 나무 비단 일천 무더기 | 碧山紅樹錦千堆 |
| 촌 늙은이는 그저 집안일이나 챙길 따름 | 村翁只作營家客 |
| 아침저녁 한가한 정취야 알 턱이 있으리오 | 朝暮閑情豈識哉 |

## 동지 정여린에 대한 만사 경진년(1640)

挽鄭同知如麟 庚辰

자주 : 공은 갑자년(1564, 명종19)에 태어나서 경진년(1640, 인조18) 4월 1일에 죽었다.

나는 공이 살아 있을 때에는　　我於公在時
북두 이남[635]에 인물이 적다 말하지 않았고　　不言斗南人物眇
나는 공이 세상을 떠난 뒤에는　　我於公去後
인간 세상에 의사가 적음을 홀연히 깨달았네　　斗覺人間義士少
산악의 자태요 용호의 기상이라　　山岳之姿龍虎氣
드높고 힘차고 또 씩씩하였는데　　巖巖觭觭復矯矯
왕량과 백락[636]이 이 세상에 없으니　　王良伯樂世則無
요뇨[637]가 쓰러진들 누가 가련히 여기리오　　死休可堪憐騕褭
내가 추성[638]에 귀양 갔을 때 공이 수령이었나니　　我謫楸城公作尹
그대를 알기 시작한 것은 용사년[639] 어간으로부터　　識子自龍蛇間肇

자주 : 내가 정사년(1617, 광해군9) 1월에 경원(慶源)으로 귀양 가서 처음으로 공을 알았다.

---

635 북두 이남(北斗以南) : 하늘 아래 즉 천하라는 말과 같다. 당(唐)나라 적인걸(狄仁傑)의 어진 덕에 대해서 "북두 이남에서 오직 그 한 사람뿐이다.〔北斗以南 一人而已〕"라고 칭송했던 고사에서 유래한 것이다.《新唐書 卷115 狄仁傑列傳》

636 왕량(王良)과 백락(伯樂) : 모두 춘추 시대의 말을 잘 알아보고 잘 길렀던 사람이다.

637 요뇨(騕褭) : 하루에 1만 리 혹은 5천 리를 치달린다는 고대(古代) 준마(駿馬)의 이름이다.

638 추성(楸城) : 경원(慶源)의 별칭이다.

639 용사년(龍蛇年) : 진년(辰年)과 사년(巳年)이라는 뜻으로, 고대에는 이 두 해를 흉한 해로 여기는 미신이 있었다.

이때에 머리에 뿔난 말이 암탉에 달라붙고[640] 是時馬角連牝鷄
이슬이 서리로 변했으니 하늘도 조였다 하리[641] 露爲成霜天爲趙
백로도 갑을을 추구함을 두려워하는 때에[642] 白鷺猶懼甲乙求

---

640 이때에……달라붙고 : 당시에 있을 수 없는 해괴망측한 사건들이 발생했다는 말인데, 여기서는 이이첨(李爾瞻) 등 권신(權臣)이 국정(國政)을 농단하고 현신(賢臣)을 무함하며 나라를 어지럽힌 것을 말한다. 명(明)나라 유기(劉基)의 〈양보음(梁甫吟)〉 시에 "외간의 황보가 염처와 서로 뜻이 맞았나니, 말이 머리에 뿔이 솟아서 암탉에 달라붙었다네. 귀 밝은 이를 귀먹었다 하고 미친 자를 지혜롭다 하며, 의상을 거꾸로 입고서 가시밭길을 걷는다네.〔外間皇父中艷妻 馬角突兀連牝鷄 以聽爲聾狂作聖 顚倒衣裳行蒺藜〕"라는 말이 나온다. 《誠意伯文集 卷1》 황보(皇父)와 염처(艶妻)는 《시경》 〈시월지교(十月之交)〉에 나오는 말로, 각각 주(周)나라 유왕(幽王)의 총신(寵臣)과 포사(褒姒)를 가리킨다.

641 이슬이……하리 : 날씨가 시절에 어긋나는 등 하늘도 믿을 수가 없다는 뜻으로, 은근히 광해군의 난정(亂政)을 풍자한 말이다. 《시경》 〈겸가(蒹葭)〉는 양공(襄公)을 풍자한 시인데, 그 첫머리에 "갈대가 푸르게 우거진 이때에, 흰 이슬이 내리다가 서리로 변했네.〔蒹葭蒼蒼 白露爲霜〕"라는 말이 나온다. 조(趙)는 허무맹랑함을 뜻하는 말이다. 명(明)나라 이후(李詡)의 《계암노인만필(戒庵老人漫筆)》 〈마차롱통조(麻嗏籠統趙)〉에 "지금 사람들은 허망하여 근거가 없는 것을 가지고 함부로 행함을 배척할 때 조라고 말한다.〔今人以虛罔不實而斥其妄行者 則曰趙〕"라는 말이 나온다. 또 제멋대로 떠드는 말을 조칠조팔(趙七趙八)이라고 하는데, 이때의 조(趙)는 조(嘲)와 통한다.

642 백로(白鷺)도……때에 : 권신(權臣)들이 걸핏하면 반대편을 당인(黨人)으로 몰아 처형하기 때문에 청류(淸流)들이 그 올가미에 걸려들까 전전긍긍하는 때라는 말이다. 갑을(甲乙)을 추구(推求)한다는 것은, 범죄의 경중을 따져 첫째 둘째 식으로 순번 매기는 것을 말한다. 송(宋)나라 나대경(羅大經)의 《학림옥로(鶴林玉露)》 권14에 "당자서(唐子西)가 뒤에 당화(黨禍)에 걸려 나부(羅浮)로 귀양 가서 시를 짓기를 '문앞의 백로들에게 말해 주노니, 지금부터는 서로 알고 지내는 일도 끊으시기를. 제공이 구당을 제거할 뜻을 지녔으니, 순번 매겨 잡아가는 일 그대도 당할지 모르니까.〔說與門前白鷺群 也須從此斷知聞 諸公有意除鉤黨 甲乙推求恐到君〕'라고 하였다."라는 말이 나온다. 구당(鉤黨)은 서로 끌어모은 한 패거리라는 말이다. 《후한서(後漢書)》 권8 〈영제기(靈帝紀)〉에 "중상시(中常侍) 후람(侯覽)이 유사(有司)를 꼬드겨 어전에서 사공(司空) 우방(虞放)과 태복(太僕) 두밀(杜密) 등을 모두 구당으로 지목하여 하옥(下獄)시키니, 죽은 자가 100여 인에 이르렀다."라는 말이 나온다. 자서(子西)는 송(宋)나라 당경(唐庚)의 자(字)이다. 이 시는 제목이 〈백로(白鷺)〉인데, 그의 문집인 《미산문집(眉山文集)》 권10에 나온다.

공은 한번 죽음을 추호처럼 작게 여겼나니　公將一死秋毫小
비로소 알았네 공의 기호가 세상과 달라서　始信嗜好與世殊
의는 단 냉이처럼 불의는 쓴 여뀌처럼 여김을　義則如薺不義蓼
푸줏간과 곳간에서 고기와 곡식 대 주면서[643]　庖人繼肉廩繼粟
날마다 자리 마련하여 맑은 술을 권했나니　日敞華筵勸淸醥
내가 유주[644]에서 유난히 썰렁하리라 생각해서요　謂我幽州分外寒
내가 두레박줄에 다시 휘감길까 걱정해서였다오[645]　恐我轆轤重縈繞
삭풍에 눈발 휘몰아쳐 사람을 넘어뜨려도　陰風雜雪吹倒人
말 타고 몇 번이나 임성 골짜기 왕림하여　騎馬數入琳城窈

자주 : 임성(琳城) 골짜기는 경원부(慶源府) 치소(治所)에서 서쪽으로 20리 떨어진 증산(甑山) 아래에 있는데, 내가 귀양살이할 때 오두막을 엮은 곳이다.

싫증도 안 내고서 고전과 현실을 토론했고　前經當世討不厭
새벽달 밝아 올 때까지 산창을 함께 마주했지　共對山窓曉月皎
손으로는 권귀의 편지에 답하지 않았고　有手不答權貴書

자주 : 이대엽(李大燁)[646]이 공에게 편지를 보내 청탁을 하였으나 공이 답하지 않았다.

---

643 푸줏간과……주면서 : 정여린(鄭如麟)이 고산을 예우하여 생활필수품을 대 주면서, 전혀 생색을 내지 않고 부담 없이 받게 해 주었다는 말이다. 《맹자》〈만장 하(萬章下)〉에 "곳간지기가 곡식을 그냥 대 주고, 푸줏간 사람이 고기를 그냥 대 줄 뿐, 윗사람의 명을 거론하지 않게 한다.〔廩人繼粟 庖人繼肉 不以君命將之〕"라는 말이 나온다.

644 유주(幽州) : 고산이 유배된 관북(關北) 지방을 말한다. 134쪽 주191 참조.

645 내가……걱정해서였다오 : 술이 깨면 다시 걱정에 빠질까 해서 날마다 술자리를 베풀어 주었다는 말이다. 소식(蘇軾)의 〈정월구일유미당음……(正月九日有美堂飮……)〉 시에 "석 잔 술에 온갖 걱정 잊어버렸다가, 깨고 나면 다시 또렷해지나니, 이는 마치 두레박줄이 일단 풀렸다가, 다시 휘감기는 것과 같다고 할까.〔三杯忘萬慮 醒後還皎皎 有如轆轤索 已脫重縈繞〕"라는 말이 나온다. 《蘇東坡詩集 卷9》

646 이대엽(李大燁) : 이이첨(李爾瞻)의 아들이다.

머리는 끝내 후문[647]을 돌아보지 않았으며　　有頭終向侯門掉
발언은 때로 악인을 미워하는 실수가 있었고[648]　　吐言時失嫉惡人

자주 : 공은 말이 곧아서 남의 질시를 받았다.

재정은 빈민을 구휼함에 과한 점이 혹 있었네　　用財或過周餓殍

자주 : 공이 경원에 있을 적에 3년 동안 사람을 구휼하는 데에 쓴 것이 무려 1천 곡(斛)에 이르렀다.

홀로 우뚝 선 일흔일곱 해의 생애　　特立七十有七歲
위속소증은 관 뚜껑 덮은 뒤에야 아는 법[649]　　爲俗所憎蓋棺了
지금 무표[650]의 이 세상을 누가 감당하리오　　如今武飆誰辦此
그대와 같은 이는 책 속에서나 찾아보리　　欲求似君須緗縹

---

647 후문(侯門) : 제후(諸侯)의 문이라는 말로, 권문세가(權門勢家)를 가리킨다.

648 발언은……있었고 : 악인을 미워하다가 보복을 당할지도 모르는 위험한 발언까지 서슴지 않았다는 말이다.

649 홀로……법 : 정여린은 홀로 우뚝 서서 세상의 미움을 받았는데, 이와 같은 인물에 대해서는 그가 죽은 뒤에야 비로소 정당한 평가가 내려질 것이라는 말이다. 위속소증(爲俗所憎)은 세상의 미움을 받는 자라는 말이다. 《맹자》〈양혜왕 하(梁惠王下)〉의 "나라 사람들이 모두 현능하다고 한 뒤에 살펴서〔國人皆曰賢然後察之〕"라는 본문에 대한 주희(朱熹)의 집주(集註)에 "대개 사람들 중에는 세상과 함께하여 대중의 환영을 받는 자도 있고, 홀로 우뚝 서서 세상의 미움을 받는 자도 있으니, 반드시 직접 살펴보아야 한다.〔蓋人有同俗而爲衆所悅者 亦有特立而爲俗所憎者 故必自察之〕"라는 말이 나온다. 그리고 《명사(明史)》 권182 〈유대하열전(劉大夏列傳)〉에 "인생은 관 뚜껑을 덮어야 결론이 나는 법이니, 하루라도 아직 죽지 않았다면 그 하루만큼 아직 책임이 끝나지 않은 것이다.〔人生蓋棺論定 一日未死 卽一日憂責未已〕"라는 말이 나온다. 두보(杜甫)의 〈군불견간소혜(君不見簡蘇徯)〉 시에도 "장부는 관 뚜껑을 덮어야만 일이 비로소 정해지는 법이다.〔丈夫蓋棺事始定〕"라는 구절이 보인다. 《杜少陵詩集 卷18》

650 무표(武飆) : 무위(武威)가 폭풍처럼 몰아친다는 말로, 무단정치(武斷政治)를 비유한 표현이다. 한유(韓愈)의 〈만추언성야회연구(晩秋郾城夜會聯句)〉 시에 "대사면(大赦免)이 바야흐로 아래에까지 미치는 한편으로, 무위가 또한 폭풍처럼 온 누리에 몰아치네.〔洪赦方下究 武飈亦旁魄〕"라는 말이 나온다. 《韓昌黎集 卷8》

세상길 전도되어 우리 쉬지 못하는데[651] 世路顚倒我不休
광복의 조짐을 보여 줄 겨를도 없었어라[652] 匡復未暇爲之兆
지난봄 송추의 전갈 보는 기쁨을 얻고 나서[653] 松楸喜蝎屬前春

자주 : 내가 정축년(1637, 인조15) 변란 뒤에 사람들의 구설수에 올라, 무인년(1638) 여름에 체포되어 영덕(盈德)으로 귀양 갔다가, 기묘년(1639) 봄에 사면을 받았다.

멀리 금성[654]을 바라봄에 물결이 아득하였는데 遙望錦城波浩渺
구장[655]께서 왕림해 주신다는 말씀을 들었기에 曾聞鳩杖許降臨

---

651 세상길……못하는데 : 국정(國政)이 잘못되어 민생이 도탄에 빠진 것을 비유한 것이다. 《맹자》〈양혜왕 하(梁惠王下)〉에 "윗사람이 봄에는 밭갈이가 잘 되었는지 살펴보고서 부족한 것이 있으면 보충해 주고, 가을에는 수확이 잘 되었는지 살펴보고서 부족한 것이 있으면 도와준다. 그래서 하나라 속담에도 '우리 임금님이 나들이하지 않으면 우리가 어떻게 쉬며, 우리 임금님이 즐기지 않으면 우리가 어떻게 도움을 받으리오. 한번 노닐고 한번 즐기는 것이 제후들의 법도가 된다.' 라는 말이 있는 것이다.〔春省耕而補不足 秋省斂而助不給 夏諺曰 吾王不遊 吾何以休 吾王不豫 吾何以助 一遊一豫爲諸侯度〕"라는 말이 나온다.

652 광복(匡復)의……없었어라 : 정여린이 직접 국정에 참여하여 국가의 위기를 만회할 수 있는 기회도 얻지 못했다는 말이다. 공자(孔子)가 도를 행할 수 있는 조짐을 보여 주었는데도, 위에서 행하지 않는 것을 보고는 나라를 떠났다는 말이 《맹자》〈만장 하(萬章下)〉에 나온다.

653 지난봄……나서 : 유배에서 풀려나 고향으로 돌아갈 수 있게 되어 기뻤다는 말이다. 한유(韓愈)의 〈송문창사북유(送文暢師北游)〉 시에 "지난번에 경관이 될 수 있었나니, 벽 위에 전갈을 보게 되어 기뻐라.〔昨來得京官 照壁喜見蝎〕"라는 말이 나온다.《韓昌黎集 卷2》 한유가 원화(元和) 1년(806) 6월에 강릉(江陵)에서 소환되어 국자박사(國子博士)가 되었는데, 전갈은 중국의 남방에는 없고 북방에만 있기 때문에, 경도(京都)로 돌아오는 기쁨을 이렇게 표현한 것이다. 송추(松楸)는 선영(先塋)의 별칭이다. 111쪽 주149 참조.

654 금성(錦城) : 나주(羅州)의 별칭인데, 여기서는 정여린이 있는 곳을 말한다. 156쪽에 나오는 〈김장군전(金將軍傳)의 뒤에 제한 시 세 수〉에 "내가 전에 추성에서 귀양살이할 때, 금성의 정공이 부사(府使)로 있었다.〔纍人昔在古楸城 錦城鄭公莅其府〕"라는 말이 나온다.

655 구장(鳩杖) : 옥구장(玉鳩杖)의 준말로, 나이 70이 되어 치사(致仕)한 사람을 비유한 말이다. 한(漢)나라 때 나이 70이 되면 옥장(玉杖)을 주고 그 손잡이 끝에

해 저물녘 텅 빈 산 푸른 대에 기대었소[656] 日暮空山倚翠篠
천천히 마시며 터놓고 얘기해 볼까 하였는데 劇談細酌心准擬
뜬 인생이 과조와 같음을 어찌 생각했으리오[657] 豈料浮生如過鳥
면주를 올리고 싶지만 병상에 있는 몸이라서 欲携綿酒病在床
애달픈 눈물만 창 앞의 못에 떨굴 뿐이외다[658] 哀淚謾添窓前沼
공이 검을 쥐고 왕명을 받들게 했더라면 使公提劍奉明主
요기가 어떻게 하늘을 범할 수 있었으리오 楚氛安得干天表
공이 대궐 뜰에 서서 간쟁하게 했더라면 使公廷諍立殿陛

---

비둘기 모양의 장식을 하였는데, 이는 비둘기가 체하는 법이 없기 때문에 노인도 체증(滯症)이 없기를 바라는 뜻이었다고 한다.《後漢書 卷15 禮儀志中》 옛날에는 나이 70에 정년 퇴임을 하였다.

656 해……기대었소 : 고산이 정여린이 오기를 고대하였다는 말이다. 참고로 두보(杜甫)의 〈가인(佳人)〉 시에 "날씨는 춥고 푸른 옷소매 얇은데, 해 저물녘 긴 대나무에 기대었네.〔天寒翠袖薄 日暮倚脩竹〕"라는 말이 나온다.《杜少陵詩集 卷7》 두보의 이 시는 현자(賢者)를 가인에 비유하여, 관중(關中)의 패전(敗戰) 이후로 노성한 원로는 쇠락하고 경박한 신진들이 기용되는 것을 슬퍼하여 지었다는 것이 전통적인 해석이다. 그리고 이 말구(末句) 역시 아무리 날씨가 추워져도 변치 않는 대나무처럼, 군자가 난세에 처하여 조정에서 쫓겨나도 지조를 바꾸지 않는 것을 비유한 것이라는 평을 받고 있다.

657 뜬……생각했으리오 : 새가 눈앞을 스쳐 지나가듯 순식간에 허무한 인생을 마치게 되었다는 말이다. 진(晉)나라 장협(張協)의 〈잡시십수(雜詩十首)〉 시에 "사람이 이 세계 안에서 사는 것은, 새가 눈앞을 스쳐 지나가는 것처럼 잠깐 사이이다.〔人生瀛海內 忽如鳥過目〕"라는 말이 나온다.《文選 卷15》 또 소식(蘇軾)의 〈화기천선장관(和寄天選長官)〉 시에도 "세월을 어떻게 믿을 수가 있겠는가, 백년도 눈앞을 지나가는 새와 같은걸.〔流光安足恃 百歲同過鳥〕"이라는 말이 나온다.《蘇東坡詩集 卷49》

658 면주(綿酒)를……뿐이외다 : 몸이 병든 관계로 직접 빈소를 찾아가서 조문하지 못한다는 말이다. 면주는 솜뭉치에 적신 술이라는 뜻으로, 변변찮은 제수(祭需)를 뜻한다. 보통 서주(絮酒)라고 한다. 후한(後漢) 때 서치(徐穉)가 먼 곳에 조문하러 갈 때 미리 솜에 술을 적셔서 햇볕에 말린 다음에 묘소 앞에 왔을 때 다시 물에 적셔서 제사를 올림으로써 술기운이 우러나오게 했다는 고사에서 나온 것이다.《後漢書 卷53 徐穉列傳》

면류 걷지 않고도 사목[659]이 트이게 했으리라　四目不待褰旒瞭
재질은 많이 내려 주고 명은 인색하였으니　賦材何厚命何嗇
아 하늘의 뜻을 참으로 알기 어렵도다　嗚呼天意眞難曉
아 아직 죽지 않았을 한 조각 그 마음은　嗚呼一片未死心
육신 따라 호리[660]의 땅에 묻히지 않았으리　不隨身埋蒿里垗

---

659 사목(四目) : 사방의 눈이라는 뜻으로, 임금이 민생의 실상을 눈으로 보듯 환히 아는 것을 비유할 때 쓰는 말이다. 《서경》 〈순전(舜典)〉에 순 임금이 즉위하고 나서 "사악에게 자문을 구하며 사방의 문을 활짝 열어 놓아 사방의 눈으로 자신의 눈을 밝게 하고 사방의 귀로 자신의 귀를 통하게 하였다.〔詢于四岳 闢四門 明四目 達四聰〕"라는 말이 나온다. 왕유(王維)의 〈봉화성제어춘명루……(奉和聖製御春明樓……)〉 시에 "면류를 걷어 사방의 눈을 틔우고, 난간에 엎드려 삼고에 관심을 기울인다.〔褰旒明四目 伏檻紆三顧〕"라는 말이 나온다. 《王右丞集 卷11》

660 호리(蒿里) : 태산(泰山) 남쪽에 있는 산의 이름인데, 사람이 죽으면 여기에 묻었던 고사에서 유래하여, 후세에 묘지(墓地)를 뜻하는 말로 쓰이게 되었다.

## 오류 2수

五柳 二首

자주 : 아이들의 시에 화운한 것이다.

| | |
|---|---|
| 수제의 푸르른 버들은 용주의 포구를 비치고[661] | 隋堤綠映龍舟浦 |
| 제곽의 안개 낀 버들은 봉취의 길을 감싸는데[662] | 齊郭煙籠鳳吹蹊 |
| 무슨 일로 심양의 다섯 그루 버들은 | 何事潯陽五株柳 |
| 소소히 갈건 향해 홀로 고개 숙이나[663] | 蕭疏獨向葛巾低 |

| | |
|---|---|
| 솔이 진나라 작위 받은 것[664]은 천년의 부끄러움 | 松封秦爵千年恥 |
| 버들이 도연명 문앞에 선 것은 백세의 향기로움 | 柳在陶門百歲芳 |

661 수제(隋堤)의……비치고 : 수 양제(隋煬帝)가 운하 언덕에 버들을 심어 놓고서 풍류를 즐긴 고사를 인용한 것이다. 당시에 통제거(通濟渠)와 한구(邗溝)의 하안(河岸)을 따라 수축한 제방의 길을 수제라고 하였고, 여기에 심은 버들을 수제류(隋堤柳)라고 하였다. 용주(龍舟)는 임금이 타는 큰 배를 말한다. 수 양제가 강남(江南)을 순행(巡行)할 적에 자신은 용주에 타고 소후(蕭后)는 작은 배인 봉모(鳳艒)에 태우고서, 돛과 닻줄을 모두 비단으로 만들게 하고는, 장장 2백여 리에 걸쳐 수백 척의 배로 자신을 뒤따르게 했던 고사가 전한다.《隋書 卷24 食貨志》

662 제곽(齊郭)의……감싸는데 : 전거 미상이다.

663 무슨……숙이나 : 심양(潯陽)은 도잠(陶潛)의 출신지이다. 그가 지은 〈오류선생전(五柳先生傳)〉에 "집 옆에 버드나무 다섯 그루가 있기에 이를 나 자신의 호로 삼았다.〔宅邊有五柳樹 因以爲號焉〕"라는 말이 나온다. 갈건(葛巾)은 도잠을 가리킨다.

664 솔이……것 : 진 시황(秦始皇)이 태산(泰山)에 올라가 봉선(封禪)의 제사를 올리고 나서 하산(下山)할 때에 홀연히 폭풍우를 만나 소나무 아래로 피했는데, 그 소나무가 공을 세웠다고 하여 오대부(五大夫)의 작위를 내려 봉했다는 대부송(大夫松)의 고사가 전한다.《史記 卷6 秦始皇本紀》

만약 의의[665]로 하여금 말할 줄 알게 한다면　　若使依依能解語
낙락[666]을 돌아보며 허우대만 좋다고 꾸짖으리　　回看落落咤容長

665 의의(依依) : 휘휘 늘어졌다는 말로, 버들을 형용한 말이다.

666 낙락(落落) : 낙락장송(落落長松) 즉 가지가 길게 늘어진 키 큰 소나무라는 말이다.

## 권생이 원앙을 보내 준 것을 사례하며 옛 시구를 모으다

신사년(1641, 인조19)

謝權生惠鴛鴦集古 辛巳

두 수는 수정동(水晶洞)에 있을 때 지었다.

| | |
|---|---|
| 텅 빈 숲 한가히 앉아 홀로 향을 피우는 때[667] | 空林閑坐獨焚香<br>• 유문방(劉文房) |
| 푸른 나무 그늘 짙고 여름날의 해 길기만[668] | 綠樹陰濃夏日長<br>• 고천리(高千里) |
| 나그네도 이제는 한스러울 것 없나니[669] | 客子從今無可恨<br>• 진거비(陳去非) |
| 줄풀 우거진 곳에 원앙이 목욕하니까[670] | 菰蒲深處浴鴛鴦<br>• 이태백(李太白) |

667 텅……때 : 당(唐)나라 유장경(劉長卿)의 《유수주집(劉隨州集)》 권10 〈망용산회도사허법릉(望龍山懷道士許法稜)〉에 나온다. 문방(文房)은 유장경의 자(字)이다.

668 푸른……길기만 : 당나라 고변(高駢)의 시이다. 천리(千里)는 고변의 자이다. 《전당시(全唐詩)》 권598에 〈산정하일(山亭夏日)〉이라는 제목으로 나온다.

669 나그네도……없나니 : 송(宋)나라 진여의(陳與義)의 《간재집(簡齋集)》 권13 〈두원취중전후오절구(竇園醉中前後五絶句)〉에 나온다. 거비(去非)는 진여의의 자이다.

670 줄풀……목욕하니까 : 이 시는 이백(李白)의 작품이 아니고, 송(宋)나라 소상(蘇庠)의 〈청강곡(淸江曲)〉에 실려 있는데, 《고문진보전집(古文眞寶前集)》에 이백이 지은 것으로 되어 있기 때문에, 고산이 착각한 듯하다.

## 달구경 신사년(1641)

玩月 辛巳

| | |
|---|---|
| 달구경하는 푸른 바위 아래 | 玩月蒼巖下 |
| 모기 떼 날며 우레 같은 소리 | 飛蚊作雷聲 |
| 무서워서 방에 들어가고 싶지만 | 畏之欲入室 |
| 밝은 가을 달 보듬을 수 없는걸 | 無由抱秋明 |
| 차라리 온몸이 가려워질지라도 | 寧將遍身癢 |
| 하나의 이 마음 맑게 하고파라 | 博此一心淸 |
| 뜯어먹으려면 네 맘대로 하려무나 | 啖咋任汝爲 |
| 서릿바람 불 때가 분명히 있을 테니 | 霜風會有時 |

## 윤 훈도의 아들 시영에 대한 만사 신사년(1641)
挽尹訓導子時英 辛巳

| | |
|---|---|
| 한바탕 꿈같은 이십팔 년 세월 | 二十八年夢一場 |
| 백천만의 한이 두 줄기 눈물로 | 百千萬恨淚雙行 |
| 죽은 내 자식 저승에서 만나거든 | 冥間倘遇吾亡子 |
| 부모님 흰머리 길어졌더라 전해 주게 | 報道爺孃白髮長 |

## 고금영 병서

古琴詠 幷序

임오년(1642, 인조20) 금쇄동(金鎖洞)에 있을 때 지었다.

우연히 가야(伽倻)의 고금(古琴)을 연훈옥루(煙熏屋漏)[671]의 나머지에서 얻었다. 털고 닦은 뒤에 한번 퉁겨 보니 냉랭하게 울리는 열두 줄의 소리에 최선(崔仙 최치원(崔致遠))의 심적(心跡)이 완연히 담겨 있었으므로, 탄식하고 감탄하는 가운데 절로 하나의 노래〔一闋〕[672]가 이루어졌다. 이와 함께 생각건대, 이 거문고가 알아주는 사람도 없이 버려진다면 먼지와 티끌로 뒤덮인 한 조각 고목(枯木)에 지나지 않겠지만, 알아주는 사람이 있어서 쓰인다면 오음(五音)과 육률(六律)을 이룰 수 있을 것이다. 그렇긴 하지만 세간에 음률(音律)을 아는 사람이 드물고 보면, 일단 오음과 육률을 이룬 뒤에도 지우(知遇)를 받고 못 받는 일이 어찌 없을 수 있겠는가. 그러한즉 이에 대한 감회가 한두 가지가 아니기에, 다시 고풍(古風) 1편(篇)을 지어서 이 거문고에 얽힌 울적한 심정을 토로하였다.

671 연훈옥루(煙燻屋漏) : 연기에 그을리고 빗물이 새어 젖었다는 말이다. 소식(蘇軾)의 〈복낭어장안진한경가……(僕囊於長安陳漢卿家……)〉 시에 "연훈옥루의 서화를 옥축으로 장정(裝幀)하니, 녹비와 창벽 어느 것이 나은지 알겠는가.〔煙薰屋漏裝玉軸 鹿皮蒼璧知誰賢〕"라는 말이 나온다. 《蘇東坡詩集 卷16》

672 하나의 노래 : 별집(別集) 가사류(歌辭類)에 보인다는 편자(編者)의 주가 붙어 있다. 한국문집총간 91집에 수록된 《고산유고》 권6 별집에 실려 있는 〈산듕쇽신곡(山中續新曲)〉을 말한다. 그 내용을 소개하면 다음과 같다. "ᄇᆞ렷던 가얏고ᄅᆞᆯ 줄 연저 노라보니, 청아(淸雅)ᄒᆞᆫ 녯 소ᄅᆡ 반가이 나ᄂᆞ고야. 이 곡됴(曲調) 알 리 업스니, 집겨 노하두어라."

| | |
|---|---|
| 이 거문고를 알아주는 사람 없어 | 有琴無其人 |
| 먼지 속에 묻힌 지 어언 몇몇 해 | 塵埋知幾年 |
| 기러기발은 반쯤 떨어져 나갔어도 | 金雁半零落 |
| 오동나무 판은 그런대로 온전하네 | 枯桐猶自全 |
| 줄 고르고 시험 삼아 한번 퉁기니 | 高張試一鼓 |
| 임천에 울려 퍼지는 빙철의 소리[673] | 氷鐵動林泉 |
| 서성의 누대[674] 위에서 연주해도 좋겠고 | 可鳴西城上 |
| 남훈의 전각[675] 앞에서 들려 드려도 좋으리 | 可御南薰前 |
| 세상이 온통 쟁적 듣는 귀뿐이니[676] | 滔滔箏笛耳 |

673 빙철(氷鐵)의 소리 : 소반 위에 얼음덩어리를 쏟아부을 때의 소리나, 쇠를 들고 산호(珊瑚) 가지를 칠 때 나는 소리와 비슷하다는 말이다. 백거이(白居易)의 〈오현탄(五絃彈)〉 시에 "다섯 줄 연주하는 그 소리 한번 들어보소, 그지없이 처절하고 쨍쨍 울린다오. 쇠로 산호 치듯 하는 한두 곡이요, 얼음 옥반에 쏟듯 하는 천만 소리로세. 쇳소리는 살기를 품고, 얼음 소리는 한기를 띠나니, 살기의 소리가 귀에 들리면 부혈이 참혹하고, 한기가 사람을 맞추면 기골이 시리다오.〔五絃並奏君試聽 淒淒切切復錚錚 鐵擊珊瑚一兩曲 冰寫玉盤千萬聲 鐵聲殺 冰聲寒 殺聲入耳膚血慘 寒氣中人肌骨酸〕"라는 말이 나온다.《白樂天詩集 卷3》

674 서성(西城)의 누대 : 제갈량(諸葛亮)이 공성계(空城計)를 써서 적군을 물리쳤다는 서성의 누대를 말한다. 사마의(司馬懿)의 15만 대군이 곧장 서성으로 육박해 왔을 때, 제갈량에게는 적을 막을 병력이 없었는데, 이에 제갈량이 거꾸로 성문을 활짝 열어 놓고는 성루(城樓)에 앉아 한가히 거문고를 타니, 사마의가 매복한 군대가 있으리라고 의심하고서 퇴각했다는 이야기가《삼국지연의(三國志演義)》제95회에 나온다.

675 남훈(南薰)의 전각 : 선정(善政)을 베푸는 제왕의 전각이라는 말이다. 188쪽 주 283 참조.

676 세상이……귀뿐이니 : 세상 사람들은 기녀(妓女)가 연주하는 쟁적(箏笛) 즉 아쟁과 피리 등 세속의 풍악 소리만 귀로 실컷 들었을 것이라는 말이다.《태평어람(太平御覽)》권75〈포(浦)〉에 "중국 여강(廬江)에 쟁적포(箏笛浦)가 있다. 옛날에 이곳에 큰 배가 전복되었는데, 어인(漁人)이 그 옆에서 유숙하노라면 쟁적의 소리가 들리고 또 향내가 은은히 풍겨 온다고 한다. 들리는 말에 의하면 기녀들을 실은 조조(曹操)의 배가 여기에서 전복되었다고 한다."라는 내용이《속수신기(續搜神記)》의 말로 인용되어 있다. 또 소식(蘇軾)의〈청현사금(聽賢師琴)〉시에도

| | |
|---|---|
| 이러한 뜻을 누구에게 전하겠는가 | 此意向誰傳 |
| 이에 알겠도다 도연명이 거문고에 | 乃知陶淵明 |
| 끝내 줄을 매달지 않은 그 까닭을[677] | 終不具徽絃 |

"집에 돌아가면 우선 천 섬의 물을 찾아서, 지금까지 쟁적만 들어오던 귀를 깨끗이 씻고 싶다.〔歸家且覓千斛水 淨洗從前箏笛耳〕"라는 구절이 나온다. 《蘇東坡詩集 卷12》

677 이에……까닭을 : 도잠(陶潛)이 술을 마시고 흥취가 일어나면 줄을 매달지 않은 거문고를 매만지면서 "거문고의 정취만 느끼면 되지, 굳이 줄을 퉁겨서 소리를 낼 것이 있으리오.〔但識琴中趣 何勞弦上聲〕"라고 했다는 고사가 전한다. 《晉書 卷94 隱逸列傳 陶潛》

## 처음 금쇄동을 얻고서 짓다 임오년(1642)

初得金鎖洞作 壬午

금쇄동은 해남현(海南縣) 남쪽에 있다. 이곳은 공의 산중 별장이다.

| | |
|---|---|
| 귀신이 깎고 하늘이 아낀 하나의 비경 | 鬼刻天慳祕一區 |
| 진록의 작은 봉호[678]임을 그 누가 알랴 | 誰知眞籙小蓬壺 |
| 경요의 일만 길 신선의 굴이라면 | 瓊瑤萬仞神仙窟 |
| 산해의 일천 겹 수묵의 그림일세 | 山海千重水墨圖 |
| 토끼 뛰고 까마귀 날며 단장을 기웃거리고[679] | 兎躍鴉騰窺斷嶂 |
| 평퍼진 벌엔 사나운 바람 그리고 어둑한 비 | 風顚雨暗在平蕪 |
| 올라서서 굽어보니 기억나는 간밤의 꿈이여 | 登臨記得前宵夢 |
| 무슨 공이 있다고 옥제가 나에게 주셨을까 | 玉帝何功錫與吾 |

678 진록(眞籙)의 작은 봉호(蓬壺) : 도장(道藏)에 나오는 삼신산(三神山)의 축소판이라는 말이다. 진록은 도교(道敎)의 부록(符籙)이라는 말인데, 여기서는 도교의 장경(藏經)을 뜻한다. 봉호는 바닷속의 선산(仙山)인 봉래(蓬萊)를 가리킨다.

679 토끼……기웃거리고 : 산봉우리가 깎아지른 듯 너무도 험준해서 오직 해와 달만 오가며 굽어본다는 뜻이다. 토끼와 까마귀는 일월(日月)의 별칭이다. 해 속에 세 발 달린 금 까마귀가 있고, 달 속에 방아 찧는 옥토끼가 있다는 신화에서 나온 것이다.

## 지평 이빈빈에 대한 만사 임오년(1642)
挽李持平彬彬 壬午

| | |
|---|---|
| 비고[680]의 해 이래로 세월이 더디기만 | 鼙鼓年來歲月遲 |
| 강궁 촌촌의 소시가 실감이 나네[681] | 强弓寸寸信蘇詩 |
| 사십의 나이로 염세[682]한 이야 유감이 없다 해도 | 四旬厭世人無憾 |
| 집에 계신 칠순의 어버이 그 슬픔은 어떡하나 | 七十在堂君所悲 |
| 역직한 것은 부임이 아니니 무슨 상관 있으리오[683] | 歷職何關非父任 |

680 비고(鼙鼓) : 군대에서 쓰는 소고(小鼓)와 대고(大鼓)를 가리키는데, 여기서는 전쟁의 북소리라는 말로, 병자호란(丙子胡亂)을 말한다. 당 현종(唐玄宗) 때 안녹산(安祿山)이 어양(漁陽)에서 반란을 일으켜 전국이 병화(兵禍)에 휩싸였는데, 이와 관련하여 백거이(白居易)의 〈장한가(長恨歌)〉 시에 "어양 땅 북소리 땅을 울리며 몰려오자, 임금님의 예상우의 곡조가 놀라 깨어졌네.〔漁陽鼙鼓動地來 驚破霓裳羽衣曲〕"라는 구절이 나온다. 《白樂天詩集 卷12》

681 강궁(强弓)……나네 : 삶이 고단하여 하루하루 보내기 힘든 것을 비유한 말이다. 소식(蘇軾)의 〈차전운기자유(次前韻寄子由)〉 시에 "백년 인생 채우기 쉽지 않나니, 강궁을 한 마디씩 더 당기는 격이랄까.〔百年不易滿 寸寸彎强弓〕"라는 말이 나온다. 《蘇東坡詩集 卷41》

682 염세(厭世) : 세상이 싫어져서 그만 떠난다는 말로, 죽음을 완곡하게 표현한 것이다. 《장자(莊子)》 〈천지(天地)〉의 "천년을 살다가 세상이 싫어지면 속세를 떠나 선경으로 올라간다.〔千歲厭世 去而上僊〕"라는 말에서 유래한 것이다.

683 역직(歷職)한……있으리오 : 이빈빈(李彬彬)이 처음에는 음관(蔭官)으로 벼슬길에 들어섰지만, 그 뒤에 여러 관직을 역임하며 지평(持平)까지 오른 것은 자신의 실력에 의한 것이니, 혐의할 것이 없다는 말이다. 부임(父任)은 부조(父祖)의 음덕(蔭德)에 의하여 자손이 시험을 거치지 않고 관직에 임명되는 음서(蔭敍) 제도를 말한다. 두보(杜甫)의 〈증좌복야정국공엄공무(贈左僕射鄭國公嚴公武)〉 시에 "역직한 것은 부임이 아니니, 사악함을 미워하여 항상 힘껏 간쟁했네.〔歷職匪父任 嫉邪嘗力爭〕"라는 말이 나온다. 《杜少陵詩集 卷16 八哀詩》 엄무(嚴武)도 부친 엄정지(嚴挺之)의 음덕으로 처음에 가서한(哥舒翰)의 판관(判官)이 되었다가 나중에 전중시어사(殿中侍御史)로 자리를 옮겼다.

| | |
|---|---|
| 여러 아들도 가법을 잘 지키니 기뻐할 만하네 | 諸男可喜守家規 |
| 마의 입고 함께 읊던 일도 이제는 과거의 일 | 麻衣共賦成今古 |
| 천향이 벼루에 들던 시절 언제나 기억나리라[684] | 長憶天香入硯時 |

684 마의(麻衣)……기억나리라 : 대궐에서 함께 시험 보던 일을 추억한 것이다. 이빈빈이 초사(初仕)는 음직(蔭職)이었지만, 뒤에 문과(文科)에 정식으로 응시하여 급제한 것으로 보인다. 마의는 과거에 응시하는 거자(擧子)가 착용했던 의복이다. 천향(天香)은 대궐 향로의 향기를 말한다. 송(宋)나라 왕우칭(王禹偁)이 황제가 직접 시험하는 것을 읊은 〈응제황제친시공사가(應制皇帝親試貢士歌)〉 시에 "궁궐의 버들은 삼월의 안개 속에 낮게 드리우고, 향로의 향기는 천 사람의 벼루에 날아 들어가네. 마의는 깨끗하여 흰 눈처럼 빛나는데, 일일이 성상께서 친히 감별하신다네.〔宮柳低垂三月烟 爐香飛入千人硯 麻衣皎皎光如雪 一一重瞳親鑑別〕" 라는 말이 나온다. 《小畜集 卷12》

## 낙서재에서 우연히 읊다

樂書齋偶吟

자주 : 임오년(1642, 인조20) 10월 16일에 보길도(甫吉島)에서 노닐다.

| | |
|---|---|
| 눈에는 청산이요 귀에는 거문고 소리 | 眼在青山耳在琴 |
| 이 세상 어떤 일이 내 마음에 들어오랴 | 世間何事到吾心 |
| 가슴 가득 호연지기 알아줄 사람 없어 | 滿腔浩氣無人識 |
| 한 곡조 미친 노래 혼자서 읊노매라 | 一曲狂歌獨自吟 |

## 첨지 임확에 대한 만사
挽林僉知礭

| | |
|---|---|
| 분분히 포장해서 권행의 비위를 맞추는 때 | 紛紛包裹鑽權幸 |
| 지금 세상 어떤 이가 한병의 일을 자임할까[685] | 今世何人任閑屛 |
| 공이 과거 급제하고 삼십 년 세월 동안 | 公之策名三十載 |
| 공이 서소[686]하는 것을 나는 보지 못하였소 | 公之西笑吾不省 |
| 아무나 할 수 없는 이 일 그 누가 알까 | 此事誰知不易辦 |
| 무관은 벼슬이 썰렁할 뿐만이 아닌 것을[687] | 無官不獨官獨冷 |

685 분분히……자임할까 : 권력자에게 아부하는 세상의 풍조와는 반대로, 문을 닫고 왕래하지 않으면서〔閑屛〕 홀로 소외당하는 일을 누가 감수하겠느냐는 말이다. 권행(權幸)은 임금에게 아첨하여 총애를 받으며 권세를 휘두르는 간신을 말한다. 권행(權倖)이라고도 한다. 소식(蘇軾)의 〈화전안도기혜건다(和錢安道寄惠建茶)〉 시에 "간수하고 아껴서 멋진 손님을 기다릴 것이요, 감히 포장해서 권행의 비위를 맞추지는 않을 것이다.〔收藏愛惜待佳客 不敢包裹鑽權倖〕"라는 말이 나온다. 《蘇東坡詩集 卷11》

686 서소(西笑) : 원래는 중원(中原)의 사람이 서쪽의 장안(長安)을 향해 웃음 짓는다는 뜻인데, 여기서는 출세를 위해 권세가에게 아첨한다는 뜻으로 쓰였다. 후한(後漢) 환담(桓譚)의 《신론(新論)》 〈거폐(祛蔽)〉에 "사람들이 장안의 음악을 들으면 문을 나서면서 서쪽을 향해 웃음 짓고, 고기 맛이 좋은 것을 알면 푸줏간을 대하고서 입맛을 크게 다신다.〔人聞長安樂 則出門西向而笑 知肉味美 則對屠門而大嚼〕"라는 관동(關東)의 속담을 소개하는 말이 나온다.

687 무관(無官)은……것을 : 두보(杜甫)가 자기의 벗 정건(鄭虔)의 벼슬자리가 유독 썰렁하다고 안타까워하였는데, 임확(林礭)은 아예 그런 관직도 없었으니 더 말할 것이 없다는 말이다. 두보의 〈취시가(醉時歌)〉 시에 "수많은 고관들 즐비하게 관청에 오르는데, 광문 선생은 벼슬이 유독 썰렁하다오.〔諸公袞袞登臺省 廣文先生官獨冷〕"라는 구절이 나온다. 《杜少陵詩集 卷3》 광문 선생은 두보가 광문관 박사(廣文館博士)인 정건을 높여서 부른 말이다.

| | |
|---|---|
| 하늘의 보답이 또한 너무도 분명하나니[688] | 天之報施亦已明 |
| 다섯 아들이 가법 지키고 수명도 길었다오 | 五男守家壽復永 |
| 아 나는 어찌하여 유난히 슬퍼하는가 | 嗟我何爲分外悲 |
| 병으로 상여 줄 못 잡아 마음에 걸려서 | 病未執紼心耿耿 |

688 하늘의……분명하나니 : 선인(善人)에게 복을 주고 악인(惡人)에게 재앙을 내리는 하늘의 뜻이 분명하다는 말이다. 사마천(司馬遷)이 《사기(史記)》 권61 〈백이열전(伯夷列傳)〉에서 "백이(伯夷), 숙제(叔齊)와 안연(顔淵) 같은 선인은 비참하게 살다가 죽고, 도척(盜跖) 같은 악인은 천하를 횡행하며 오래 살다가 죽었으니, 그러고 보면 하늘이 선인에게 보답해 준 것이 어떻다고 하겠느냐."라고 의혹을 제기하면서, 과연 천도라는 것이 있다면 그것이 옳은 것인지 그른 것인지에 대해 통렬하게 물음을 던지는 대목이 나온다.

## 석가산[689] 임오년(1642)

石假山 壬午

한한정(閑閑亭)에서 임탄(林坦)의 시에 차운하였다.

| | |
|---|---|
| 서로 포개져 오밀조밀 버티는 산봉우리 | 攢巒叢岳互撑支 |
| 누가 정원에 이런 멋진 마술을 부렸는고 | 誰向庭除幻此奇 |
| 처음에는 여름 구름 울뚝불뚝 일어나는 듯 | 突兀初疑夏雲起 |
| 다시 보니 저녁노을 붉게 타오르는 듯 | 嵯峨還似暮霞時 |
| 승지 찾는 사람은 험하지 않으면 싫어하고 | 人尋勝地嫌非險 |
| 둥지 가리는 학은 높지 않으면 한하지만 | 鶴揀巢枝恨不危 |
| 이 정도면 공의 천석의 흥 부칠 만하니 | 猶可寓公泉石興 |
| 내 장차 힐과 함께 산사에게 말하리라[690] | 吾將與詰說山師 |

689 석가산(石假山) : 정원 속에 바윗돌을 쌓아 올려 감상하기 좋게 조성한 조그마한 인공(人工) 산을 말한다.

690 내……말하리라 : 힐(詰)은 유마힐(維摩詰) 즉 유마거사(維摩居士)를 가리킨다. 유마힐은 원래 말이 없지만 이번에는 내가 그를 데리고 산사(山師)를 찾아가서 이 석가산(石假山)에 대해 함께 일러 주겠다는 뜻의 해학적인 표현이다. 인도(印度) 비야리성(毗耶離城)에 거주하는 유마거사가 중생이 병들었으므로 자신도 병들었다면서 드러눕자, 석가모니가 문수보살(文殊菩薩) 등을 보내 문병하게 하였는데, 문수가 불이법문(不二法門)에 대해서 물었을 때 유마가 말없이 아무런 대답도 하지 않자, 문수가 탄식하며 "이것이 바로 불이법문으로 들어간 것이다.〔是眞入不二法門也〕"라고 했다는 이야기가 《유마경(維摩經)》〈입불이법문품(入不二法門品)〉에 나온다. 소식(蘇軾)의 〈유마상당양혜지소재천주사(維摩像唐楊惠之塑在天柱寺)〉 시에 "이를 보는 사람마다 할 말을 잊게 하나니, 누가 유마힐과 함께 말 없는 스승이 될 수 있을까.〔見之使人每自失 誰能與詰無言師〕"라는 말이 나온다. 《蘇東坡詩集 卷4》 산사(山師)는 산림(山林)을 관장하는 주(周)나라의 관직 이름인데, 《주례(周禮)》〈하관사마(夏官司馬) 산사(山師)〉에 그 내용이 나온다.

## 장륙와[691] 임오년(1642)

藏六窩 壬午

한한정의 시에 차운하였다.

| | |
|---|---|
| 묻노라 그대는 무슨 수행을 하였기에 | 問子修何行 |
| 아직 늙지도 않아서 한가할 수 있는지 | 能從未老閑 |
| 사람들은 의봉[692]에 비기려 할지라도 | 人將儀鳳擬 |
| 나는야 몸 감춘 거북으로 자처한다오 | 自以蟄龜看 |
| 몸은 원안처럼 가만히 누워 있고[693] | 身似袁安臥 |
| 문은 도령처럼 낮에도 닫혀 있네[694] | 門如陶令關 |
| 그래도 고개 불쑥 내밀 때가 있나니 | 猶存搪突處 |
| 호수에 둥글고 둥근 달이 떠오를 때 | 湖上月團團 |

691 장륙와(藏六窩) : 거북이처럼 몸을 감춘 움집이라는 뜻으로, 자신을 드러내지 않고 세상을 피해 숨어 사는 집이라는 말이다. 장륙은 귀장륙(龜藏六)의 준말로, 거북이가 위험한 상황을 만나면 머리, 꼬리, 네 발 등 여섯 곳을 두꺼운 갑각(甲殼) 안에 감추는 것처럼, 수행자도 안(眼), 이(耳), 비(鼻), 설(舌), 신(身), 의(意)의 육근(六根)을 잘 단속해야 한다는 불교의 교설에서 유래한 것이다. 《雜阿含經 卷43》

692 의봉(儀鳳) : 의젓하게 춤추는 봉황이라는 뜻이다. 《서경》 〈익직(益稷)〉의 "순 임금이 창작한 음악인 소소를 끝까지 다 연주하자, 봉황이 듣고 찾아와서 의젓하게 춤을 추었다.〔簫韶九成 鳳凰來儀〕"라는 말에서 나온 것이다.

693 몸은……있고 : 후한(後漢)의 현사(賢士)인 원안(袁安)이 한 길 높이로 폭설이 내린 날, 다른 사람들과는 달리 밖에 나가서 양식을 구걸하지도 않고 차라리 굶어 죽겠다면서 혼자 집에 가만히 누워 있었던 고사가 전한다. 《後漢書 卷45 袁安列傳》

694 문은……있네 : 도령(陶令)은 팽택 영(彭澤令)을 지낸 도잠(陶潛)을 가리킨다. 송(宋)나라 이홍(李洪)의 〈우한(雨寒)〉 시에 "방은 진번처럼 먼지가 쌓여도 쓸지 않고, 문은 도령처럼 낮에도 항상 닫혀 있네.〔室似陳蕃塵不掃 門如陶令晝常關〕"라는 말이 나온다. 《芸庵類藁 卷4》

## 이웃의 승려들이 와서 황무지 개간을 도와준 것을 사례하다

2수 계미년(1643, 인조21)

謝隣僧來助墾荒 二首 癸未

문소동(聞簫洞)에 있을 때 지었다.

| | |
|---|---|
| 군국의 징구에 부응함은 물론 | 非徒軍國徵求應 |
| 종사의 형향도 바로 여기에서[695] | 宗社馨薌在此中 |
| 세간을 떠났어도 급한 민생 아는지라 | 物外亦知民事急 |
| 서로 불러 산을 나와 농사일 도왔다네 | 相呼出洞助田功 |

이 시는 이긴 쪽에 준 것이다.

| | |
|---|---|
| 이웃 스님이 벌단의 괴로움[696] 애달피 여겨 | 隣僧哀我伐檀苦 |
| 개간하는 일 도우러 오니 감회가 깊어라 | 來助治畬感歎深 |
| 선두 다투는 승부의 일은 논하지 마오 | 休論勝負爭先事 |
| 똑같이 자비이타(慈悲利他)의 마음인걸요 | 均是慈悲利物心 |

이 시는 진 쪽에 준 것이다.

---

695 군국(軍國)의……여기에서 : 국가재정을 위해 세금을 바치고, 종묘사직에 올릴 제물(祭物)을 마련하는 것도 모두 이 농토(農土)에서 나온다는 말이다. 징구(徵求)는 세금을 징수하는 것을 말하고, 형향(馨薌)은 제사에 쓰는 향기로운 곡물(穀物)이라는 말이다.

696 벌단(伐檀)의 괴로움 : 혼자 힘으로 농사짓고 살아가는 어려움을 말한다. 벌단은 《시경》〈위풍(魏風)〉의 편명으로, 때를 만나지 못한 현자(賢者)가 곤궁함을 달게 여기고서 항상 부지런히 노력하며 떳떳하게 살아가는 것을 아름답게 여겨 부른 노래인데, 그중에 "심지 않고 수확하지 않으면, 어떻게 벼 삼백 다발을 거두리오.〔不稼不穡 胡取禾三百廛兮〕"라는 등의 말이 나온다.

## 권 반금과 헤어지며 주다 계미년(1643)

贈別權伴琴 癸未

반금의 이름은 해(海)이다. 거문고를 잘 연주해서 그렇게 불렀다.

| | |
|---|---|
| 산문에서 저녁에 나와 우리 그대 보내나니 | 山門晩出送吾君 |
| 인간 세상 바쁘고 한가함 이 길에서 나뉘누나 | 人世閑忙此路分 |
| 물어보세 어느 때나 나를 따라와 | 借問何時隨我去 |
| 집선대 위 흰 구름과 놀아 볼는지 | 集仙臺上弄晴雲 |

## 옛 시구를 모아 반금에게 부치다 갑신년(1644, 인조22)
集古寄伴琴 甲申

이분이 가슴에 기음을 품고[697] 若人抱奇音
• 유자후(柳子厚)

용순금 먼지 털어 연주를 하면[698] 拂拭龍唇琴
• 맹호연(孟浩然)

냉랭하기만 한 일곱 줄 위에[699] 泠泠七絃上
• 유문방(劉文房)

용과 봉의 합창이 들려온다네[700] 龍鳳相與吟
• 위응물(韋應物)

뿌리도 꼭지도 없는 뜬구름과 버들개지[701] 浮雲柳絮無根蔕
• 한퇴지(韓退之)

---

697 이분이……품고 : 당나라 유종원(柳宗元)의 《유하동집(柳河東集)》 권42 〈초추야좌증오무릉(初秋夜坐贈吳武陵)〉에 나온다. 자후(子厚)는 유종원의 자(字)이다.

698 용순금(龍唇琴)……하면 : 맹호연(孟浩然)은 당나라 시인이다. 이 시구는 《맹호연집(孟浩然集)》 권1 〈청정오음탄금(聽鄭五愔彈琴)〉에 나온다. 용순금은 소리가 나오는 곳을 용 모양으로 꾸민 거문고라는 말이다. 송(宋)나라 진양(陳暘)의 《악서(樂書)》 〈금제(琴制)〉에 "용순은 소리가 나오는 곳이다.〔龍脣者 聲所由出也〕"라는 말이 나온다.

699 냉랭하기만……위에 : 당나라 유장경(劉長卿)의 《유수주집(劉隨州集)》 권1 〈청탄금(聽彈琴)〉에 나온다. 문방(文房)은 유장경의 자이다.

700 용과……들려온다네 : 위응물(韋應物)은 당나라 시인이다. 이 시구는 《위소주집(韋蘇州集)》 권1 〈의고시(擬古詩)〉에 나온다.

701 뿌리도……버들개지 : 소리가 흩어져서 퍼져 나가는 것을 형용한 것이다. 이 시구는 《한창려집(韓昌黎集)》 권5 〈청영사탄금(聽穎師彈琴)〉에 나온다.

푸른 물결도 잠깐 멈춰 흐르지 않는 듯[702] 綠波澹澹如不流

• 유문방(劉文房)

얼음 밑 여울지는 냇물마냥 목메어 우나니[703] 幽咽泉流氷下灘

• 백낙천(白樂天)

강아는 반죽에 눈물 흘리고 소녀는 수심에 잠긴다네[704]

江娥啼竹素女愁

• 이장길(李長吉)

상성과 오음이 손가락 따라 일어나면[705] 商聲五音隨指發

• 유우석(劉禹錫)

패옥이며 방울 소리 안개비처럼 가득[706] 碎珮叢鈴滿煙雨

• 온비경(溫飛卿)

---

702 푸른……듯 : 소리가 한데 엉겨 멈춰 있는 것 같다는 말이다. 《유수주집(劉隨州集)》 권10 〈청적가(聽笛歌)〉에 나오는데, 참고로 이 앞 구는 "외로운 나그네 수심에 잠기게 하는 피리 소리여.〔橫笛能令孤客愁〕"이다.

703 얼음……우나니 : 백거이(白居易)의 《백낙천시집(白樂天詩集)》 권12 〈비파행(琵琶行)〉에 나온다. 참고로 이 앞 구는 "꽃 아래 매끄러운 꾀꼬리 소리처럼 어여쁘고.〔間關鶯語花底滑〕"이다.

704 강아(江娥)는……잠긴다네 : 당나라 이하(李賀)의 《창곡집(昌谷集)》 권1 〈이빙공후인(李憑箜篌引)〉에 나온다. 장길(長吉)은 이하의 자(字)이다. 참고로 뒤의 시구는 "이빙이 도성에서 공후를 연주하기 때문이라.〔李憑中國彈箜篌〕"이다. 이빙(李憑)이 도성에서 공후(箜篌)를 연주하면, 상군(湘君)도 반죽(斑竹)에 눈물을 떨구고 천상의 소녀(素女)도 우수에 잠기는 것처럼, 반금(伴琴)의 거문고 솜씨 역시 이에 못지않게 절묘하다는 말이다.

705 상성(商聲)과……일어나면 : 유우석(劉禹錫)은 당(唐)나라의 시인이다. 이 시구는 《유빈객문집(劉賓客文集)》 권25 〈무창노인설적가(武昌老人說笛歌)〉에 나온다. 참고로 이 뒤 구는 "물속의 용이 호응하고 가던 구름도 멈춘다.〔水中龍應行雲絶〕"이다.

706 패옥이며……가득 : 당나라 온정균(溫庭筠)의 《온비경시집(溫飛卿詩集)》 권1 〈곽처사격구가(郭處士擊甌歌)〉에 나온다. 비경(飛卿)은 온정균의 자(字)이다. 참고로 이 앞 구는 "상군의 보마가 신운에 오르고.〔湘君寶馬上神雲〕"이다.

장사가 산호 채찍 쳐서 부러뜨리는 듯[707] 壯士擊折珊瑚鞭

• 무명씨(無名氏)

바다 물결 뒤집히고 소나무도 덩실덩실[708] 海爲瀾翻松爲舞

• 소자첨(蘇子瞻)

창랑의 맑은 홍치를 머금을 때면[709] 興含滄浪淸

• 두자미(杜子美)

동정호 소상강의 뜻이 아득히 펼쳐지고[710] 洞庭瀟湘意渺綿

• 이태백(李太白)

바야흐로 높은 산을 떠올릴 때면[711] 正是憶山時

• 양중사(楊仲師)

안개와 구름 걷히고서 산이 의구하다네[712] 煙空雲散山依然

• 소자첨(蘇子瞻)

옥배도 한참 동안 잠잠해지게 하나니[713] 玉杯久寂寞

• 두자미(杜子美)

---

707 장사(壯士)가……듯 : 비파 소리를 형용한 것이다. 《전당시(全唐詩)》 권785에 나온다. 제목은 〈비파(琵琶)〉이다. 이 앞 구는 "산승이 유리 발우(鉢盂)를 박살내 듯.〔山僧撲破琉璃鉢〕"이다.

708 바다……덩실덩실 : 음악 소리에 만물이 감동하는 것을 형용한 것이다. 《소동파시집(蘇東坡詩集)》 권22 〈화채경번해주석실(和蔡景繁海州石室)〉에 나온다.

709 창랑(滄浪)의……때면 : 반금이 맑은 물을 생각하며 거문고를 탈 때라는 말이다. 《두소릉시집(杜少陵詩集)》 권19 〈동원사군용릉행(同元使君舂陵行)〉에 나온다.

710 동정호(洞庭湖)……펼쳐지고 : 《이태백집(李太白集)》 권7 〈당도조염소부분도산수가(當塗趙炎少府粉圖山水歌)〉에 나온다.

711 바야흐로……때면 : 당나라 양형(楊衡)의 〈노십오죽정송질칭귀산(盧十五竹亭送姪偁歸山)〉 시에 나온다. 《전당시(全唐詩)》 권465에 수록되어 있다. 중사(仲師)는 양형의 자(字)이다.

712 안개와……의구하다네 : 《소동파시집》 권30 〈서왕정국소장연강첩장도(書王定國所藏煙江疊嶂圖)〉에 나온다.

713 옥배(玉杯)도……하나니 : 《두소릉시집》 권17 〈청양씨가(聽楊氏歌)〉에 나온다. 양

남전의 날 따뜻하여 옥에서 내가 일고[714] 藍田日暖玉生煙

• 이의산(李義山)

억울한 심정을 머금고 있는 듯하나니[715] 掩抑似含情

• 온비경(溫飛卿)

온갖 한과 시름이 그 속에 담겨 있다네[716] 中有萬恨千愁幷

• 장문잠(張文潛)

꿈에서 귀신이 전수하여 마음속으로 얻었나니[717] 夢中神授心有得

• 소자첨(蘇子瞻)

우리 스님의 이 기예 어찌 옛것을 본뜰 리야[718] 我師此義不師古

• 이태백(李太白)

---

씨(楊氏)의 노래 솜씨가 워낙 탁월해서, 옆에서 옥배를 두드리며 박자를 맞추는 사람도 그 노래에 심취하여 한참 동안 조용해진다는 말이다. 참고로 이 뒤 구는 "피리 불며 반주를 하는 사람이 음을 틀리기도 한다.〔金管迷宮徵〕"이다.

714 남전(藍田)의……일고 : 옥을 생산하는 남전산(藍田山)에 날이 따뜻해지면 양옥(良玉)에서 아지랑이가 일어나듯, 반금(伴琴)의 거문고 솜씨도 바야흐로 무르익어서 전성기를 구가하고 있다는 말이다. 이 시구는 당나라 이상은(李商隱)의《이의산시집(李義山詩集)》 권상(卷上) 〈금슬(琴瑟)〉에 나온다. 의산(義山)은 이상은의 자(字)이다. 참고로 이 앞 구는 "창해에서 달이 밝으면 구슬이 교인(鮫人)의 눈물에서 흘러나오네.〔滄海月明珠有泪〕"이다.

715 억울한……듯하나니 : 온정균(溫庭筠)의《온비경시집(溫飛卿詩集)》 권3 〈서주곡(西州曲)〉에 "서너 악장을 한 번 탄주하니, 억울한 심정이 그 속에 담겨 있는 듯.〔一彈三四解 掩抑似含情〕"이라는 구절이 나온다.

716 온갖……있다네 : 송(宋)나라 장영(張詠)의《괴애집(乖崖集)》 권2 〈권주석별(勸酒惜別)〉 시에 나온다. 장영의 자는 복지(復之)이고 호는 괴애이다. 고산이 장문잠(張文潛)의 시라고 한 것은 착오이다. 문잠은 송나라 장뢰(張耒)의 자이다.

717 꿈에서……얻었나니 : 송나라 인종(仁宗)의 초상화를 그린 묘선(妙善) 스님이 그림 그리는 비법을 꿈속에서 귀신으로부터 전수받았다는 말로, 반금이 터득한 거문고 연주 방법도 이와 같다는 뜻으로 인용한 것이다. 이 시구는《소동파시집(蘇東坡詩集)》 권15 〈증사어용묘선사(贈寫御容妙善師)〉에 나온다.

718 우리……리야 :《이태백집(李太白集)》 권7 〈초서가행(草書歌行)〉에 나오는 구절로, 초서(草書)의 명인인 승려 회소(繪素)의 필법은 옛것을 답습한 것이 아니라는 말인데, 반금의 거문고 연주 역시 이와 같이 독창적임을 비유한 것이다.

이런 음악 소리 있어도 들어 줄 귀가 없고 보면[719] 縱有此聲無此耳

• 소자첨(蘇子瞻)

뛰어난 공인의 홀로 애쓰는 마음 새삼 깨닫노라[720] 更覺良工心獨苦

• 두자미(杜子美)

항상 소원은 선인을 받들어 모시는 것[721] 常願事仙靈

• 진백옥(陳伯玉)

소소에 들어 봉생에 끼이기를 원했나니[722] 願入簫韶雜鳳笙

• 이태백(李太白)

무리에 섞여 피리 부는 속에 어찌 합류할 것이며[723] 衆裏吹竽誰比數

• 소자첨(蘇子瞻)

빗속에 섰다고 진나라 광대에 구걸하려 하겠는가[724] 肯爲雨立求秦優

• 소자첨(蘇子瞻)

---

719 이런……보면 : 《소동파시집(蘇東坡詩集)》 권10 〈동양수락정(東陽水樂亭)〉에 "이 곡조 베껴 훈풍의 오현금(五絃琴)에 들일 필요 없나니, 이런 음악 소리가 있어도 들어 줄 귀가 없으니까.〔不須寫入薰風絃 縱有此聲無此耳〕"라는 말이 나온다.

720 뛰어난……깨닫노라 : 《두소릉시집》 권6 〈제이존사송수장자가(題李尊師松樹障子歌)〉에 나온다.

721 항상……것 : 당나라 진자앙(陳子昂)의 《진습유집(陳拾遺集)》 권1 〈여동방좌사규수죽편(與東方左史虯修竹篇)〉에 나온다. 백옥(伯玉)은 진자앙의 자(字)이다. 여기서 선인(仙人)은 임금을 비유한 말이다.

722 소소(簫韶)에……원했나니 : 반금 스스로 자기의 악곡이 순(舜) 임금의 음악인 소소와 같은 아악(雅樂)에 편입되어 궁중에서 연주될 수 있기를 소망했다는 말이다. 《이태백집(李太白集)》 권5 〈시종의춘원……(侍從宜春苑……)〉에 나온다.

723 무리에……것이며 : 반금이 실력도 없이 허명만 지닌 사람들과 함께 거론되는 것을 수치스럽게 여긴다는 말이다. 제 선왕(齊宣王)이 피리 연주를 좋아하여 항상 3백인을 모아 합주(合奏)하게 하자, 남곽 처사(南郭處士)가 피리를 불지도 못하면서 슬쩍 끼어들어 흉내만 내며 국록을 타 먹었는데, 선왕이 죽고 민왕(湣王)이 즉위한 뒤 한 사람씩 연주하게 하자 처사가 줄행랑을 놓았다는 남곽취우(南郭吹竽)의 고사가 전한다. 《韓非子 內儲說上》 이 시구는 《소동파시집》 권13 〈기유효숙(寄劉孝叔)〉에는 '衆裏笙竽誰比數'로 되어 있다. 아마도 고산이 착각한 듯하다.

학어처럼 오랫동안 풍파의 형세를 잃었으나[725] 涸魚久失風波勢

• 백낙천(白樂天)

웅덩이 만나면 멈추고 흐름을 타면 떠다닐 뿐[726] 得坎且止乘流浮

• 소자첨(蘇子瞻)

어찌 꼭 구속되어 남에게 끌려다니리오[727] 豈必局束爲人鞿

• 한퇴지(韓退之)

백운이 누울 만하니 그대여 얼른 돌아오라[728] 白雲堪臥君早歸

• 이태백(李太白)

지금 나는 인간 세상을 떠났나니[729] 今我去人間

• 저광희(儲光羲)

---

724 빗속에……하겠는가 : 진 시황(秦始皇)이 주연(酒筵)을 베풀었을 때에 추운 날씨에 빗속에 서서 고생하던 수위(守衛) 병사들이 광대인 우전(優旃)의 해학(諧謔) 덕분에 교대되었던 우전골계(優旃滑稽)의 고사가 전한다. 《史記 卷126 滑稽列傳 優旃》 여기에서 광대는 임금의 측근으로 총애받는 권신을 풍자한 것이다. 이 시구는 《소동파시집》 권7 〈희자유(戱子由)〉에 나온다.

725 학어(涸魚)처럼……잃었으나 : 《백낙천시집(白樂天詩集)》 권12 〈강남우천보악수(江南遇天寶樂叟)〉에 나온다. 학어는 학철부어(涸轍鮒魚)의 준말로, 곤경에 처해서 다급하게 구원을 요청하는 긴박한 처지에 놓여 있음을 말한다. 《장자》 〈외물(外物)〉에, 수레바퀴 자국〔涸轍〕에 고인 얕은 물속에서 메말라 죽어 가며 헐떡이는 붕어〔鮒魚〕가 물을 조금만 부어 주면 살 수 있겠다고 애원하는 이야기가 나온다.

726 웅덩이……뿐 : 반금이 현실적으로 불우한 처지에 놓여 있지만, 정신적으로는 한껏 자유를 만끽하고 있다는 말이다. 《소동파시집》 권7 〈화채준낭중견요유서호(和蔡準郎中見邀遊西湖)〉 시에 "고명한 분은 무심하여 불가함이 없으니, 웅덩이 만나면 멈추고 흐름을 타면 떠다닐 뿐.〔高人無心無不可 得坎且止乘流浮〕"이라는 말이 나온다.

727 어찌……끌려다니리오 : 《한창려집(韓昌黎集)》 권3 〈산석(山石)〉에 "인생은 이처럼 자기가 즐거우면 그만인걸, 어찌 꼭 구속되어 남에게 끌려다니리오.〔人生如此自可樂 豈必局束爲人鞿〕"라는 말이 나온다.

728 백운이……돌아오라 : 《이태백집(李太白集)》 권6 〈백운가(白雲歌)〉에 나온다.

729 지금……떠났나니 : 저광희(儲光羲)는 당 현종(唐玄宗) 개원(開元) 연간의 진사(進士)로서 감찰 어사(監察御史)에 올랐으며, 동시대의 왕유(王維)와 창화(唱和)

성품이 본래 구산을 좋아해서[730] 性本愛丘山

• 도연명(陶淵明)

주머니 속 옥 먹는 법 시험해 보진 못했으나[731] 未試囊中飡玉法

• 두자미(杜子美)

이미 함영의 글자 새긴 창정룡 검을 찼다오[732] 已佩含景蒼精龍

• 두자미(杜子美)

진경 찾아 봉래도에 잘못 들어오니[733] 尋眞誤入蓬萊島

• 위야(魏野)

천겹 만겹 둘러친 깎아지른 봉우리들[734] 峭壁攢峯千萬重

• 노동(盧仝)

---

를 많이 하였다. 그의 문집인 《저광희시집(儲光羲詩集)》 권1 〈유모산(遊茅山)〉 5수(首) 중 제4수에 "옛날 노자(老子)는 주하에 머물렀고, 지금 나는 인간 세상을 떠나노라.〔昔賢居柱下 今我去人間〕"라는 말이 나온다.

730 성품이……좋아해서 : 《도연명집(陶淵明集)》 권2 〈귀전원거(歸田園居)〉 6수(首) 중 첫 수에 "젊어서부터 세상과는 맞지 않았나니, 성품이 본래 구산을 좋아해서.〔少無適俗韻 性本愛邱山〕"라는 말이 나온다.

731 주머니……못했으나 : 《두소릉시집》 권3 〈거의행(去矣行)〉에 "주머니 속 옥 먹는 법 시험해 보지 못했으니, 내일 아침에는 남전산에나 들어가 볼까.〔未試囊中餐玉法 明朝且入藍田山〕"라는 말이 나온다. 268쪽 주460 참조.

732 이미……찼다오 : 《두소릉시집》 권2 〈현도단가기원일인(玄都壇歌寄元逸人)〉에 나온다. 함영(含景)과 창정룡(蒼精龍)에 대해서는 제가(諸家)의 해설이 분분한데, 역자는 《구가집주두시(九家集註杜詩)》에 나오는 조씨(趙氏)의 설을 채택하였다.

733 진경……들어오니 : 위야(魏野)는 북송(北宋) 진종(眞宗) 때의 시인으로, 자(字)는 중선(仲先)이다. 그의 〈심은자불우(尋隱者不遇)〉 시에 "진경 찾아 봉래도에 잘못 들어오니, 향긋한 바람 일지 않고 송화만 떨어지네.〔尋眞誤入蓬萊島 香風不動松花老〕"라는 시구가 나온다. 이 시는 《고문진보전집(古文眞寶前集)》 권4에 수록되어 있다.

734 천겹……봉우리들 : 당나라 시인 노동(盧仝)의 〈봉정삼유산(逢鄭三遊山)〉 시에 "우리 서로 만난 곳 풀꽃이 파릇파릇, 천겹 만겹 둘러친 깎아지른 봉우리들.〔相逢之處花茸茸 峭壁攢峯千萬重〕"이라는 시구가 나온다. 이 시는 《당시품휘(唐詩品彙)》 권52에 수록되어 있다.

금심삼첩으로 태선을 고무시킬 뿐[735] 琴心三疊舞胎仙

• 황정경(黃庭經)

세정은 동으로 흐르는 물에 부쳐 버리고[736] 世情付與東流水

• 고달부(高達夫)

달 밝은 밤 소나무 아래 고요한 창가에서[737] 月明松下房櫳靜

• 왕마힐(王摩詰)

거문고 안고 그대 오기만 밤낮으로 기다리노라[738] 日夕望君抱琴至

• 이기(李頎)

---

735 금심삼첩(琴心三疊)으로……뿐 : 단전(丹田)을 수련하는 등 신선의 양생술(養生術)을 닦으며 희열에 잠긴다는 말이다. 금심삼첩은 삼단전(三丹田)의 별칭이다. 삼단전은 도교(道敎)에서 일컫는 인체 부위의 이름으로, 상단전(上丹田), 중단전(中丹田), 하단전(下丹田)을 가리키는데, 이곳에 정(精), 기(氣), 신(神)이 머문다고 한다. 태선(胎仙)은 보통은 학(鶴)의 별칭이지만, 여기서는 도교의 신(神)의 이름으로 쓰였다. 이 구절은 도교의 경전인 《황정내경경(黃庭內景經)》〈상청장(上淸章)〉에 나오는데, 무성자(務成子)의 주(注)에 "태선은 바로 태령대신으로 태진이라고도 하는데 명당 안에 거한다.〔胎仙卽胎靈大神 亦曰胎眞 居明堂中〕"라고 하였다. 명당(明堂)은 양쪽 눈썹 사이의 천문(天門)에서 안으로 한 치쯤 들어간 부위를 가리키는 도교의 용어이다.

736 세정(世情)은……버리고 : 당나라 고적(高適)의 《고상시집(高常侍集)》 권3 〈봉구현(封丘縣)〉 시에 "생계는 남쪽 이랑의 밭이 있어야 하겠지만, 세정은 동으로 흐르는 물에 부쳤어라.〔生事應須南畝田 世情付與東流水〕"라는 말이 나온다. 달부(達夫)는 고적의 자(字)이다.

737 달……창가에서 : 당나라 왕유(王維)의 《왕우승집(王右丞集)》 권6 〈도원행(桃源行)〉에 나온다. 마힐(摩詰)은 왕유의 자(字)이다.

738 거문고……기다리노라 : 이기(李頎)는 당 현종(唐玄宗) 개원(開元) 13년(725)의 진사(進士) 출신으로, 왕유(王維)와 친하게 지내며 시를 창화(唱和)하였다. 이 시구는 《전당시(全唐詩)》 권133 〈청동대탄호가성겸기어농방급사(聽董大彈胡笳聲兼寄語弄房給事)〉 시 맨 마지막에 나온다.

## 완산의 파로를 생각하며 옛 시구를 모으다 갑신년(1644)
思完山琶老集古 甲申

세상에서 볼 수 없는 곤현 철발의 솜씨여[739] 鵾絃鐵撥世無有

• 소자첨(蘇子瞻)

손을 밀면 비가 되고 당기면 파가 되네[740] 推手爲琵却手琶

• 구양영숙(歐陽永叔)

나 그대를 모르지만 꿈속에서 보았는데[741] 我不識君曾夢見

• 소자첨(蘇子瞻)

축지할 길이 없으니 어떻게 해야 하나[742] 無由縮地欲如何

• 원미지(元微之)

---

739 세상에서……솜씨여 : 곤현(鵾絃)은 곤계(鵾雞)의 힘줄로 만든 비파 줄로, 곤현(鵾弦)이라고도 한다. 곤계는 학(鶴) 비슷한 새의 이름이다. 철발(鐵撥)은 악기를 탄주하는 공구(工具)인데, 쇠로 만들었기 때문에 붙여진 이름이다. 이 시구는 《소동파시집》 권11 〈고전두곡(古纏頭曲)〉 첫머리에 나오는데, 당 현종(唐玄宗) 개원(開元) 연간에 이원(梨園)에서 낙공봉(駱供奉), 하회지(賀懷智), 뇌청(雷淸) 등이 곤계의 힘줄로 줄을 만들고 철발로 탄주했다는 왕십붕(王十朋)의 주석이 있다.

740 손을……되네 : 송나라 구양수(歐陽脩)의 《문충집(文忠集)》 권8 〈명비곡화왕개보작(明妃曲和王介甫作)〉 시에 "손을 밀면 비가 되고 당기면 파가 되니, 오랑캐들도 함께 듣고 탄식하였네.〔推手爲琵却手琶 胡人共聽亦咨嗟〕"라는 말이 나온다. 손을 밀고 당기는 추수(推手)와 각수(却手)는 손가락으로 비파를 탄주하는 기법이다. 아래에서 위로 손을 밀어서 밖으로 향하는 것을 비(琵)라 하고, 위에서 아래로 손을 당겨서 안으로 향하는 것을 파(琶)라 한다. 영숙(永叔)은 구양수의 자이다.

741 나……보았는데 : 《소동파시집》 권25 〈서임포시후(書林逋詩後)〉에 나온다.

742 축지(縮地)할……하나 : 당나라 원진(元稹)의 《원씨장경집(元氏長慶集)》 권2 〈화낙천조춘견기(和樂天早春見寄)〉에 "함께 신년 맞고도 함께 감상 못 하다니, 축지할 수도 없으니 어떻게 해야 하나.〔同受新年不同賞 無由縮地欲如何〕"라는 말이 나온다. 축지는 땅을 주름 잡듯 줄여서 먼 거리를 가깝게 하는 술법을 말한다. 원진은 백거이(白居易)와 동시대의 시인으로, 미지(微之)는 그의 자(字)이다.

## 밥상을 마주하고 을유년(1645, 인조23)

對案 乙酉

| | |
|---|---|
| 앞산에 비온 뒤에 돋아나는 고사리 싹 | 前山雨後蕨芽新 |
| 밥 짓는 아낙이여 봄 왔으니 얼굴 펴오 | 饌婦春來莫更顰 |
| 샘물 가득 떠서 보리밥 말아 먹으면 | 滿酌玉泉和麥飯 |
| 유인의 살림살이 가난하지 않다오 | 幽人活計不爲貧 |

## 우연히 읊다 을유년(1645)

偶吟 乙酉

| | |
|---|---|
| 누가 옛날에 선골을 지녔던고 | 誰曾有仙骨 |
| 나도 분화를 보면 좋아한다오[743] | 吾亦愛紛華 |
| 몸이 병드니 마음도 따라 고요해지고 | 身病心仍靜 |
| 길이 막히니 세상도 절로 멀어지누나 | 途窮世自遐 |
| 구름과 산이 서로 이끌어 부축해 주고 | 雲山相誘掖 |
| 못과 바다가 함께 격려하며 적셔 주네 | 湖海與漸摩 |
| 철쇄[744]를 부러워할 것이 있으리오 | 鐵鎖何須羨 |
| 봉래로 가는 길이 틀림없는 것을 | 蓬萊路不差 |

743 나도……좋아한다오 : 고산도 세속적인 욕망을 완전히 떨쳐 버리지 못했다는 말이다. 분화(紛華)는 번화하고 화려한 것을 뜻한다. 공자의 제자 자하(子夏)가 "나가서 분화하고 성려한 것을 보면 그것이 좋고, 들어와서 부자의 도를 들으면 그것이 좋다. 그래서 이와 같이 두 가지가 마음속에서 싸우며 아직도 결판을 내지 못하고 있다.〔出見紛華盛麗而說 入聞夫子之道而樂 二者心戰 未能自決〕"라고 고백한 말이 《사기(史記)》 권23 〈예서(禮書)〉에 나온다.

744 철쇄(鐵鎖) : 늘어뜨린 쇠사슬을 붙잡고 올라가야 할 곳이라는 뜻으로, 중국의 현도단(玄都壇)을 가리킨다. '鐵鎖'는 '鐵鏁'와 같다. 두보(杜甫)가 이곳에 사는 사람에게 부친 시 〈현도단가기원일인(玄都壇歌寄元逸人)〉의 말미에 "등반할 수 없어서 쇠사슬 높이 드리운 곳, 복지에 몸을 두었으니 얼마나 상쾌할까.〔鐵鏁高垂不可攀 致身福地何蕭爽〕"라는 말이 나온다. 《杜少陵詩集 卷2》 현도(玄都)는 도교에서 말하는 선향(仙鄕)의 하나로, 한 무제(漢武帝) 때에 현도단을 설치하였는데, 장안(長安) 남산(南山) 자오곡(子午谷) 안에 있다. 복지(福地)는 도교의 동천복지(洞天福地)로, 선향과 같은 말이다.

## 우연히 읊다 을유년(1645)
偶吟 乙酉

| | |
|---|---|
| 금쇄동 안에 꽃들이 활짝 피고 | 金鎖洞中花正開 |
| 수정암 아래 물소리 우레 같네 | 水晶巖下水如雷 |
| 유인의 신세 일 없다고 누가 말하는가 | 幽人誰謂身無事 |
| 죽장망혜로 날마다 왔다 갔다 하는걸 | 竹杖芒鞋日往來 |

## 김사원에 대한 만사 을유년(1645)

挽金士元 乙酉

| | |
|---|---|
| 기린과 봉황의 기이함은 줄을 이음에 있나니[745] | 麟鳳之奇在續絃 |
| 명위가 무너져 엎어져도[746] 어찌 하늘을 탓하리오 | 名頹位仆豈尤天 |
| 지란 일곱 촉이 문간에 빼어나고[747] | 芝蘭七箇門闌秀 |
| 금해 일천 편이 일월로 걸려 있네[748] | 金薤千篇日月懸 |

745 기린과……있나니 : 자손이 부조(父祖)의 기업을 잘 계승하여 단절되지 않게 한 것을 비유한 말이다. 서해(西海) 봉린주(鳳麟洲)에 사는 봉황의 부리와 기린의 뿔을 합쳐서 달여 만든 속현교(續絃膠)라는 아교풀은 궁노(弓弩)의 끊어진 줄도 다시는 끊어지지 않게 단단히 이을 수 있다는 전설에서 유래한 것이다. 《海內十洲記》《博物志 卷3》 참고로 두보(杜甫)의 〈병후우왕의음증가(病後遇王倚飮贈歌)〉 시에 "기린 뿔과 봉의 부리를 세상이 알지 못하는데, 아교풀 달여 줄 이으면 기이함 절로 드러나네.〔麟角鳳觜世莫識 煎膠續弦奇自見〕"라는 말이 나온다. 《杜少陵詩集 卷3》

746 명위(名位)가 무너져 엎어져도 : 폄직(貶職)되거나 좌천(左遷)되는 것을 말한다. 한유(韓愈)의 《창려문집(昌黎文集)》 권22 〈제이침주문(祭李郴州文)〉에 "황염의 하읍에 엎드려, 명위가 무너져 엎어짐을 탄식한다.〔伏黃炎之下邑 嗟名頹而位仆〕"라는 말이 나온다. 이 글은 한유가 당 덕종(唐德宗) 정원(貞元) 19년(803)에 연주(連州) 양산 영(陽山令)으로 좌천되었을 때에 지은 것이다.

747 지란(芝蘭)……빼어나고 : 일곱 명의 자제들이 모두 훌륭하다는 말이다. 타인의 뛰어난 자제들을 지란옥수(芝蘭玉樹)로 비유하곤 하는데, 이는 진(晉)나라 사현(謝玄)이 숙부인 사안(謝安)에게 "지란과 옥수가 집안 섬돌에 피어나 향기를 내뿜게 하겠다."라고 대답한 고사에서 유래한 것이다. 《晉書 卷79 謝安列傳》

748 금해(金薤)……있네 : 아름다운 시문을 많이 남겼다는 말이다. 금해는 염교의 잎을 거꾸로 한 것〔倒薤葉書〕과 같은 글씨라는 뜻으로, 전서(篆書)의 미칭(美稱)이다. 참고로 한유의 〈조장적(調張籍)〉 시에 "평생 지은 수많은 문장이여, 금해의 필체로 주옥처럼 드리웠네.〔平生千萬篇 金薤垂琳琅〕"라는 말이 나온다. 《韓昌黎集 卷5》

| | |
|---|---|
| 다만 유감은 매옥을 가련히 여기는 날에 | 只恨人憐埋玉日 |
| 나에게 바로 채신의 근심이 있게 된 것[749] | 正當吾患採薪年 |
| 뒷날 길이 황원포[750]로 돌아갈 때 | 他時路繞黃原浦 |
| 풀 묵기 전에 한번 찾아 곡하리다[751] | 一哭聊期宿草前 |

749 다만……것 : 고산이 몸이 아파서 장례에 참석할 수 없게 되었다는 말이다. 매옥(埋玉)은 영재(英才)의 죽음을 탄식하는 말이다. 81쪽 주89 참조. 채신(採薪)의 근심은 땔나무를 하기 어려울 정도로 몸이 불편하다는 뜻으로, 《맹자》 〈공손추 하(公孫丑下)〉에서 나온 말이다.

750 황원포(黃原浦) : 235쪽에 나오는 〈황원잡영(黃原雜詠) 3수〉에 "보길도(甫吉島)의 바다를 황원포(黃原浦)라고 한다."라는 주(註)가 붙어 있다.

751 풀……곡하리다 : 1년을 넘기지 않고 묘소를 찾아 친구의 의리를 지키겠다는 말이다. 《예기》 〈단궁 상(檀弓上)〉에 "붕우의 묘소에 한 해를 넘겨 풀이 묵으면 곡하지 않는다.〔朋友之墓 有宿草而不哭焉〕"라는 말이 나온다.

## 금성 강 생원에 대한 만사 을유년(1645)
挽錦城姜生員 乙酉

| | |
|---|---|
| 내가 그래도 이런 분을 볼 수 있었나니 | 吾猶及見有斯人 |
| 세간에 있으면서 세간의 일을 초월한 분 | 在世而能出世塵 |
| 유수 고산에 마음이 절로 즐겁고[752] | 流水高山心自樂 |
| 단표누항에 도가 궁하지 않았다오[753] | 單瓢陋巷道非貧 |
| 아 오늘 그만 옥루의 꿈을 꾸다니요[754] | 玉樓一夢嗟今日 |
| 구장의 중래를 몇 봄이나 기다렸는데[755] | 鳩杖重來待幾春 |

752 유수(流水)……즐겁고 : 지기(知己)와 함께 거문고를 연주하며 유유자적(悠悠自適)하는 생활을 말한다. 거문고의 명인 백아(伯牙)가 고산(高山)에 뜻을 두고 연주를 하면 그의 지음(知音)인 종자기(鍾子期)가 "좋구나. 아아(峨峨)하여 태산(泰山)과 같도다." 하고, 유수(流水)에 뜻을 두고 연주를 하면 "좋구나. 양양(洋洋)하여 강하(江河)와 같도다."라고 평하였다는 고사에서 유래한 것이다. 《列子 湯問》

753 단표누항(簞瓢陋巷)에……않았다오 : 안빈낙도(安貧樂道)의 생활을 가리킨다. 《논어》 〈옹야(雍也)〉의 "어질다, 안회(顏回)여. 한 그릇 밥과 한 표주박 물을 마시며 누항에 사는 것을 사람들은 근심하며 견뎌 내지 못하는데, 안회는 그 낙을 바꾸지 않으니, 어질도다, 안회여.〔賢哉 回也 一簞食 一瓢飮 在陋巷 人不堪其憂 回也 不改其樂 賢哉 回也〕"라는 공자의 말에서 나온 것이다.

754 아……꾸다니요 : 뛰어난 인물의 죽음을 슬퍼하는 말이다. 당(唐)나라 이상은(李商隱)의 〈이장길소전(李長吉小傳)〉에 "이하(李賀)가 대낮에 붉은 용을 타고 내려온 붉은 옷 입은 사람을 보았는데, 그가 말하기를 '상제의 백옥루(白玉樓)가 이루어졌으므로 그대를 불러 기문(記文)을 짓게 하려 한다.' 하였다. 그러고 나서 이하가 바로 죽었다." 하였다. 장길은 이하(李賀)의 자(字)이다.

755 구장(鳩杖)의……기다렸는데 : 강 생원이 다시 찾아오기를 고대하였다는 말이다. 구장은 70세 이상의 노인에게 내려 주던 지팡이로, 강 생원을 가리킨다. 326쪽 주655 참조.

| | |
|---|---|
| 용학의 남은 경사 발하길 기대하노니 | 聳壑庶期餘慶發 |
| 나란히 선 곡란의 전형이 참되니까[756] | 鵠鸞竝峙典刑眞 |

756 용학(聳壑)의……참되니까 : 그 집안의 자제들이 훌륭한 만큼, 앞으로 많은 경사가 있게 될 것이라는 말이다. 용학은 계곡을 뛰어넘어 하늘로 치솟는다는 용학앙소(聳壑昂霄)의 준말이다. 곡란(鵠鸞)은 고니와 난새라는 뜻으로, 타인의 자제를 일컫는 미칭(美稱)이다. 한유(韓愈)의 〈전중소감마군묘명(殿中少監馬君墓銘)〉에 "내가 물러 나와 소부를 보건대, 푸른 대와 벽오동에 난새와 고니가 우뚝 멈춰 서 있는 것 같았으니, 그는 부조(父祖)의 업(業)을 제대로 지킬 만한 사람이었다. 〔退見少傅 翠竹碧梧 鸞鵠停峙 能守其業者也〕"라는 말이 나온다.

## 한한정 임탄 어른에 대한 만사
挽閑閑亭林坦丈

| | |
|---|---|
| 한한정자의 주인 어르신을 | 閑閑亭子主人翁 |
| 내가 보진 못했어도 잘 알고말고 | 我不見公而識公 |
| 두려워 피한 것은 허명과 이끗이요 | 畏避者名場利府 |
| 주장한 것은 밝은 달 맑은 바람이라 | 主張是皓月淸風 |
| 단지 고산 위에서 매화를 보았을 뿐 | 看梅只在孤山上 |
| 도성 거리에서 눈 읊은 적 없었다오 | 吟雪何曾紫陌中 |
| 주작의 그림자 천년토록 소리 있으리니 | 千載有聲朱雀影 |
| 객이여 북창이 비었다고 말하지 마오[757] | 客來莫道北窓空 |

757 주작(朱雀)의……마오 : 한한정에 주작의 소리가 계속 들릴 것이니 주인이 없어서 썰렁해졌다고 말하지 말라는 것이다. 주작은 남방을 상징하는 상서로운 새인데, 한한정이 남쪽 지방에 있기 때문에 이렇게 말한 것이 아닌가 한다. 북창(北窓)은 은자(隱者)의 거처를 뜻한다. 도잠(陶潛)의 〈여자엄등소(與子儼等疏)〉에 "오뉴월 중에 북창 아래에 누워 있으면 서늘한 바람이 이따금씩 스쳐 지나가곤 하는데, 그럴 때면 내가 태곳적 희황(羲皇) 시대의 사람이 아닌가 하는 생각이 들기도 한다.〔五六月中 北窓下臥 遇涼風暫至 自謂是羲皇上人〕"라고 한 데에서 유래한 것이다.

## 이 정승에게 화운하다 3수 병술년(1646, 인조24)

和李政丞 三首 丙戌

백강(白江) 이상 경여(李相敬輿)가 이때 진도(珍島)에 유배되었다.[758]

베옷 입고 어디에서 귀한 분을 만났던가　　麻衣何處接華裾
헤어 보니 까마득히 태곳적만 같소그려　　却算遙遙似古初
우리 공은 기우는 큰 집 떠받칠 큰 재목이요　　敢許宏材扶大廈
나는 졸렬한 분수에 맞게 숨어 지내는 몸이라　　自安蹇劣臥幽居
멀리 귀양 오시다니 오늘의 일 놀랍기만　　遠遷驚起今朝事
보내신 글 받고 보니 격세지감이 몰려오네　　辱贈疑看隔世書
백마의 정자가 좋다고 옛날에 들었기에　　白馬曾聞風榭好
지금도 꿈속에 찾아가 고기 잡곤 한다오　　猶令我夢在叉魚

이상(李相)의 별장이 백마강(白馬江)에 있기 때문에 이렇게 말한 것이다.

옷자락에 흩뿌리는 복사꽃 붉은 비　　桃花紅雨洒衣裾
삼월달 강남 땅의 초승달 뜨는 저녁　　三月江南暗魄初
정승께서 고을 지난다 사람들 말 있더니　　人道政丞過縣路
아전이 시율 받들고 산속 집에 이르렀네　　吏傳詩律到山居
엄한 일정에 이렇게 은근히 챙겨 주시다니　　嚴程有是慇懃問

758 백강(白江)……유배되었다 : 백강은 이경여(李敬輿, 1585~1657)의 호이다. 1646년(인조24)에 소현세자빈(昭顯世子嬪)인 민회빈(愍懷嬪) 강씨(姜氏)가 소의(昭儀) 조씨(趙氏)를 저주했다고 하여 사약을 받게 되었을 때, 이에 반대하다가 진도에 유배되었으며, 2년 뒤에는 삼수(三水)에 위리안치(圍籬安置)되었다가, 1650년(효종1)에 풀려나와 영중추부사가 되고 이어 영의정에 올랐다. 고산보다 나이가 2년 위이다.

후록[759]은 그동안 편지 한 장도 없었는걸 厚祿從來斷絶書
삼공과도 안 바꾼다는 옛말이 있긴 하오만 不換三公雖古語
물고기 아닌데 어떻게 물고기 낙을 알리오[760] 何知魚樂子非魚

천애의 객이 홀로 눈물로 옷깃 적시나니 天涯有客獨霑裾
시절은 비룡이 달을 어거하는 초엽이라[761] 節屬飛龍御月初
해 지는 곳에 서 있는 관아의 버들이요 官柳正當斜日處
옛 거소 추억케 하는 강변의 꽃이로다 江花遙想舊時居

---

759 후록(厚祿) : 녹봉을 후하게 받는다는 뜻으로, 고위 관원을 가리키는데, 여기서는 그런 고관 중에서 특히 평소 친하게 알고 지내던 사람들을 말한다. 참고로 두보(杜甫)의 〈광부(狂夫)〉 시에 "후록의 고인으로부터 편지도 끊어져서, 항상 주리는 아이들 낯빛이 처량하네.〔厚祿故人書斷絶 恒飢稚子色淒涼〕"라는 말이 나온다. 《杜少陵詩集 卷9》

760 삼공(三公)과도……알리오 : 전원에 은거하며 유유자적하게 살아가는 홍치는 본인이 아니면 아무도 알지 못할 것이라는 말이다. 송(宋)나라 대복고(戴復古)가 후한(後漢)의 은사(隱士) 엄광(嚴光)의 고사를 소재로 읊은 시 〈조대(釣臺)〉에 "어떤 일에도 욕심 없이 오직 하나의 낚싯대뿐, 삼공의 자리도 이 강산과 바꿀 수 없고말고. 평소 유문숙을 잘못 알고 지낸 탓에, 세상 가득 허명을 야기했을 뿐이라오.〔萬事無心一釣竿 三公不換此江山 平生誤識劉文叔 惹起虛名滿世間〕"라는 내용이 나온다. 《石屛詩集 卷6》 문숙(文叔)은 광무제의 자이다. 또 장자(莊子)가 친구인 혜시(惠施)와 더불어 물고기의 즐거움에 대해서 서로 토론을 벌인 이른바 '호량(濠梁)의 대화'가 《장자(莊子)》 〈추수(秋水)〉 말미에 실려 있는데, 그 토론 중에 "그대는 물고기가 아닌데, 물고기의 낙을 어떻게 안단 말인가.〔子非魚 安知魚之樂〕"라고 혜시가 반박하는 대목이 나온다.

761 시절은……초엽이라 : 시절은 늦은 봄인 3월 초순이라는 말이다. 11월은 복괘(復卦)로 건(乾)의 초구(初九)에 해당하고, 12월은 임괘(臨卦)로 건의 구이(九二)에 해당하고, 1월은 태괘(泰卦)로 건의 구삼(九三)에 해당하고, 2월은 대장괘(大壯卦)로 건의 구사(九四)에 해당하고, 3월은 쾌괘(夬卦)로 건의 구오(九五)에 해당한다. 비룡(飛龍)은 건괘 구오의 비룡재천(飛龍在天)을 줄인 말이다. 참고로 소식(蘇軾)의 〈진일주가(眞一酒歌)〉 시에 "비룡이 달을 어거하는 보릿가을이 됐는지라, 푸른 보리밭 물결이 누런 구름으로 바뀌었네.〔飛龍御月作秋涼 蒼波改色屯雲黃〕"라는 말이 나온다. 《蘇東坡詩集 卷43》

| | |
|---|---|
| 못가 거닐며 읊조린 그대의 시구 보내시어[762] | 投君澤畔行吟句 |
| 숲 속에 누워 책 보는 나를 부러워하셨구려 | 羨我林中臥看書 |
| 성세에 어찌 뇌우의 덕화(德化)[763]가 없으리오 | 聖世豈無雷雨化 |
| 마호에 돌아가 조각배 타고 고기 낚으시리이다 | 扁舟歸釣馬湖魚 |

### 원운 原韻

| | |
|---|---|
| 옛날 천원관에서 서로 소매를 잡았나니 | 天元館裏昔摻裾 |
| 경개[764]하던 처음부터 의기가 통했지요 | 意氣還輸傾蓋初 |
| 허깨비와 꿈처럼 흐른 삼십 년 세월이여 | 三十年來如幻夢 |
| 이천 리 밖에서 신선의 거처를 지나가오 | 二千里外過仙居 |
| 창해에서 홀로 뿌리는 외로운 신하의 눈물이요 | 滄溟獨灑孤臣淚 |
| 석실에서 바야흐로 펼치는 만권의 서적이라[765] | 石室方開萬卷書 |
| 우지[766]에서 지금 하늘과 땅처럼 나뉜 채 | 牛地卽今天壤別 |

762 못가……보내시어 : 이경여가 유배객의 심정을 토로한 시를 고산에게 보냈다는 말이다. 못가는 유배지를 뜻하는데, 굴원(屈原)이 소인의 참소를 받고 조정에서 쫓겨난 뒤에 지은 〈어부사(漁父辭)〉에 "못가를 거닐며 읊조렸다.〔行吟澤畔〕"라는 말이 나온다.

763 뇌우(雷雨)의 덕화(德化) : 뇌우는 각각 위엄과 은혜를 뜻하는 말로, 임금이 사면령(辭免令)을 내리는 것을 가리킨다. 《주역》〈해괘(解卦) 상(象)〉의 "우레가 치고 비가 내리는 것이 해이다. 군자는 이 상을 보고서 잘못을 저지른 자를 사면하고 죄 지은 자를 너그럽게 처리한다.〔雷雨作 解 君子以 赦過宥罪〕"라는 말에서 나온 것이다.

764 경개(傾蓋) : 길가에서 서로 만나 수레 덮개를 기울이고 잠깐 이야기한다는 뜻으로, 두 사람이 서로 처음 만난 때를 말한다. 141쪽 주203 참조.

765 창해(滄海)에서……서적이라 : 창해 운운은 이경여 자신을, 석실 운운은 고산을 지칭한 것이다.

766 우지(牛地) : 소 울음소리가 들리는 땅이라는 말로, 거리가 매우 가까운 지역을 말한다.

초료는 북명의 고기가 부러울 뿐이외다[767]　　　　鷦鷯空羨北溟魚

767 초료(鷦鷯)는……뿐이외다 : 초료는 뱁새와 같은 작은 새로 이경여 자신을 비유하고, 북명(北溟)의 고기는 대붕(大鵬)으로 변하여 구만리 창공으로 날아가기 전에 바다 깊이 숨어 사는 곤(鯤)이라는 거대한 물고기로 고산을 비유한 것인데, 《장자(莊子)》〈소요유(逍遙遊)〉에 이에 대한 설명이 나온다.

## 앞의 운을 써서 회포를 읊다 병술년(1646)
用前韻詠懷 丙戌

| | |
|---|---|
| 누가 옷 입은 마소처럼 칠척을 다루는가[768] | 誰將七尺馬牛裾 |
| 조화옹과 태초에서 노닐 줄을 알아야지 | 宜與化翁遊太初 |
| 의는 인간 세상 남자가 걸을 길이요 | 義是人間男子路 |
| 인은 하늘 아래 장부가 살 집이로다 | 仁爲天下丈夫居 |
| 사상 양의의 이치 속에 마음을 침잠하고 | 潛心四象兩儀理 |
| 삼황오제의 서책을 주의 깊게 살피노라 | 着眼三皇五帝書 |
| 큰 솥의 진귀한 요리 부러울 것 있으리오 | 大鼎珍烹何足羨 |
| 고미에 농어회 곁들이면 흥치가 그만인걸 | 興酣菰米配鱸魚 |

768 누가……다루는가 : 사람으로 태어난 몸을 함부로 취급하면 안 된다는 말이다. 옷 입은 마소는 한유(韓愈)의 시 〈부독서성남(符讀書城南)〉의 "사람이 고금의 도리를 통하지 못하면, 말과 소에 사람 옷을 입혀 놓은 것과 같다.〔人不通古今 馬牛而襟裾〕"라는 시구를 인용한 것이다. 《韓昌黎集 卷6》 칠척(七尺)은 칠척구(七尺軀)의 준말로, 사람의 몸을 가리킨다. 《순자(荀子)》 〈권학편(勸學篇)〉에 "소인이 배우는 것을 보면, 귀로 들어 왔다가 금방 입으로 나가 버리고 만다. 입과 귀의 사이는 네 치밖에는 안 되니, 어떻게 칠척의 몸뚱이를 아름답게 할 수 있겠는가.〔小人之學也 入乎耳 出乎口 口耳之間則四寸耳 曷足以美七尺之軀哉〕"라는 말이 나온다.

## 금객이 시를 청하기에 금계를 지어 주다 병술년(1646)

琴客求詩爲作琴誡 丙戌

| | |
|---|---|
| 기욕이 마음속에서 맑아지고 | 嗜慾心中淨 |
| 천기가 손가락 아래 울려 퍼져서 | 天機指下鳴 |
| 높은 산과 흐르는 물의 흥치로 하여금 | 可令山水興 |
| 자기가 있든 없든 어우러지도록 하시라[769] | 存沒子期幷 |

769 높은……하시라 : 옛날 거문고의 명인인 백아(伯牙)는 종자기(鍾子期)라는 지음(知音)이 있어야만 연주가 가능했는데, 그런 백아의 경지를 한번 뛰어넘어 보라는 말이다. 179쪽 주264 참조.

## 금객이 그림 부채를 주기에 그 위에 시를 제하였다

병술년(1646)

琴客遺畫扇題詩其上 丙戌

| | |
|---|---|
| 지는 해는 산 너머로 뉘엿뉘엿 | 落日低山外 |
| 비낀 바람은 물결 위로 산들산들 | 斜風吹浪頭 |
| 노새 타고 어디로 가느냐 하면 | 騎驢何處去 |
| 드러눕기 딱 좋은 강변 다락으로 | 正好臥江樓 |

## 심생 광면에 대한 만사 정해년(1647, 인조25)
挽沈甥光沔 丁亥

| | |
|---|---|
| 명을 아는 성인도 안회를 애통해하였는데[770] | 知命聖人猶慟回 |
| 정에 끌리는 우리가 어떻게 제어하겠는가 | 鍾情吾輩詎能裁 |
| 뒷날 명성을 떨치기를 기대하였는데 | 他時佇待金聲縱 |
| 오늘 옥수[771]가 부러짐을 보게 되다니 | 今日還看玉樹摧 |
| 구만동풍[772]의 마음이야 없어지지 않겠지만 | 九萬同風心不泯 |
| 삼천곡례[773]의 그 뜻은 재로 변하고 말았구나 | 三千曲禮志成灰 |
| 몇 년이나 산속 창가에서 도를 논했던가 | 幾年論道山窓裏 |
| 얼굴이 눈에 선하여 눈물로 뺨을 적시노라 | 眉宇森森淚滿顋 |

770 명을……애통해하였는데 : 안회(顔回)가 죽었을 때, 공자가 "하늘이 나를 망하게 한다."라고 거듭 탄식하고 지나칠 정도로 슬퍼하였으며, 또 "내가 이 사람을 위해 애통해하지 않고 누구를 위해 애통해하겠는가."라고 말한 내용이 《논어》 〈선진(先進)〉에 나온다.

771 옥수(玉樹) : 영재를 비유하는 말이다. 81쪽 주89 참조.

772 구만동풍(九萬同風) : 대붕(大鵬)이 회오리바람을 타고 구만리 하늘 위로 솟구치는 것을 말한다. 이백(李白)의 〈상이옹(上李邕)〉에서 "대붕이 어느 날 바람과 함께 날아올라, 회오리바람 타고 곧장 구만리 위로 솟구치네.〔大鵬一日同風起 扶搖直上九萬里〕"라는 시구를 발췌한 것이다. 《李太白集 卷9》

773 삼천곡례(三千曲禮) : 《예기》 〈예기(禮器)〉에 "기본적인 예의가 3백 가지요, 구체적인 예절이 3천 가지인데, 그 정신은 하나이다.〔經禮三百 曲禮三千 其致一也〕"라고 하였다. 또 《중용장구》 제27장에도 "크고 넉넉하도다. 예의가 3백 가지요, 위의가 3천 가지로다.〔優優大哉 禮儀三百 威儀三千〕"라는 말이 나온다.

## 극아의 탕병일[774]에 짓다 정해년(1647)

克兒湯餠日作 丁亥

다른 판본에는 '어린아이의 생일날에 집사람이 떡국을 차렸기에 선인을 생각하고 감회에 젖다.〔小兒初度日 家人設餠 懷先感懷〕'로 되어 있다. 극(克)은 공의 서자인 직미(直美)의 아명이다.

농장[775]을 읊으려니 달리 할 말은 없고 欲賦弄璋無別語
나도 몰래 석주의 시가 문득 떠오르네 令人却憶石洲詩
백발의 몸이라 추정[776]할 날 영영 막혔으니 白頭永隔趨庭日
내 몸이 너만 하던 때 어찌 차마 생각하랴[777] 忍想吾身似汝時

석주(石洲)는 본조(本朝)의 시인 권필(權韠)의 호이다. 아래 두 구절은 석주의 시를 그대로 인용한 것이다.

---

774 탕병일(湯餠日) : 떡국 먹는 날이라는 말로, 여기에서는 돌날이라는 뜻으로 쓰였다. 옛날에 어린아이가 돌을 맞을 때나 어른의 생일에 장수(長壽)하라는 뜻으로 떡국을 끓여 먹던 풍속이 있었다.

775 농장(弄璋) : 아들을 얻은 기쁨을 말한다. 《시경》 〈사간(斯干)〉에 "아들을 낳으면……구슬을 가지고 놀게 하고〔乃生男子……載弄之璋〕"라는 말과 또 "딸아이를 낳으면……오지 실패를 가지고 놀게 한다.〔乃生女子……載弄之瓦〕"라는 말에서 유래한 것이다.

776 추정(趨庭) : 자식이 부친의 가르침을 받는 것을 말한다. 공자가 홀로 서 있을 때에 아들 백어(伯魚)가 종종걸음으로 뜰을 지나가자〔趨而過庭〕, 공자가 그를 불러 세우고서 시(詩)와 예(禮)를 배워야 한다고 가르침을 내렸던 고사에서 유래한 것이다. 《論語 季氏》

777 백발의……생각하랴 : 《석주집(石洲集)》 권7 〈아이를 안고 감회에 젖어〔抱兒有感〕〉라는 칠언절구(七言絶句)의 셋째와 넷째 구에 나온다.

## 8월 13일에 달 아래 귀암에 앉아 금객을 생각하며

무자년(1648, 인조26)

八月十三日月下坐龜巖思琴客 戊子

| | |
|---|---|
| 그대는 어디에서 오늘밤 달을 보시는가 | 君看何處今宵月 |
| 누선 아니면 예양(汭陽) 어딘가 있겠지 | 不在樓舡在汭間 |
| 애석해라 아아하게 울리는 줄 위의 운율이여 | 可惜峨峨絃上韻 |
| 높은 산에 뜻 있음을 알아듣는 이 없으니[778] | 無人解聽志於山 |

예양(汭陽)은 장흥(長興)의 옛 이름이다.

---

778 애석해라……없으니 : 종자기(鍾子期)와 같은 지음(知音)이 없다는 말이다. 179쪽 주264 참조.

## 진사 박이후가 수박과 동아를 보내면서 절구 다섯 수와 근체시 한 수를 부쳤기에 차운하여 답하였다

朴進士而厚惠西瓜東瓜兼寄絶句五首近體一首次韻答之

근체시는 문집에 실리지 않았는데, 그 이유를 잘 모르겠다.

| | |
|---|---|
| 둥근 수박 눈에 보이자 내 얼굴이 활짝 | 團圓入眼破吾顔 |
| 마른 입술 거북한 속이 벌써 시원해지네 | 燥吻煩腸已覺寒 |
| 어떡하면 이 물건처럼 마음을 적셔 주어 | 安得沃心同此物 |
| 명주수민[779]하는 영약을 만들 수 있을거나 | 轉成明主壽民丹 |

| | |
|---|---|
| 그대 입술 축이기 전에 나에게 먼저 보내다니 | 投吾未及子脣濡 |
| 동릉의 포옹의 무리[780]에게 감사의 절 올려야겠네 | 跽謝東陵抱甕徒 |
| 차기는 눈과 서리 같고 달기는 꿀과 같으니 | 冷比雪霜甘比蜜 |

779 명주수민(明主壽民) : 임금이 명철하여 백성을 인수지역(仁壽之域)으로 인도한다는 뜻으로, 태평성대를 구가하는 것을 말한다. 《한서(漢書)》 권22 〈예악지(禮樂志)〉에 "한 세상의 백성들을 몰아서 인수의 지역으로 인도한다면, 풍속이 어찌 성강 때처럼 되지 않을 것이며, 수명이 어찌 고종 때처럼 되지 않겠는가.〔驅一世之民 濟之仁壽之域 則俗何以不若成康 壽何以不若高宗〕"라는 말이 나온다.

780 동릉(東陵)의 포옹(抱甕)의 무리 : 남새밭을 힘들여 가꾼 농사꾼들을 말한다. 진(秦)나라 때 동릉후(東陵侯)에 봉해진 소평(邵平)이 진나라가 망한 뒤에 포의(布衣)로 가난하게 살면서 장안성(長安城) 청문(青門) 즉 동문(東門) 밖에서 외밭을 일구며 유유자적하게 은사(隱士)의 생활을 즐겼는데, 그의 외 맛이 좋았으므로, 사람들이 동릉과(東陵瓜) 혹은 청문과(青門瓜)라고 불렀던 고사가 전한다. 《史記 卷53 蕭相國世家》 또 《장자(莊子)》 〈천지(天地)〉에, 한음장인(漢陰丈人)이 남새밭을 가꿀 적에, 굴을 파고 우물로 들어가서 항아리를 안고 나와 물을 주곤 하였는데〔鑿隧而入井 抱甕而出灌〕, 힘은 많이 들이면서도 효과는 적었다는 말이 나온다.

금장과 옥액[781]인들 어찌 이보다 나으리오　　金漿玉液詎能踰

이상은 수박을 보내 준 것을 감사한 것이다.

적송을 사모해 은둔했다 그 누가 말하는가　　棲遁誰云慕赤松

당초 계교가 아니라 오직 의리를 따랐을 뿐[782]　　初非計較義之從

화산[783] 여기저기에 노는 땅들이 많으니　　華山面面多閑地

그대와 같은 이는 얼마든지 환영하리라　　何惜如君百輩容

쇠하고 병들어 닳고 까매진[784] 거울 속의 얼굴　　衰病磷緇鏡裏顔

---

781 금장(金漿)과 옥액(玉液) : 도가(道家)에서 제련하여 만든다는 선액(仙液)을 말한다. 《한무고사(漢武故事)》에 "가장 좋은 약으로는 중화의 자밀과 운산의 주밀과 옥액, 금장이 있다.〔太上之藥有中華紫蜜雲山朱蜜玉液金漿〕"라는 말이 나온다.

782 적송(赤松)을……뿐 : 옛날 장량(張良)처럼 신선술을 닦기 위해 은거한 것이 아니요, 어디까지나 의리에 입각해 초야로 물러난 것일 뿐이라는 말이다. 적송은 전설상의 선인(仙人)인 적송자(赤松子)를 말한다. 한(漢)나라가 건국되고 장량이 유후(留侯)에 봉해진 뒤에 속세의 미련을 버리고 신선술을 닦으며 말하기를 "지금 세 치의 혀를 가지고 임금의 스승이 되었을 뿐만 아니라, 만호에 봉해지고 열후의 지위에 올랐으니, 이는 포의가 누릴 수 있는 최대의 영광으로 나에게는 이미 충분하다고 하겠다. 그러니 이제는 인간 세상의 일을 버리고 적송자를 따라 노닐고 싶다.〔今以三寸舌 爲帝者師 封萬戶 位列侯 此布衣之極 於良足矣 願棄人間事 欲從赤松子遊耳〕"라고 하였다는 기록이 《사기(史記)》 권55 〈유후세가(留侯世家)〉에 나온다. 또 소식(蘇軾)이 "서호의 풍월이 동화의 뿌연 먼지만 못하다.〔西湖風月不如東華軟紅香土〕"라는 전인(前人)의 희어(戲語)를 인용해서 지은 〈박박주(薄薄酒)〉에 "은거하여 뜻을 구함엔 의리를 따를 뿐, 동화문의 먼지나 북창의 바람은 아예 계교치 않네.〔隱居求志義之從 本不計較東華塵土北窓風〕"라는 구절이 있다. 《蘇東坡詩集 卷14》 동화(東華)는 송(宋)나라 궁성의 동쪽 문 이름인데, 입조(入朝)할 때 이 문을 이용했다.

783 화산(華山) : 신선의 석실(石室)이 있다는 금화산(金華山)의 준말로, 여기서는 보길도(甫吉島) 부용동(芙蓉洞)을 가리킨다.

784 닳고 까매진 : 환경의 영향을 받아서 나쁜 쪽으로 변화된 것을 가리킨다. 《논어》 〈양화(陽貨)〉의 "갈아도 닳지 않으니 단단하다고 할 것이요, 검은 물을 들여도 까매지지 않으니 희다고 해야 할 것이다.〔不曰堅乎 磨而不磷 不曰白乎 涅而不緇〕"라는 말에서 나온 것이다.

더구나 산중의 부엌이 갈수록 썰렁해짐에랴　　山廚況復日慳寒
그대의 좋은 반찬 덕에 밥을 더 잘 먹는지라　　得君美茹加飡飯
어느새 얼굴이 불콰해져 사람들 놀래키네　　俄頃令人怪渥丹

단물이 체증 뚫으며 쾌하게 배설을 하니　　甘而破滯快而濡
호박의 자손이 어쩌면 너희들이 아니겠나　　芣葍兒孫豈爾徒
전어가 미인 때문에 울어도 상관없나니[785]　　未害前魚美人泣
소비가 원래 척존을 넘어서는 법이니까[786]　　疏卑從古戚尊踰

자주 : 전일에 대표로 뽑아서 수박만 읊었는데, 다시 생각해 보니 내가 수록해 주지 않은 것을 동아가 유감스럽게 여기겠기에, 다시 앞의 운을 써서 이렇게 절구 두 수를 지었다.

---

785 전어(前魚)가……상관없나니 : 동아와 같은 박색(薄色)이라도 일단 총애를 받으면, 수박처럼 훨씬 잘생긴 적수에게 총애를 뺏기지 않도록, 눈물을 흘리며 어리광을 부리더라도 괜찮을 것이라는 뜻의 해학적인 표현이다. 전어는 앞에 잡았던 물고기라는 뜻으로, 보통 총애를 잃고서 버림받는 것을 지칭하는데, 여기서는 다른 것에 비해서 상대적으로 가치가 떨어지는 물건을 비유하는 말로 쓰였다. 전국 시대 위(魏)나라의 남색(男色)인 용양군(龍陽君)이 위왕(魏王)과 함께 배를 타고 낚시질을 하다가 갑자기 눈물을 흘리자 위왕이 그 까닭을 물었다. 이에 그가 "처음에 물고기를 잡았을 때는 매우 기뻤으나 뒤에 또 그보다 더 큰 물고기를 잡고 보니 앞에 잡았던 물고기는 버리고 싶어졌다.〔臣之始得魚也 臣甚喜 後得又益大 今臣直欲棄臣前之所得魚矣〕"라고 하면서, 이 세상에 미인들이 매우 많은데 그들이 왕에게 나아오면 자기도 앞에 잡은 물고기 신세가 되지 않겠느냐고 대답을 하니, 위왕이 앞으로 미인에 대해서 감히 말을 꺼내는 자는 멸족(滅族)의 형을 가하겠다고 명령을 내렸다는 고사가 전한다.《戰國策 魏策4》

786 소비(疏卑)가……법이니까 : 소비는 지위가 낮고 관계가 소원한 사람을 말하고, 척존(戚尊)은 관계가 가깝고 지위가 높은 사람을 말한다.《맹자》〈양혜왕 하(梁惠王下)〉의 "나라의 임금이 유능한 인물을 등용할 때에는 마지못해서 하는 것처럼 조심스럽게 해야 한다. 장차 지위가 낮은 사람으로 하여금 높은 사람을 넘어서게 하고, 관계가 소원한 사람으로 하여금 가까운 사람을 넘어서게 하는 것이니, 신중을 기하지 않아서야 되겠는가.〔國君進賢 如不得已 將使卑踰尊疏踰戚 可不慎與〕"라는 말을 발췌한 것이다.

## 진사 박이후에 대한 만사 기축년(1649, 인조27)
挽朴進士而厚 己丑

| | |
|---|---|
| 남방에서 늙어 간 성균관 진사 | 成均進士南崖老 |
| 가을 달 흉금에 칠묵의 옷깃[787] | 秋月胸懷漆墨衫 |
| 내 집에 드나든 발걸음 어찌 다 세리오 | 吾室從遊那計脚 |
| 그대의 시 더 보려고 욕심도 꽤 부렸지요 | 君詩咀嚼不嫌饞 |
| 어찌하여 오늘 아침 부고를 받게 되었는지 | 今朝挽紙何來座 |
| 정월의 정겨운 글이 봉투 속에 담겼는걸 | 正月情書宛在緘 |
| 풀이 묵기 전에 기필코 한번 곡하리니[788] | 草未宿時期一哭 |
| 허무[789]에 머지않아 돛 달고 찾아가리다 | 虛無匪遠掛歸帆 |

787 가을……옷깃 : 가슴속이 마치 가을 달처럼 맑고 깨끗하였으며, 옷에 먹물이 묻어서 시꺼멓게 변할 정도로 항상 붓을 가까이했다는 말이다. 참고로 소식(蘇軾)이 먹을 만들어 파는 사람에게 지어 준 〈증반곡(贈潘谷)〉 시에 "베적삼은 옻칠처럼 까맣고 손도 거북이처럼 까맣지만, 마음은 빙호에 가을 달 담겼으니 상관없다오.〔布衫漆黑手如龜 未害冰壺貯秋月〕"라는 구절이 나온다. 《蘇東坡詩集 卷24》

788 풀이……곡하리니 : 늦더라도 1년 이내에 반드시 친구의 묘소를 찾겠다는 말이다. 360쪽 주751 참조.

789 허무(虛無) : 운무(雲霧)가 낀 아득한 바다라는 뜻의 시어(詩語)이다. 두보(杜甫)의 〈송공소보사병귀유공동겸정이백(送孔巢父謝病歸游空東兼呈李白)〉 시에 "봉래도(蓬萊島)의 선녀가 오운(五雲)의 수레를 짜서 환영할 것이요, 운무 낀 아득한 바다 가리키며 길을 안내하리라.〔蓬萊織女回雲車 指點虛無引歸路〕"라는 말이 나온다. 《杜少陵詩集 卷1》

## 〈삼려묘〉[790]에 차운하다 경인년(1650, 효종1)
次三閭廟韻 庚寅

언영[791]에는 남아 있는 자취가 없고 鄢郢無遺址
장화[792]에는 풀과 나무만 무성할 뿐 章華草木深
누가 알았으랴 굴자를 모신 사당이 誰知屈子廟
천년토록 강변 숲에 빛을 발할 줄을 千載映江林

790 삼려묘(三閭廟) : 당나라 대숙륜(戴叔倫)이 지은 오언절구로, 《전당시(全唐詩)》 권274에 수록되어 있다. 〈과삼려묘(過三閭廟)〉라고도 한다. 참고로 원운(原韻)은 다음과 같다. "沅湘流不盡 屈宋怨何深 日暮秋烟起 蕭蕭楓樹林" 삼려는 삼려대부(三閭大夫)로 있다가 조정에서 쫓겨난 전국 시대 초(楚)나라의 굴원(屈原)을 가리킨다.

791 언영(鄢郢) : 초나라 도성을 말한다. 춘추 시대 초나라 문왕(文王)이 영(郢)에 도읍을 정하였고, 그 뒤에 혜왕(惠王)이 언(鄢)으로 천도하고 나서 그대로 영(郢)이라고 불렀다.

792 장화(章華) : 춘추 시대 초 영왕(楚靈王)이 으리으리하게 지은 별궁(別宮) 장화대(章華臺)를 말한다. 호북성(湖北省) 감리현(監利縣) 서북쪽에 있다.

## 〈조발소주〉[793]에 차운하다 경인년(1650)

次早發韶州韻 庚寅

| | |
|---|---|
| 달그림자 밟으며 모점을 떠나 | 踏月辭茅店 |
| 서리 깔린 판교를 건너기보단[794] | 侵霜渡板橋 |
| 북창 가의 한잠이 훨씬 낫겠기에 | 何如北窓睡 |
| 부르지 않아도 돌아와서 숨었다오[795] | 歸隱不須招 |

---

793 조발소주(早發韶州) : 당나라 송지문(宋之問)의 오언고시(五言古詩)로, 《전당시(全唐詩)》 권53에 수록되어 있다. 고산이 그 시의 마지막 네 구절을 차운하였는데, 참고로 그 원운(原韻)을 소개하면 다음과 같다. "綠水秦京道 青雲洛水橋 故園長在目 魂去不須招"

794 달그림자……건너기보단 : 모점(茅店)은 띠풀로 지붕을 인 초라한 객점(客店)을 말하고, 판교(板橋)는 나무 널빤지를 걸쳐 놓은 다리를 말한다. 참고로 당나라 온정균(溫庭筠)의 "새벽닭 소리 들리는 모점의 달빛 속에, 서리 깔린 판교를 누군가 먼저 밟고 갔네.〔鷄聲茅店月 人迹板橋霜〕"라는 시구가 예로부터 절창(絶唱)으로 전해 온다. 이 시구는 〈상산조행(商山早行)〉이라는 오언율시(五言律詩) 중 함련(頷聯) 즉 제3, 4구에 나온다. 《溫飛卿詩集 卷7》

795 북창……숨었다오 : 세상일에 구애받지 않고 자유롭게 사는 은거 생활이 좋아서, 오라고 굳이 부르지 않아도 자진해서 먼저 전원으로 돌아왔다는 말이다. 소식(蘇軾)의 〈박박주(薄薄酒)〉 시에 "새벽 조회 시간 기다리느라 신발에 서리가 가득한 벼슬살이보다는, 한여름 해가 높이 솟도록 느긋하게 잠을 자며 북창의 시원한 바람을 즐기는 것이 훨씬 낫지 않으랴.〔五更待漏靴滿霜 不如三伏日高睡足北窓凉〕"라는 말이 나온다. 《蘇東坡詩集 卷14》 또 금(金)나라 이헌보(李獻甫)의 시에 "인간 세계 어느 곳에 이런 경치가 있을까, 부르지 않아도 응당 돌아가 숨으리라.〔何處人間景如此 便應歸隱不須招〕"라는 말이 나온다. 이 시구는 〈제황화유거도(題黃華幽居圖)〉라는 칠언율시의 미련(尾聯) 즉 제7, 8구에 나오는데, 금나라 원호문(元好問)이 편집한 《중주집(中州集)》 권10에 수록되어 있다. 참고로 송지문(宋之問)의 원운(原韻)에도 "옛 동산이 언제나 눈에 선한지라, 부르지 않아도 혼이 먼저 달려가네.〔故園長在目 魂去不須招〕"라는 말이 나온다.

## 〈난가뢰〉[796]에 차운하다 경인년(1650)

次欒家瀨韻 庚寅

| | |
|---|---|
| 날리는 여울은 금방 다듬이질한 깁이요 | 飛湍練脫砧 |
| 튀기는 물결은 한 움큼 기울인 구슬이라 | 激浪珠傾把 |
| 흰 갈매기 떼인지는 잘 모르겠고 | 不辨白鷗群 |
| 오르락내리락 그 소리만 들려오네 | 但聞音上下 |

796 난가뢰(欒家瀨) : 당나라 왕유(王維)의 오언절구로, 《왕우승집(王右丞集)》 권13에 수록되어 있다. 참고로 원운(原韻)을 소개하면 다음과 같다. "颯颯秋雨中 淺淺石溜瀉 跳波自相濺 白鷺驚復下" 제2구의 운(韻)이 사(瀉)인데, 고산이 착각한 듯하다.

## 반 첩여 시[797] 두 수에 차운하다 4수 경인년(1650)

次班婕好二首韻 四首 庚寅

| | |
|---|---|
| 첩의 운명이 기박함을 탄식할 따름이요 | 只歎妾命薄 |
| 임금의 총애 멀어짐은 원망하지 않았네 | 不怨君恩疎 |
| 누가 알리오 늙은 이 궁녀가 | 誰識老宮女 |
| 옥여 함께 타기를 사양했음을 | 嘗辭共玉輿 |

| | |
|---|---|
| 전어[798]는 버려짐이 원래 당연한 것 | 前魚固宜棄 |
| 단선도 시절 바뀌면 멀어지는 것 | 團扇有時疎 |

797 반 첩여(班婕好) 시 : 왕유(王維)의 오언절구로, 《왕우승집》 권13에 모두 3수가 수록되어 있다. 고산이 그중 첫째와 둘째 시에 차운하였는데, 참고로 그 원운을 소개하면 다음과 같다. "玉窓螢影度 金殿人聲絶 秋夜守羅幃 孤燈耿明滅" "宮殿生秋草 君王恩幸疎 那堪聞鳳吹 門外度金輿" 첩여(婕好)는 궁녀의 관명이다. 한 무제(漢武帝) 때 처음 설치되었는데, 지위는 상경(上卿)에 해당하고 직질은 열후(列侯)와 대등하다. 첩여(倢伃)라고도 한다. 반 첩여는 한 성제(漢成帝)의 궁인으로, 시가에 능하여 총애를 많이 받았다. 언젠가 성제가 후정(後庭)에서 노닐 적에 첩여를 황제의 수레에 함께 태우려고 하자, 첩여가 사양하면서 "옛날의 도화를 보건대, 훌륭한 임금은 모두 명신을 옆에 둔 반면에 삼대의 못된 임금은 총애하는 여자를 옆에 두었습니다. 지금 함께 수레에 태우려 한다면 이것과 근사하지 않겠습니까.〔觀古圖畫 賢聖之君皆有名臣在側 三代末主乃有嬖女 今欲同輦 得無近似之乎〕"라고 하니, 성제가 그 말을 옳게 여겨 그만두었다는 반첩사련(班妾辭輦)의 고사가 전한다. 그리고 이런 일이 있은 뒤에 반 첩여가 허 태후(許太后)와 함께 조비연(趙飛燕)의 참소를 받고는 물러나 장신궁(長信宮)에서 폐위된 태후를 모시고 시부(詩賦)를 읊으며 슬픈 나날을 보냈는데, 단선시(團扇詩)를 지어서 여름철에는 사랑을 받다가 가을이 되면 버려지는 이 둥근 부채에 자신의 처지를 비유한 고사가 또 유명하다. 《漢書 卷97下 外戚傳下 孝成班婕好》 이 단선시는 《문선(文選)》 권27에 〈원가행(怨歌行)〉이라는 제목으로 수록되어 있다.

798 전어(前魚) : 상대적으로 가치가 하락된 것을 비유하는 말이다. 376쪽 주785 참조.

반딧불 같은 처지임을 잘 아는 터에 自分如螢火
무슨 마음으로 태양 수레를 모시리오 何心奉日輿

임금님 황금 수레 사양할 그 당시에 當辭金輦時
은병 줄 끊어질 것[799]을 어찌 알았으랴 豈料銀甁絶
상자 속에 간직한 비단옷에서는 篋裏有羅衣
어로의 향내 아직도 남아 있는데 御爐香不滅

춤추던 소매에선 사향의 향내 사라지고 舞袖麝臍消
팔에 묶었던 깁은 붉은 실이 끊어졌네[800] 臂紗紅縷絶
단선을 손에 들고 홀로 배회하노라니 團扇獨徘徊
푸른 등잔불만 어두워졌다 밝아졌다 靑燈乍明滅

799 은병(銀甁)……것 : 영영 버림받는 신세가 되는 것을 말한다. 백거이(白居易)의 〈정저인은병(井底引銀甁)〉 시에 "우물 밑에서 은병을 끌어 올리는데, 은병은 올라오려 하나 줄이 그만 끊어졌네.〔井底引銀甁 銀甁欲上絲繩絶〕"라는 말이 나온다. 《白樂天詩集 卷4》 이 시는 남자에게 버림받은 여인의 심정을 읊은 것이다.

800 팔에……끊어졌네 : 진 무제(晉武帝)가 양가(良家)의 자녀를 궁중으로 뽑아 들일 적에 자신이 직접 미녀를 골라낸 뒤에 붉은 깁을 팔에 둘러 묶어 주었던 강사계비(絳紗繫臂)의 고사를 인용한 것이다. 《晉書 卷31 后妃列傳上 胡貴嬪》

## 종이연에 대해 우스개로 짓다 절구 2수
戲題紙鳶 二絶

| | |
|---|---|
| 본래 오귀는 공중을 밟고 다니는데 | 由來五鬼躡空虛 |
| 한자는 당년에 잘못 수레를 만들었네[801] | 韓子當年誤作車 |
| 종이 오려 구름 만들어 너를 태워 보내니 | 翦紙爲雲馱汝去 |
| 봄바람 타고 하늘나라로 고이 돌아가거라 | 東風碧落好歸歟 |

| | |
|---|---|
| 종이연이 바람 몰고 잘도 돌아다니니[802] | 紙鳶能作御風行 |
| 나도 올라타고 하늘나라에 조회 갈까 | 我欲乘之朝太淸 |
| 백옥경(白玉京)에서 신선들을 만나게 되면 | 白玉群仙如可見 |
| 쇠한 얼굴은 묻지 않고 창생의 일을 물으리라 | 衰顔不問問蒼生 |

801 본래……만들었네 : 오귀(五鬼)는 지궁(智窮), 학궁(學窮), 문궁(文窮), 명궁(命窮), 교궁(交窮) 등 다섯 종류의 궁귀(窮鬼)를 말한다. 한자(韓子)는 한유(韓愈)의 존칭이다. 그가 지은 〈송궁문(送窮文)〉에 이 오귀를 쫓아 보낼 목적으로 "버드나무를 엮어서 수레를 만들고, 풀을 묶어서 배를 만들었다.〔結柳作車 縛草爲船〕"라는 말이 나온다.

802 종이연이……돌아다니니 : 신선처럼 바람을 타고 신나게 돌아다닌다는 말인데, "열자가 바람 기운을 타고 하늘 위로 올라가서 기분 좋게 보름 동안쯤 마음대로 돌아다니다가 돌아온다.〔夫列子御風而行 泠然善也 旬有五日而後反〕"라는 《장자(莊子)》 〈소요유(逍遙遊)〉의 말을 발췌한 것이다.

## 차운하여 송파거사[803]에게 부치다 신묘년(1651, 효종2)

次韻寄呈松坡居士 辛卯

이해창(李海昌)이다.

| | |
|---|---|
| 남해의 어부와 한양의 인사가 일찍부터 | 南溟漁父洛陽人 |
| 막역한 우정을 나눈 것을 누가 알리오 | 誰信交情早有神 |
| 세상길 어긋난 멍청한 나를 그대는 동정하고 | 憐我牢癡違世路 |
| 풍진을 벗어난 의젓한 그대를 나는 사랑했소 | 愛君標格出風塵 |
| 낙서재 밖에는 비단처럼 펼쳐진 꽃이요 | 樂書齋外花如錦 |
| 휘수정 가에는 띠처럼 휘감은 물이로세 | 揮手亭邊水拖紳 |
| 날개 짧으니 그대를 어떻게 데리고 오랴[804] | 翅短何由持子至 |
| 한 잔 술에 부질없이 보름달을 대할 뿐 | 一杯空對月華新 |
| | |
| 행장[805]을 그윽이 옛사람에게 부쳤나니 | 行藏竊附古之人 |
| 귀신처럼 씹는다 해도 무슨 상관이랴[806] | 咀嚼那關有鬼神 |

803 송파거사(松坡居士) : 송파는 이해창의 호이다. 244쪽 주378 참조.

804 날개……오랴 : 한유(韓愈)의 〈남산유고수행증이종민(南山有高樹行贈李宗閔)〉 시에 "슬프고 슬프다 고산의 벗인 나는, 한밤중에 그대 그리며 슬퍼만 할 뿐, 길은 멀고 날개는 짧기만 해서, 그대를 데리고 돌아올 수 없구나.〔哀哀故山友 中夜思汝悲 路遠翅翎短 不得持汝歸〕"라는 말이 나온다. 《韓昌黎集 卷6》

805 행장(行藏) : 용사행장(用舍行藏)의 준말로, 자신의 도를 펼 수 있느냐 없느냐의 여부에 따라 거취를 결정하여 조정에 나아가기도 하고 은퇴하기도 하는 것을 말한다. 《논어》 〈술이(述而)〉의 "써 주면 도를 행하고 버리면 도를 간직한 채 숨는 그 일을 오직 안회(顔回) 너와 나만은 할 수가 있다.〔用之則行 舍之則藏 惟我與爾有是夫〕"라고 한 공자의 말에서 유래한 것이다.

806 귀신처럼……상관이랴 : 사람들이 갖가지로 트집 잡으며 비방을 해도 개의치 않

봉래의 바다는 하늘과 함께 푸른 동천(洞天)을 열어 주고

蓬海與天開碧洞

구름 속에 솟은 산은 나를 위해 붉은 먼지를 막아 주네

雲山爲我隔紅塵

임금님 사랑하여 준마 타시기 소원하고[807] 愛君尙願乘騏驥

자식 교육은 근필신을 알게 하면 그뿐[808] 訓子惟知謹韠紳

이따금 고정의 〈운곡기〉[809]를 펼쳐 보노라면 時閱考亭雲谷記

흉중은 물론 피부까지 한 번씩 새로워진다오[810] 胸中與囊一番新

끙끙대며 신음하다가 졸렬한 시를 바쳐, 멀리 병든 나에게 보여 주신 성의에 답하고자 합니다. 해상(海上)의 고산(故山)은 그 이름을 부용

---

는다는 말이다. 한유(韓愈)의 〈박탁행(剝啄行)〉 시에 "당신이 입을 열지 않고 문을 닫고 있더라도, 사람들은 귀신처럼 변화하며 계속 씹어 댈 것이다.〔雖不開口 雖不開關 變化咀嚼 有鬼有神〕"라는 말이 나온다.《韓昌黎集 卷4》

807 임금님……소원하고 : 지금도 임금이 고산을 불러 주기만 하면 있는 힘껏 보필할 용의가 있다는 말이다. 굴원(屈原)의 〈이소(離騷)〉에 "임금님이 준마 타고 달려오시면, 내가 앞장서서 길을 인도하리라.〔乘騏驥以馳騁兮 來吾導夫先路〕"라는 말이 나온다.

808 자식……그뿐 : 자식은 그저 어버이에게 효도할 줄만 알면 그것으로 족하다는 뜻의 겸사(謙辭)이다.《예기》〈내칙(內則)〉에, 자식이 부모를 섬길 때에는 새벽닭이 울면 일어나서 세수하고 의관을 정제하는데, 이때에 "현단복(玄端服)에 무릎덮개를 착용하고 큰 띠를 맨다.〔端韠紳〕"라는 말이 나온다. 대본에 '謹韠紳'이라고 한 것은 단종(端宗)의 묘호(廟號)를 휘(諱)한 것이 아닌가 한다.

809 고정(考亭)의 운곡기(雲谷記) : 주희(朱熹)가 운곡을 소재로 지은 기문(記文)을 말하는데,《회암집(晦菴集)》 권78에 수록되어 있다. 운곡은 주희가 초당을 짓고 독서하던 산 이름으로, 복건성(福建省) 건양현(建陽縣) 서북쪽 70리 지점에 무이산(武夷山)의 시계(市界)와 접해 있는데, 고산이 자신의 은거지를 곧잘 운곡에 비유하곤 하였다. 고정(考亭)은 주희의 호이다.

810 흉중은……새로워진다오 : 대본에는 '胸中與囊一番新'으로 되어 있으나, '囊'은 '囊'의 잘못이기에 바로잡아 번역하였다.

동(芙蓉洞)이라고 하고, 가향(家鄕)의 유거(幽居)는 그 이름을 금쇄동(金鎖洞)이라고 하는데, 낙서재(樂書齋)는 부용동에 있는 허름한 서재이고 휘수정(揮手亭)은 금쇄동에 있는 자그마한 정자입니다. 어느 때나 서로 만나 웃으면서 한 잔 술에 달을 마주하고 회포를 이야기할 수 있을는지요. 지금 부용동에는 산다화(山茶花)가 활짝 피었습니다.

## 임경업을 애도한 시에 화운하다
和哀林慶業

| | |
|---|---|
| 권모의 작은 용기를 그대 어찌 취하여 | 權謀小勇君奚取 |
| 천추에 두 나라 신하가 되고 말았는가 | 終是千秋二國臣 |
| 총재가 얼옥한 탓이라 사람들은 말하지만[811] | 讞獄人言因冢宰 |
| 하늘이 죽이려 의논했는지 어찌 알리오 | 議誅誰識自天神 |
| 골대[812]가 공갈을 치며 을러댔다고 하더라도 | 雖云骨大張虛𠝹 |
| 피영[813]의 무기고 불태운 건 용서받기 어렵도다 | 難贖皮營燒武囷 |
| 두우에서 칼을 든 일과 비슷한 점이 있지만 | 事似杜郵提劍日 |
| 하늘을 우러러 괜찮을지 그것은 모르겠네[814] | 未知還復仰蒼旻 |

---

811 총재(冢宰)가……말하지만 : 당시 영의정으로 있던 김자점(金自點)이 억지로 죄를 뒤집어씌워서 임경업(林慶業)을 죽였다고 사람들이 생각한다는 말이다. 총재는 보통 이조 판서의 별칭으로 쓰이지만, 여기서는 국정을 총괄하며 백관을 통솔하는 재상의 뜻으로 쓰였다. 언옥(讞獄)은 옥사(獄事)를 심리(審理)하는 것을 말한다.

812 골대(骨大) : 청(淸)나라 장수 용골대(龍骨大)를 말한다.

813 피영(皮營) : 피도(皮島) 즉 가도(椵島)에 있는 명(明)나라 장수의 진영을 말한다. 의주목(義州牧) 철산(鐵山) 남쪽 70리 지점에 위치하였는데, 동강진(東江鎭)이라고도 한다.

814 두우(杜郵)에서……모르겠네 : 임경업이 억울하게 화를 당한 혐의가 있긴 하지만, 본인의 마음속에 전혀 부끄러움이 없을지는 모르겠다는 말이다. 전국 시대 진(秦)나라의 명장 백기(白起)가 소왕(昭王)에게 불만을 품고 병을 핑계 대며 출전을 거부하다가, 마지못해 함양(咸陽)을 떠나 두우정(杜郵亭)에 이르렀을 때 왕이 사신에게 전한 칼을 받고는 자결을 하자, 사람들이 충신이 억울하게 죽었다고 동정하면서 제사를 지내 준 두우지륙(杜郵之戮)의 고사가 《사기(史記)》 권73 〈백기왕전열전(白起王翦列傳)〉에 전한다. 또 《맹자》 〈진심 상(盡心上)〉에 "하늘을 우러러보아도 부끄러움이 없고, 땅을 굽어보아도 부끄러움이 없는 이것이 군자의 두 번째 낙이다.〔仰不愧於天 俯不怍於人 二樂也〕"라는 말이 나온다.

## 차운하여 어사 이무에게 사례하는 시를 부치다 신묘년(1651)
次韻寄謝李御史袤 辛卯

| | |
|---|---|
| 입팔여주[815]에 대한 기갈은 풀어졌어도 | 卄八驪珠飢渴解 |
| 그대 내 심정 몰라준 건 야속하기만 | 還嫌君不識吾情 |
| 여러분이 이주의 공업을 지향할진대 | 群公倘就伊周業 |
| 갈과 곤이 섬기는 도도 밝아야 하리[816] | 事葛昆夷道亦明 |

815 입팔여주(卄八驪珠) : 28개의 검은 구슬이라는 뜻으로, 동진(東晉) 왕희지(王羲之)의 쾌설시청첩(快雪時晴帖) 28자(字)를 가리킨다. 세로 23cm, 가로 14.8cm로 된 행서(行書) 4행(行)의 이 진적(眞迹)은 현재 대북(台北) 고궁박물원(故宮博物院)에 제1호 특급국보(特級國寶)로 소장되어 있다. 참고로 그 내용을 소개하면 다음과 같다. "왕희지는 절하고 글을 올립니다. 폭설이 그치고 지금 날이 활짝 개었습니다. 거기에서도 모두 잘 계시리라고 믿습니다. 그동안 계획했던 일을 행할 수 없게 되어 마음이 울적합니다. 심부름꾼이 돌아가는 편에 간단히 적어서 보냅니다. 왕희지는 절하고 글을 올립니다. 산음 장후에게.〔羲之頓首 快雪時晴 佳想安善 未果爲結 力不次 王羲之頓首 山陰張侯〕" 말미의 산음장후(山陰張侯)는 겉봉에 쓴 글씨이다.

816 여러분이……하리 : 옛날 탕왕(湯王)과 문왕(文王)이 오랑캐를 섬겼던 것처럼, 지금도 청(淸)나라에 대해서 지혜롭게 잘 대처해야 할 것이라는 말이다. 제 선왕(齊宣王)이 사대교린(事大交隣)의 도리에 대해서 묻자, 맹자(孟子)가 대답한 내용 중에 "탕왕은 갈을 섬겼고, 문왕은 곤이를 섬겼다.〔湯事葛 文王事昆夷〕"라는 말과 "대국으로 소국을 섬기는 자는 천리(天理)를 즐거워하는 자요, 소국을 가지고 대국을 섬기는 자는 천리를 두려워하는 자이니, 천리를 즐거워하는 자는 온 천하를 보전하고, 천리를 두려워하는 자는 자기 나라를 보전한다.〔以大事小者 樂天者也 以小事大者 畏天者也 樂天者保天下 畏天者保其國〕"라는 말이 나온다.《孟子 梁惠王下》 이주(伊周)는 탕왕의 재상인 이윤(伊尹), 문왕의 아들로서 무왕(武王)을 보필한 주공(周公)을 말한다.

## 차운하여 이 개령 익로[817]에게 부치다 신묘년(1651)
次韻寄李開寧翼老 辛卯

평생 벗을 구했어도 얻지 못한 채 求友平生未得友
어느새 맞이한 예순다섯 번째 봄날 居然六十五廻春
궁도에서 실아하여 자손을 염려하던 차에[818] 窮途失我子孫念
말로에 그대 보니 얼굴빛 참하기도 해라 末路見君顏色眞
예를 사랑하는 것이 허식이 아님을 알겠노니 愛禮固知非貌敬
형체를 잊고서 마음속으로 가까워지고 싶어라 忘形直欲置心親
어느 때나 또다시 연촌의 이야기를 이어 何時更續蓮村話
옷소매 붙잡고 방석의 먼지 떨어 볼거나 把袂方揮席上塵

817 이 개령 익로(李開寧翼老) : 이익로(1608~?)는 본관은 전주, 자는 덕수(德叟)이다. 1649년(효종 즉위년)에 개령 현감에 제수되었다. 고산의 측실 소생의 딸이 이익로에게 출가하였다. 《承政院日記 孝宗 卽位年 11月 26日》《韓國文集叢刊解題 3 孤山遺稿解題》

818 궁도(窮途)에서……차에 : 막다른 길목에서 가진 것도 다 잃어버린 채 자손의 앞날을 걱정하고 있다는 말이다. 삼국 시대 위(魏)나라 완적(阮籍)이 시대를 한탄하며 답답한 마음을 풀기 위해 혼자 수레를 몰고 다니다가 막다른 길에 다다르면 문득 통곡을 하고 돌아왔다는 궁도곡(窮途哭)의 고사가 전한다. 《晉書 卷49 阮籍列傳》 실아(失我)는 실아상여(失我常與)의 준말이다. 동해의 물고기가 수레바퀴 자국에 고인 물속에 있으면서, "내가 가지고 있던 것을 전부 잃어버려 처할 곳이 없게 되었다.〔吾失我常與 我無所處〕"라고 곤궁한 처지를 탄식한 학철부어(涸轍鮒魚)의 이야기가 전한다. 《莊子 外物》

## 차운하여 한화숙에게 부치다 신묘년(1651)
次韻寄韓和叔 辛卯

| | |
|---|---|
| 나는 해은도 아니고 산은도 아니지만 | 吾非海隱非山隱 |
| 산과 바다에 평생토록 마음이 끌렸다네 | 山海平生意便濃 |
| 처신이 졸렬하니 세상길 어긋날 수밖에 | 用拙自違今世路 |
| 우연히 옛사람들처럼 은거하게 되었다오 | 幽居偶似古人蹤 |
| 흰머리 삼천 장도 과히 싫지 않나니[819] | 不嫌白髮三千丈 |
| 일만 겹 붉은 구름에 기쁨이 넘치니까[820] | 剩喜彤雲一萬重 |
| 소하를 노예로 부리는 일도 오히려 가능한데 | 奴隷少霞猶可得 |
| 먼지 낀 얼굴 치켜드는 고대광실이 부러울까[821] | 朱門誰羨抗塵容 |

---

819 흰머리……않나니 : 근심과 걱정 속에 늘어난 흰머리도 싫지만은 않다는 말이다. 이백(李白)의 〈추포음(秋浦吟)〉 시에 "나의 흰머리 보소 무려 삼천 장, 시름 속에 이처럼 자라났다오.〔白髮三千丈 緣愁似箇長〕"라는 유명한 구절이 나온다. 《李太白集 卷7》

820 일만……넘치니까 : 선경(仙境)에 있는 것 같은 희열을 느낀다는 말이다. 선인(仙人)의 거처에는 항상 붉은 구름이 에워싸고 있다는 전설을 인용한 것이다.

821 소하(少霞)를……부러울까 : 신선과 같은 생활도 누릴 수가 있는데, 속진(俗塵)의 명리(名利) 따위를 부러워할 리가 있겠느냐는 말이다. 소식(蘇軾)의 〈유나부산일수시아자과(游羅浮山一首示兒子過)〉 시에 "너는 응당 채소하를 노예로 부릴 것이요, 나도 산원경과 백중(伯仲)의 형세를 이룰 것이다.〔汝應奴隷蔡少霞 我亦季孟山元卿〕"라는 말이 나온다. 《蘇東坡詩集 卷38》 채소하(蔡少霞)는 꿈속에 선경(仙境)으로 끌려가서 자양진인(紫陽眞人) 산원경(山元卿)이 지은 〈창룡계신궁명(蒼龍溪新宮銘)〉을 비석에 쓰고 나왔다는 인물로, 당나라 설용약(薛用弱)의 《집이기(集異記)》에 이 일화가 수록되어 있다. 또 남조(南朝) 제(齊)의 공치규(孔稚珪)가 함께 은자 생활을 하다가 벼슬길에 나선 주옹(周顒)을 못마땅하게 여겨서 지은 〈북산이문(北山移文)〉에 "그동안 입고 있던 마름 옷을 불살라 버리고 연잎 옷을 찢어 버린 채, 먼지 낀 얼굴을 치켜들고서 속된 모습으로 마구 달려 나갔네.〔焚芰製而裂荷衣 抗塵容而走俗狀〕"라고 비평한 말이 나온다.

## 한화숙이 배를 보내면서 지은 시에 차운하여 부치다

신묘년(1651)

次寄韓和叔惠梨韻 辛卯

| | |
|---|---|
| 내가 비록 애리[822]를 으뜸으로 치지만 | 縱我本哀梨 |
| 맛과 색이 그보다 나은 줄을 알겠네 | 猶知勝味色 |
| 호군[823]을 만나 본 것이 언제였더라 | 何時見縞裙 |
| 열매를 먹자니[824] 하얀 꽃이 부끄러워 | 食實慙花白 |

822 애리(哀梨) : 애가리(哀家梨)의 준말이다. 한(漢)나라 말릉(秣陵)의 애중(哀仲)의 집에서 배를 심었는데, 그 열매가 크고 맛이 좋아서 당시 사람들이 애가리(哀家梨)라고 칭했다는 말이 《세설신어》〈경저(輕詆)〉의 주(註)에 나온다.

823 호군(縞裙) : 흰 치마를 입고 서 있는 것 같은 백색의 꽃나무라는 말인데, 여기서는 배꽃을 비유하는 말로 쓰였다. 한유(韓愈)의 〈이화(李花)〉 시에 "늘씬한 미인들이 향내를 풍기며 네 줄로 늘어섰는데, 흰 치마에 흰 수건을 평등하게 모두 둘렀네.〔長姬香御四羅列 縞裙練帨無等差〕"라는 말이 나온다. 《韓昌黎集 卷5》

824 열매를 먹자니 : 결벽증이 심했던 진중자(陳仲子)가 오릉(於陵)에 거할 적에 사흘 동안이나 먹지 못하다가, 굼벵이가 반이나 파먹은 오얏이 우물가에 있는 것을 보고는 기어가서 세 차례 베어 먹고 나서야 기운을 차렸다〔井上有李 螬食實者過半矣 匍匐往將食之 三咽然後耳有聞目有見〕는 《맹자》〈등문공 하(滕文公下)〉의 말을 해학적으로 인용한 것이다.

## 차운하여 인평대군[825]에게 증정하다 임진년(1652, 효종3)
次韻敬呈麟坪大君案下 壬辰

| | |
|---|---|
| 누가 능히 시종일관 선을 행하리오 | 爲善誰能保始終 |
| 동평이 홀로 선현의 풍모를 지녔어라[826] | 東平獨有昔賢風 |
| 정관의 치의의 정이 어찌 한이 있었으랴[827] | 緇衣鄭館情何限 |
| 형연의 예주의 예가 더욱 융숭하였어라[828] | 醴酒荊筵禮益隆 |
| 귀신도 따라서 우는 해타의 주기[829]요 | 咳唾珠璣從鬼泣 |

825 인평대군(麟坪大君) : 1622～1658. 이름은 요(㴭), 자는 용함(用涵), 호는 송계(松溪)이다. 인조의 삼남이며 효종의 동생이다. 참고로 고산은 1628년(인조6)에 봉림대군과 인평대군의 사부가 되었다.

826 누가……지녔어라 : 후한(後漢) 광무제(光武帝)의 여덟째 아들인 동평왕(東平王) 유창(劉蒼)이 집에 있을 때 어떤 일이 가장 즐겁냐는 광무제의 물음에 "선을 행하는 것이 가장 즐겁다.〔爲善最樂〕"라고 대답한 고사가 있다.《後漢書 卷42 光武十王列傳 東平憲王蒼》 여기서는 인평대군을 비유하는 말로 쓰였다.

827 정관(鄭館)의……있었으랴 : 인평대군이 사부(師傅)인 고산을 더할 나위 없이 공경하며 깍듯이 예우했다는 말이다. 〈치의(緇衣)〉는《시경》〈정풍(鄭風)〉의 편명(篇名)으로, 현사(賢士)를 예우하는 내용으로 되어 있다.《예기》〈치의(緇衣)〉에도 "현인을 좋아하기를 〈치의〉 편처럼 하고, 악인을 미워하기를 〈항백〉 편처럼 하면, 벼슬을 번거롭게 하지 않고도 백성들이 조심할 줄 알게 될 것이며, 형벌을 시험하지 않고도 백성들이 모두 복종할 것이다.〔好賢如緇衣 惡惡如巷伯 則爵不瀆而民作愿 刑不試而民咸服〕"라는 공자(孔子)의 말이 실려 있다. 정관은 정나라 관소라는 뜻으로, 〈치의〉가 〈정풍〉이기 때문에 이렇게 표현한 것이다.

828 형연(荊筵)의……융숭하였어라 : 이 역시 인평대군이 고산을 극진하게 예우한 것을 말한다. 형연은 초(楚)나라의 주연(酒筵)이라는 말이고, 예주(醴酒)는 단술을 말한다. 전한(前漢)의 초 원왕(楚元王)이 빈객을 초대하여 연회를 베풀 적에, 술을 좋아하지 않는 목생(穆生)을 위하여 항상 단술을 마련하여 예우했던 설례(設醴)의 고사를 인용한 것이다.《漢書 卷36 楚元王傳》

829 해타(咳唾)의 주기(珠璣) : 내뱉는 침 모두가 구슬 같다는 해타성주(咳唾成珠)의 고사를 인용한 말로, 인평대군의 시문이 뛰어나다는 말이다.《장자(莊子)》〈추수

| | |
|---|---|
| 하늘의 일 빼앗은 심장의 금수로다 | 心腸錦繡奪天功 |
| 조계의 별업에 대해 익히 들었는데 | 漕溪別業聞曾飽 |
| 선경 속에서 노닐지 못해 한스럽네[830] | 恨未從遊縹緲中 |
| | |
| 한번 임금님 뵙는 소원을 이뤘으니 | 一望天顏志願終 |
| 행장은 옛사람의 풍도에 부치려오[831] | 行藏竊附古人風 |
| 예전부터 걸핏하면 구설수에 휘말렸는데 | 從前已會啾喧慣 |
| 융숭한 지우(知遇)를 지금 더욱 느끼겠네 | 到此尤知眷遇隆 |
| 목을 빼고 옛집으로 돌아가려는 사람에게 | 引領只圖歸舊業 |
| 탄핵하는 공력을 왜 그렇게들 허비하는지 | 彈文何事費深功 |
| 통진 요로[832]에 어찌 눈독을 들이리오 | 通津要路誰開眼 |
| 생각이 청산녹수 속에 들어 있는걸 | 思入青山綠水中 |

---

(秋水)〉의 "그대는 저 튀어나오는 침들을 보지 못하는가. 한번 재채기라도 하면 큰 것은 마치 구슬과 같고 작은 것은 안개처럼 부서져 내리는 걸.〔子不見夫唾者乎 噴則大者如珠 小者如霧〕"이라는 말에서 유래한 것이다. 참고로 이백(李白)의 〈첩박명(妾薄命)〉 시에 "그대가 뱉은 침이 구천에서 떨어지니, 바람 따라 모두 주옥을 이루도다.〔咳唾落九天 隨風成珠玉〕"라는 구절이 나온다. 《李太白集 卷3》

830 조계(漕溪)의……한스럽네 : 조계의 별업(別業)은 인평대군의 별장을 말한다. 《신증동국여지승람(新增東國輿地勝覽)》 권3 〈한성부(漢城府)〉에 "조계동(漕溪洞)은 북한산성(北漢山城) 동문(東門) 밖에 있는데, 그곳에 7층 폭포가 있다. 인평대군의 정자가 있었는데 지금은 헐렸다."라는 말이 나온다. 또 《고산유고》 부록에 실린 홍우원(洪宇遠)이 지은 〈증자헌대부……윤공(尹公) 시장(諡狀)〉에 "공은 권귀의 문에는 발을 들이지 않았다. 인평대군이 공을 스승으로 모시면서, 조계의 별업에 초청하여 노닐어 보려고 성대하게 자리를 마련하여 재삼 청하였으나 공이 끝내 사양하고 응하지 않았다.〔權貴之門 足迹不到 麟坪大君以師事公 嘗欲邀公遊漕溪別業 盛設供帳 請再三 公終辭不赴〕"라는 말이 나온다.

831 행장(行藏)은……부치려오 : 조정에서 물러나 초야로 돌아가겠다는 말이다. 행장은 처신이라는 말과 같다. 384쪽 주805 참조.

832 통진(通津) 요로(要路) : 사통팔달의 나루와 주요 도로라는 뜻으로, 현요(顯要)한 지위를 비유하는 말이다.

## 임진년(1652, 효종3) 4월 28일에 비가 온 것을 기뻐하며

壬辰四月二十八日喜雨

이하는 고산(孤山)에 머물 때에 지은 것이다.

| | |
|---|---|
| 어제 상림에서 옥체를 수고롭히시어[833] | 昨日桑林玉體疲 |
| 병든 신하 밤새도록 하늘을 쳐다봤네 | 病臣終夜仰天窺 |
| 이번 기도로 비 내렸다 누가 말하는가 | 誰言霶霈由斯禱 |
| 평소의 정성 때문임을 나는 알고 있지 | 我識精誠有素爲 |
| 골짜기 속에 익모초 말라 버림받는 여인도 없을 것이요[834] | 中谷嘆蓷無女棄 |
| 궁한 집에서 아들 팔아 곡식 바꿀 사람도 없을 것이라[835] | 窮廬易粟絶男持 |
| 모쪼록 임금님은 수성우근[836]하는 뜻을 | 願君修省憂勤意 |

833 어제……수고롭히시어 : 효종(孝宗)이 기우제(祈雨祭)를 올렸다는 말이다. 상림(桑林)은 임금의 기우제를 비유할 때 쓰는 말이다. 은(殷)나라에 큰 가뭄이 들었을 때, 탕왕(湯王)이 모든 허물을 자신에게 돌리며 상림의 사당에 나아가 상제(上帝)에게 기도를 드리자, 말이 채 끝나기도 전에 비가 쏟아져 내렸다는 고사에서 유래한 것이다. 《呂氏春秋 順民》

834 골짜기……것이요 : 《시경》 〈중곡유퇴(中谷有蓷)〉는 흉년에 기근이 들어 가족이 뿔뿔이 흩어지는 상황에서, 남편에게 버림받은 여인의 심정을 노래한 내용인데, 그중에 "골짜기 속에 익모초가 있으니 바짝 말랐도다. 여인이 남편과 헤어져서 한숨지으며 탄식한다.〔中谷有蓷 暵其乾矣 有女仳離 嘅其嘆矣〕"라는 말이 나온다.

835 궁한……것이라 : 한유(韓愈)의 〈부강릉도중……(赴江陵途中……)〉 시에 "전해 듣건대 민간에서는, 어린아이를 도랑에 버리기도 하고, 아들을 팔아서 한 말의 곡식과 바꾸려 해도, 손을 내저으며 응수도 하지 않는다네.〔傳聞閭里間 赤子棄渠溝 持男易斗粟 掉臂莫肯酬〕"라는 말이 나온다. 《韓昌黎集 卷1》

836 수성우근(修省憂勤) : 자신을 반성하며 닦고, 민생을 걱정하며 애쓰는 것을 말한다.

비가 온 뒤에도 안 올 때와 똑같이 하시기를　　雨後常如未雨時

하늘은 높아서 땅의 말 안 듣는다 누가 말하는가　誰道天高不聽卑
상림의 기도 끝나자마자 단비가 촉촉이 내렸는걸　桑林禱罷雨祁祁
장맛비 삼을 현상(賢相)을 내림도 공묵 때문이었나니[837]　作霖賢賚由恭默
《상서》가 나를 속이지 않음을 새삼 확인하겠도다　始信商書匪我欺

837 장맛비……때문이었나니 : 임금이 공묵(恭默)의 자세를 지니면 국정을 훌륭히 보필할 유능한 재상(宰相)도 자연히 출현할 것이라는 말이다. 공묵은 공묵사도(恭默思道)의 준말로, 공경히 삼가며 묵묵히 치도(治道)를 생각하는 것을 말한다. 은 고종(殷高宗)이 신하들에게 "부왕께서 나에게 왕위를 전하여 사방을 바로잡는 책임을 맡기셨으나, 나는 나의 덕이 선왕과 같지 못할까 두려워서, 말을 하지 않고 공경히 삼가며 묵묵히 치도를 생각하였는데, 꿈에 상제가 나에게 훌륭히 보필할 재상을 내려 주셨다. 만약 이 사람을 찾아내면 그가 나를 대신해서 말을 해 주리라.〔以台 正于四方 台恐德弗類 茲故弗言 恭默思道 夢帝賚予良弼 其代予言〕"라고 교시한 말과 그 뒤에 부열(傅說)을 얻어 재상으로 임명하고 나서 "만약 나라에 큰 가뭄이 들면, 내가 그대를 장맛비로 삼으리라.〔若歲大旱 用汝作霖雨〕"라고 말한 고사가 《서경》 〈열명 상(說命上)〉에 나온다.

## 처음 고산에 와서 우연히 읊다 임진년(1652)

初到孤山偶吟 壬辰

| | |
|---|---|
| 사람들은 어찌하여 모질게 얽어서 모함하고 | 底事時人苦構捏 |
| 임금님은 어찌하여 은혜를 과하게 베푸시나 | 如何聖主過恩滋 |
| 양식이 이미 바닥났으니 어떻게 오래 머무르랴 | 蒻糧已罄留那久 |
| 기졸을 모으기 어려우니 떠나는 것도 더디어라 | 騎卒難鳩去亦遲 |
| 노복의 집 틈새 바람에 머리와 얼굴 부르트고 | 奴舍隙風頭面腫 |
| 시골 부엌 허름한 음식에 다리와 허리 나른하네 | 村廚草具脚腰疲 |
| 남쪽 가는 배는 언제 경구에 도착할까 | 南舡幾日來京口 |
| 안개 낀 물결 위에 얼른 돛 달고 싶어라 | 興在煙波掛席時 |

## 참판 정양필이 화운한 시에 다시 차운하여 답하다
鄭參判良弼辱和復次以酬

| | |
|---|---|
| 교우(交友)는 예로부터 마음 아는 것이 귀한 법 | 相知自古貴心知 |
| 충고가 이택[838]의 사랑 아닌 것이 없도다 | 忠告無非麗澤滋 |
| 사흘 묵고 떠나는 마음 원래 여유작작하지만[839] | 三宿去懷元綽綽 |
| 천암에 돌아가는 발길은 더디고 더딘 그대로[840] | 千巖歸路任遲遲 |
| 신시의 광채 달빛 빼앗아 굶주려도 배부른 듯 | 新詩奪月飢如飽 |
| 노인의 기운 연하(煙霞) 이루어 병든 몸 피곤하지 않네 | 老氣成霞病不疲 |
| 호탕한 물결 사이로 갈매기 출몰하는 날 | 浩蕩白鷗波上日 |

---

838 이택(麗澤) : 붕우가 서로 도와 절차탁마(切磋琢磨)하는 것을 말한다. 《주역》 〈태괘(兌卦) 상(象)〉의 "두 개의 못이 서로 이어져 있는 것이 태이니, 군자는 이를 보고서 붕우와 함께 강습한다.〔麗澤兌 君子以朋友講習〕"라는 말에서 유래한 것이다.

839 사흘……여유작작하지만 : 고산이 자신의 도를 행할 수 없게 되어 조정을 떠나기는 하지만, 맡은 관직이나 간언해야 할 책임도 없으니 홀가분하게 돌아갈 수 있지 않겠느냐는 뜻의 자조적인 표현이다. 맹자(孟子)가 제(齊)나라에서 도를 행할 수 없어서 그곳을 떠날 적에, 왕이 혹시라도 회개할까 하여 천천히 가면서 사흘 밤을 묵은 다음에야 주(晝) 땅을 출발하였는데, 끝내 왕이 마음을 바꿔 자기를 부르지 않자 비로소 떠날 뜻을 굳혔던 고사와 "나는 관직을 맡지도 않았고 간언해야 할 책임도 없으니, 나의 진퇴가 어찌 여유작작하지 않겠는가.〔我無官守 我無言責也 則吾進退豈不綽綽然有餘裕哉〕"라는 맹자의 말이 전한다. 《孟子 公孫丑下》

840 천암(千巖)에……그대로 : 도성을 떠나는 아쉬운 마음에 천암만학(千巖萬壑)의 고향으로 향하는 발걸음이 어쩔 수 없이 자꾸만 늦어진다는 말이다. 《맹자》 〈만장 하(萬章下)〉에, 공자가 자신의 고국인 노(魯)나라를 떠나면서 "더디고 더디구나 나의 발걸음이여.〔遲遲 吾行也〕"라며 아쉬움을 토로했다는 기록이 나온다.

연홍의 시절은 한바탕 봄날의 꿈이리라[841]　　一場春夢軟紅時

841 호탕한……꿈이리라 : 고산이 남해로 돌아간 뒤에 도성에 머물던 때를 생각하면 일장춘몽처럼 여겨질 것이라는 말이다. 두보(杜甫)가 자신을 갈매기에 비유하여 지은 〈봉증위좌승장(奉贈韋左丞丈)〉에 "호탕한 연파 사이에 출몰하는 흰 갈매기를, 만리 밖 어느 누가 순치(馴致)할 수 있으리오.〔白鷗沒浩蕩 萬里誰能馴〕"라고 표현한 말이 나온다.《杜少陵詩集 卷1》 연홍(軟紅)은 관원들이 도성에서 조정에 출퇴근할 적에 타고 다니는 말과 수레에서 나와 뽀얗게 거리를 뒤덮는 붉은 먼지라는 뜻이다.

## 심희성[842]의 화답에 사례하여 짓다 임진년(1652)

謝沈希聖辱和 壬辰

이름은 광수(光洙)이다.

소매 한 번 잡은 것만도 기쁜 일인데　且喜塵裾還一摻
어찌 또 두 줄기 눈물 흘릴 것까지야　何須淚眼更雙滋
돌아가려는 내 마음을 사람들은 모르는데　諸人未解歸心決
떠나는 발길 더딘 것을 그대만은 아는구려　惟子能諳去路遲
별의별 비방과 모함 어찌 다 따지리오　萬毁千誣那可較
아무리 구르고 넘어져도 끄떡없소이다　七顚八倒不爲疲
원래 오래전부터 창주[843]를 지향하였나니　滄洲吾道由來久
진정 기약하는 바는 장한의 돛단배 하나[844]　張翰孤帆固所期

---

842 심희성(沈希聖) : 희성은 심광수(沈光洙, 1598~1662)의 자(字)이다. 본관은 청송(靑松), 호는 노연(魯淵)이다. 1635년(인조13)에 봉림대군(鳳林大君)의 사부(師傅)가 되었고, 1660년(현종1)에 자의대비(慈懿大妃)의 복제(服制)를 논의할 때 자신의 삼년설(三年說)이 채택되지 않자 사직하였다.

843 창주(滄洲) : 숨어 살기 좋은 해변의 유벽(幽僻)한 승경(勝景)을 가리키는 시어(詩語)이다.

844 진정……하나 : 장한(張翰)처럼 벼슬을 버리고 고향에 돌아가서 풍류를 즐기고 싶다는 말이다. 143쪽 주211 참조. 참고로 당나라 위장(韋莊)의 〈강변음(江邊吟)〉 시에 "도잠의 정사는 일천 잔의 술이요, 장한의 생애는 한 조각 배로다.〔陶潛政事千杯酒 張翰生涯一葉舟〕"라는 말이 나온다. 《全唐詩 卷698》

## 이계하[845]가 심희성에게 준 나의 시에 차운하여 부쳐 왔기에 다시 그 운으로 세 수를 지어 사례하다 임진년(1652)

李季夏次贈沈希聖韻以寄復用其韻賦三首以謝 壬辰

| | |
|---|---|
| 명리의 굴레는 거문고 줄이 풀리듯 하였지만[846] | 名繮雖似斷絃離 |
| 우악한 은혜는 진실로 우로에 흠뻑 적신 듯 | 恩渥眞同雨露滋 |
| 찌는 무더위 속에 머물자니 땅이 먼 것이 야속하고 | 留爲赫炎憎地夐 |
| 서늘바람 기다려 떠나자니 가을이 더딘 게 한스러워 | 去需涼信恨秋遲 |
| 봉이[847]가 베개에 파고들어 두 뺨이 부르트고 | 封姨襲枕雙顋腫 |
| 진드기가 살에 붙어 열 손톱이 짓물렀네 | 壁蝨褢膚十爪疲 |

845 이계하(李季夏) : 이해창(李海昌)이다. 244쪽 주378 참조.

846 명리(名利)의……하였지만 : 다행히 명리의 굴레에서 빨리 벗어날 수 있었다는 말이다. 소식(蘇軾)의 〈백보홍(百步洪)〉 시에 "끊어진 거문고 줄이 기러기발에서 풀어지고 화살이 손에서 발사되듯, 번갯불이 틈새를 지나가고 구슬방울이 연잎에서 굴러떨어지듯.〔斷絃離柱箭脫手 飛電過隙珠翻荷〕"이라는 말이 나온다. 《蘇東坡詩集 卷17》

847 봉이(封姨) : 설화 속의 풍신(風神)의 이름으로, 보통 바람의 별칭으로 쓰인다. 봉이(封夷) 혹은 봉가이(封家姨), 십팔이(十八姨), 봉십팔이(封十八姨)라고도 한다. 그 설화를 간략히 소개하면 다음과 같다. 당나라 천보(天寶) 연간에 최현미(崔玄微)라는 처사가 늦은 봄 달밤에 녹의(綠衣) 양씨(楊氏), 백의(白衣) 이씨(李氏), 강의(絳衣) 도씨(陶氏), 비의(緋衣) 소녀(小女) 석초초(石醋醋) 등 미녀를 비롯해서 봉가십팔이(封家十八姨)와 함께 술을 마시며 즐겼는데, 십팔이가 초초의 옷에 술을 엎지르는 바람에 흥이 깨져서 헤어졌다. 다음 날에 초초가 미녀들과 함께 와서 최현미에게, 자기들은 모두 정원에 거하고 있는데 악풍(惡風)에 피해를 많이 본다면서 매년 원단(元旦)에 붉은 깃발을 정원 동쪽에 세워 달라고 요청하였다. 최현미가 그 말대로 했더니 봄바람이 아무리 사납게 불어도 정원의 꽃들은 모두 무사했으므로, 그때에야 비로소 미녀들은 화정(花精)이고 십팔이는 풍신임을 깨달았다고 한다. 초초는 아조(阿措)라고도 한다. 《博異志 崔玄微》《酉陽雜俎 支諾皐下》

| | |
|---|---|
| 달빛 빼앗는 그대의 시가 있지 않다면 | 不有君詩光奪月 |
| 무슨 물건으로 지금의 나를 위로하랴 | 定將何物慰斯時 |

| | |
|---|---|
| 경제가 참으로 감하리의 괘를 이룬 때[848] | 經濟眞成坎下離 |
| 금문[849] 번지는 푸른 절벽이 눈에 선해라 | 目生靑壁錦紋滋 |
| 영욕(榮辱)에 희비(喜悲)가 일어나지도 않는데 | 悲歡不起榮兼辱 |
| 거류(去留)의 지속(遲速)이 무슨 상관이리오 | 去駐那關速與遲 |
| 오직 소원은 세상에 왕화가 회복되는 것 | 惟願寰區王化復 |
| 항상 근심은 천하의 백성이 살기 힘든 것 | 每愁天下萬生疲 |
| 홀연히 온갖 감회가 속에서 모여들어 | 忽然百感由中集 |
| 늙은이 창망하게 지금 홀로 서 있노라 | 老子蒼茫獨立時 |

| | |
|---|---|
| 촌 늙은이는 일측리[850]를 완전히 잊었나니 | 野老全忘日昃離 |
| 허리춤의 칼은 더욱 예리하게 빛난다오 | 腰間老劍露光滋 |
| 공연히 오래 드리운 삼천대조[851]요 | 三千大釣垂空久 |

848 경제(經濟)가……때 : 경세제민(經世濟民)의 치도(治道)가 아직 제대로 확립되지 못하여 혼란한 양상을 보이고 있다는 말이다. 감하리(坎下離)는 감하리상(坎下離上)의 준말로, 《주역》의 화수미제괘(火水未濟卦)를 뜻한다. 미제괘는 불이 위에 있고 물이 아래에 있어서 물이 불을 끄지 못하는 상(象)을 지니고 있다. 그런데 감하리라는 표현은 얼핏 보면 감(坎) 아래의 이(離), 즉 수화기제괘(水火旣濟卦)로 해석할 수 있는 개연성도 있다. 기제괘는 물이 위에 있고 불이 아래에 있어서 물이 불을 끄는 상을 지니고 있다. 혹시 미제괘로 비유한 것을 두고 남에게 트집 잡힐 혐의를 피하기 위하여, 고산이 의도적으로 이렇게 기제괘로 해석될 수 있는 여지를 남겨 두었는지는 알 수 없으나, 역자는 고산의 작법이 절묘하다는 생각이 들기도 한다.

849 금문(錦紋) : 비단결 무늬라는 뜻으로, 이끼를 시적으로 표현한 것이다.

850 일측리(日昃離) : 인생의 노년기를 뜻한다. 《주역》 〈이괘(離卦) 구삼(九三)〉의 "해가 기울어 서산에 걸려 있다.〔日昃之離〕"라는 말에서 나온 것이다.

851 삼천대조(三千大釣) : 삼천육백조(三千六百釣)와 같은 말로, 오랜 세월이 지나고 나서 현신(賢臣)이 성군(聖君)의 지우(知遇)를 받는 것을 말한다. 강태공(姜太

| | |
|---|---|
| 너무 늦게 일어난 구만동풍[852]이라 | 九萬同風起太遲 |
| 각곡불성[853]했다고 남이야 웃건 말건 | 刻鵠不成從爾笑 |
| 도룡무용[854]은 내가 무기력한 탓이지 | 屠龍無用任吾疲 |
| 산선[855]의 맑은 운치만은 내가 차지하리니 | 散仙淸致終須有 |
| 창주의 뱃전에 기댈 때를 장차 보리라 | 佇看滄洲倚棹時 |

---

公) 여상(呂尙)이 70세에 위수(渭水) 가에서 낚시질을 시작해서 80세에 문왕(文王)을 만났는데, 그 사이의 기간이 10년이기 때문에 이렇게 말한 것이다.《史記 卷32 齊太公世家》 참고로 이백(李白)의 〈양보음(梁甫吟)〉 시에 "무려 삼천육백 번 낚시질하는 동안, 풍도가 은연중에 문왕과 맞았다오.〔廣張三千六百釣 風期暗與文王親〕"라는 말이 나온다.《李太白集 卷2》

852 구만동풍(九萬同風) : 붕새가 때마침 불어오는 회오리바람을 타고 구만리 하늘 위로 날아오르는 것을 말하는데, 보통 시운(時運)을 잘 만나는 것을 비유하는 말로 쓰인다. 371쪽 주772 참조.

853 각곡불성(刻鵠不成) : 고니를 새기는 일이 제대로 이루어지지 않았다는 뜻으로, 현실적 난관에 부딪쳐서 원래 뜻했던 계획이 무산되었다는 말이다. 후한(後漢)의 복파장군(伏波將軍) 마원(馬援)이 조카 마돈(馬敦)에게 글을 보내어, "용술(龍述)은 신중하고 위엄 있는 사람이다. 따라서 그를 본받으면 행검(行檢) 있는 선비는 될 수 있으니, 이른바 '고니를 새기다가 못 이루더라도 집오리처럼 될 수는 있다.〔刻鵠不成 尙類鶩〕'라는 것이다. 하지만 두보(杜保)는 호협(豪俠)한 사람이다. 따라서 그를 본받다가는 천하의 경박한 사람이 될 것이니, 이른바 '범을 그리다가 이루지 못하면 도리어 개같이 되어 버린다.〔畫虎不成 反類狗〕'라는 것이다."라고 경계한 고사에서 나온 것이다.《東觀漢記 馬援傳》 원래는 비록 핍진하진 못해도 서로 비슷하게 된다는 긍정적인 뜻으로 쓰이는 말인데, 여기서는 고산이 그저 비슷하게 본뜨기만 한 가짜라는 뜻으로 바꿔서 썼다.

854 도룡무용(屠龍無用) : 용 잡는 기예를 써 보지 못했다는 뜻으로, 조정에서 뛰어난 경륜을 펼쳐 보지 못한 아쉬움을 토로한 말이다.《장자》〈열어구(列禦寇)〉의 "주평만이 지리익에게서 용 잡는 기술을 배웠는데, 천금의 가산(家産)을 다 쏟으면서 3년 만에 그 기예를 완전히 익혔지만, 그 기교를 발휘해 볼 곳이 없었다.〔朱泙漫學屠龍於支離益 單千金之家 三年技成 而無所用其巧〕"라는 말에서 나온 것이다.

855 산선(散仙) : 아직 선계(仙界)의 관직을 받지 못한 선인(仙人)이라는 뜻인데, 어디에도 구속받지 않고 자유롭게 유유자적하는 은자를 비유하는 말로 흔히 쓰인다.

## 계하가 다시 율시 한 수를 부쳤기에 차운하여 답하다

임진년(1652)

季夏復寄一律次韻以酬 壬辰

| | |
|---|---|
| 잉어와 방어를 세상이 다투어 욕심내는 때에 | 河鯉河魴世競賖 |
| 맑은 물에 굶주림 즐김을 누구에게 자랑하랴[856] | 樂飢淸浪向誰誇 |
| 긴 수풀 반쯤 가려진 포구에 배가 돌아오고 | 長林半亞舟歸浦 |
| 장맛비 막 개인 모래밭에 백로가 모여드네 | 積雨初收鷺集沙 |
| 남해의 신선의 구역에는 미치지 못하더라도 | 南海仙區雖莫及 |
| 동호의 기이한 경치 또한 더할 나위 없어라 | 東湖奇景亦無加 |
| 고마워라 그대가 유독 장구의 뜻을 품고 | 感君獨有場駒意 |
| 일묘의 집 짓도록 나에게 허락해 주시다니[857] | 諾我將謀一畝家 |

856 잉어와……자랑하랴 : 호화와 사치를 추구하는 세태 속에서 안분지족하며 청빈한 생활을 즐기는 것을 비유한 것인데, 《시경》 〈형문(衡門)〉의 "형문의 아래여, 쉬면서 노닐 만하도다. 샘물 졸졸 흐름이여, 굶주림을 즐길 만하도다. 어찌 물고기 먹음에, 하수의 방어만 될 것이며, 어찌 아내 취함에, 제나라 강씨만 될 것인가. 어찌 물고기 먹음에, 하수의 잉어만 될 것이며, 어찌 아내 취함에, 송나라 자씨만 될 것인가.〔衡門之下 可以棲遲 泌之洋洋 可以樂飢 豈其食魚 必河之魴 豈其取妻 必齊之姜 豈其食魚 必河之鯉 豈其取妻 必宋之子〕"라는 말을 인용한 것이다. 형문은 나무 하나를 옆으로 걸쳐서 만든 문이라는 뜻으로, 가난한 집을 뜻한다.

857 고마워라……주시다니 : 계하가 고산을 조금이라도 더 붙잡아 두려 하면서, 나아가서는 아예 여기에다 집이라도 짓고 함께 살았으면 하는 마음이 고맙다는 말이다. 장구(場駒)는 장묘(場苗)와 백구(白駒)의 합성어이다. 《시경》 〈백구(白駒)〉는 어진 사람이 왔다가 돌아가려 하자, 헤어지는 것을 매우 아쉬워하는 주인(主人)의 정을 노래한 시인데, 그중에 "깨끗한 저 흰 망아지가 내 밭의 곡식을 먹었다고 핑계 대고서 가지 못하게 묶어 놓고는, 오늘 아침 조금이라도 더 머물게 하여, 어진 이 손님을 여기에서 노닐게 하리라.〔皎皎白駒 食我場苗 縶之維之 以永今朝 所謂伊人 於焉逍遙〕"라는 말이 나온다. 일묘(一畝)의 집은 유자(儒者)의 검소

자주 : 계하의 시에 "물의는 원래 멀리 있든 가까이 있든 일어나는 것이지만, 지금 사절했는데 또 무엇을 가하리오. 몸이 한가하니 금쇄동만 고집할 것이 있으리까, 교외의 산림도 집 짓고 살기 좋은걸요.〔物議從來無遠近 人今謝絶有何加 身閑不必投金鎖 近郭林臯好着家〕"라고 하였고, 또 뒤에 "조망이 툭 터진 것이 그곳의 경치와 비슷하리라고 생각하는바, 백구(白駒)를 묶어 두어 머물러 있게 하고 싶은 생각을 그만둘 수가 없다.……〔眺望之曠 想應同致 縶駒之懷 不能自已……〕" 하였다. 그래서 말미의 2구(句)에서 이렇게 언급한 것이다.

---

한 거처를 뜻하는데, 보통 자기 집의 겸사로 쓰곤 한다. 《예기》〈유행(儒行)〉의 "선비는 가로 세로 각각 10보(步) 이내의 담장 안에서 거주한다. 좁은 방 안에는 사방에 벽만 서 있을 뿐이다. 대를 쪼개어 엮은 사립문을 매달고, 문 옆으로 규(圭) 모양의 쪽문을 낸다. 쑥대를 엮은 문을 통해서 방을 출입하고, 깨진 옹기 구멍의 들창을 통해서 밖을 내다본다.〔儒有一畝之宮 環堵之室 篳門圭窬 蓬戶甕牖〕"라는 말에서 나온 것이다.

## 다시 계하의 시에 차운하다 임진년(1652)
復次季夏韻 壬辰

산이 세상에 가까워서 속기가 절로 멀어진다고 山近人寰俗自賖
멋진 경치 나에게 말하며 그대 자랑하였지 景休君說我曾誇
주위에는 우뚝 치솟은 일천 겹 봉우리요 周遭秀發千重岫
앞뒤로는 휘감고 도는 십리 모래밭이라 面背縈紆十里沙
작은 초당에 짧은 울만 마련된다면 小屋短籬如辦得
숭늉과 밥 이외에 뭐가 더 필요할까 麤茶糲飯不須加
하지만 끝내 원대한 심회 채우지 못해[858] 終然未愜心期遠
부용동 안의 집이 언제나 생각난다오 長憶芙蓉洞裏家

자주 : 부용(芙蓉)은 바다 별장이 있는 동네의 이름이다.

858 하지만……못해 : 주희(朱熹)의 〈복거(卜居)〉 시에 "병산 아래에 집터를 잡고, 부앙한 지 어언 삼십 년 세월. 하지만 끝내는 동네 마을과 가까워서, 그윽한 심회는 채우지 못했다네.〔卜居屛山下 俯仰三十秋 終然村墟近 未愜心期幽〕"라는 말이 나온다. 《晦菴集 卷4》

## 고산의 송림에서 거문고와 피리 소리를 듣고 느끼는 바가 있어 임진년(1652)

孤山松林聞琴篴有感 壬辰

| | |
|---|---|
| 굽은 언덕 맑은 연못 내 앞에 준비되었으니 | 曲阜澄潭准備余 |
| 나그네살이에 식무어[859]를 어찌 걱정하랴 | 那愁旅泊食無魚 |
| 도원(桃園)에서 흥얼거리는 때에 문산의 성기요 | 文山聲妓桃謠緖 |
| 가의(賈誼)가 통곡하는 때에 안석의 풍류로다[860] | 安石風流賈慟餘 |

---

859 식무어(食無魚) : 밥상에 고기가 없다는 뜻으로, 변변찮은 음식을 말한다. 전국시대 제(齊)나라 풍환(馮驩)이 맹상군(孟嘗君)의 식객이 되었을 때, 하등(下等) 막객(幕客)의 대우를 받으며 밥상에도 고기반찬이 올라오지 않자, 장검의 칼자루를 두드리면서 "장검이여 돌아가자, 밥상에 고기가 없으니.〔長鋏歸來乎 食無魚〕"라고 노래했던 고사에서 유래한 것이다.《戰國策 齊策4》《史記 卷75 孟嘗君列傳》

860 도원(桃園)에서……풍류로다 : 나라가 위급하여 식자(識者)들이 근심하는 상황에서 하루속히 난국(亂局)을 수습해야 할 시기에 풍악이나 잡히면서 한가로이 시간을 보내는 것은 충신(忠臣)과 의사(義士)의 시각에서 보면 부끄럽게 느껴지기도 할 것이라는 말이다.《시경》〈원유도(園有桃)〉는 약소국인 위나라가 위망(危亡)의 길로 치닫는 것을 걱정하는 시인의 심정을 노래한 것인데, 그중에 "동산에 복숭아가 있으니, 그 열매를 먹는도다. 마음속에 근심이 있으니, 내가 노래하며 흥얼거리노라.〔園有桃 其實之殽 心之憂矣 我歌且謠〕"라는 말이 나온다. 문산(文山)은 남송(南宋)의 충신 문천상(文天祥)의 호이다. 명(明)나라 진정(陳霆)의《저산당사화(渚山堂詞話)》권2에 "그의 성품이 호방하여 식사 때마다 진수성찬을 차리고 성기를 앞에 늘어세우곤 하였다. 그러나 만년에는 가산을 털어 의병을 모집하고 근왕(勤王)을 하면서 그 뜻을 끝까지 굽히지 않았다. 이는 장자방(張子房)의 이른바 '조국인 한나라가 망하게 되자 만금의 재산을 아끼지 않았다.'라는 말에 해당한다고 할 것이니, 참으로 사람 중의 호걸이라고 하겠다.〔文山性豪侈 每食方丈 聲妓滿前 晩節乃散家資 募義勤王 九死不奪 蓋子房所謂韓亡不愛萬金之資者也 眞人豪哉〕"라는 말이 나온다. 또 동진(東晉)의 사안(謝安)이 회계(會稽)의 동산(東山)에 은거하면서 계속되는 조정의 부름에도 응하지 않고 유유자적하다가 마침내 40세에 몸을 일으켜 벼슬길에 나아가 정국을 안정시키고 삼공(三公)의 지위에까

녹기의 유수[861]도 배가 고프니 텁텁하고 綠綺腸飢流水澁
소화의 낙매[862]도 목이 마르니 칼칼하네 昭華喉渴落梅疏
어느 때 휘수의 높은 정자 위에 올라 何時揮手高亭上
고요한 숲 새소리 들으며 마음 가라앉힐거나 林靜鳥鳴人意舒

휘수정(揮手亭)은 금쇄동(金鎖洞)에 있다.

---

지 이르렀던 고와동산(高臥東山)의 고사가 전하는데, 동산에서 20여 년 동안 풍류를 즐기며 한가히 지낼 때 "안석이 나오려 하지 않으니 장차 창생을 어찌할꼬.〔安石不肯出 將如蒼生何〕"라는 말을 듣기도 하였다.《晉書 卷79 謝安列傳》 안석(安石)은 사안의 자(字)이다. 또 한(漢)나라 가의(賈誼)가 비통한 심정으로 문제(文帝)에게 치안책(治安策)을 올리면서 "삼가 현재의 상황을 살펴보건대, 통곡할 만한 일이 한 가지요, 눈물을 흘릴 만한 일이 두 가지요, 장탄식할 만한 일이 여섯 가지이다.〔竊惟事勢 可爲痛哭者一 可爲流涕者二 可爲長太息者六〕"라고 전제한 뒤에 하나씩 설명한 고사가 전한다.《漢書 卷48 賈誼傳》

861 녹기(綠綺)의 유수(流水) : 거문고 음악을 가리킨다. 녹기는 녹기금(綠綺琴)의 준말로, 보통 거문고의 대칭으로 쓰인다. 전설에 의하면, 한(漢)나라 사마상여(司馬相如)가 〈옥여의부(玉如意賦)〉를 짓자, 양왕(梁王)이 기뻐하며 녹기금을 선물로 주었다고 한다. 유수는 고산유수(高山流水)의 준말로, 미묘한 거문고 악곡(樂曲)을 말한다. 64쪽 주48 참조.

862 소화(昭華)의 낙매(落梅) : 피리 연주를 가리킨다. 소화는 피리의 별칭이다. 한 고조(漢高祖) 유방(劉邦)이 처음 진(秦)나라 함양(咸陽)의 궁중에 들어가서 부고(府庫)를 검열하다가 신기한 마술 피리를 보고는 감탄한 나머지 소화지관(昭華之琯)이라고 이름을 붙였다는 이야기가 진(晉)나라 갈홍(葛洪)의 《서경잡기(西京雜記)》 권3에 나온다. 낙매는 즉 〈매화락(梅花落)〉으로, 한(漢)나라 악부(樂府)의 횡취곡(橫吹曲) 이름이다.

## 방장산인의 〈부용조수가〉에 우스개로 차운하다 임진년(1652)
戲次方丈山人芙蓉釣叟歌 壬辰

방장산인은 최유연(崔有淵)[863]의 호이다.

부용성[864]은 바로 부용동을 말하나니 芙蓉城是芙蓉洞

자주 : 부용동(芙蓉洞) 안에는 신선의 자취가 매우 많다. 그리고 기이한 봉우리가 둘러 서 있는데, 그 형태가 완연히 부용의 꽃잎과 흡사하니, 옛날에 말한 부용성(芙蓉城)이 바로 여기가 아닌가 하는 생각도 든다.

지금 나도 옛날 꾸던 꿈에서 얻었다오 今我得之古所夢

자주 : 동파(東坡)의 〈부용성(芙蓉城)〉 시의 주(註)에 왕자고(王子高)와 주요영(周瑤英)이 꿈속에서 노닌 일이 실려 있다.

세상 사람들은 봉래도인 줄 알지 못하고 世人不識蓬萊島

단지 기화요초가 있는 것만 볼 뿐이라네 但見琪花與瑤草

본래 신선이 어찌 이인이리오 由來神仙豈異人

자주 : 동파의 시에 "신선은 이인이 아니요, 원래 영웅에서 나왔다오.〔神仙非異人 由來本英雄〕"라는 말이 나온다.[865]

---

863 최유연(崔有淵) : 1587~? 인조(仁祖)~효종(孝宗) 때의 문신이다. 본관은 해주(海州), 호는 현암(玄巖)으로 더 많이 알려졌다. 문명(文名)이 높았으며, 저서에 《현암집(玄巖集)》이 있다.

864 부용성(芙蓉城) : 전설 속의 선경(仙境)이다. 소식(蘇軾)의 〈부용성(芙蓉城)〉 시서(序)에 "세상에서 전하기를 '왕형(王逈)은 자(字)가 자고(子高)인데, 선인(仙人) 주요영(周瑤英)과 부용성에서 노닐었다.' 하였다. 그런데 원풍(元豐) 원년 3월에 내가 비로소 자고를 알고 나서 이 사실에 대해서 물었더니 실제로 그러하였다. 그래서 내가 이 시를 짓게 되었다.〔世傳王逈字子高 與仙人周瑤英遊芙蓉城 元豐元年三月 余始識子高 問之信然 乃作此詩〕"라고 하였다. 《蘇東坡詩集 卷16》

865 동파의……나온다 : 송(宋)나라 진여의(陳與義)의 《간재집(簡齋集)》 권5 〈정모서사(貞牟書事)〉라는 오언고시(五言古詩)에 나온다. 소동파(蘇東坡)의 시라고 한 것은 고산의 착오이다.

행의와 구지[866]도 도가 둘이 아니라오 行義求志非二道

때가 오면 용루 호전 드나들며 계옥(啓沃)을 하고[867]

時來出入龍樓虎殿啓乃心

때가 가면 현포 낭풍[868] 유희하며 맑은 흥치 누릴 뿐

時去遊戲玄圃閬風淸興深

하늘이 당나라 사업에 관심이 없었음을 이에 알겠노니

乃知天實無心唐事業

금단 한 알이 어찌 꼭 동빈의 비음을 초래했다 하리오

未必金丹一粒能致洞賓之飛吟

자주 : 여동빈(呂洞賓)은 본디 당나라 진사(進士)였다. 그가 처음 종리(鍾離) 선생을 만난 곳에 후인(後人)이 정자를 짓고는 비음(飛吟)이라고 명명하였는데, 어떤 사람이 여기에 시를 짓기를 "당나라 사업에 무심한 것이 아니건만, 금단 한 알이 선생을 오도(誤導)하였도다.〔未必無心唐事業 金丹一粒誤先生〕"[869]라고 하였다.

---

866 행의(行義)와 구지(求志) : 출사(出仕)와 은거(隱居)를 말한다. 《논어》〈계씨(季氏)〉의 "세상에서 물러나 숨어 살면서 자신의 뜻을 추구하고, 세상에 나아가 의를 행하여 자신의 도를 펼친다.〔隱居以求其志 行義以達其道〕"라는 말에서 나온 것이다. 이에 대해서 주희(朱熹)는 "오직 이윤(伊尹)이나 여상(呂尙) 같은 사람만이 가능한 일이다."라고 해설하였다.

867 때가……하고 : 자신의 도를 펼칠 수 있는 여건이 조성되면 조정에 나아가 힘껏 임금을 보좌하며 경륜을 펼친다는 말이다. 용루(龍樓)는 한(漢)나라 태자궁(太子宮)의 문 이름이고, 호전(虎殿)은 한나라 미앙궁(未央宮) 백호전(白虎殿)의 준말인데, 모두 궁중 혹은 조정을 가리킨다. 계옥(啓沃)은 임금을 바르게 인도하며 보좌하는 것을 말한다. 은 고종(殷高宗)이 재상 부열(傅說)에게 "그대 마음속의 물줄기를 터서 나의 마음속으로 흘러내려 적시게 하라.〔啓乃心 沃朕心〕"라고 부탁한 말이 《서경》〈열명 상(說命上)〉에 나온다.

868 현포(玄圃) 낭풍(閬風) : 위로 천계(天界)와 통한다고 일컬어지는 곤륜산(崑崙山)의 정상에 있다는 신선의 거처를 말한다. 여기서는 남해에 있는 고산의 별장을 말한다. 현포는 현포(懸圃) 혹은 현포(縣圃)라고도 한다.

869 당나라……오도(誤導)하였도다 : 무명씨가 지은 〈제악양비음정(題岳陽飛吟亭)〉이

우연히 옛 뗏목 타니 마치 배 같은지라　偶乘古槎槎如舟
유유히 곧바로 은하의 모래섬 올라가서[870]　悠悠直上銀河洲
상제의 조정에 조회하고 화표[871]를 굽어보니　朝帝庭還瞰華表
아홉 점의 연기 속에 모두가 하루살이[872]　九點煙裏皆蜉蝣
파리와 모기도 잡지 말고 불쌍히 여길지니　朝蠅暮蚊不可相格可相憐

자주 : 한유(韓愈)의 시에 "아침에는 파리를 쫓아도 소용이 없고, 저녁에는 모기를 몰아낼 수도 없네. 파리와 모기가 세상에 가득하니, 어떻게 모조리 때려잡을 수 있겠는가.〔朝蠅不須驅 暮蚊不可拍 蠅蚊滿八區 可盡與相格〕"라는 말이 나온다.[873]

---

라는 칠언절구의 제3, 4구이다. 이 시는 《학림옥로(鶴林玉露)》 권1에 수록되어 있다. 참고로 제1, 2구를 소개하면 다음과 같다. "벼슬 찾아 천리 길 신경으로 가다가, 종리 노인 가르침 듣고 곧바로 넘어갔다네.〔覔官千里赴神京 鍾老相傳蓋便傾〕" 종리(鍾離) 노인은 팔선(八仙) 즉 민간 전설에 나오는 도교(道敎)의 여덟 선인 중의 한 사람인 한종리(漢鍾離)를 말한다. 여동빈(呂洞賓) 역시 종리를 만난 인연 덕분에 선술(仙術)을 닦아서 팔선에 끼이게 되었다고 한다.

870 우연히……올라가서 : 한(漢)나라 장건(張騫)이 뗏목을 타고 은하수에 올라간 전설을 인용한 것이다. 249쪽 주394 참조.

871 화표(華表) : 요동(遼東) 사람 정영위(丁令威)가 고향을 떠나 신선이 되고 나서 1천 년 만에 학으로 변해 다시 찾아왔다는 요동 성문의 화표주(華表柱)를 말한다. 212쪽 주334 참조.

872 아홉……하루살이 : 하늘에서 구주(九州)를 내려다보면 마치 연기 아홉 점이 엉겨 있는 것처럼 보잘것없이 작기만 하고, 그러한 세계 속에 사는 모든 생명들도 하루살이 목숨처럼 불쌍하게 보일 것이라는 말이다. 당나라 이하(李賀)의 〈몽천(夢天)〉 시에 "중국을 멀리 바라보니 아홉 점의 연기요, 한 웅덩이 바닷물도 한 잔 쏟아부은 듯.〔遙望齊州九點煙 一泓海水杯中瀉〕"이라는 말이 나오고, 소식(蘇軾)의 〈전적벽부(前赤壁賦)〉에 "하루살이 목숨으로 천지 사이에 붙어 있는 인생, 망망한 바닷속 조그마한 좁쌀 한 알이로다.〔寄蜉蝣於天地 眇蒼海之一粟〕"라는 말이 나온다.

873 한유(韓愈)의……나온다 : 《한창려집(韓昌黎集)》 권7 〈잡시(雜詩)〉 4수(首) 중 첫 수의 기련(起聯)과 함련(頷聯)이다. 참고로 그 뒤의 경련(頸聯)과 미련(尾聯)을 소개하면 다음과 같다. "너희들이 얼마 동안이나 득세하겠느냐, 너희들 마음대로 빨아먹으려무나. 서늘바람이 구월에 불어오기만 하면, 자취 없이 모조리 쓸어버릴 테니까.〔得時能幾時 與汝恣啖咋 涼風九月到 掃不見蹤跡〕"

이런 뜻을 일찍이 금골선에게 들었다오　　　　此意嘗聞金骨仙

자주 : 부용동(芙蓉洞)은 바로 이 늙은이가 거하는 바다 별장의 동네 이름이다.

## 병으로 동호에 머물 적에 강물이 크게 불어나서 고향 생각이 나기에 임진년(1652)

病滯東湖江水大漲有懷故園 壬辰

동호의 탁한 물결 정히 거세게 일어나고 東湖濁浪正崢嶸
삼각산에 먹구름이 날로 더욱 걸리는 때 三角陰雲日復橫
죽엽[874]과 비거[875]를 누가 빌려 줄까 竹葉飛車誰乞與
세연과 휘수가 지금 눈에 선한데 洗然揮手眼中生

자주 : 세연정(洗然亭)은 부용동(芙蓉洞)에 있는데, 거기에는 사천석담(沙川石潭)이 있고, 휘수정(揮手亭)은 금쇄동(金鎖洞)에 있는데, 거기에는 취병비폭(翠屛飛瀑)이 있다. 이곳은 모두 비가 와서 물이 불어나면 감상하기 좋다.

874 죽엽(竹葉) : 죽엽주(竹葉舟)의 준말이다. 강남(江南) 사람 진계경(陳季卿)이 장안(長安)에 10년 동안 있으면서 고향을 몹시 그리워하자, 청룡사(青龍寺)의 노옹(老翁)이 〈환영도(寰瀛圖)〉에 그려져 있는 위수(渭水) 위에다 대나무 잎 하나를 따서 올려놓고 물결을 일으킨 뒤 그 죽엽주를 타고서 고향에 다녀오게 하였다는 전설이 당(唐)나라 이민(李玫)의 《이문실록(異聞實錄)》에 나온다.

875 비거(飛車) : 바람을 타고 날아다니는 전설 속의 수레를 말한다. "기굉씨가 비거를 잘 만들어서 멀리 바람을 타고 다녔다.〔奇肱氏能爲飛車 從風遠行〕"라는 말이 진(晉)나라 황보밀(皇甫謐)의 《제왕세기(帝王世紀)》에 나온다.

## 인평대군이 고산을 역방하며 시를 청하기에
麟坪大君歷訪孤山求詩

| | |
|---|---|
| 강촌에 엎어져 쓰러진 백세의 늙은이[876] | 顚倒江村百歲翁 |
| 튀어 오르는 물결 속에 간모가 쫑긋[877] | 竿旄孑孑浪花中 |
| 소외된 몸을 한 모퉁이 끼워 주시다니 | 得使疏蹤參一角 |
| 중동의 융숭한 보살핌 아님이 없어라[878] | 無非隆眷自重瞳 |
| 준마에 황금 채찍은 공자의 일이요 | 寶馬金鞭公子事 |
| 사립문에 초가집은 야인의 살림이라 | 柴扉草屋野人風 |
| 태평연월의 왕화(王化)를 길이 축원하면서 | 長祝太平煙月化 |
| 이 빠지고 대머리 된 것도 완전히 잊었다오 | 全忘齒豁與頭童 |

876 강촌에……늙은이 : 참고로 송(宋)나라 위요옹(魏了翁)의 〈차운이참정추회(次韻李參政秋懷)〉 시에 "쿵쾅거리며 밀려오는 성난 물결에, 강변에 놀라 쓰러진 백세의 늙은이.〔怒濤撞擊吼龍銅 驚倒江邊百歲翁〕"라는 구절이 있다. 《鶴山集 卷8》

877 튀어……쫑긋 : 고산을 찾아온 인평대군의 행차를 묘사한 것이다. 간모(竿旄)는 간대 위에 소꼬리를 꽂아 장식한 것을 말한다. 《시경》 〈간모(干旄)〉는 대부(大夫)가 몸을 굽혀 현자(賢者)를 찾아온 것을 찬미한 시인데, 그중에 "쫑긋한 간대 위의 깃발이여, 준읍의 교외에 있도다.〔孑孑干旄 在浚之郊〕"라는 말이 나온다.

878 소외된……없어라 : 임금의 사부(師傅)였다고 하여 효종이 고산에게 관직을 수여한 것을 말한다. 중동(重瞳)은 하나의 눈에 눈동자가 두 개씩 있는 것을 말하는데, 순(舜)과 항우(項羽)가 중동이었다는 고사에서 유래하여, 제왕의 대명사로 쓰인다.

## 인평대군이 연적 세 개와 주합 하나를 선물로 주기에 각각 근체시 한 편을 지어서 사례하다

麟坪贈三硯滴一酒盒各賦近體一篇以謝

머리가 둥글어 천시를 따르는 위에　頭圓應是律天時
깍듯이 모가 나니 또 더욱 기이해라[879]　峻整廉隅更覺奇
옥천을 들이켜니 폐부가 맑아지고　飢飮玉泉淸肺腑
향무를 내뿜으니 교룡이 일어나네　飽噓香霧起蛟螭
그 도량은 거칠고 여린 말 가리지 않지만　不分麤細雖其量
스스로 기약함은 뇌정 앞에 홀로 서는 것　獨立雷霆乃自期

자주 : 동파(東坡)의 연시(硯詩)에 "거친 말 여린 말 모두 가리지 않는다.〔麤言細語都不擇〕"라는 표현과 "홀로 서서 뇌정을 원래 감당할 수 있다.〔獨立自可當雷霆〕"라는 표현이 있다.[880]

기름진 은택이 메마른 대지 적셔 줄 수만 있다면　膏澤如能到枯槁
곳간의 양곡 모두 털어서 바꾼들 어찌 아까울까　傾囷倒廩亦何辭

이는 팔릉연적(八稜硯滴)을 읊은 것이다.

879 머리가……기이해라 : 연적(硯滴)의 위가 둥근 것은 하늘을 상징하고, 아래가 팔각형인 것은 땅을 상징한다는 말이다. 옛날에 땅은 모나고 하늘은 둥글다고 생각하였다.

880 동파(東坡)의……있다 : 소식이 연적을 소재로 읊은 〈용미연가(龍尾硯歌)〉 시에 "거친 말 여린 말 모두 가리지 않고, 봄 지렁이 가을 뱀 마음대로 그린다네.〔麤言細語都不擇 春蚓秋蛇隨意畫〕"라는 말과 〈차운범순부함성연월석풍림병시(次韻范純父涵星硯月石風林屛詩)〉에 "상소문 올리며 이름 내걸 때 어찌 내가 필요하랴, 홀로 서서 뇌정과 같은 임금의 위엄을 감당할 수 있는걸.〔上書掛名豈待我 獨立自可當雷霆〕"이라는 말이 나온다. 《蘇東坡詩集 卷23, 卷36》

| | |
|---|---|
| 겉모양은 모남이 없이 일단의 화기[881]로 뭉쳤지만 | 外無稜角一團和 |
| 속마음은 누가 알랴 만 이랑 물결이 치는 것을 | 方寸誰知萬頃波 |
| 봄바람 같은 애정으로 만물을 적셔 주고 | 襟抱春風將潤物 |
| 가을물 같은 정신으로 구덩이마다 채워 주네[882] | 精神秋水正盈科 |
| 구멍에선 운우의 시행이 반복되고 | 環中雲雨施行慣 |
| 배 속에선 연천의 조화가 무궁해라 | 腔裏淵泉造化多 |
| 소원은 관성과 함께 여상을 좇아가서 | 願與管城隨呂尙 |
| 귀마화산아의 글씨를 크게 써 보는 것[883] | 大書歸馬華山阿 |

이는 원소연적(圓小硯滴)을 읊은 것이다.

| | |
|---|---|
| 모양은 어째서 감 같으며 색깔은 흰 것인지 | 形何如柿光何素 |
| 흰 용의 알이 지금 막 나온 것이 아니겠나 | 無乃白虯卵正成 |

자주 : 한유(韓愈)의 시에 감을 용의 알〔虯卵〕로 비유하였다.[884]

---

881 일단(一團)의 화기 : 화기애애한 분위기를 표현한 말이다. 송유(宋儒) 정호(程顥)가 홀로 앉아 있을 때는 석고상(石膏像)처럼 보이다가도, 일단 사람을 접하면 한 덩어리의 화기〔一團和氣〕가 뭉쳐 있는 듯이 보였다는 고사가 전한다. 《二程全書 卷12》

882 가을물……주네 : 물이 하나도 빠뜨림 없이 쉬지 않고 계속해서 점진(漸進)하는 것을 표현한 말이다. 287쪽 주532 참조.

883 소원은……것 : 전쟁이 없는 평화로운 시대를 맞는 것이 소원이라는 말이다. 귀마화산아(歸馬華山阿)는 말을 화산(華山) 언덕에 돌려보낸다는 뜻이다. 주 무왕(周武王)이 은(殷)나라를 정벌하고 돌아오다가 풍(豐)에 이르러 "말을 화산의 남쪽에 돌려보내고 소를 도림의 들판에 풀어놓아, 천하에 무력을 쓰지 않을 것임을 보였다. 〔歸馬于華山之陽 放牛于桃林之野 示天下弗服〕"라는 말이 《서경》 〈무성(武成)〉에 나온다. 관성(管城)은 붓의 별칭이다. 55쪽 주9 참조. 여상(呂尙)은 위수(渭水)의 낚시터에서 주 문왕(周文王)에게 발탁된 뒤에 무왕을 보좌하여 천하를 평정하였다.

884 한유(韓愈)의……비유하였다 : 한유가 붉은 감나무 잎과 열매를 비유하여 지은 〈유청룡사증최대보궐(遊青龍寺贈崔大補闕)〉에 "구름 태우고 나무 사르며 산호(珊瑚)가 몰려오고, 금오가 내려와서 붉은 용의 알을 쪼아 대네.〔然雲燒樹火實駢 金烏下啄赬虯卵〕"라고 표현한 말이 나온다. 금오(金烏)는 황금 까마귀라는 뜻으로, 태양을 가리킨다. 《韓昌黎集 卷4》

창해에서 호흡하며 배꼽이 들썩거리는 듯 呼吸滄溟臍若動
운무를 뿜어내느라 입에서는 가녀린 소리 洩噴雲霧口微聲
아동은 입맛 다시며 딸 생각 하지 말고 兒童莫念搖牙取
오작은 눈독 들이며 쫄 생각 하지 말라 烏鵲休思捩眼營
희헌을 보좌할 날 응당 있을 터이니 左右羲軒應有日

자주 : 소동파(蘇東坡)의 시에 "당년에 그림을 지고 나와 상제의 명을 전했나니, 희헌을 보좌하고 신우를 인도했네.〔當年負圖傳帝命 左右羲軒詔神禹〕"라고 하였다.[885]

단비로 창생 구제함을 장차 보리라 佇看霖雨濟蒼生

이는 백시연적(白柿硯滴)을 읊은 것이다.

동평[886]의 궤석에 있던 그림 도자기 술병이 東平綺席畫磁壺
초야의 자리 모퉁이에 웬일로 돌아왔나 何事來歸草座隅
앞뒤로 매화와 계수가 화려하되 야하지 않고 梅桂後先華不侈
위아래로 각각 달리 둥글고 모나게 만들었네 圓方上下制兼殊
삼휴정[887] 안에서 접대하기에 적당하고 三休亭裏宜祗侍

자주 : 고시(古詩)에 "한 병 차 이외에는 접대할 것이 없어서, 함께 서루

885 소동파(蘇東坡)의……하였다 : 복희씨(伏羲氏)가 용마(龍馬)의 이른바 하도(河圖)를 관찰하고 팔괘(八卦)를 그었다는 전설을 인용하면서 신룡(神龍)의 공덕을 찬미한 것인데, 《소동파시집(蘇東坡詩集)》 권16 〈기복용행(起伏龍行)〉이라는 칠언고시에 나온다. 희헌(羲軒)은 태호복희씨(太昊伏羲氏)와 황제헌원씨(黃帝軒轅氏)의 병칭이고, 신우(神禹)는 하우(夏禹)를 가리킨다.

886 동평(東平) : 후한(後漢) 광무제(光武帝)의 아들로, 인평대군을 비유한 말이다. 392쪽 주826 참조.

887 삼휴정(三休亭) : 삼휴대(三休臺)와 같은 말로, 춘추 시대 초(楚)나라 장화대(章華臺)의 이명(異名)이다. 초왕(楚王)이 빈객을 데리고 장화대에 오를 적에 세 차례나 휴식하고 올라간 고사에서 유래한 것이다. 한(漢)나라 가의(賈誼)의 《신서(新書)》 〈퇴양(退讓)〉에 이 고사가 실려 있다.

에 올라가 작약 밭을 바라보네.〔一甁茶外無祗侍 同上西樓看藥闌〕"라는 말이 있다.[888]

칠리탄[889] 머리에 데리고 가도 좋으리라　七里灘頭可與俱
술 없이 그대 누웠으니 나의 궁함이 부끄럽고　無酒臥君慙我窶
흰 사기잔 못 채우다니 덕이 오히려 외롭구나[890]　白沙杯乏德還孤

이는 화주합(畫酒盒)을 읊은 것이다.

888 고시(古詩)에……있다 : 이런 내용의 고시는 확인할 수가 없다. 다만 송(宋)나라 나대경(羅大經)이 지은 《학림옥로(鶴林玉露)》 권9에 "근래에 조자지(趙紫芝)가 '한 병 차 이외에는 접대할 것이 없어서, 함께 서루에 올라가 저녁 산을 바라보네.〔一甁茶外無祗待 同上西樓看晩山〕'라고 시를 짓자 세상에서 멋있다고들 하였는데, 이는 두소릉(杜少陵)의 '야외에서 접대할 것이 없다고 저어하지 마오, 흥에 겨워 돌아와서 작약 밭 보면 되니까.〔不嫌野外無供給 乘興還來看藥欄〕'라는 구절의 뜻을 절취(竊取)한 것이다."라는 말이 나온다. 자지(紫芝)는 송나라 조사수(趙師秀)의 호이다. 두보(杜甫)의 시는 《두소릉시집(杜少陵詩集)》 권9 〈빈지(賓至)〉에 실려 있다. 대본의 '祗侍'는 '祗待'의 잘못으로 보이나, 확신할 수 없기에 그대로 두고 번역하였다.

889 칠리탄(七里灘) : 동한(東漢)의 은사(隱士) 엄광(嚴光)이 은거하며 낚시질하던 절강성(浙江省) 동려현(桐廬縣) 남쪽의 여울로, 보통 은사의 거처를 뜻한다. 칠리뢰(七里瀨) 혹은 엄릉뢰(嚴陵瀨)라고도 한다. 《後漢書 卷83 逸民列傳 嚴光》

890 덕이 오히려 외롭구나 : 《논어》 〈이인(里仁)〉에 "덕이 있는 사람은 외롭지 않고 반드시 이웃이 있다.〔德不孤 必有隣〕"라는 말이 있기 때문에 이렇게 말한 것이다.

## 정 상서가 부채 하나를 선물하였는데, 그 부채에 시가 적혀 있기에 그 시에 화운하였다 임진년(1652)

鄭尙書贈一扇扇面有詩和其韻 壬辰

이 시는 신혼(申混)[891]이 지은 것이라고 한다.

| | |
|---|---|
| 겉과 속이 다르지 않은 고죽의 먼 후손[892] | 孤竹雲孫表裏同 |
| 무더위에 붉게 취한 얼굴 정신 들게 하네 | 能醒溽暑醉顔紅 |
| 보좌에서 파리 쫓을 땐 그 정이 편중되다가도 | 揮蠅寶座情偏重 |
| 궁도에서 일사병 구할 땐 그 뜻이 매우 공정해라 | 救暍窮途意甚公 |
| 접은 뒤에 보이는 것은 오직 굳센 마디뿐 | 捲却看時惟勁節 |
| 한번 펴면 곳곳마다 인자한 바람 퍼뜨리네 | 舒來隨處播仁風 |
| 서리 내리는 가을엔 소용없다 말하지 마오 | 霜秋莫道無功用 |
| 쳐들어 서진[893] 막는 데는 더욱 특효가 있으니까 | 擧障西塵更覺工 |

891 신혼(申混) : 1624～1656. 자(字)는 원택(元澤)이고 호(號)는 초암(初菴)이다. 효종(孝宗) 때의 문신으로, 그림에 뛰어났다. 정언(正言)과 수찬(修撰)을 역임하고 부교리(副校理)에 이르렀다. 문명(文名)이 있었으며, 《초암집(初菴集)》이 전한다.

892 겉과……후손 : 대나무 살로 만든 부채를 말한다. 백세토록 청성(淸聖)으로 추앙을 받는 백이(伯夷)와 숙제(叔齊)가 고죽군(孤竹君)의 아들이기 때문에, 대나무와 연결시켜서 비유한 것이다.

893 서진(西塵) : 서풍(西風)이 일으키는 먼지라는 뜻으로, 권신(權臣)의 위세를 비유하는 말이다. 274쪽 주482 참조.

## 앞의 부채 시에 차운하여 읊다

次詠扇前韻

| | |
|---|---|
| 취허[894]해 주는 뜻은 어디서나 똑같으니 | 志在吹噓着處同 |
| 외모가 청홍으로 다른 것을 혐의하랴 | 何嫌外貌異青紅 |
| 임금님 번민 풀어 드려 먼저 편안하게 하고 | 除煩先要寧宸極 |
| 맑은 기운 일으켜 백관들 엄숙케 해 주기를 | 扇淑兼思肅列公 |
| 활짝 펴면 불타는 듯한 왕실[895]을 안정시키고 | 展布可消王室燬 |
| 손에 쥐면 사방이 풍동(風動)[896]하게 할 수 있네 | 操持能動四方風 |
| 계절 따라 말고 펴는 신령한 그 공이여 | 神功舒卷隨時令 |
| 비은[897]이 완전히 조화의 솜씨와 같도다 | 費隱渾如造化工 |

894 취허(吹噓) : 입김을 불어넣는다는 뜻으로, 잘못은 덮어 주고 잘한 것은 치켜세우며 권장하고 천거하는 것을 말한다.

895 불타는 듯한 왕실 : 민생(民生)이 도탄(塗炭)에 빠진 가운데, 왕실이 마치 불타는 것처럼 위급한 처지에 놓였다는 말이다. 《시경》 〈여분(汝墳)〉에 "방어 꼬리 붉어지고, 왕실은 불타는 듯.〔魴魚赬尾 王室如燬〕"이라는 표현이 나오는데, 그 주(註)에 "방어는 힘이 약하고 비늘이 가늘다. 물고기는 피곤해지면 꼬리가 붉어진다. 방어 꼬리가 원래 흰데 지금 붉어졌다면 힘을 많이 써서 매우 피곤해진 것이다."라고 하였다.

896 풍동(風動) : 바람이 일듯 고무시킨다는 말로, 백성들이 문교(文敎)에 감동하여 순화(馴化)되는 것을 말한다. 《서경》 〈대우모(大禹謨)〉에, 순(舜) 임금이 "나로 하여금 원하는 대로 정치를 할 수 있게 하여, 사방이 풍동하게 한 것은 바로 너의 공로 덕분이다.〔俾予從欲以治 四方風動 惟乃之休〕"라고 고요(皐陶)를 칭찬한 말이 나온다.

897 비은(費隱) : 용(用)과 체(體)를 말한다. 《중용장구》 제12장에 "군자의 도는 비하고 은하다.〔君子之道 費而隱〕"라는 말이 나오는데, 그 주석에 "비(費)는 용(用)이 광대함을 말한 것이요, 은(隱)은 체(體)가 은미(隱微)함을 말한 것이다."라고 하였다.

## 차운하여 방장산인에게 답하다 임진년(1652)
次韻酬方丈山人 壬辰

| | |
|---|---|
| 십 년 동안 바다에서 지내다가 | 十年海上人 |
| 오늘 하루 속진의 객이 되었네 | 一日塵間客 |
| 목을 빼고 삼신산만 바라보는데 | 引領望三神 |
| 탄문은 어찌하여 백 번 견책하는지[898] | 彈文何百謫 |

898 탄문(彈文)은……견책하는지 : 대간(臺諫)이 계속해서 탄핵하는 글을 올리며 고산의 파면을 청한다는 말이다. 옛날에 관리가 백 번 견책을 받으면 면직되는 고사가 있기 때문에 이렇게 말한 것이다.

## 연구 임진년(1652)

聯句 壬辰

대제학인 호주(湖洲) 채유후(蔡裕後)[899]가 공을 찾아와 뵙고는 함께 연구를 짓자고 청하였다.

| | |
|---|---|
| 소당의 맑은 밤 비파 타는 소리 | 小堂淸夜聽琵琶 |
| | • 호주(湖洲) |
| 한 곡조 연주 속에 옛 뜻이 물씬 | 一曲彈來古意多 |
| | • 고산(孤山) |
| 덧없는 세상의 부침 모두가 꿈속이니 | 浮世昇沈渾是夢 |
| | • 호주(湖洲) |
| 서로 권하며 그냥 술이나 마십시다[900] | 且須相屬飮無何 |
| | • 고산(孤山) |

899 채유후(蔡裕後) : 1599~1660. 본관은 평강(平康), 자는 백창(伯昌), 호는 호주(湖洲)이다. 어려서부터 문재(文才)가 있었으며 1623년(인조1)에 문과에 장원급제하고 사가독서하였다. 효종 때 대제학으로서 《인조실록》과 《선조수정실록》 편찬에 참여하였다. 저서로 《호주집(湖洲集)》이 있다.

900 서로……마십시다 : 다른 일은 괜히 거론하지 말고 그냥 술이나 마시자는 말이다. 한(漢)나라 원앙(袁盎)이 오국(吳國)의 정승에 임명되어 부임할 때, 형의 아들인 원종(袁種)이 "오왕은 오래전부터 교만 방자하게 구는 데다가 그 나라 사람들 역시 간사한 자가 매우 많아서 지금 그 나라에 부임해서 철저히 다스리려고 할 경우, 상서하여 고발하지 않으면 자객을 보내 암살할 것입니다. 남방은 비습(卑濕)하니, 매일 술이나 마시면서 다른 일은 일절 거론하지 말고〔日飮毋何〕, 가끔 오왕에게 조정을 배반하지 말라고 권고만 한다면, 안전할 수 있을 것입니다."라고 하였는데, 원앙이 그 말대로 하니, 오왕이 그를 후대했다는 고사가 전한다. 《史記 卷101 袁盎列傳》

## 이 밀양 진을 전송하며 시를 지어 주다

贈送李密陽袗

와합의 공로도 보궐처럼 많은 법[901] 臥閤功如補闕多
함향인이 지휘봉 쥐고 어디로 가시나[902] 含香人遽把麾何
듣건대 그대가 명일 강남으로 떠난다 하니 聞君明日江南去
베개에 기대어 한밤중에 요염한 노래 듣겠구먼 攲枕中宵聽艷歌

901 와합(臥閤)의……법 : 외방에 수령으로 나가서도 조정 안에서 임금을 보필하는 것처럼 국가에 많은 공을 세울 수 있다는 말이다. 와합은 한(漢)나라 급암(汲黯)이 동해 태수(東海太守)로 나가서 "병이 많아 합문(閤門) 안에 누워 있을 뿐 밖에 나가지 않았는데도 1년여에 동해가 잘 다스려졌다.〔多病臥閤內不出 歲餘東海大治〕"라는 고사에서 나온 말로, 지방에 나가 백성을 다스리는 것을 말한다.《漢書 卷50 汲黯列傳》 보궐(補闕)은 보궐습유(補闕拾遺)의 준말로, 임금을 보좌하여 잘못된 점을 바로잡는 것을 뜻하는데, 보통 대간(臺諫)의 책무를 비유하는 말로 쓰인다.

902 함향인(含香人)이……가시나 : 임금의 근신(近臣)으로 있다가 지방의 수령으로 부임하게 되었다는 말이다. 함향인은 향을 머금은 사람이라는 뜻으로, 임금 곁에서 시종하는 신하를 가리킨다. 한(漢)나라 때에 상서성(尙書省)의 관원이 황제에게 아뢸 적에는 입에 계설향(鷄舌香)을 머금어 향기가 나게 하여 구취(口臭)를 없앤 고사에서 유래한 것이다.《通典 職官4》

## 옛 시구를 모아 반금에게 부치다 계사년(1653, 효종4)

集古寄伴琴 癸巳

이하는 해남(海南)에 돌아온 뒤에 지은 것이다.

| | |
|---|---|
| 심지 한 번 이별에 두 곳 모두 가을[903] | 一別心知兩地秋<br>• 엄유(嚴維) |
| 초운 상수에서 함께 놀던 일 생각나네[904] | 楚雲湘水憶同遊<br>• 허혼(許渾) |
| 밤 깊어 비 그치고 조용한 송당에서[905] | 夜深雨絶松堂靜<br>• 정곡(鄭谷) |
| 산색과 강물 소리에 남몰래 시름 맺히네[906] | 岳色江聲暗結愁<br>• 두순학(杜筍鶴) |

903 심지……가을 : 심지(心知)는 지심(知心) 즉 지기(知己)와 같은 말이다. 가을이라는 말은 가을처럼 쓸쓸하다는 뜻을 담고 있다. 이 시는 〈단양송위참군(丹陽送韋參軍)〉이라는 칠언절구로, 《당시품휘(唐詩品彙)》 권50에 실려 있다. 엄유(嚴維)는 당나라 시인으로 자(字)는 정문(正文)이며, 유장경(劉長卿)과 벗으로 친하게 지내었다. 이해를 돕기 위하여 이 시를 소개하면 다음과 같다. "단양 성곽 너머 떠나는 배 보내나니, 심지 한 번 이별에 두 곳 모두 가을이리. 해 질 녘 강남에서 강북을 바라보니, 갈가마귀 다 날아가고 물만 유유히 흐르네.〔丹陽郭裏送行舟 一別心知兩地秋 日晩江南望江北 寒鴉飛盡水悠悠〕"

904 초운(楚雲)……생각나네 : 당나라 시인 허혼(許渾)이 지은 〈추사(秋思)〉라는 칠언절구 중 제2구이다. 초운 상수(湘水)는 초나라 구름이 비치는 상수라는 말로, 남쪽 지방을 뜻하는 시어(詩語)이다. 이 시는 《전당시(全唐詩)》 권538에 실려 있다.

905 밤……송당(松堂)에서 : 〈증일동감선사(贈日東鑑禪師)〉라는 칠언절구 중 제3구이다. 그런데 작자에 대해서 《전당시(全唐詩)》 권675에는 정곡(鄭谷)이라고 하였고, 권633에는 사공도(司空圖)라고 하였다.

906 산색(山色)과……맺히네 : 당나라 시인 두순학(杜筍鶴)이 지은 〈여사우우(旅舍遇雨)〉라는 칠언절구 중 제2구이다. 《전당시(全唐詩)》 권693에 실려 있다.

## 옛 시구를 모아 부채에 써서 어떤 이에게 부치다 5수

계사년(1653)

集古題扇寄人 五首 癸巳

해학과 한번 헤어진 뒤로[907] 海鶴一爲別

• 유자후(柳子厚)

가을 하늘엔 밝은 달만 휘영청[908] 秋空明月懸

• 맹호연(孟浩然)

서릿바람 이따금 대나무를 흔드는데[909] 霜風時動竹

• 위응물(韋應物)

홀로 산보하며 삽상한 하늘 노래하네[910] 散步詠涼天

• 위응물(韋應物)

---

907 해학(海鶴)과……뒤로 : 당나라 유종원(柳宗元)의 오언절구 〈장사역전남루감구(長沙驛前南樓感舊)〉 중 제1구인데, "옛날에 덕공과 여기에서 헤어졌다.〔昔與德公別于此〕"라는 자주(自註)가 붙어 있다. 해학은 해조(海鳥)의 이름인데, 여기서는 덕공(德公)을 가리킨다. 《柳河東集 卷42》 자후(子厚)는 유종원의 자(字)이다.

908 가을……휘영청 : 당나라 맹호연(孟浩然)이 지은 〈추소월하유회(秋宵月下有懷)〉라는 오언율시 중 제1구이다. 《孟浩然集 卷1》

909 서릿바람……흔드는데 : 당나라 위응물(韋應物)이 지은 〈동포자추재독숙(同褒子秋齋獨宿)〉이라는 오언절구 중 제2구이다. 《韋蘇州集 卷8》

910 홀로……노래하네 : 위응물이 지은 〈추야기구이십이원외(秋夜寄邱二十二員外)〉라는 오언절구 중 제2구이다. 《韋蘇州集 卷3》 이해를 돕기 위하여 전문을 소개하면 다음과 같다. "그대 유독 생각나는 이 가을밤에, 홀로 산보하며 삽상한 하늘 노래하네. 텅 빈 산속 솔방울 떨어지는 소리에, 그대도 아마 잠 못 이루겠지.〔懷君屬秋夜 散步詠涼天 空山松子落 幽人應未眠〕"

꽃이 피자 비바람이 몰아쳐서[911] 花發多風雨

• 우무릉(于武陵)

봄은 비취루에 빗장을 걸었네[912] 春關翡翠樓

• 한군평(韓君平)

발을 걷자 보이는 초승달이여[913] 開簾見新月

• 이단(李端)

어찌하여 갈고리처럼 굽어졌는지[914] 何用曲如鉤

• 낙빈왕(駱賓王)

나의 마음속을 그대가 어찌 알리오[915] 中心君詎知

• 위응물(韋應物)

옥으로 만든 탄기국과 같은 것을[916] 玉作彈棋局

• 이의산(李義山)

---

911 꽃이……몰아쳐서 : 당나라 우무릉(于武陵)이 지은 〈권주(勸酒)〉라는 오언절구 중 제3, 4구에 "꽃이 피자 비바람이 몰아치고, 우리 인생에는 이별도 많다.〔花發多風雨 人生足別離〕"라는 말이 나온다. 《全唐詩 卷595》

912 봄은……걸었네 : 당나라 한굉(韓翃)이 지은 〈한궁곡(漢宮曲)〉이라는 오언절구 중 제2구이다. 《당음(唐音)》 권6에 실려 있다. 한굉은 대력십재자(大曆十才子)의 한 사람으로, 군평(君平)은 그의 자(字)이다.

913 발을……초승달이여 : 당나라 이단(李端)의 〈배신월(拜新月)〉이라는 오언절구 중 제1, 2구에 "발을 걷자 초승달이 보이기에, 섬돌 아래 내려가 절을 하였네.〔開簾見新月 便卽下階拜〕"라는 말이 나온다. 《全唐詩 卷28》 작자가 이단이 아니라 당나라 경위(耿湋)라는 설도 있다.

914 어찌하여 갈고리처럼 굽어졌는지 : 당나라 낙빈왕(駱賓王)의 〈완초월(玩初月)〉이라는 오언절구 중 제3, 4구에 "거울처럼 비춰 준 둥근 보름달이, 어찌하여 갈고리처럼 굽어졌는지.〔既能明似鏡 何用曲如鉤〕"라는 말이 나온다. 《全唐詩 卷79》 작자가 낙빈왕이 아니라 당나라 심전기(沈佺期)라는 설도 있다.

915 나의……알리오 : 당나라 위응물의 〈의고시(擬古詩)〉라는 오언고시 말미에 "나의 마음속을 그대가 어찌 알리오, 빙옥처럼 오직 결백한 것을.〔中心君詎知 氷玉徒貞白〕"이라는 말이 나온다. 《韋蘇州集 卷1》

유유하고 또 유유하게[917] 悠悠復悠悠
• 온비경(溫飛卿)

봄풀은 해마다 푸르건만[918] 春草年年綠
• 왕마힐(王摩詰)

맑디맑은 꽃 아래 거문고 소리[919] 泠泠花下琴
• 고적(高適)

술 한 잔에 한 곡씩 연주한다네[920] 一杯彈一曲
• 맹호연(孟浩然)

고인이 남북으로 갈려 사는데[921] 故人南北居
• 위응물(韋應物)

---

916 옥으로……것을 : 당나라 이상은(李商隱)의 〈유지(柳枝)〉라는 오언절구 중 제3, 4구에 "옥으로 만든 탄기국과 같아서, 마음속이 역시 편하지 못하다오.〔玉作彈棊局 中心亦不平〕"라는 말이 나온다. 《李義山詩集 卷下》 탄기국(彈棊局)은 손가락으로 바둑알을 튕겨 맞히는 놀이를 하는 바둑판을 말하는데, 정방형(正方形)의 형태로 중앙이 볼록하게 솟아서 평평하지 않은 모양을 하고 있다. 의산(義山)은 이상은의 자(字)이다.

917 유유하고 또 유유하게 : 당나라 온정균(溫庭筠)의 악부가사(樂府歌辭) 〈서주곡(西洲曲)〉 중 제1, 2구에 "유유하고 또 유유하게, 어제 서주로 내려왔네.〔悠悠復悠悠 昨日下西洲〕"라는 말이 나온다. 《溫飛卿詩集 卷3》 비경(飛卿)은 온정균의 자(字)이다.

918 봄풀은 해마다 푸르건만 : 당나라 왕유(王維)의 〈송별(送別)〉이라는 오언절구 중 제3, 4구에 "봄풀은 해마다 푸르건만, 왕손은 돌아올지 안 돌아올지.〔春草年年綠 王孫歸不歸〕"라는 말이 나온다. 《王右丞集 卷13》 마힐(摩詰)은 왕유의 자(字)이다. '春草年年綠'이 '春草明年綠'으로 되어 있는 판본도 있다.

919 맑디맑은……소리 : 당나라 상건(常建)의 〈송이십일위임계(送李十一尉臨溪)〉라는 오언율시 중 제1, 2구에 "맑디맑은 꽃 아래 거문고 소리, 그대 강 건너는 노래 부르네.〔泠泠花下琴 君唱渡江吟〕"라는 말이 나온다. 《全唐詩 卷144》 작자가 고적(高適)이라고 한 것은 고산의 착오이다.

920 술……연주한다네 : 당나라 맹호연의 〈청정오음탄금(聽鄭五愔彈琴)〉이라는 오언율시 중 제5, 6구에 "술 한 잔에 한 곡씩 연주하다 보니, 저녁 해가 잠기는 것도 몰랐어라.〔一杯彈一曲 不覺夕陽沈〕"라는 말이 나온다. 《孟浩然集 卷1》

921 고인이……사는데 : 당나라 위응물의 〈하야억노숭(夏夜憶盧嵩)〉이라는 오언고시

산달은 촛불처럼 밝기만 해라[922] 山月皎如燭

• 위응물(韋應物)

맑은 달빛이 안마당을 비추는데[923] 澹月照中庭

• 한군평(韓君平)

안개가 비끼니 달이 더욱 밝아라[924] 煙斜月轉明

• 당언겸(唐彦謙)

어젯밤 놀이도 어느새 과거의 일[925] 昨遊倏已過

• 위응물(韋應物)

말없이 감회에 젖어 있다오[926] 默默以緘情

• 위응물(韋應物)

---

에 "고인이 남북으로 갈려 사는데, 몇 달 동안 소식을 들을 수 없네.〔故人南北居 累月間徽音〕"라는 말이 나온다. 《韋蘇州集 卷6》

922 산……해라 : 위응물의 〈동포자추재독숙(同褒子秋齋獨宿)〉이라는 오언절구 중 제1, 2구에 "산달이 촛불처럼 밝기만 한데, 서릿바람이 이따금 대나무를 뒤흔드네.〔山月皎如燭 霜風時動竹〕"라는 말이 나온다. 《韋蘇州集 卷8》 '霜風時動竹'이 '風霜時動竹'으로 되어 있는 판본도 있다.

923 맑은……비추는데 : 당나라 한악(韓偓)의 〈효최국보체(效崔國輔體)〉라는 오언절구 중 제1, 2구에 "맑은 달빛이 안마당을 비추는데, 해당화 꽃잎 혼자서 떨어지네.〔澹月照中庭 海棠花自落〕"라는 말이 나온다. 《全唐詩 卷683》 작자를 한군평(韓君平)이라고 한 것은 고산의 착오이다. 군평은 당나라 한굉(韓翃)의 자(字)이다.

924 안개가……밝아라 : 당나라 당언겸(唐彦謙)의 〈소원(小院)〉이라는 오언절구 중 제1, 2구에 "작은 뜰에 사람 없는 밤, 안개가 비끼니 달이 더욱 밝아라.〔小院無人夜 煙斜月轉明〕"라는 말이 나온다. 《全唐詩 卷672》

925 어젯밤……일 : 당나라 위응물의 〈유별낙경친우(留別洛京親友)〉라는 오언고시에 "어젯밤 놀이도 어느새 과거의 일, 언제 다시 만날지 정말 모르겠네.〔昨遊倏已過 後遇良未知〕"라는 말이 나온다. 《韋蘇州集 卷4》 대본에는 '昨遊忽已過'로 되어 있으나, '忽'은 '倏'의 잘못이기에 글자를 바로잡았다. 뜻은 같다.

926 말없이……있다오 : 위응물의 〈하경단거즉사(夏景端居卽事)〉라는 오언율시 중 제7, 8구에 "멀리 고향 동산 슬픈 생각에, 말없이 감회에 젖어 있다오.〔邈懷故園愴 默默以緘情〕"라는 말이 나온다. 《韋蘇州集 卷8》 대본에는 '默默以含情'으로 되어 있으나, '含'은 '緘'의 잘못이기에 글자를 바로잡았다. 뜻은 같다.

## 아이들의 시에 화운하다 계사년(1653)
和諸兒作 癸巳

| | |
|---|---|
| 소슬한 밤 언제나 한 이불 덮고 잘까 | 蕭瑟何時共枕眠 |
| 이어지는 빗소리 한밤중에 홀로 듣네 | 獨聞中夜雨聲連 |
| 지당청초의 표현이 어려운 것이 아니요[927] | 池塘青草非難寫 |
| 이날의 이런 뜻을 전달하기가 어렵다네 | 此日難將此意傳 |

사(瀉)는 사(寫)가 옳지 않을까 한다.

927 지당청초(池塘青草)의……아니요 : 지당청초의 표현이란 멋있는 시구를 짓는 것을 말한다. 남조(南朝) 송(宋)의 시인 사영운(謝靈運)이 시상(詩想)에 골몰하다가 꿈속에서 족제(族弟)인 사혜련(謝惠連)을 만나 보고는 '지당생춘초(池塘生春草)'라는 명구(名句)를 지은 고사를 인용한 것이다. 《南史 卷19 謝惠連列傳》 대본에는 '池塘青草非難瀉'로 되어 있지만, 편자(編者)의 주(註)에서 지적한 것처럼 '瀉'는 '寫'의 잘못으로 보이기에 바로잡아 번역하였다.

나는 임진년(1652, 효종3) 세모에 서울에서 금쇄동으로 돌아왔다. 그리고 계사년(1653) 중춘에는 금쇄동에서 부용동으로 들어왔다. 갑오년(1654) 8월에 집안에 제사가 있어서 병을 무릅쓰고 육지로 나갈 계획을 세웠다. 그런데 장도에 이르러 역풍을 만나는 바람에 그곳에서 유숙하였고 그 이튿날에는 황보로 돌아와서 묵었다. 또 다음 날 다시 동포로 향하였으나 알근에 이르러 바람이 멎지 않아서 거기에 머물러 묵었으며, 또 다음 날도 해 질 녘에야 간신히 백포에 도착했다. 내가 부용을 얻은 뒤로 지금까지 18년 동안 왕래한 것이 이루 헤아릴 수가 없는데, 배를 타고 가다가 이와 같이 바람에 막힌 적은 일찍이 없었다. 이에 느낀 점이 있어서 깊이 반성하며 입으로 절구 한 수를 읊었다. 갑오년(1654, 효종5)

余於壬辰歲暮自京還金鎖洞癸巳仲春自金鎖入芙蓉洞甲午八月家有祀事力疾作出陸計到獐島逢逆風止宿翌日還宿黃步又明日更向東浦到遏斤風不止止宿又明日日暮艱到白浦余得芙蓉于今十八年往來者不可數計而入舡阻風未嘗有如許時有感而發深省口占一絶 甲午

황보(黃步)와 동포(東浦)는 모두 포구의 이름이고, 알근(遏斤)은 섬 이름이다. 백포(白浦)는 별장 이름인데, 해남(海南)의 해변에 있다.

| | |
|---|---|
| 하늘이 봉래를 주신 뒤로 몇 번 봄을 맞았던가 | 蓬萊天與幾回春 |
| 병들고 쇠한 이 몸은 세상을 당연히 끊어야지 | 衰疾宜爲絶世人 |
| 배 안에 사흘 묵으면서 병 하나 더쳤으니 | 三宿舟中添一病 |
| 풍진으로 향하는 나를 신선이 싫어하시나 봐 | 群仙嫌我向風塵 |

## 부인에 대한 만사 을미년(1655, 효종6)
挽夫人 乙未

| | |
|---|---|
| 시골에 만장 날려 임금님 은혜 넘치니 | 鄕閭飛旐煥恩滋 |
| 아 나도 흐르는 눈물 거둬야 하고말고 | 嗟我宜收老涙垂 |
| 자식도 두고 손자도 두고 또 오래 살았으며 | 有子有孫還有壽 |
| 그름도 없고 옳음도 없고 잘함도 없었다네[928] | 無非無是又無儀 |
| 평생토록 스스로 동동의 예에 독실했고[929] | 平生自篤僮僮禮 |
| 만년에는 집에서 읍읍의 시를 읊었다오[930] | 晩歲家吟揖揖詩 |
| 꿈속에 보인 안식처가 새 묘소로 적합하니 | 舊夢佳城新卜叶 |
| 천복(天福)이 미리 정해짐을 이에서 알겠도다 | 天休前定見於斯 |

928 그름도……없었다네 : 부녀자로서의 법도를 지켰다는 말이다. 《시경》 〈사간(斯干)〉에 "딸아이를 낳아서는 땅에다 뉘어 놓고, 포대기로 감싸 주며 실패 가지고 놀게 하네. 그른 일도 없고 잘하는 일도 없이, 그저 술과 음식 마련할 의논만 하는지라, 부모님 걱정 끼칠 일이 없으리라.〔乃生女子 載寢之地 載衣之裼 載弄之瓦 無非無儀 唯酒食是議 無父母詒罹〕"라는 말이 나온다.

929 평생토록……독실했고 : 제사를 공경히 받들었다는 말이다. 동동(僮僮)의 예는 제례(祭禮)를 뜻한다. 《시경》 〈채번(采蘩)〉은 쑥을 뜯어서 정성껏 제사를 지내는 여인의 모습을 읊은 시인데, 그중에 "쪽을 성대히 추켜올림이여, 아침저녁으로 공소(公所)에 있도다.〔被之僮僮 夙夜在公〕"라는 말이 나온다.

930 만년에는……읊었다오 : 자손이 번성하는 기쁨을 누렸다는 말이다. 《시경》 〈종사(螽斯)〉에 "메뚜기가 모이고 모였으니, 응당 네 자손이 번성하리라.〔螽斯羽 揖揖兮 宜爾子孫 蟄蟄兮〕"라는 말이 나온다.

## 옛 시구를 모아 허백 노사에게 부치다 을미년(1655)

集古寄虛白老師 乙未

허백은 명조(明照)[931]의 호이다.

| | |
|---|---|
| 야인이 원래 산중에 묵기를 좋아하는데[932] | 野人自愛山中宿<br>• 고황(顧況) |
| 더구나 스님이 죽방을 산에 열었음에랴[933] | 僧在翠微開竹房<br>• 임번(任翻) |
| 선정에 들면 어느 때나 깨어나시나[934] | 入定幾時還出定<br>• 진공서(秦公緖) |

931 명조(明照) : 1593~1661. 조선 중기의 승려이자 승병장(僧兵將)이다. 호는 허백당(虛白堂)이다. 11세에 출가하여 유정(惟政)의 제자가 되었다. 정묘호란 때 평안도 안주(安州)에서 승병을 이끌고 싸웠으며 병자호란 때는 관서에서 의승병대장으로 군량미를 대었다. 저서에 《허백당시집(虛白堂詩集)》과 《승가예의문(僧伽禮儀文)》이 있다.

932 야인(野人)이……좋아하는데 : 당나라 고황(顧況)의 〈산중(山中)〉이라는 칠언절구 중 제1, 2구에 "야인이 원래 산중에 묵기를 좋아하는데, 더구나 갈홍의 단정 서쪽에 있음에랴.〔野人自愛山中宿 況在葛洪丹井西〕"라는 말이 나온다. 《全唐詩 卷267》 '野人自愛山中宿'이 '野人愛向山中宿'으로 된 판본도 있다.

933 더구나……열었음에랴 : 당나라 임번(任翻)의 〈숙건자산선사(宿巾子山禪寺)〉라는 칠언절구 중 제3, 4구에 "앞마을 달빛은 강물을 반쯤 비추고, 스님은 푸른 산에 죽방을 열었네.〔前村月照半江水 僧在翠微開竹房〕"라는 말이 나온다. 《全唐詩 卷727》

934 선정(禪定)에……깨어나시나 : 당나라 진계(秦系)의 〈제승명혜방(題僧明惠房)〉이라는 칠언절구 중 제3, 4구에 "선정에 들면 어느 때나 깨어나시나, 제비 똥이 가사에 떨어져도 모르네.〔入定幾時還出定 不知巢燕汚袈裟〕"라는 말이 나온다. 《全唐詩 卷40》 '入定幾時還出定'이 '入定幾時將出定'으로 된 판본도 있다. 공서(公緖)는 진계의 자(字)이다.

빈 숲에 한가히 앉아 홀로 향을 사를 때[935] 空林閑坐獨焚香

• 유문방(劉文房)

935 빈……때 : 당나라 유장경(劉長卿)의 〈망용산회도사허법릉(望龍山懷道士許法稜)〉이라는 칠언고시에 "빈 숲에 한가히 앉아 홀로 향을 사르는데, 진관이 단정히 줄지어 모시고 있네.〔空林閑坐獨焚香 眞官列侍儼成行〕"라는 말이 나온다. 《劉隨州集 卷10》 문방(文房)은 유장경의 자(字)이다.

## 손자 이구에 대한 만사 병신년(1656, 효종7)

挽孫爾久 丙申

이십육 세 젊은이와 칠십 세 병든 노인　二十六少七十癯
네가 어찌 늙은 나보다 먼저 세상을 떠나느냐　汝何謝世先老吾
내 재앙 네가 받아서지 어찌 너의 탓이리오　吾殃及汝汝何辜
푸른 하늘 쳐다보며 슬피 탄식할 뿐이로다　仰視穹昊徒嗚呼
너의 아비 스물다섯에 병으로 이내 죽어　汝父廿五病卽殊
지금까지도 비통함이 마음속에 걸렸는데　至今我腸悲縈紆
다행히 너의 형제 맑고 명랑한 그 덕분에　賴汝兄弟淸而愉
내가 천마의 망아지 보듯 믿고 의지했지　恃之有同天馬駒
경훈을 치여[936]로 삼아 쉬지 않고 치달리고　菑畬經訓騑騑驅
의리를 추환[937]으로 삼아 환히 빛나는 얼굴로　芻豢義理顏敷腴
산과 바다 오두막에서 날마다 부축하며　山窩海巢日相扶

---

936 치여(菑畬) : 민생의 근본인 전답(田畓)을 가리킨다. 금방 개간한 농지를 치(菑)라고 하고, 2년 된 밭을 신(新)이라 하고, 3년 된 밭을 여(畬)라고 한다. 한유(韓愈)의 〈부독서성남(符讀書城南)〉 시에 "문장이 어찌 귀하지 않으리오, 경서의 가르침이 바로 전답(田畓)이라네.〔文章豈不貴 經訓乃菑畬〕"라는 말이 나온다. 《韓昌黎集 卷6》

937 추환(芻豢) : 추환(芻豢)과 같다. 추와 환은 각각 초식(草食) 가축과 잡식(雜食) 가축으로 맛있는 고기 음식을 뜻한다. 《맹자》〈고자 상(告子上)〉에 "사람들이 마음속으로 똑같이 옳다고 여기는 것은 무엇인가. 그것은 즉 의리이다. 성인은 사람들이 마음속으로 똑같이 옳다고 여기는 것을 먼저 알았다. 따라서 의리가 우리의 마음을 즐겁게 하는 것은 마치 고기 음식이 우리의 입을 즐겁게 하는 것과 같다고 할 것이다.〔心之所同然者 何也 謂理也義也 聖人先得我心之所同然耳 故理義之悅我心 猶芻豢之悅我口〕"라는 말이 나온다.

잠시도 떠나지 않고 도를 물으려 하였지　問道未肯離須臾
삼삼한 전형을 조석으로 대하면서　森森典刑對朝晡
문채와 풍류 갖춘 것이 너무도 기뻐　剩喜文彩風流俱
대붕(大鵬)의 구만리 앞길을 기대하였을 뿐[938]　只期鵬摶九萬途
단표의 유자[939]와 명이 같을 줄 어찌 알았으랴　豈知命似簞瓢儒
유분처럼 사책하며 충성을 바치려 하였고[940]　劉蕡射策忠擬輸
강총처럼 외가에서 추정(趨庭)을 하였지[941]　江揔外家庭隅趨
작별할 즈음에 숙환이 나아 기쁘면서도　臨別雖欣宿疾蘇
이수[942]가 다시 침노할까 걱정이 되었어라　尙恐二豎還侵軀

---

938 대붕(大鵬)의……뿐 : 앞으로 큰일을 할 인물이 될 것이라고 잔뜩 기대하였다는 말이다. 대붕 운운에 대해서는 55쪽 주8 참조.

939 단표(簞瓢)의 유자(儒者) : 안회(顔回)를 가리킨다. "한 그릇 밥과 한 표주박 물을 마시며 누항에 사는 것을 사람들은 근심하며 견뎌 내지 못하는데, 안회는 그 낙을 바꾸지 않으니, 어질도다, 안회여.〔一簞食 一瓢飮 在陋巷 人不堪其憂 回也 不改其樂 賢哉 回也〕"라고 칭찬한 공자(孔子)의 말에서 유래한 것이다.《論語 雍也》 안회는 공자보다 30세 연하로, 29세에 완전히 백발이 되었다고 하며, 또 일찍 세상을 떠나서 공자가 매우 비통하게 여겼다.

940 유분(劉蕡)처럼……하였고 : 책문(策文)을 지으면서 충심으로 폐정(弊政)을 논했다는 말이다. 사책(射策)은 대책(對策)에 응시하는 것을 말한다. 당 문종(唐文宗)이 현량대책(賢良對策)의 친시(親試)를 거행할 적에 유분이 환관의 폐해를 극언하며 종사(宗社)의 위급함을 호소하자, 고관(考官)들이 한(漢)나라의 조조(鼂錯)나 동중서(董仲舒)도 여기에 미치지 못할 것이라고 탄복하였으나, 끝내는 환관의 권세를 두려워한 나머지 그를 낙제(落第)시킨 고사가 전한다.《舊唐書 卷190下 文苑列傳下 劉蕡》

941 강총(江揔)처럼……하였지 : 외가(外家)의 훈육(訓育)을 받으며 성장했다는 말이다. 남조(南朝) 양(梁)의 강총이 7세에 고아가 되어 외가에서 양육되었는데, 외숙인 오평후(吳平侯) 소려(蕭勵)가 자기보다 훨씬 저명한 인물이 될 것이라면서 그를 격려하며 보살폈던 고사가 전한다.《陳書 卷27 江揔列傳》'江揔'은 '江總'이라고도 한다. 추정(趨庭)은 어버이의 가르침을 받는 것을 뜻한다. 372쪽 주776 참조. 참고로 두보(杜甫)의 〈입형주(入衡州)〉 시에 "강총처럼 외가에서 길러지고, 사안처럼 항상 홍에 겨웠다오.〔江總外家養 謝安乘興長〕"라는 말이 나온다.《杜少陵詩集 卷23》

| | |
|---|---|
| 몸이 안 좋아 돌아와도 실망스러운 일인데 | 不佳則回違我謨 |
| 너를 이렇게 보내다니 살을 에는 듯하구나 | 令汝此行割我膚 |
| 삼림과 일타가 예전에 부합되었나니[943] | 三林一朶古所符 |
| 하늘이 정한 것을 시비할 수 있으리오 | 天定可能容賢愚 |
| 팔란은 마도가 아님을 잘 알고 있지만[944] | 八鑾固知非馬圖 |
| 무슨 일로 대합의 진주가 없는 것일까[945] | 底事老蚌明珠無 |
| 홀로된 어미 치맛자락 부여잡은 두 손녀 | 捉孀母裳二孩姝 |
| 후사를 맡길 수 없어 마을에서 탄식하네 | 後事無托里巷吁 |

---

942 이수(二豎) : 병마(病魔)를 뜻한다. 춘추 시대 진 경공(晉景公)의 꿈에 병마가 더벅머리 두 아이로〔二豎〕 변해서 고황(膏肓)으로 들어갔는데, 결국은 병을 고치지 못하고 죽었다는 고사에서 유래한 것이다. 《春秋左氏傳 成公10年》

943 삼림(三林)과……부합되었나니 : 사람의 운명은 예전부터 이미 정해져 있다는 말이다. 삼림은 윤필상(尹弼商)의 죽음과 관련된 고사이다. 그가 젊어서 점을 치니, 수명과 벼슬의 운은 좋으나 죽음은 삼림 아래에서 맞을 것이라고 하였는데, 삼림이라는 두 글자를 끝내 해석하지 못하였다. 그런데 연산군(燕山君) 때 폐비(廢妃) 윤씨(尹氏) 사건에 연루되어 진도(珍島)로 귀양을 왔다가, 그곳에 상림(上林), 중림(中林), 하림(下林)이 있다는 말을 듣고는 비로소 그 뜻을 알았는데, 과연 얼마 뒤에 연산군이 사자를 보내 그를 사사(賜死)하였다고 한다. 《海東雜錄 1 本朝 尹弼商》 일타(一朶)는 전거 미상이다.

944 팔란(八鑾)은……있지만 : 말이 원한다고 해서 천자의 수레를 끌 수 없는 것처럼, 세상에서 높은 지위에 올라 출세하는 것도 뜻대로 되는 것은 아니라는 말이다. 팔란은 4필의 말 머리에 매단 8개의 방울이라는 뜻으로, 천자의 거가(車駕)를 가리킨다. 마도(馬圖)는 말이 꾀하는 일이라는 뜻이다. 소식(蘇軾)의 〈위언목마도(韋偃牧馬圖)〉 시에 "팔란과 육비는 말이 꾀할 수 있는 것이 아니라서, 예로부터 서산과 동구에 거하였다네.〔八鑾六轡非馬謀 古來西山與東邱〕"라는 말이 나온다. 《蘇東坡詩集 卷44》

945 무슨……것일까 : 죽은 손자가 출세하지 못한 것은 그렇다 치더라도, 어째서 대를 이을 아들은 두지 못했느냐는 말이다. 대합의 진주는 타인의 걸출한 아들을 비유하는 말인데, 여기서는 죽은 손자의 아들을 가리킨다. 한(漢)나라 공융(孔融)이 〈여위단서(與韋端書)〉에서 "최근에 늙은 대합 속에서 두 개의 진주가 튀어나올 줄은 생각지도 못하였다.〔不意雙珠 近出老蚌〕"라고 하여, 그의 두 아들을 칭찬한 대목이 나온다.

영허거래인 것을 너는 걱정하지 말라[946] 盈虛去來汝勿虞
나도 슬픔 거두고서 대로[947]에 맡기련다 吾亦收悲任大爐

946 영허거래(盈虛去來)인……말라 : 그럴 수도 있는 법이라고 자신의 마음을 너그럽게 위로해도 좋지 않겠느냐는 말이다. 영허거래는 찰 때도 있고 빌 때도 있으며 갈 때도 있고 올 때도 있다는 말로, 천도(天道)라는 것이 항상 사람의 뜻대로 원만하게 이루어 주는 것은 아니라는 말이다. 참고로 《장자(莊子)》 〈추수(秋水)〉에 "영허의 도리를 잘 살피는 까닭에, 일이 잘되어도 기뻐하지 않고, 일이 잘못되어도 걱정하지 않는다.〔察乎盈虛 故得而不喜 失而不憂〕"라는 말이 나온다.

947 대로(大爐) : 큰 용광로라는 뜻으로, 천지(天地)를 의미하는데, 보통 조물(造物)과 같은 뜻으로 쓰인다. 대로(大鑪)라고도 한다. 《장자》 〈대종사(大宗師)〉의 "지금 일단 천지를 대로로 삼고, 조화를 대장장이로 삼는다면, 어디로 간들 안 될 것이 있겠는가.〔今一以天地爲大鑪 以造化爲大冶 惡乎往而不可哉〕"라는 말에서 나온 것이다.

## 이 제주를 전송하며[948]

送李濟州

권5하 서류(序類)에 보인다.

| | |
|---|---|
| 대양(大洋) 진압하는 영주[949]를 사람들 일컫는데 | 人道瀛洲鎭大瀛 |
| 아 나는 보지 못한 채 그대의 행차를 감탄할 뿐 | 嗟吾不見歎君行 |
| 요지의 헌원의 음악과 무엇이 다르리오[950] | 瑤墀底別軒轅樂 |
| 현포의 자진의 생황 소리도 들려오리라[951] | 玄圃還聞子晉笙 |
| 삼천세계 속진에서 벗어날 수만 있다면 | 得脫三千塵世累 |
| 구백리 옥산을 횡단한들 무슨 대수리오 | 何嫌九百玉山橫 |
| 한라산 선자를 혹 만나시거들랑 | 漢挐仙子如相見 |
| 부용동 구객의 정을 전해 주시길 | 爲報芙蓉舊客情 |

---

948 이 제주(李濟州)를 전송하며 : 대본에는 제목만 실려 있다. 《고산유고》 권5하에 〈송이제주서(送李濟州序)〉가 나오고 그 아래에 시가 실려 있는데, 시만 뽑아서 여기에 소개한다. 그의 이름은 이괴(李襘)이고, 정유년(1657, 효종8)에 지었다고 되어 있다.

949 영주(瀛洲) : 바닷속에 있다는 삼신산(三神山)의 하나로 선경(仙境)을 뜻하는데, 여기서는 제주(濟州)를 가리킨다.

950 요지(瑤墀)의……다르리오 : 제주도의 파도 소리가 궁중의 음악 소리처럼 장중하게 울려 퍼질 것이라는 말이다. 요지는 옥으로 만든 섬돌이라는 뜻으로 조정을 가리킨다. 황제(黃帝) 헌원씨(軒轅氏)가 동정(洞庭)의 들판에서 함지(咸池)라는 음악을 연주했다는 이야기가 《장자(莊子)》 〈천운(天運)〉과 〈지락(至樂)〉에 나온다. 참고로 한유(韓愈)의 〈악양루별두사직(岳陽樓別竇司直)〉 시에 "아직도 의심되네 황제 헌원씨가, 텅 빈 들판에서 음악 연주하는지.〔猶疑帝軒轅 張樂就空曠〕"라는 표현이 보인다. 《韓昌黎集 卷2》

951 현포(玄圃)의……들려오리라 : 피리의 명인인 왕자 진(晉)도 한라산에 내려와서 피리를 불 것이라는 말이다. 왕자 진에 대해서는 217쪽 주340 참조. 현포(玄圃)는 위로 천계(天界)와 통한다고 일컬어지는 곤륜산(崑崙山) 정상에 있다는 신선의 거처를 말한다. 103쪽 주130 참조.

## 남원 부사 유시정[952]에 대한 만사 무술년(1658, 효종9)

挽柳南原時定 戊戌

이 한 수는 경성(京城)에 머물 때에 지었다.

| | |
|---|---|
| 젊어서 연방[953]을 같이한 마음속의 친우 | 少因蓮榜置心親 |
| 선학처럼 훨훨 날아 속진을 멀리 벗어났네 | 仙鶴昂昂逈出塵 |
| 오십 년 세월을 하루처럼 보냈던 분 | 五十年來如一日 |
| 삼천계[954] 속에 또 어떤 이가 있을는지 | 三千界裏有何人 |
| 금과 철삭과 같은 것은 모두 여사요[955] | 金科鐵索皆餘事 |
| 곡치 난아야말로 인덕 쌓은 덕분이라[956] | 鵠峙蘭芽繫累仁 |

952 유시정(柳時定) : 1596~1658. 본관은 진주(晉州), 초명은 시영(時英), 자는 안세(安世)·수부(秀夫)이다. 고산과 같은 해인 1612년(광해군4)에 진사시에 합격하였고, 남원 부사(南原府使)를 지냈다.

953 연방(蓮榜) : 소과(小科) 즉 생원(生員)과 진사(進士)를 뽑던 과거 시험의 합격자 명단을 말한다.

954 삼천계(三千界) : 불교의 용어인 삼천대천세계(三千大千世界)의 준말로, 우주(宇宙)와 같은 말이다. 수미산(須彌山)을 중심으로 칠산팔해(七山八海)가 에워싸고 다시 철위산(鐵圍山)이 둘러친 세계를 소세계(小世界)라고 하고, 이것이 천 개 모인 것이 소천세계(小千世界)요, 소천세계가 천 개 모인 것이 중천세계(中千世界)요, 중천세계가 천 개 모인 것이 대천세계(大千世界)인데, 이것을 총칭하여 삼천대천세계라고 한다.《大智度論 卷7》

955 금과(金科)……여사(餘事)요 : 그의 필법이 뛰어났다는 말이다. 금과는 과두문자(科斗文字)나 전문(篆文)을 말하고, 철삭(鐵索)은 석고문(石鼓文)과 같은 고문자(古文字)를 말한다. 참고로 한유(韓愈)가 〈석고가(石鼓歌)〉에서 석고문의 글씨에 대해 "금줄 쇠사슬 얽어맨 듯 웅장하고, 옛 솥에 끓는 물인 듯 용으로 변해 날아간 북인 듯.〔金繩鐵索鎖紐壯 古鼎躍水龍騰梭〕"이라고 표현한 말이 나온다.《韓昌黎集 卷5》

956 곡치(鵠峙)……덕분이라 : 그가 인덕을 쌓은 덕분에 훌륭한 자제를 두었다는 말

| | |
|---|---|
| 병이 아직 낫지 않아 상여 줄도 못 잡는 몸 | 病未祇澄違執紼 |
| 조만간 옥경의 봄날에 그대 만나 보리이다[957] | 期君早晩玉京春 |

---

이다. 곡치는 난곡정치(鸞鵠停峙)의 준말이다. 362쪽 주756 참조. 난아(蘭芽) 즉 난초 싹 역시 준수(俊秀)한 자제를 일컫는 말이다. 백거이(白居易)가 58세의 늦은 나이에 아들 하나를 얻고서 지은 〈여여미지노이무자……(予與微之老而無子……)〉 시에 "가을 달 아래 늦게 나온 붉은 계수의 열매요, 봄바람에 새로 자란 보랏빛 난초의 싹이로다.〔秋月晩生丹桂實 春風新長紫蘭芽〕"라는 표현이 나온다. 《白樂天詩集 卷10》

957 조만간……보리이다 : 죽은 뒤에 하늘나라에서 만나자는 말이다. 옥경(玉京)은 백옥경(白玉京)의 준말로, 천제(天帝) 혹은 신선이 상주(常住)하는 곳을 말한다. 옥루(玉樓)라고도 한다. 《十洲記 崑崙》

## 인평대군에 대한 만사

挽麟坪大君

이하는 고산에 머물 때 지었다.

| | |
|---|---|
| 온유한 우리 공자 고인의 풍도 지니고서 | 溫溫公子古人風 |
| 군왕의 우애 융숭함을 겁내며 조심하였어라[958] | 恐懼君王友愛隆 |
| 화악이 서로 비침[959]을 이 시대에서도 보았는데 | 花蕚相輝猶及見 |
| 동평[960]이 선을 좋아함을 이젠 못 보게 되었도다 | 東平爲善已成空 |
| 얼마나 애통한가 파리한 고산의 나그네여 | 何哀疲薾孤山客 |
| 끝내 도악 별장에서 종유하지 못했으니 | 竟未從遊道岳中 |
| 세상길은 험난하고 하늘길은 평탄해서 | 世路險巇天路坦 |
| 사십도 되기 전에 구름 타고 오르셨네 | 乘雲不待四旬終 |

958 온유한……조심하였어라 : 인평대군이 임금인 효종(孝宗)의 아우로서 매사에 더욱 조심하며 공경하는 태도를 견지하였다는 말이다. 《시경》〈소완(小宛)〉에 "온유하고 공경하기를, 나무 위에 아슬아슬 앉아 있는 것처럼. 무서워하며 조심하기를, 깊은 골짜기 굽어보고 있는 것처럼. 전전긍긍하기를, 얇은 얼음 밟고 있는 것처럼.〔溫溫恭人 如集于木 惴惴小心 如臨于谷 戰戰兢兢 如履薄氷〕"이라는 말이 나오고, 또 〈억(抑)〉에 "온유하고 공손한 사람은 바로 덕의 바탕이 된다.〔溫溫恭人 維德之基〕"라는 말이 나온다.

959 화악(花蕚)이 서로 비침 : 형제의 화목을 비유하는 말인데, 여기서는 효종과 인평대군의 우애가 남달리 두터웠던 것을 가리킨다. 화악은 《시경》〈상체(常棣)〉의 "아가위 꽃송이 활짝 피어 울긋불긋, 지금 어떤 사람들도 형제만 한 이는 없지.〔常棣之華 鄂不韡韡 凡今之人 莫如兄弟〕"라는 말에서 나온 것이다.

960 동평(東平) : 후한(後漢) 광무제(光武帝)의 아들인 유창(劉蒼)의 봉호(封號)로, 인평대군을 비유한 말이다. 392쪽 주826 참조.

## 〈국시소〉 뒤에 제하다 무술년(1658)

題國是疏後 戊戌

| | |
|---|---|
| 예전엔 흉소라 하고 지금은 사설이라 하나 | 昔稱凶疏今邪說 |
| 여론은 당당하게 해동에 널리 퍼졌다네 | 輿論堂堂殷海東 |
| 내가 아직 여전히 노망기가 있다 해도[961] | 雖吾尙有如前妄 |
| 원컨대 나라가 끝내 여란동[962]이 없기만을 | 願國終無與亂同 |

961 내가……해도 : 고산이 1658년(효종9) 4월에 이른바 기축옥사(己丑獄事)로 칭해지는 정여립(鄭汝立) 사건에 연루되어 죽음을 당한 정개청(鄭介淸)의 신원을 위해 장문의 〈국시소(國是疏)〉를 올렸다가 반대파의 혹독한 공격을 받았는데, 이 일과 관련하여 효종이 강석(講席)에서 시독관(侍讀官) 조복양(趙復陽)에게 "기축년(1589, 선조22)에 무함을 받았다는 윤선도의 설은 더욱 형편없기 그지없다. 그의 노망한 말은 심각하게 꾸짖을 것도 없기에 그냥 놔두었다.〔己丑受誣之說 尤極無形 而老敗愚妄之言 不足深責 故置之耳〕"라고 말한 기록이 《효종실록(孝宗實錄)》 9년 5월 2일 조에 나온다.

962 여란동(與亂同) : 여란동사(與亂同事)의 준말로, 멸망을 초래했던 과거의 전철(前轍)을 다시 밟는 것을 말한다. 《서경》 〈태갑 하(太甲下)〉에 "덕이 있으면 다스려지고 덕이 없으면 어지러워진다. 옛날에 잘 다스린 자의 도와 똑같이 하면 흥하지 않을 수가 없고, 옛날에 어지러웠던 자의 일과 똑같이 하면 망하지 않을 수가 없다. 처음부터 끝까지 같이할 바를 신중히 하는 것은 오직 밝은 덕을 밝히는 임금만이 가능한 일이다.〔德惟治 否德亂 與治同道 罔不興 與亂同事 罔不亡 終始愼厥與 惟明明后〕"라고 이윤(伊尹)이 태갑(太甲)에게 일러 주는 내용이 나온다.

## 이생이 기름종이로 만든 활집을 얻어서 갓을 쌌기에

무술년(1658)

李甥偶得油紙弓袋貯冠 戊戌

| | |
|---|---|
| 시렁 위에 얹어 놓은 하나의 활집 | 一箇弓韜架上安 |
| 그대 어디에서 얻어 갓을 쌌는고 | 君何從得護絲冠 |
| 군기 많이 감췄다고 사람들이 말하는 때 | 多藏軍器人方說 |
| 명류가 눈 부릅뜨고 노려볼까 무섭도다 | 恐被名流捩眼看 |

자주 : 당시에 한 명사(名士)가 호남(湖南)을 암행(暗行)하고 돌아와서 이런 말을 하였기 때문에 이렇게 말한 것이다.

## 눈송이가 주먹만 하여 초목이 얼어 터지고 화류가 부러졌기에 기해년(1659, 효종10)

雪花如手草木凍皴花柳凌挫 己亥

| | |
|---|---|
| 삼월 이십육일에 함박눈이 쏟아져서 | 三月二旬六日雪 |
| 일천 산이 옥이요 들판이 은빛일세 | 千山如玉野如銀 |
| 누가 용성을 처벌하라 청할 수 있으리오 | 誰能請按容成罪 |
| 겨울을 늦은 봄으로 만든 것은 아닐는지[963] | 無乃將冬作暮春 |

963 누가……아닐는지 : 기후가 이상한 것을 보고서 달력이 잘못되었다고 탓할 것이 아니라, 겨울에 늦봄의 풍경이 찾아왔다고 긍정적으로 생각할 수도 있지 않겠느냐는 말이다. 용성(容成)은 황제(黃帝)의 대신(大臣)으로, 역법(曆法)을 발명했다는 전설 속의 인물이다.

## 주부 조실구에 대한 만사 기해년(1659)
挽曺主簿實久 己亥

| | |
|---|---|
| 세상 속에서 세상 티끌 벗어날 줄 누가 알까 | 混世誰知出世塵 |
| 온유한 그 풍미 유독 내가 큰 띠에 썼더라오[964] | 溫溫風味獨書紳 |
| 평생토록 권신에게 아부하려 하지 않았고 | 生平未肯鑽權倖 |
| 오래 사귈수록 전국술 마시는 것 같았어라 | 交久還如飮酎醇 |
| 자식을 업으니 진짜 과라라고 사람들 일컬었고[965] | 負子人稱眞蜾蠃 |
| 손자를 얻으니 하늘이 내려 준 석기린[966]이었다네 | 得孫天與石麒麟 |
| 오고 감이 무슨 한이랴 자연의 변화 따를 뿐 | 去來何恨聊乘化 |

964 온유한……썼더라오 : 그의 온유한 풍도(風度)를 고산이 지금도 기억하고 있다는 말이다. 《논어》 〈위령공(衛靈公)〉에, 자장(子張)이 공자의 가르침을 듣고는 그 말을 잊지 않기 위해 큰 띠에 써서 기록하였다〔書諸紳〕는 말이 나온다. 참고로 두보(杜甫)의 〈증태자태사여양군왕진(贈太子太師汝陽郡王璡)〉 시에 "온유했던 옛날의 그 풍미를, 내가 젊어서부터 큰 띠에 썼더라오.〔溫溫昔風味 少壯已書紳〕"라는 말이 나온다. 《杜少陵詩集 卷16 八哀詩》

965 자식을……일컬었고 : 자식을 훌륭하게 잘 키웠다는 말인데, 《시경》 〈소완(小宛)〉의 "언덕 가운데의 콩을 사람들이 거두어 가는 것처럼, 명령의 새끼를 과라가 업어 데리고 가서 키우니, 그대도 아들을 잘 가르쳐서, 좋은 방향으로 잘 닮도록 하라.〔中原有菽 庶民采之 螟蛉有子 蜾蠃負之 敎誨爾子 式穀似之〕"라는 말에서 나온 것이다. 명령(螟蛉)은 뽕나무 벌레이고, 과라(蜾蠃)는 나나니벌이다. 나나니벌이 유충(幼蟲)의 먹이로 쓰기 위해 뽕나무 벌레 등을 잡아가는 것을 옛사람들이 보고는, 나나니벌이 뽕나무 벌레를 데려다가 양자로 기르는 것이라고 오인하였으므로 이런 시가 있게 된 것이다.

966 석기린(石麒麟) : 재주가 뛰어난 유아(幼兒)에 대한 미칭이다. 남조(南朝) 양(梁)의 문인(文人)인 서릉(徐陵)이 어렸을 적에, 고승(高僧) 보지(寶誌)가 그의 정수리를 어루만지면서 '천상(天上)의 석기린(石麒麟)'이라고 칭찬한 고사에서 유래한 것이다. 《陳書 卷26 徐陵列傳》

우리 한번 웃고서 백옥의 봄날에 만나십시다[967]　　　一笑終期白玉春

967 우리……만나십시다 : 즐거운 마음으로 나중에 하늘나라에서 만나자는 말이다. 439쪽 주957 참조.

## 고산만 범람하지 않았기에 기해년(1659)

孤山獨不降 己亥

서재(書齋)의 여러 시편에 화운하다.

| | |
|---|---|
| 푸른 물결이 별안간 푸른 바다로 넘실넘실 | 滄浪便作靑溟闊 |
| 어디가 들이며 강물인지 구별할 수가 없네 | 莫辨長郊與大江 |
| 무슨 일로 이 고산만 매몰되지 않았는지 | 底事茲山不埋沒 |
| 일천 언덕 일만 구릉 금세 물에 잠겼는데 | 千岡萬皐忽騈降 |

## 정생에 대한 만사
挽鄭生

| | |
|---|---|
| 하늘가의 한 그루 나무는 나의 새 집터 | 天邊獨樹吾新寓 |
| 산 아래 외로운 연기는 그대의 옛 별장 | 山下孤煙子舊莊 |
| 초당에 검은 말 타고 얼마나 찾아 주었던가 | 草閣幾蒙驪馬枉 |
| 사단은 또 흰 눈썹 양[968]인 줄 알고 있었다오 | 詞壇又識白眉良 |
| 고황에 마귀가 들었으니[969] 이 슬픔 어이하랴 | 膏肓鬼入悲無奈 |
| 해로의 노래 들려오니[970] 눈물이 절로 흐르누나 | 薤露歌成涕自滂 |
| 네 아들과 손자들이 함께 영구 들었으니 | 四子衆孫同擧櫬 |
| 예순네 해의 광음을 어찌 슬퍼하리오 | 何哀六十四年光 |

968 흰 눈썹 양(良) : 재능 있는 형제 중에서 가장 걸출한 사람을 일컫는 말이다. 313쪽 주623 참조.

969 고황(膏肓)에 마귀가 들었으니 : 불치병에 걸렸다는 말이다. 435쪽 주942 참조.

970 해로(薤露)의 노래 들려오니 : 세상을 떠났다는 말이다. 198쪽 주311 참조.

## 병으로 고산에 돌아오다가 배 위에서 감흥이 일어

경자년(1660, 현종1)

病還孤山舡上感興 庚子

| | |
|---|---|
| 내가 경국제민(經國濟民)의 뜻이 없지 않으나 | 吾人經濟非無志 |
| 군자의 행장[971]에는 때가 있는 걸 어떡하나 | 君子行藏奈有時 |
| 가는 곳마다 강산은 모두 마음에 들어 | 着處江山皆好意 |
| 석양에 돌아가는 배 느려도 싫지 않네 | 夕陽歸棹不嫌遲 |
| | |
| 물고기와 물새는 서로 친하고 | 魚鳥自相親 |
| 강과 산도 안색이 진실하여라 | 江山顔色眞 |
| 사람의 마음이 이와 같다면 | 人心如物意 |
| 이 세상 어디나 봄빛이련만 | 四海可同春 |
| | |
| 세상 안에는 지기가 적어도 | 人寰知己少 |
| 세상 밖에는 우우[972]가 많다네 | 象外友于多 |
| 우우가 또 어떤 것들이냐고 | 友于亦何物 |
| 그거야 산새와 들꽃이지 뭐 | 山鳥與山花 |

971 행장(行藏) : 나아가기도 하고 물러가기도 하는 처신을 말한다. 384쪽 주805 참조.

972 우우(友于) : 《서경》 〈군진(君陳)〉에 나오는 '우애하는 형제〔友于兄弟〕'를 줄인 말이다.

## 고산삼절의 시를 접하고 차운하여 붓을 달리다 走次孤山三絶惠韻

백헌(白軒) 이 상공 경석(李相公景奭)

동호에 한번 올라갈 계획 없지 않나니 東湖一泝非無計
북궐에서 서로 만난 것도 잠시이니까 北闕相逢亦暫時
이 세상 인간의 일 변덕스러워 속상한데 悒悵世間人事變
그래도 봄빛만은 더디지 않아 어여뻐라 尙憐春色不曾遲

청안으로 만난 숙심의 친함이요[973] 靑眼宿心親
속마음 토로한 말 더욱 진실하였네 開懷語益眞
만약 한 세상을 치료하게 맡긴다면 若敎醫一世
어느 물건인들 봄을 맞지 않으리오 何物不爲春

지기가 적다고 한탄할 것 있으리까 莫歎知心少
지기는 본래 많지 않은 법인걸요 知心本不多
산새는 서로 가깝게 지낼 줄 알아 山禽解相近
마당 가득 꽃밭에서 울어 대는데 啼在滿庭花

---

973 청안(靑眼)으로……친함이요 : 고산과 이경석(李景奭)이 평소에 잘 아는 사이인 것처럼 서로 다정하게 만나서 금세 친해졌다는 말이다. 두보(杜甫)가 이백(李白)을 처음 만났던 때를 회상하면서 지은 〈기이십이백이십운(寄李十二白二十韻)〉에 "그대가 귀향을 청해 황제의 허락을 받은 뒤에, 나를 만나 평소에 잘 아는 것처럼 친해졌지.〔乞歸優詔許 遇我宿心親〕"라고 표현한 말이 나온다.《杜少陵詩集 卷8》 청안은 다정한 눈길이라는 뜻이다. 삼국 시대 위(魏)나라 완적(阮籍)이 속된 사람을 만나면 백안(白眼) 즉 흰 눈자위를 드러내어 경멸하는 뜻을 보이고, 의기투합하는 사람을 만나면 청안 즉 검은 눈동자로 대하여 반가운 뜻을 드러낸 고사가 전한다.《晉書 卷49 阮籍列傳》

## 해민료에서 우연히 읊으며 다시 앞의 운을 쓰다

解悶寮偶吟復用前韻

해민료는 고산의 명월정(明月亭) 서쪽에 있다.

| | |
|---|---|
| 궤안에 기대니 산창엔 맑은 저녁 풍경 | 隱几山窓晴景晩 |
| 봄바람 속에 기수(沂水)에서 목욕할 시절[974] | 春風正是浴沂時 |
| 앞 강물에 가벼운 돛 지나가거나 말거나 | 前灘遮莫輕帆過 |
| 한가로이 푸른 솔 보며 시냇가 거니노라 | 閑看蒼松澗畔遲 |
| | |
| 우연히 백구와 친해졌을 뿐 | 偶與白鷗親 |
| 나는야 진짜 은자가 아니라오 | 吾非隱者眞 |
| 강 언덕에 지팡이 짚고 서니 | 江皐倚杖立 |
| 꽃버들도 봄날을 못 이기는 듯 | 花柳不勝春 |
| | |
| 하나의 방이 비좁지 않으니 | 一室非爲小 |
| 일천 산도 많은 줄 모르겠네 | 千山未覺多 |
| 숨어 사는 이 베개에 기대 누우니 | 幽人欹枕臥 |
| 지는 햇빛이 물가의 꽃에 비껴 있네 | 斜日在汀花 |

974 봄바람……시절 : 늦은 봄날이라는 말이다. 공자의 제자 증점(曾點)이 "늦은 봄에 봄옷이 만들어지면 관을 쓴 벗 대여섯 명과 아이들 육칠 명을 데리고 기수에 가서 목욕을 하고 기우제 드리는 곳에서 바람을 쏘인 뒤에 노래하며 돌아오겠다.〔暮春者 春服旣成 冠者五六人 童子六七人 浴乎沂 風乎舞雩 詠而歸〕"라고 자신의 뜻을 밝히자, 공자가 감탄하며 허여한 고사에서 유래한 것이다.《論語 先進》

## 경자년(1660, 현종1) 4월 27일에 노원에서 출발하여 북쪽으로 가다가 누원 노상에서 비를 만나 느낀 점이 있기에

庚子四月二十七日自蘆原發北行樓院路上逢雨有感

이하는 삼수(三水)로 귀양 갈 때에 지은 것이다.

저녁 구름에 가랑비 홀연히 부슬부슬　　暮雲疏雨忽依微
영릉에 와서부터 객의 옷에 흩뿌리네　　來自寧陵灑客衣
하늘에 계신 영령이 어둡지 아니하여　　無乃在天靈不昧
신의 충심 알고 눈물 흘리심 아니겠나　　照臣忠赤泣珠璣

영릉(寧陵)은 예전에 양주(楊州)에 위치하여 누원(樓院)과 마주보고 있었다. 영릉은 바로 효종대왕(孝宗大王)의 침원(寢園)이다.

## 다시 앞의 운을 써서 홍헌[975]의 예순과 승례 두 낭자에게 지어 주다

復用前韻贈洪獻禮勝二娘

예순(禮順)과 승례(勝禮) 두 기녀는 조생(趙生)의 딸이다. 이때 조생은 이미 죽은 뒤였다.

자주 : 뒤에 들으니, 승례는 조생의 질녀인데 데려다 길러 딸로 삼았다고 한다.

| | |
|---|---|
| 다시 와도 그 당시와 감회가 같은 | 重來如一時 |
| 이 심사 알아줄 사람 누가 있을까 | 心事有誰知 |
| 낭자가 홀연히 세상을 떠났으니 | 娘子忽焉沒 |
| 나의 치를 논할 사람[976]이 없구나 | 無人論我癡 |

이이첨(李爾瞻)이 권세를 휘두를 때에 내가 상소하여 그의 죄를 논하자, 정원(政院)과 삼사(三司)와 관학(館學)이 한목소리로 나를 무함하였으나 모두 멀리 유배 보내는 것으로 그쳤는데, 지금은 정원과 삼사와 관학이 기필코 나를 죽이려고 한다. 이것이 일변(一變)이다. 그때는 나의 나이가 서른이었는데, 지금은 일흔네 살이다. 이것이 이변(二變)이다. 그때는 홍헌(洪獻)에 도착하자 조랑(趙娘)이 와서 문안

975 홍헌(洪獻) : 경원(慶源)의 옛 이름이다.

976 나의……사람 : 조생(趙生)을 말한다. 120쪽에 고산이 1617년(광해군9)에 경원(慶源)으로 귀양 갈 적에 조생(趙生)이라는 노기(老妓)에게 지어 준 〈노방(路傍)의 사람에게 장난삼아 지어 주다〉라는 오언절구가 나오는데, 거기에 "내가 말한 일이 실로 때가 아닌 것을, 그대는 아는데 나는 알지 못했구나. 독서가 그대에게도 미치지 못하다니, 천생 바보라고 말해야만 하겠구나.〔吾事固非時 汝知吾不知 讀書不及汝 可謂天生癡〕"라는 말이 나온다.

하며 하룻밤에 세 번이나 왔는데, 지금은 이미 황천객(黃泉客)이 되었다. 이것이 삼변(三變)이다. 그때는 내가 엄한 일정을 생각하여 하루에 이틀 길을 가기도 하였으나, 지금은 기력이 쇠한 나머지 일이 뜻대로 되지 않아 겨우 일정을 맞추고 있다. 이것이 사변(四變)이다. 그때는 금오(金吾)의 낭관(郎官)과 이졸(吏卒)들이 나의 허약함을 걱정하여 매양 천천히 가기를 권하였으나, 지금은 금오의 이졸들이 매양 구박(驅迫)하여 전진하려 한다. 이것이 오변(五變)이다. 그때는 지주(地主 수령)가 멀리 귀양 온 나를 긍휼히 여기지 않은 이가 없었는데, 지금은 두세 사람 외에는 만나 보지 못했다. 이것이 육변(六變)이다. 그러고 보면 예전과 비교해서 한 물건도 변하지 않은 것이 없고, 오직 산과 바다만 의구(依舊)할 뿐이라서 사람을 탄식하게 한다.

조랑(趙娘)은 딸 둘을 두었다. 맏딸은 이름이 예순(禮順)으로 기미생(己未生)이고, 다음은 이름이 승례(勝禮)로 을축생(乙丑生)이다. 유독 이 두 낭자가 나와서 보는 것이 은근하고 그 성의가 간절하여, 완연히 그 어미가 과객(過客)을 잘 돌보아 주던 마음과 똑같았다. 기녀(妓女)와 같은 부류에 대해서는 누군들 낮추어 보지 않으랴만, 그들도 여전히 변하지 않을 수 있는 것이 산해(山海)와 같은 점이 있기에, 성인(聖人)의 병이불추(秉彝不墜)[977]의 가르침을 비로소

977 병이불추(秉彝不墜) : "다행히도 이 병이는 하늘이 다하도록 잘못되는 일이 없다. 이에 옛날 들은 것들을 모아 뒷사람들을 깨우치려 한다. 아, 소자들아, 공경히 이 책을 받을지어다. 나의 말은 노망한 것이 아니라, 바로 성인의 가르침이니라.〔幸玆秉彝 極天罔墜 爰輯舊聞 庶覺來裔 嗟嗟小子 敬受此書 非我言耄 惟聖之謨〕"라는 주희(朱熹)의 말을 발췌한 것이다. 이 말은 《소학집주(小學集註)》와 《회암집(晦菴集)》 권76의 〈소학제사(小學題辭)〉에 나온다. 《사자소학(四字小學)》에도 맨 마지막에 "아, 소자들아〔嗟嗟小子〕" 이하가 인용되어 나온다. 병이(秉彝)는 양심을 지닌다는 뜻으로, 《시경》 〈증민(蒸民)〉의 "하늘이 사람을 이 세상에 내실 적에, 누구나 하늘의 원리가 그 속에 깃들게 하였다. 그래서 사람들이 양심을 지니게 되어, 이 아름다운 덕을 좋아하게 된 것이다.〔天生蒸民 有物有則 民之秉彝 好是懿德〕"라는 구절에서 나온 것이다.

확인할 수 있었다. 내가 이에 느낀 바가 있어서 다시 앞의 시에 차운함과 동시에 미진한 뜻을 뒤에 부가하였다. 경자년(1660, 현종1) 5월 26일 과객(過客).

## 홍헌의 의기 조생의 시첩 뒤에 제하다 題洪獻義妓趙生帖後

용주(龍洲) 판서 조공 경(趙公絅)

표모(漂母)가 회음(淮陰)에게 밥을 먹여 주고,[978] 정의녀(貞義女)가 오원(伍員)에게 호장(壺漿)을 주어 굶주림을 면하게 한 것[979]은 모두 천고토록 의열(義烈)로 일컬어지는 일들이다. 그러나 이것은 단지

978 표모(漂母)가……주고 : 한(漢)나라 개국 공신으로서 삼걸(三傑)의 하나로 회자되는 회음후(淮陰侯) 한신(韓信)이 일찍이 포의(布衣)의 신분으로 빈궁해서 끼니를 잇지 못하고 소외당한 채 성 아래에서 낚시를 하고 있을 적에, 빨래를 하던 아낙네〔漂母〕 중의 한 사람이 굶주린 한신의 기색을 보고서 불쌍하게 여긴 나머지 수십 일 동안 밥을 먹여 주었는데, 이에 한신이 감격해서 언젠가 반드시 크게 보답하겠다고 하자, 그 아낙네가 "대장부가 끼니도 해결하지 못하기에, 내가 왕손을 불쌍히 여겨서 밥을 주었을 뿐이니, 어찌 보답을 바라겠는가.〔大丈夫不能自食 吾哀王孫而進食 豈望報乎〕"라고 말한 고사가 《사기(史記)》 권92 〈회음후열전(淮陰侯列傳)〉에 나온다. 나중에 한신이 초왕(楚王)이 된 뒤에 그 여인을 찾아서 그 때의 고마움을 천금(千金)으로 보답하여 약속을 지키기도 하였다.

979 정의녀(貞義女)가……것 : 춘추 시대 초(楚)나라 오자서(伍子胥)가 오(吳)나라로 망명하여 율양(溧陽)의 물가에서 빨래하는 여인에게 걸식을 하자, 그 여자가 도시락밥과 음료수〔簞食壺漿〕를 꺼내어 먹여 주고는 "내가 홀로 모친과 30년을 지내며 정조를 지키면서 남을 따라가려 하지 않았으니, 어찌 남자에게 밥을 먹여 주는 것이 옳은 일이겠는가. 예의를 범하는 일은 내가 차마 할 수가 없다.〔妾獨與母居三十年 自守貞明 不願從適 何宜饋飯而與丈夫 越虧禮義 妾不忍也〕"라고 탄식하고는 강물에 투신하여 죽었다는 정의녀의 이야기가 후한(後漢) 조엽(趙曄)의 《오월춘추(吳越春秋)》 〈왕료사공자광전(王僚使公子光傳)〉에 나온다. 오원(伍員)은 오자서의 이름이다. 참고로 이백(李白)의 〈유율양북호정……(遊溧陽北湖亭……)〉 시에 "듣건대 정의녀가 율양의 물굽이에서 곤궁한 이를 구했다지.〔聞有貞義女 振窮溧水灣〕"라는 말과 "오자서가 옛날에 걸식을 하자, 이 여인이 호장을 먹여 줬다네.〔子胥昔乞食 此女傾壺漿〕"라는 말이 나온다. 《李太白集 卷9》

왕손(王孫)을 불쌍히 여긴 것일 뿐이요, 장부(丈夫)가 탈출하여 도망쳐 온 것을 급하게 여긴 것일 따름이니, 어찌 홍헌(洪獻)의 기녀(妓女)가 윤 적객(尹謫客)에게 한 것처럼, 말을 할 때와 침묵해야 할 때가 있다고 책망한 그런 일[980]이 있기나 했겠는가.

윤 적객은 남쪽 지방의 선비요, 홍헌의 기녀는 북쪽 지방 출신이다. 지역적으로 서로 떨어진 것이 풍마우(風馬牛)[981]가 서로 미치지 못할 정도일 뿐만이 아니니, 영향(影響)이 미미했을 것임을 알 수가 있다. 그러니 사우(士友)의 의기(義氣)가 서로 감응하는 것처럼 밤마다 꿈속에서 정신적으로 교유하는 그런 일이 또 어찌 있었겠는가. 그러고 보면 이는 단지 사람의 궁액(窮厄)을 구하러 달려가는 옛날 절협(節俠)의 풍도(風度) 정도에 그치는 것이 아니요, 덕(德)을 좋아하고 의(義)를 사모하는 것이 천성에 뿌리를 두어서, 남녀의 풍색(豐嗇 후박(厚薄))의 차이를 뛰어넘었다고 할 것이니, 표모와 정의녀 같은 경우는 "거만해서 여기에 끼워 줄 만한 자격이 없다.〔敖而無足數者〕"[982]라고 하겠다.

그리고 듣건대 이 기녀가 관북(關北) 지방의 교통의 요충인 이 고을[983]에서 나서 자라고 늙었다 하니, 북쪽으로 귀양 오는 사람들을 눈

980 홍헌(洪獻)의……일 : 고산과 조생(趙生)의 일화이다. 452쪽 주976 참조.

981 풍마우(風馬牛) : 바람난 말과 소라는 말이다. 《춘추좌씨전》 희공(僖公) 4년에 "그대는 북해에 있고, 나는 남해에 있으니, 바람난 말과 소도 서로 미치지 못하는 거리이다.〔君處北海 寡人處南海 唯是風馬牛不相及也〕"라는 말이 나온다.

982 거만해서……없다 : 사마천(司馬遷)이 유명한 협객들을 차례로 소개하고 나서 "이 뒤에도 협객이 된 자가 매우 많지만, 거만해서 여기에 끼워 줄 만한 자격이 없다.〔自是之後 爲俠者極衆 敖而無足數者〕"라고 말한 기록이 보인다. 《史記 卷124 遊俠列傳》

983 관북(關北)……고을 : 함경북도 경원(慶源)을 가리킨다. 대본에는 '管轂北關之邑'으로 되어 있으나, '管轂'은 '綰轂'의 잘못이기에 바로잡아 번역하였다. 관곡(綰轂)은 교통의 요충지로서 사방의 물산이 집중한다는 뜻을 지니고 있다. 《사기(史

으로 본 것이 얼마나 많았겠는가. 하지만 직접 빚은 술을 가지고 와서 반형(班荊)[984]을 하며 전송한 경우는 오직 백사(白沙) 이 상국(李相國)과 고산(孤山) 윤 참의(尹參議)밖에 없었다고 하니, 이 기녀 역시 이두(李杜)와 이름을 나란히 한다는 것[985]을 알고 있었던 것이다. 사람들이 조생(趙生)은 여사(女史)[986]가 아니라고 말을 해도 나는 믿지 않을 것이다.-백사(白沙)는 오성부원군(鰲城府院君) 이공 항복(李公恒福)이다. 광해조(光海朝)에 시사(時事)를 비판하는 말을 했다가 북청(北青)으로 유배되었다.-

### 고산의 운에 차하다 次孤山韻

뱀과 쥐를 잡을 때는 따로 있으니　　蛇鼠不同時

---

記)》 권129 〈화식열전(貨殖列傳)〉에 "사방이 산으로 막혔어도 천리를 잔도로 연결하여 관중(關中)과 통하지 않음이 없었으나, 오직 포사 지역에 병목처럼 모여들어, 많은 물자를 가지고 부족한 물자와 교환하였다.〔四塞 棧道千里 無所不通 唯褒斜綰轂其口 以所多易所鮮〕"라는 말이 나온다.

984 반형(班荊) : 오래된 지인을 만난 것처럼 반가워하며 다정히 대화를 나눴다는 말이다. 춘추 시대 초(楚)나라 오거(伍擧)가 채(蔡)나라 성자(聲子)와 세교(世交)를 맺고 있었는데, 두 사람이 우연히 정(鄭)나라 교외에서 만나 형초(荊草)를 자리에 깔고 앉아서〔班荊〕 옛날 이야기를 주고받았던 고사에서 유래한 것이다. 《春秋左氏傳 襄公26年》

985 이두(李杜)와……것 : 후한(後漢)의 범방(范滂)이 죽음의 길로 떠나면서 모친에게 마지막 인사를 드리자, 모친이 "네가 이제 이응(李膺), 두밀(杜密)과 더불어 이름을 나란히 할 수 있게 되었으니, 죽는다 한들 또 무슨 유감이 있겠느냐.〔汝今得與李杜齊名 死亦何恨〕"라고 위로하며 격려한 고사가 전한다. 《後漢書 卷67 黨錮列傳 范滂》 이응과 두밀은 각각 '천하의 모범 이원례〔天下楷模李元禮〕'와 '천하의 보필 두주보〔天下良輔杜周甫〕'라는 칭호를 받은 명신(名臣)들인데, 후한 영제(靈帝) 건녕(建寧) 2년(169)에 환관들로부터 이른바 당고(黨錮)의 화를 당한 끝에, 이응은 옥사하고 두밀은 자결하였다.

986 여사(女史) : 식견이 고매한 여성이라는 뜻의 미칭(美稱)이다.

| | |
|---|---|
| 남자의 지혜가 여자에게 부끄럽소만 | 男知媿女知 |
| 평생 일촌의 적심(赤心)뿐이니 | 平生一寸赤 |
| 치에게 백이라곤 말하지 마오[987] | 莫謂白於癡 |

| | |
|---|---|
| 소소[988]는 어느 때에 떠나갔는가 | 蘇小去何時 |
| 향기로운 그 이름 행인도 아는 것을 | 香名行路知 |
| 유서(遺緖) 이은 두 명의 낭자가 | 嗣緖二娘子 |
| 그래도 호남의 노치에게 노래해 주네 | 猶歌湖老癡 |

987 평생……마오 : 고산이 권간(權奸)을 제거하라는 등 극언(極言)을 서슴지 않으며 상소를 올렸다가 곤경을 자초하곤 하였는데, 이는 오직 나라를 위한 일편단심(一片丹心)에서 나온 것일 뿐이니, 백치(白癡)처럼 형세 판단을 잘못해서 나온 무모한 행동이라고 책망하지는 말라는 말이다. 치(癡)는 452쪽에 나오는 고산이 조생(趙生)에게 지어 준 시인 〈다시 앞의 운을 써서 홍헌(洪獻)의 예순(禮順)과 승례(勝禮) 두 낭자에게 지어 주다〉에서 나온 말로, 고산을 지칭한 말이다.

988 소소(蘇小) : 명기(名妓)인 소소소(蘇小小)의 준말로, 조생(趙生)을 비유한 말이다. 남조(南朝) 제(齊)와 남송(南宋) 때 전당(錢塘)에 똑같이 소소소라는 이름의 명기가 있어서 시인 묵객의 입에 오르내렸다. 대본에는 '蘇少'로 되어 있으나, '少'는 '小'의 잘못이기에 바로잡아 번역하였다.

## 생일날의 감회

以降日有感

이하는 삼수(三水)에 도착하고 나서 지은 것이다.

자주 : 경자년(1660, 현종1) 6월에 내가 삼강(三江)에 귀양 와 있다가 21일을 맞았으니, 이날은 내가 세상에 나온 날이다.

당일 부모님이 이 몸을 낳아 길러 주실 때에　　當日爺孃鞠育時
어찌 그만 이와 같이 잡초가 될 줄 아셨으랴[989]　　豈知伊蔚乃如斯
쇠잔해지니 더더욱 생각나는 은근[990]의 뜻이여　　衰遲更念恩勤意
눈물이 흐르려 함은 수산[991] 때문이 아니외다　　不是囚山淚欲垂

989 당일……아셨으랴 : 부모님이 나를 낳아 기르실 때에는 좋은 나물처럼 쓸모가 있으리라고 여기셨을 텐데, 결국은 천한 잡초가 되고 말아 기대에 부응하지 못했다는 뜻으로 자책하는 표현이다. 《시경》〈육아(蓼莪)〉에 "좋은 나물이 크는 줄 알았더니, 좋은 나물이 아니고 천한 잡초로구나. 슬프고 슬프다 부모님이시여, 나를 낳아 기르느라 얼마나 애쓰셨을까.〔蓼蓼者莪 匪莪伊蔚 哀哀父母 生我劬瘁〕"라는 말이 나온다.

990 은근(恩勤) : 노심초사하며 자식을 키운 부모님의 사랑을 말한다. 《시경》〈치효(鴟鴞)〉에 "사랑하고 애쓰면서 자식들을 키우느라 노심초사했느니라.〔恩斯勤斯 鬻子之閔斯〕"라는 말이 나온다.

991 수산(囚山) : 산골에 유배되었다는 말이다. 133쪽 주190 참조.

## 삼가 화운하여 용주에게 증정하다 경자년(1660)
謹和呈龍洲 庚子

| | |
|---|---|
| 우스워라 나는 경전을 스승 삼았을 뿐 | 笑我師經典 |
| 홍연[992]을 연단(鍊丹)할 마음은 없었는데 | 無心鍊汞鉛 |
| 화의 계제(階梯)가 예를 강함에 연유했나니 | 禍階由講禮 |
| 삼백 그리고 삼천이었네[993] | 三百與三千 |
| | |
| 황통[994]의 내용을 일찌감치 배웠건만 | 早學黃通裏 |
| 쇠를 도금한 납이라 끝내 부끄러워[995] | 終羞鐵鍍鉛 |
| 한 줄기 길을 밝힐 수만 있다면 | 道如明一線 |
| 농 밖의 삼천도 무슨 상관이리오[996] | 瀧外任三千 |

---

992 홍연(汞鉛) : 수은과 납으로, 도가(道家)에서 장생불로약(長生不老藥)을 만드는 데 쓰는 두 가지 원료이다.

993 화(禍)의……삼천이었네 : 고산이 효종(孝宗) 사후(死後)에 자의대비(慈懿大妃)의 복제(服制)를 논하는 과정에서 일어난 기해예송(己亥禮訟)으로 인해 삼수(三水)로 귀양 가게 된 것을 말한다. 삼백과 삼천에 대해서는 371쪽 주773 참조.

994 황통(黃通) : 중정(中正)한 덕을 내면에 갖추고서 이치에 통하는 것을 말한다. 《주역》〈곤괘(坤卦) 문언(文言)〉의 "황을 내면에 갖추고서 이치에 통달한다.〔黃中通理〕"라는 말에서 나온 것이다. 황(黃)은 토(土)와 중앙(中央)의 색으로, 중(中)을 뜻한다.

995 쇠를……부끄러워 : 고산이 겉으로는 무쇠처럼 강한 것같이 보여도, 실제로는 납처럼 물러 약하기 그지없다는 말로, 허명만 지녔을 뿐이라는 뜻의 겸사이다.

996 한……상관이리오 : 조정의 잘못된 일이 조금이라도 바로잡힐 수만 있다면, 서울에서 멀리 떨어진 변방에 귀양 간다 해도 감수할 수 있다는 말이다. 농(瀧) 밖의 삼천(三千)은 창락롱(昌樂瀧)에서 3천 리 떨어진 곳이라는 말로, 변경의 유배지를 뜻한다. 한유(韓愈)가 장안(長安)에서 조주(潮州)로 귀양 가다가 60일 만에

이 걸음이 주 땅을 출발해서가 아니요[997] 此行非出晝
병이 심해서 저절로 더딘 것일 뿐 疾甚自遲遲
성상의 마음이 끝내는 예를 좋아하시리니 聖心終好禮
왕께서 고치시기만을 날마다 기대하노라[998] 王改庶幾期

내가 산골에 갇힌 뒤로부터 自我囚山後
길고 긴 한낮이 늘상 지겨워 常嫌白日遲
포춘을 무슨 수로 이어 갈거나 抛春何計繼
근매의 옛 다짐이 부끄럽기만[999] 勤買愧前期

---

창락롱에 도착하여 그곳의 관리와 문답하는 형식을 빌려 자기 신세를 토로한 〈농리(瀧吏)〉 시에 "여기에서 삼천리쯤 더 내려가야, 비로소 조주라는 고을이 나온다.〔下此三千里 有州始名潮〕"라는 말이 나온다. 《韓昌黎集 卷6》

997 이……아니요 : 맹자(孟子)가 제(齊)나라를 떠날 적에, 왕이 혹시라도 회개하여 자기를 다시 부르지 않을까 하여 느릿느릿 더디게 가면서 사흘 밤을 묵은 다음에야 주(晝)를 출발하였는데, 왕이 끝내 마음을 바꿔 자기를 부르지 않자 비로소 떠날 뜻을 굳히면서도 "왕께서 고치시기만을 내가 날마다 바란다.〔王庶幾改之 予日望之〕"라며 기대하는 마음을 버리지 않았던 고사를 인용한 것이다. 《孟子 公孫丑下》

998 성상의……기대하노라 : 자의대비(慈懿大妃)가 효종(孝宗)을 위해 삼년복(三年服)을 입어야 한다는 자신의 주장을 현종(顯宗)이 받아들이기를 바란다는 말이다. 참고로 《논어》 〈자로(子路)〉에 "윗사람이 예를 좋아하면 백성들이 감히 공경하지 않는 이가 없다.〔上好禮 則民莫敢不敬〕"라는 말과 〈헌문(憲問)〉에 "윗사람이 예를 좋아하면 백성들이 심복하여 부리기가 쉬워진다.〔上好禮則民易使也〕"라는 말이 나온다.

999 포춘(抛春)을……부끄럽기만 : 술이나 마시며 시간을 보내겠다는 예전의 다짐과는 달리, 술도 없이 봄날을 보내려니 따분하기 짝이 없다는 뜻의 해학적인 표현이다. 포춘은 포청춘(抛青春)의 준말로, 술 이름이다. 근매(勤買)는 부지런히 술을 사서 마시겠다는 말이다. 한유(韓愈)의 〈감춘(感春)〉 시에 "백년이 아직 차지 않아 죽을 수도 없으니, 그저 열심히 포청춘 사서 마실 수밖에.〔百年未滿不得死 且可勤買抛青春〕"라는 말이 나온다. 《韓昌黎集 卷3》

원운 元韻

| | |
|---|---|
| 흉중에 백련철을 삼키셨으니 | 胸吞百鍊鐵 |
| 유연으로 바뀌려 하실 리야[1000] | 不肯化柔鉛 |
| 우스워라 주 괴리여 | 可笑朱槐里 |
| 팔천리 길에는 마음이 없었으니[1001] | 無心路八千 |

---

1000 흉중에……리야 : 의지가 강한 사람도 고난을 당하면 좌절하여 마음이 약해질 수가 있는 법인데, 고산은 워낙 굳센 사람이니 그런 일은 전혀 해당되지 않을 것이라는 말이다. 백련철(百鍊鐵)은 백번 단련해서 더욱 굳세어진 강철이라는 말이고, 유연(柔鉛)은 부드러워서 어떤 형태로도 바뀔 수 있는 납이라는 말이다. 진(晉)나라 유곤(劉琨)이 단필제(段匹磾)에게 구류(拘留)되어 반드시 죽게 되리라고 예상하고는 별가(別駕) 노심(盧諶)에게 오언시(五言詩)를 지어 주었는데, 그중에 "어찌 생각했으랴 백번 단련된 강철이라고 자신했던 내가, 손가락으로 구부릴 정도로 흐물흐물하게 변할 줄이야.〔何意百鍊剛 化爲繞指柔〕"라고 하며 연약해진 자신의 심경을 토로한 말이 나온다.《晉書 卷62 劉琨列傳》

1001 우스워라……없었으니 : 한(漢)나라의 직신(直臣)인 주운(朱雲)이 지하로 내려갈 생각만 하였지, 고산처럼 먼 변방에 귀양 갈 생각은 하지 못했다는 뜻의 해학적인 표현이다. 한나라 성제(成帝) 때에 괴리 영(槐里令) 주운이 황제 앞에서 "상방참마검을 빌려 주시면 아첨하는 신하 한 사람의 목을 베어 다른 사람을 경계시키겠다.〔願賜尙方斬馬劍 斷佞臣一人 以勵其與〕"라고 하면서 안창후(安昌侯) 장우(張禹)를 지목하였는데, 황제의 노여움을 사서 어사(御史)에 의해 저지당하려 아래로 끌려 내려갈 적에 "관용방(關龍逄)과 비간의 뒤를 따라 지하에서 노닐 수 있으면 족하다.〔得下從龍逄龍比干 遊於地下 足矣〕"라고 외치며 전각의 난간을 끝까지 붙잡고 버티는 바람에 난간이 모두 부서져 나갔는데, 뒤에 성제가 그의 충심을 깨닫고는 부서진 난간을 그대로 보존하여 직신(直臣)의 정표(旌表)로 삼게 했다는 고사가 전한다.《漢書 卷67 朱雲傳》 팔천리 길은 유배지에서 도성까지 8천 리라는 말이다. 한유(韓愈)가 지은 〈좌천지남관시질손상(左遷至藍關示姪孫湘)〉의 "아침에 상소문 하나 구중궁궐에 올렸다가, 저녁에 팔천리 떨어진 조주로 유배되었네.〔一封朝奏九重天 夕貶潮州路八千〕"라는 시구와 〈무관서봉배류토번(武關西逢配流吐蕃)〉의 "내가 지금 죄가 중해 돌아갈 희망 없나니, 직선으로 장안까지 길이 팔천리.〔我今罪重無歸望 直去長安路八千〕"라는 시구에서 유래한 것이다.《韓昌黎集 卷10》

| | |
|---|---|
| 세 번이나 쫓겨난 유하계께서 | 三黜柳下季 |
| 어찌하여 떠나는 발걸음 더디지 않으신지[1002] | 胡爲行不遲 |
| 우리 임금님 밝음이 병일[1003]과 같으시니 | 吾王明竝日 |
| 돌아오게 할 기약이 어찌 멀리오 | 何遠返環期 |

1002 세……않으신지 : 고산이 유하혜(柳下惠)처럼 원리 원칙대로 행동하여 조정에서 곧잘 쫓겨나면서도, 유하혜와는 달리 미련 없이 조정을 떠났다는 말이다. 유하계(柳下季)는 춘추 시대 노(魯)나라 유하혜의 별칭이다. 그가 사사(士師)로 있다가 세 번이나 쫓겨나자〔三黜〕, 혹자가 "그대는 여기를 떠나 버릴 수 없는가.〔子未可以去乎〕"라고 힐문하니, 유하혜가 "도를 바르게 하여 사람을 섬기기로 하면 어디를 간들 세 번 쫓겨나지 않겠으며, 도를 굽혀서 사람을 섬기기로 하면 굳이 부모의 나라를 떠날 필요가 있겠는가.〔直道而事人 焉往而不三黜 枉道而事人 何必去父母之邦〕"라고 대답한 내용이 《논어》 〈미자(微子)〉에 나온다.

1003 병일(竝日) : 십일병출(十日竝出)의 준말로, 성군(聖君)의 덕을 비유할 때 쓰는 말이다. 순(舜)이 요(堯) 임금에게 "옛날에 열 개의 태양이 동시에 떠서 만물을 모두 비췄는데, 더구나 임금님의 덕은 그 태양보다도 나은 데야 더 말해 무엇 하겠습니까.〔昔者十日幷出 萬物皆照 而況德之進乎日者乎〕"라고 말한 고사가 《장자(莊子)》 〈제물론(齊物論)〉에 나온다.

## 경자년(1660, 현종1) 7월 24일의 즉흥시
庚子七月二十四日卽事

내가 평소에 산에 오르고 물가에 임하는 것을 좋아하였다. 그런데 삼수(三水)에 귀양 와서 좁은 방 안에 칩거한 지 두 달이 지나자 답답함을 참을 수 없기에 말을 타고 성을 빠져나갔는데, 때마침 두 명의 적객(謫客)이 나를 따라왔다. 시내 위의 작은 산에 올라가서 멀리 바라보고 돌아왔는데, 듣자니 이서배(吏胥輩) 다섯 명이 향소(鄕所)와 지주(地主)에게 고신(栲訊)을 당했다고 하였다. 회한(悔恨)의 심경이 들면서 탄식하던 끝에 절구(絶句) 한 수를 지었다.

| | |
|---|---|
| 유주는 천억의 몸으로 변하기를 원했고[1004] | 柳州願化身千億 |
| 파로는 절우의 산을 다 보려고 욕심냈지[1005] | 坡老耽看浙右山 |
| 한 번 꼭대기 올랐다고 아전들을 때리다니 | 一上峯頭群吏杖 |
| 지금 사람이 어떻게 고인의 한가함 얻으리오 | 今人那得古人閑 |

1004 유주(柳州)는……원했고 : 유주는 조정에서 쫓겨나 유주 자사(柳州刺史)로 좌천된 유종원(柳宗元)을 가리킨다. 그의 〈여호초상인동간산기경화친고(與浩初上人同看山寄京華親故)〉 시에 "해변의 산들 뾰족뾰족 칼끝이 솟은 듯, 가을이 되니 도처에서 나의 애를 끊는구나. 이 몸을 천억으로 바꿀 수만 있다면, 꼭대기 날아올라가서 고향을 바라보련마는.〔海畔尖山似劍鋩 秋來處處割愁腸 若爲化得身千億 散上峰頭望故鄕〕"이라는 구절이 나온다. 《柳河東集 卷42》

1005 파로(坡老)는……욕심냈지 : 파로는 동파(東坡) 노인이라는 뜻으로, 소식(蘇軾)을 가리킨다. 그의 〈여모령방위유서보제사(與毛令方尉遊西菩提寺)〉 시에 "사람이 풀려나 강북의 길에 못 돌아가는지라, 하늘이 절서의 산을 실컷 보게 하는구나.〔人未放歸江北路 天教看盡浙西山〕"라는 말이 나온다. 《蘇東坡詩集 卷12》 절우(浙右)는 절서(浙西)와 같다.

## 차운하여 국경에게 사양하는 시를 부치다 경자년(1660)

次韻寄謝國卿 庚子

김정화(金鼎華)이다.

| | |
|---|---|
| 넓은 집에 거하는데 집터를 또 고르리오[1006] | 居廣何須更卜居 |
| 그대 물고기 아닌데 그 낙을 어찌 알까[1007] | 安知魚樂子非魚 |
| 유주[1008]에 매서운 추위 몰아치거나 말거나 | 幽州遮莫寒威緊 |
| 달팽이집 청소하고 내 글이나 읽으려오 | 且掃蝸廬讀我書 |

1006 넓은……고르리오 : 대장부(大丈夫)의 살림살이가 넉넉하니 이보다 더 좋은 환경을 바랄 필요가 없다는 말이다. 맹자(孟子)가 대장부에 대해서 "천하라는 넓은 집에 거하고, 천하의 올바른 자리에 서고, 천하의 대도를 실천하여, 뜻을 얻으면 백성과 함께 도를 행하고, 뜻을 얻지 못하면 혼자서 자기의 도를 실천하여, 부귀도 그의 마음을 방탕하게 하지 못하고, 빈천도 그의 신념을 변하게 하지 못하며, 어떠한 무력도 그를 굴복시키지 못하는, 이런 사람을 대장부라고 한다.〔居天下之廣居 立天下之正位 行天下之大道 得志與民由之 不得志獨行其道 富貴不能淫 貧賤不能移 威武不能屈 此之謂大丈夫〕"라고 설명한 말이 《맹자》 〈등문공 하(滕文公下)〉에 나온다.

1007 그대……알까 : 고산 자신의 내면의 즐거움이 어떠한지 당신은 모를 것이라는 말이다. 장자(莊子)와 혜시(惠施)의 이른바 '호량(濠梁)의 대화' 중에 "그대는 물고기가 아닌데, 물고기의 낙을 어떻게 안단 말인가.〔子非魚 安知魚之樂〕"라는 혜시의 말이 나온다. 《莊子 秋水》

1008 유주(幽州) : 고산이 유배된 함경도 삼수(三水)를 가리킨다. 134쪽 주191 참조.

## 소빙화 병서 신축년(1661, 현종2)
消氷花 幷序 辛丑

삼강(三江)은 늦봄인데도 봄빛이 조금도 없었으므로, 늘 춘래불사춘(春來不似春)[1009]의 시구를 읊곤 하였다. 그런데 어떤 객이 산에서 나무하다가 마침 빙설(氷雪) 속에서 풀꽃을 발견하고는 그 풀을 뽑아 통에 옮겨 심어 가져왔으니, 이 역시 눈이 휘둥그레질 만한 일이었다. 그 꽃은 하나의 뿌리와 하나의 줄기에 하나의 꽃잎을 달고 있었는데, 줄기는 길이가 2치쯤 되었고, 꽃잎은 크기가 금전화(金錢花)와 석죽화(石竹花) 같았으며 색은 황금빛이었다. 그 이름은 알 수 없으나, 혹자는 민간에서 소빙화(消氷花)라고 부른다고 하였다.

아, 상설(霜雪)에 굴하지 않고서 홀로 꽃을 피운 것이 섣달의 매화나 가을 국화와 같을 뿐만이 아니요, 음기가 쌓인 밑바닥에서 남몰래 양기를 기르는 것이 복괘(復卦)의 일획(一畫)과 같은 점이 있어서,[1010] 사람을 깊이 성찰하게 하였다.-삼수(三水)는 옛날에 삼강(三江)이라고 하였다.-

| | |
|---|---|
| 삼월 초이튿날 서산에 해 지는 때 | 暮春初二日西斜 |
| 홀로 좁은 방에 앉아 고향 집 생각하는데 | 獨坐蝸廬憶舊家 |

---

1009 춘래불사춘(春來不似春) : 당나라 동방규(東方虬)의 〈소군원(昭君怨)〉이라는 오언절구 중 제1, 2구에 "오랑캐 땅에는 화초가 없어서, 봄이 와도 봄 같지 않네.〔胡地無花草 春來不似春〕"라는 명구가 나온다. 《全唐詩 卷100》

1010 음기가……있어서 : 순음(純陰)의 달인 10월을 지나 동지(冬至)가 되면 오음(五陰)의 아래 초효(初爻)에서 미세하게 일양(一陽)이 처음 생겨나 자라는 지뢰복괘(地雷復卦)를 이루기 때문에 이렇게 말한 것이다.

나무꾼이 홀연히 황옥의 꽃을 만나　　樵客忽逢黃玉蕊
통에 담아 와서 내초에게 자랑하네　　蒔筒來向傖人誇

소빙화가 압록강 언저리에 돋아났나니　　消氷花在鴨江潯
짧디짧은 줄기 하나 바늘처럼 가늘어라　　短短單莖細似針
일천 자 눈 속에서 살기를 몰아내고　　千尺雪中排殺氣
한 떨기 꽃잎 안에 천심을 보듬었네　　一錢葩裏保天心
옥황상제 뜰 앞에서 자라나야 제격인데　　端宜玉帝庭前植
못가에서 읊조리는 시인[1011]과 어이 짝했는가　　底件騷人澤畔吟
봄소식을 관새 밖에 부쳐 주어 알리려는　　春信寄傳關塞外
동군[1012]의 세심한 배려를 비로소 알겠도다　　東君用意始知深

옥관[1013]의 봄 저물어도 봄 경치 없었는데　　玉關春暮無春物
그래도 소빙화 한 가지가 있었구나　　猶有消氷花一枝
음이 성하면 감소하는 복괘의 이치 진실되고　　陰盛自移誠復理
양이 쇠하면 생장하는 희역(羲易)[1014]의 말씀 신실해라
　　陽衰已長信羲辭
혼명한 세상에 빛나는 선니의 일월[1015]이라면　　宣尼日月昏冥世

1011 못가에서 읊조리는 시인 : 유배객이라는 말로, 고산 자신을 가리킨다. 113쪽 주 154 참조.

1012 동군(東君) : 봄을 주관하는 신(神)이라는 뜻의 시적인 표현이다. 봄은 동방(東方)과 청색(靑色)으로 대표되기 때문에 동제(東帝), 동황(東皇), 청황(靑皇), 청제(靑帝) 등으로 불렸다.

1013 옥관(玉關) : 중국 감숙성(甘肅省) 돈황(敦煌)에 있는 옥문관(玉門關)의 준말로, 여기서는 관북(關北) 즉 함경도 지방의 요새(要塞)를 비유하는 말로 쓰였다.

1014 희역(羲易) : 복희씨(伏羲氏)가 팔괘(八卦)를 그은 역이라는 말로, 《주역》의 별칭이다.

숙살의 시절에 불어오는 명도의 춘풍[1016]일세 明道春風肅殺時
이 꽃으로 천지의 대덕을 유추할 수 있어 因小可能推大德
몇 번이고 향내 맡으며 거듭 탄식하노매라 馨香三嗅重嗟咨

일천 숲 죽어 서 있고 일만 뿌리 숨은 때에 千林死立萬根藏
여리디여린 옥 꽃술 혼자서 향기 내뿜네 獨自夭夭玉蕊香
호걸은 문왕을 굳이 기다리지 않는 법 不待文王豪傑也
닭 소리 그치지 않아도 마음을 상하리오[1017] 雞鳴不已又何傷

---

1015 선니(宣尼)의 일월(日月) : 《논어》 〈자장(子張)〉의 "타인이 현능(賢能)함은 구릉과 같으니 그래도 넘을 수가 있지만, 중니는 해와 달과 같아서 넘을 수가 없다.〔他人之賢者 丘陵也 猶可踰也 仲尼日月也 無得而踰焉〕"라는 말을 발췌한 것이다. 선니는 중니(仲尼) 즉 공자(孔子)의 별칭이다. 한 평제(漢平帝) 원시(元始) 1년(1)에 공자를 추시(追諡)하여 포성선니공(褒成宣尼公)이라고 하였다.

1016 명도(明道)의 춘풍(春風) : 주희(朱熹)의 《이락연원록(伊洛淵源錄)》 권4에 나오는 "주공섬(朱公掞)이 여주(汝州)에 가서 명도(明道) 선생을 만나 보고 돌아와서는 사람들에게 '내가 한 달 동안이나 봄바람 속에 앉아 있었다.〔在春風中坐了一月〕'라고 말했다."라는 고사를 인용한 것이다. 공섬(公掞)은 송(宋)나라 주광정(朱光庭)의 자(字)이고, 명도 선생은 당시 사람들의 정호(程顥)에 대한 존칭이다.

1017 호걸은……상하리오 : 난세에 처하여 어떠한 난관에도 굴하지 않겠다는 고산의 기상이 엿보이는 대목이다. 《맹자》 〈진심 상(盡心上)〉에 "주(周)나라 문왕과 같은 성군(聖君)이 나오기를 기다린 뒤에야 흥기하는 자들은 일반 백성들이다. 호걸의 인사들로 말하면 문왕이 없더라도 혼자서 흥기하는 법이다.〔待文王而後興者 凡民也 若夫豪傑之士 雖無文王猶興〕"라는 말이 나온다. 또 《시경》 〈풍우(風雨)〉는 난세에도 절조를 변하지 않는 군자를 그리워하는 시인데, 그중에 "비바람 몰아쳐 어둑한 때에, 닭 울음소리 그치지 않는도다. 이미 군자를 만났으니, 어찌 기쁘지 않으리오.〔風雨如晦 雞鳴不已 既見君子 云胡不喜〕"라는 말이 나온다.

## 정심암 신축년(1661)
淨深菴 辛丑

삼강(三江) 한 고을은 백두산(白頭山) 남쪽 압록강(鴨綠江) 상류의 외진 곳이다. 여기에는 오래도록 사찰(寺刹)이 없었는데, 소문에 의하면 법호(法號)를 정함(淨涵)이라고 하는 한 승려가 멀리 들어가서 높은 곳에다 암자를 지었다고 한다. 내가 구름 속으로 구불구불 말을 타고 와서 앉아 있노라니 가슴속의 번뇌가 모두 씻겨 나갔다. 이에 느껴지는 점이 있기에 절구(絶句) 한 수를 읊었다.

| | |
|---|---|
| 연화봉 아래 정심암 | 蓮華峯下淨深菴 |
| 단청이 휘황하게 불감을 비추네 | 金碧熒煌照佛龕 |
| 얼마나 애썼을까 스님의 구도의 열정이여 | 辛苦上人耽道意 |
| 우리 유자(儒者)도 이를 보고 부끄러움 느껴야 | 吾儒見此可懷慙 |

자주 : 고을 안의 성묘(聖廟)가 형편없기 때문에 이렇게 말한 것이다.

산과 절이 당초에 이름이 없었으므로 승려가 이름을 지어 달라고 나에게 부탁하였다. 내가 사양했으나 어쩔 수가 없기에, 산의 이름은 〈애련설(愛蓮說)〉의 "진흙탕 속에서 나왔어도 거기에 물들지 않는다.〔出於泥不汚〕"라는 뜻[1018]을 취하여, 황량한 변방에 거하면서도 천

1018 애련설(愛蓮說)의……뜻 : 염계(濂溪) 주돈이(周敦頤)의 〈애련설(愛蓮說)〉에 "나는 유독 연꽃이 진흙탕 속에서 나왔어도 거기에 물들지 않고, 맑은 잔물결에 씻기면서도 요염하지 않은 것을 사랑한다.〔予獨愛蓮之出於淤泥而不染 濯淸漣而不夭〕"라는 말이 나온다.

덕(天德)이 변함없이 그대로인 것을 기렸고, 절의 이름은 당나라 시인의 "청정하게 깊은 곳에 있다.〔淸淨當深處〕"라는 뜻[1019]을 취하여, 세상을 피해 유정(幽靜)을 싫어하지 않음을 기렸다.

신축년(1661, 현종2) 3월에 택반(澤畔)의 병수(病叟)는 쓰다.

---

1019 당나라……뜻 : 당나라 장적(張籍)의 오언절구 〈숙운정(宿雲亭)〉에 "청정하게 깊은 곳에 있으면서도, 허명하게 먼 곳까지 활짝 트였네. 발을 걷으면 속된 객은 없고, 단지 보이나니 찾아오는 구름뿐.〔淸淨當深處 虛明向遠開 捲簾無俗客 應只見雲來〕"이라는 구절이 나온다. 《張司業集 卷6 和韋開州居山十二首》

## 약방이 문안한 저보를 오래도록 접하지 못하여 걱정스러운 마음을 금하지 못하겠기에 신축년(1661)

久不聞藥房問安邸報不勝耿耿 辛丑

| | |
|---|---|
| 한걸음에 처마 끝 두 길의 가시울타리 | 一步簷邊二丈籬 |
| 하늘빛은 이따금 틈 사이로 엿볼 따름[1020] | 天光時自隙間窺 |
| 임금님 만복 소식 자주 들을 수 있다면 | 吾君萬福如頻聽 |
| 고신의 목숨 실낱같은들 어찌 한하리오 | 何恨孤臣命若絲 |

1020 한걸음에……따름 : 위리안치(圍籬安置)의 상황을 묘사한 것이다. 고산은 신축년인 1661년(현종2) 4월에 삼수(三水)에서 조금 여건이 나은 북청(北靑)으로 이배(移配)되는 것으로 결정되었다가, 다시 전년도에 올린 예설(禮說)이 문제가 되어 6월에 이배의 명이 취소되고 오히려 더 가혹한 위리안치의 명을 받았다. 위리안치는 배소(配所) 둘레에 가시울타리를 쳐서 내외의 출입을 엄금하는 동시에, 땅을 웅덩이처럼 파고 그 위에 지붕만 올리고서 비좁은 그 안에 가두어 두는 형벌을 말한다.

## 우연히 읊다 신축년(1661)
偶吟 辛丑

| | |
|---|---|
| 귀문관[1021] 밖의 작은 시냇물 가 | 鬼門關外小河湄 |
| 좁디좁게 겹으로 둘러친 두 길 가시울 | 窄窄重圍二丈籬 |
| 팔십 노인 변경 유배는 듣지 못한 일 | 八十囚荒曾未聽 |
| 삼천리 고향 길은 아득히 기약 없네 | 三千歸路杳無期 |
| 오두막은 겨울에 능감(凌鑑)[1022] 같은 혹한이요 | 如凌矮屋冬嚴鑑 |
| 높은 산도 여름엔 시루에 푹푹 찌는 듯 | 似甑高山夏迫炊 |
| 성은 덕분에 실낱같은 목숨을 잇는지라 | 幸賴聖恩延縷命 |
| 아침 시장기도 잊고 화축[1023]을 길게 읊노매라 | 長吟華祝忘朝飢 |

자주 : 고향까지는 3천 리 길이다. 이 고을은 땅이 비좁고 산이 높은데, 겨울은 빙고(氷庫)처럼 춥고, 여름은 용광로(鎔鑛爐)처럼 덥다.

---

1021 귀문관(鬼門關) : 귀신이 출입하는 관문이라는 뜻으로, 저승으로 통하는 길이라는 말인데, 여기서는 고산이 유배된 삼수(三水) 지역의 혹독한 상황을 비유하는 말로 쓰였다.

1022 능감(凌鑑) : 얼음을 담아 놓는 기물을 말하는데, 빙고(氷庫)와 같은 뜻으로 쓰였다. 빙감(氷鑑)이라고도 한다.

1023 화축(華祝) : 화봉인(華封人)의 삼축(三祝)을 줄인 말로, 임금의 만수무강을 기원한다는 말이다. 화 땅을 지키는 사람〔華封人〕이 요(堯) 임금에게 수(壽)와 부(富)와 다남(多男)을 축원했다는 《장자(莊子)》 〈천지(天地)〉의 일화에서 유래한 것이다.

## 삼강의 일을 기록하다 신축년(1661)
三江記事 辛丑

| | |
|---|---|
| 산에 갇혔으면 됐지 위리안치를 말할 것까지야 | 囚山不必說囚籬 |
| 겨울은 빙고(氷庫)와 같고 여름은 시루에 찌는 듯 | 氷鑑三時夏甑炊 |
| 지옥은 정말 없다고 누가 말했던가 | 地獄誰云信無有 |
| 온공은 와 보지도 않고 잘도 알았네[1024] | 溫公蓋未到而知 |
| | |
| 백두산의 운기가 진흙 처마에 잇닿고 | 白頭雲氣接泥簷 |
| 풍설은 체질하듯 밤낮으로 더해지네 | 風雪如篵日夜添 |
| 창과 벽엔 성에가 끼어 달빛처럼 환하고 | 窓壁霜凝光璧月 |
| 옷과 이불은 각이 져서 칼날처럼 예리해라[1025] | 衣衾稜作利刀鎌 |

1024 지옥은……알았네 : 《근사록(近思錄)》 권9 〈치법류(治法類)〉의 "우리 집에서는 상례에 불교의 의식을 쓰지 않는다. 낙양에서도 한두 집은 여기에 감화되었다.〔某家治喪 不用浮圖 在洛亦有一二人家化之〕"라는 정이(程頤)의 말 아래에, 사마광(司馬光)이 죄악을 소멸하고 복덕을 짓기 위해 각종 불사(佛事)를 행하는 세속의 행태를 비판하면서 "죽은 자는 육체와 정신이 분리되어, 육체는 땅속으로 들어가 썩어서 소멸하는 것이 목석과 같고, 정신은 바람과 불처럼 흩어져 어디로 가는지도 모르니, 가령 저미고 태우고 갈고 찧는다 하더라도, 이것을 어떻게 또 느끼겠는가. 그러니 천당과 지옥의 이치가 어떻게 있을 수 있겠는가.〔死者形神相離 形則入於黃壤 朽腐消滅 與木石等 神則飄若風火 不知何之 借使剉燒舂磨 豈復知之 安得有天堂地獄之理〕"라고 반박한 내용이 부주(附註)로 나온다. 온공(溫公)은 온국공(溫國公)의 준말로, 사마광의 봉호(封號)이다.

1025 옷과……예리해라 : 날씨가 너무 추워 옷과 이불의 접힌 부분이 딱딱하게 각이 져서 살을 찌르는 듯한 느낌이 드는 것을 말한다. 참고로 소식(蘇軾)의 〈취성당설(聚星堂雪)〉 시에 "긴 밤에 의금이 각이 지는 것은 괜찮지만, 해가 뜨면 눈앞에 헛것이 어른거릴까 두려워라.〔未嫌長夜作衣稜 却怕初陽生眼纈〕"라는 말이 나온다. 《蘇東坡詩集 卷34》

얼음 녹여 쌀을 이니 쌀알에 구슬이 둥둥 銷氷淅米珠和粒
술을 데워 입술 적시니 수염에 옥이 주렁주렁[1026] 煖酒濡唇玉裹髯
은해와 황정이 모조리 얼어붙는 판에 銀海黃庭俱凍合
영대 홀로 편안한 것은 무슨 일인가[1027] 靈臺何事獨安恬

자주 : 이 지방의 풍속은 진흙으로 지붕을 덮는다. 그래서 지붕 위에 풀이 무성하게 뒤덮여서 멀리서 바라보면 마치 구릉과 같다. 겨울이 깊어지면 우물과 시내가 밑바닥까지 얼어붙는다. 그래서 시내에서 얼음을 깨어 소가 끄는 수레에 싣고 와서는, 솥 속에 넣고 끓여 물을 만들어서 일용(日用)에 쓴다.

1026 술을……주렁주렁 : 참고로 정호(程顥)의 〈춘설(春雪)〉 시에 "나무꾼 파는 땔감은 값이 더 오르고, 술집의 깃발을 보니 흥이 동해라. 발을 멈추니 은으로 장식한 신발이요, 머리를 쳐드니 옥이 매달린 수염일세.〔價增樵市炭 興入酒家帘 駐足銀粧履 昂頭玉裹髯〕"라는 말이 나온다. 《二程文集 卷1》

1027 은해(銀海)와……일인가 : 얼굴과 온몸이 꽁꽁 얼어붙는 혹독한 추위 속에서도 마음만은 오히려 편안한 것이 이상하게 느껴진다는 말이다. 은해는 도교(道敎)의 용어로 눈을 뜻하고, 황정(黃庭)은 오장육부 등 인체의 각 기관을 관장하는 신(神)을 가리키며, 영대(靈臺)는 마음을 뜻한다.

# 눈이 온 뒤에 장난으로 짓다 신축년(1661)
雪後戲作 辛丑

많은 우인[1028]들이 십도[1029]에서만 노닐 뿐　多少羽人遊十島
옥경[1030]이 여기에 있는 줄 그 누가 알까　玉京誰識在於斯
나무하고 풀 베는 남자들 구름 수레 탄 신선이요　樵蘇總是雲軿客
물 긷고 절구질하는 아낙들 흰 수건 두른 미인일세[1031]　井臼無非練帨姬
곳곳마다 보배 궁궐은 옥대문이 열려 있고　處處瓊宮開璧戶
집집마다 진주 휘장은 옥섬돌을 가렸네　家家珠帳擁瑤墀
이 년 동안 빙벽[1032]으로 내장을 채우다 보니　二年氷蘖盈肝肺

---

1028 우인(羽人) : 선인(仙人)의 별칭이다. 사람이 득도(得道)를 하면 몸에 모우(毛羽)가 돋아난다는 전설이, 굴원(屈原)의 〈원유(遠游)〉 주(註)에 소개되어 있다.

1029 십도(十島) : 십주삼도(十洲三島)의 준말로, 도교에서 말하는 바닷속의 선경(仙境)이다. 십주는 조주(祖洲)·영주(瀛州)·현주(玄洲)·염주(炎洲)·장주(長洲)·원주(元洲)·유주(流洲)·생주(生洲)·봉린주(鳳麟洲)·취굴주(聚窟洲)이고, 삼도는 봉래(蓬萊)·영주(瀛洲)·방장(方丈)의 이른바 삼신산(三神山)이다.

1030 옥경(玉京) : 백옥경(白玉京)의 준말로, 천제(天帝) 혹은 신선이 상주(常住)하는 천상의 낙원을 말한다. 옥루(玉樓)라고도 한다.

1031 물……미인일세 : 한유(韓愈)가 오얏꽃 나무를 미인에 비유하여 노래한 〈이화(李花)〉 시에 "늘씬한 미인들 향기 풍기며 네 줄로 늘어서서, 흰 치마에 흰 수건을 고르게 모두 둘렀네.〔長姬香御四羅列 縞裙練帨無等差〕"라는 말이 나온다.《韓昌黎集 卷5》

1032 빙벽(氷蘖) : 맑은 얼음물을 마시고 쓰디쓴 소태나무를 씹는다는 뜻으로, 굳게 절조를 지키면서 온갖 고난을 감내하는 것을 비유할 때 흔히 쓰는 표현이다. 당(唐)나라 백거이(白居易)가 지은 〈삼년위자사(三年爲刺史)〉의 "삼 년 세월 동안 자사로 있으면서, 맑은 얼음물을 마시고 쓰디쓴 소태를 씹었노라.〔三年爲刺史 飮氷復食蘖〕"라는 시구에서 유래한 것이다.《白樂天詩集 卷1》

요란하게 지지고 볶던 때는 기억도 나지 않네　　不記烹煎擾擾時

삼강의 귀양살이 지금 어언 이십 개월　　謫在三江二十蓂
전에 듣지 못했던 눈 안의 삼삼한 풍경들　　森森入眼不曾聆
품팔이하는 종들도 진주 신발 모두 신고　　傭奴渾躡明珠履
행상하는 아낙들도 흰 봉새 타고 다닌다오　　販婦多騎白鳳翎
아침 점심 저녁은 안개 자욱한 굴에 숨고　　朝晝昏藏香霧窟
가을 겨울 봄에는 수정 병풍이 둘러치네　　秋冬春繞水晶屛
옥허[1033]는 바로 이런 곳을 말함이 아니겠나　　玉虛無乃此眞是
은포의 구름 소리[1034]가 잠을 불러 깨우나니　　銀浦雲聲喚睡醒

자주 : 동파(東坡)의 시에 "거위 털 같은 눈송이가 말의 갈기에 드리워서, 내가 흰 봉황새를 탄 것 아닌가 생각되네.〔鵝毛垂馬騣 自怪騎白鳳〕" 라는 말이 나온다.[1035] 이 지역은 가을과 겨울과 봄에는 혹한으로 꽁꽁 얼어붙어서 인가(人家)에서 화기(火氣)에 의지하여 살아가는데, 비록 연기가 나가는 창을 만들어 놓아도 한기(寒氣)가 밖에서 들어와 날려 보낼 수 없기 때문에, 온 방 안이 항상 안개 속에 있는 것과 같아 사람이나 물건을 구분할 수가 없다. 그리고 가을부터 눈이 내려서 산들이 모두 하얗게 변했다가 여름에 들어와서야 비로소 녹기 시작한다.

1033 옥허(玉虛) : 도교(道敎)에서 옥제(玉帝)가 거처한다는 선궁(仙宮)을 말한다.

1034 은포(銀浦)의 구름 소리 : 마치 구름이 흘러가듯 길게 벋어 있는 은하수 아래에서 들려오는 소리라는 말로, 눈으로 하얗게 뒤덮인 계곡 아래에서 들려오는 냇물 소리를 가리킨다. 은포는 천하(天河)나 은하(銀河)와 같은 말이다. 당나라 이하(李賀)의 〈천상요(天上謠)〉 시에 "천하는 밤에 회전하며 별들을 표류하게 하고, 은포는 구름을 흘려보내 물소리 배우게 하네.〔天河夜轉漂迴星 銀浦流雲學水聲〕" 라는 말이 나온다. 《昌谷集 卷1》

1035 동파(東坡)의……나온다 : 《소동파시집(蘇東坡詩集)》 권15에 〈제야대설……(除夜大雪……)〉의 제목으로 실린 오언고시 맨 마지막에 나오는 시구이다.

## 인차외 만호가 물고기와 시를 보내 주었기에 사례하다

임인년(1662, 현종3)

謝仁遮外萬戶寄魚及詩 壬寅

안진두(安震杜)이다.

| | |
|---|---|
| 자리 붉게 비추며 칼을 누인 듯한 한 쌍의 물고기여 | 臥劍雙鱗照座紅 |
| 그 속에 주옥같은 시편 가득 들었을 줄 뉘 알았으랴[1036] | 誰知珠玉滿其中 |
| 우레의 배 속은 물고기 노는 솥 씻기를 재촉하고[1037] | 雷腸催滌魚生釜 |
| 연하의 기운에 새장에 갇힌 학의 신세 잊었다오 | 霞氣還忘鶴在籠 |
| 두자가 망아지 되었다는 말 실로 거짓 아니요[1038] | 杜子爲駒眞不妄 |

1036 칼을……알았으랴 : 소식(蘇軾)의 〈미피어(渼陂魚)〉 시에 "대나무 잘게 쪼개어 만든 두 개의 통발 속에, 칼을 옆으로 누인 듯한 긴 물고기 들어 있네.〔霜筠細破爲雙掩 中有長魚如臥劍〕"라는 말이 나온다.《蘇東坡詩集 卷5》 또한 남의 글을 받을 때 쌍리(雙鯉) 즉 한 쌍의 잉어라는 표현을 흔히 쓰기 때문에 이렇게 표현한 것인데, 〈음마장성굴행(飮馬長城窟行)〉에 "손님이 먼 지방에서 와서, 나에게 한 쌍의 잉어를 주기에, 아이를 불러 잉어를 삶게 하였더니, 배 속에서 한 자의 흰 비단 편지가 나왔네.〔客從遠方來 遺我雙鯉魚 呼童烹鯉魚 中有尺素書〕"라고 한 말에서 유래한 것이다.《文選 卷14 古樂府》

1037 우레의……재촉하고 : 빨리 물고기를 솥에 끓여서 맛있게 먹어 보고 싶다는 말이다. 우레의 배 속은, 너무도 굶주린 나머지 배 속에서 천둥소리가 날 정도로 허기가 졌다는 뜻의 해학적인 표현이다. 물고기 운운은 후한(後漢) 범염(范冉)의 고사를 인용한 것이다. 그가 환제(桓帝) 때 내무(萊蕪) 고을의 수령으로 임명되어 가난하게 살면서도 낯빛 하나 변하지 않자, 사람들이 "범사운의 시루 속에서는 먼지만 풀풀 일어나고, 범 내무의 가마솥 속에서는 물고기가 뛰어논다.〔甑中生塵范史雲 釜中生魚范萊蕪〕"라고 노래를 지어 불렀던 기록이 전한다.《後漢書 卷81 獨行列傳 范冉》 사운(史雲)은 범염의 자(字)이다.

| | |
|---|---|
| 문공이 구슬 돌려준 것과 같지 않아 부끄럽소[1039] | 文公返璧愧難同 |
| 책상 위에 놓인 오십육 용의 부르짖음이여[1040] | 床頭五十六龍吼 |
| 인차외 수령 어른에게 거듭 감사드리오 | 更謝仁遮外令翁 |

자주 : 양성재(楊誠齋)의 시에 "남겨 주신 새로운 시가 달빛보다 휘황해서, 늙은이의 기운이 연하(煙霞)를 이루게 하였소.〔留贈新詩光奪月 端令老子氣成霞〕"라는 말이 나온다.[1041]

---

1038 두자(杜子)가……아니요 : 늙은 고산도 이처럼 고마운 선물을 받고 보니 마음이 젊은이처럼 들뜨면서 힘이 솟구친다는 말이다. 두보(杜甫)의 〈병후과왕의음증가(病後過王倚飮贈歌)〉 시에 "늙은 말이 망아지 된다는 말 실로 거짓 아니네, 지금도 만족스러운데 장차 또 배려해 줌이리오.〔老馬爲駒信不虛 當時得意況深眷〕"라는 말이 나온다.《杜少陵詩集 卷3》 늙은 말 운운은《시경》〈각궁(角弓)〉의 "늙은 말이 오히려 망아지처럼 행동하며, 뒷감당하지 못할 것은 고려하지도 않는다.〔老馬反爲駒 不顧其後〕"라는 말에서 나온 것이다.

1039 문공(文公)이……부끄럽소 : 과분한 선물을 받기만 하고 사양할 줄 몰라서 부끄럽다는 뜻의 해학적인 표현이다. 춘추 시대 진 문공(晉文公) 중이(重耳)가 여러 나라를 떠돌면서 망명하던 시절에, 조(曹)나라 대부 희부기(僖負羈)가 "그릇에 저녁밥을 담아 주면서 그 속에 구슬을 넣어 두었는데, 중이가 저녁밥만 받고 구슬은 돌려주었다.〔乃饋盤飧寘璧焉 公子受飧反璧〕"라는 반벽(反璧)의 고사가 전한다.《春秋左氏傳 僖公23年》

1040 책상……부르짖음이여 : 용이 우는 것 같은 웅장한 성음(聲音)의 시편(詩篇)을 책상 위에 펴 놓고서 음미하고 있다는 말이다. 오십육은 안 만호가 고산에게 보낸 칠언율시의 글자 수를 가리킨다. 참고로 소식(蘇軾)의 〈곽상정가취화죽석벽상……(郭祥正家醉畫竹石壁上……)〉 시에 "보내 주신 한 쌍의 동검은 가을 물처럼 빛나고, 두 수의 새로 지은 시는 칼날과 빛을 다투네. 검은 책상 위에 시는 나의 손 안에, 누가 용처럼 부르짖는 이런 노래를 불렀는가.〔一雙銅劍秋水光 兩首新詩爭劍鋩 劍在牀頭詩在手 不知誰作蛟龍吼〕"라는 말이 나온다.《蘇東坡詩集 卷23》

1041 양성재(楊誠齋)의……나온다 : 송나라 양만리(楊萬里)의 〈화사(和謝)〉라는 칠언율시 중 제5, 6구이다. 성재(誠齋)는 양만리의 호이다.《학림옥로(鶴林玉露)》 권11과《고금사문유취(古今事文類聚)》 속집 권6 등에 실려 있는데, 그의 문집인《성재집(誠齋集)》 권36에는 '留贈新詩光奪月'의 '月'이 '目'으로 되어 있다.

## 중구일에 이 태수를 생각하며 임인년(1662)

九日思李太守 壬寅

이름은 공망(公望)이다.

달은 중양의 호시절인데　　月爲重陽好
사람은 술 한 잔도 없네　　人無酒一杯
누가 우리 이 태수처럼　　誰如李太守
백의[1042]를 보낼 줄 알까　　解送白衣來

1042 백의(白衣) : 흰옷 입은 사람이라는 뜻으로, 고을 수령이 보낸 술 심부름꾼을 말한다. 265쪽 주449 참조.

## 9월 12일에 날씨가 전에 없이 따뜻하고 달도 특별히 밝기에

임인년(1662)

九月十二日姸暖無前月亦分外明 壬寅

| | |
|---|---|
| 밤 깊어 자득의 난간 가에 앉으니 | 夜深自得欄邊坐 |
| 바람은 소리 없고 달은 밝기도 해라 | 風爲無聲月爲明 |
| 장사[1043]를 잊었는데 무슨 술이 필요하랴 | 忘却長沙何用酒 |
| 영대가 형철하여 묘향이 맑게 풍기는걸[1044] | 靈臺瑩徹妙香淸 |

자주 : 전년에 선화원(旋花原)에 집터를 잡고 세 칸의 초당을 지어 자득(自得)이라고 이름 짓고는 예전 집의 판자와 문지방으로 난간을 둘렀다.

---

1043 장사(長沙) : 좌천이나 유배된 것을 비유하는 말이다. 114쪽 주156 참조.

1044 영대(靈臺)가……풍기는걸 : 마음이 절로 맑아지면서 향기가 코에 스며들어 온다는 말이다. 영대는 마음의 별칭이다. 참고로 두보(杜甫)의 〈대운사찬공방(大雲寺贊公房)〉 시에 "등불 그림자 어른어른 잠도 오지 않고, 마음이 청랑해지며 신묘한 향기 풍겨 오네.〔燈影照無睡 心淸聞妙香〕"라는 말이 나온다. 《杜少陵詩集 卷4》

## 한 첨지에 대한 만사 계묘년(1663, 현종4)
挽韓僉知 癸卯

난초 같은 자식 키웠으니 무슨 과명(科名)이 필요할까 如蘭養子豈須科
아흔에 온전히 돌아갔으니 슬픈 상여 노래 부르지 마오 九十全歸莫薤歌
변방의 성에서 생장하여 이만큼 이루었으니 生長邊城能辦此
내가 한씨 어르신을 사람들에게 자랑하리라 吾將韓老向人誇

내가 삼강에 귀양 온 지 벌써 사 년인데 我謫三江已四載
공은 한 번도 성안에 들어오지 않았지 公無一入於城中
노년에 그칠 줄 아는 분을 내 그래도 보았나니 吾猶及見老知止
조정에는 정경이 있고 시골엔 공이 있었다오 朝有鄭卿鄕有公

당시에 판서(判書) 정공 세규(鄭公世規)가 벼슬을 그만두고 집에 있었기 때문에 이렇게 말한 것이다.

## 계묘년(1663, 현종4) 세모에 감회에 젖어 노소재[1045]의 시체를 본뜨다

癸卯歲暮有感效盧穌齋體

| | |
|---|---|
| 압록강의 원류가 산 너머 휘도는 곳 | 鴨綠源流山外廻 |
| 달팽이 살 만한 흙집이 산굽이 곁에 | 樺泥蝸室傍山隈 |
| 사람들이 죽이려 하는 죄인을 전께서는 헤아려 주시고[1046] | 罪人稱殺荃猶揆 |
| 충심에서 우러난 나의 말 세상은 모두 비웃는다네 | 言自爲忠世共咍 |
| 이미 지나간 귀양살이 일천 일 하고 오백 일 | 謫日一千半已往 |
| 내년에 맞을 나의 나이 일흔 하고 여덟 살 | 行年七十八將來 |
| 부용동 안으로 어느 때나 돌아가서 | 芙蓉洞裏何時去 |
| 남창에 기오[1047]하며 술잔을 대할거나 | 寄傲南窓對酒杯 |

---

1045 노소재(盧穌齋) : 소재는 노수신(盧守愼, 1515~1590)의 호이다.

1046 사람들이……주시고 : 임금이 보살펴 준 덕분에 요행히 목숨을 건져 귀양살이를 하고 있다는 말이다. 전(荃)은 창포(菖蒲) 비슷한 향초인데, 임금을 비유한 말이다. 굴원(屈原)의 〈이소(離騷)〉에 "전께서는 내 마음을 헤아리지 않으시고, 도리어 참소만 믿고서 대뜸 화부터 내시누나.〔荃不揆余之中情兮 反信讒而齌怒〕"라는 말이 나온다.

1047 기오(寄傲) : 교오(驕傲)한 마음을 부친다는 뜻으로, 어디에 얽매이는 일이 없이 세상을 아래로 내려다보며 자기 뜻대로 자유분방하게 살아가는 것을 말한다. 도잠(陶潛)의 〈귀거래사(歸去來辭)〉에 "남쪽 창가에 기대어 교오한 마음을 부치나니, 무릎만 겨우 들여놓을 작은 집도 편안한 줄을 알겠네.〔倚南窓以寄傲 審容膝之易安〕"라는 말이 나온다.

## 격양 갑진년(1664, 현종5)

擊壤 甲辰

대질을 슬퍼할 것이 아니라 　　　　大耋不須嗟

질그릇 두드리며 노래해야지[1048] 　　　　端宜鼓缶歌

우리 집엔 술 마시는 그릇 없으니 　　　　吾家無酒器

땅을 친들 다를 것이 뭐가 있으랴[1049] 　　　　擊壤豈殊科

---

1048 대질(大耋)을……노래해야지 : 《주역》〈이괘(離卦) 구삼(九三)〉에 "날이 기운 이괘이다. 질그릇을 두드리며 노래하지 않으면 대질을 슬퍼하는 것이니, 흉하리라.〔日昃之離 不鼓缶而歌 則大耋之嗟 凶〕"라는 말이 나온다. 이는 인생의 황혼기에 접어들어 노쇠해지는 현상을 당연한 것으로 받아들이고서, 항상 쓰는 질그릇을 두들기며 노래하는 것처럼 일상적인 것으로 인식하고 즐겨야 마땅하지, 만약 그렇지 않으면 대질을 슬퍼하는 것이 되어 흉하게 된다는 뜻이다. 보통 80세를 질(耋)이라 하고, 90세를 모(耄)라 하고, 100세를 기(期)라 한다.

1049 우리……있으랴 : 격양(擊壤) 즉 땅을 치며 노래하는 것은 흔히 태평성대를 비유하는 뜻으로 쓰이지만, 고산이 지금 땅을 치는 것은 이것과는 달리 나이를 많이 먹은 느낌을 표현함에 있어서 집에 질그릇이 없기 때문에 그렇게 하는 것일 뿐이라는 뜻으로, 은연중에 시사(時事)를 풍자하는 뜻이 담겨 있다. 요(堯) 임금이 다스리던 시대에 80세 된 노인이 길가에서 땅을 치며 노래하였는데, 어떤 사람이 이를 보고서 "위대하도다, 임금님의 덕이여.〔大哉 帝之德也〕"라고 찬탄을 하자, 그 노인이 "해가 뜨면 일어나고 해가 지면 쉬면서, 내 우물 파서 물을 마시고 내 밭을 갈아서 밥을 먹는데, 임금님의 힘이 나에게 도대체 무슨 상관인가.〔日出而作 日入而息 鑿井而飮 耕田而食 帝力於我何有哉〕"라고 대답했다는 고사가 진(晉)나라 황보밀(皇甫謐)의 《제왕세기(帝王世紀)》에 전한다.

## 큰애가 아비를 찾아보려고 1월과 2월 어간에 해남에서 출발했다고 들었는데, 2월 17일에 바람이 거세게 불며 눈보라가 몰아치기에 길에서 얼마나 고생할까 생각하며 짓다 갑진년(1664)

聞大兒爲來覲孟仲春間自海南發程而二月十七日風饕雪虐仍念行路之苦 甲辰

| | |
|---|---|
| 큰애의 나이도 올해로 쉰여덟 | 兒子時年五十八 |
| 삼천리 먼 길을 어떻게 오려는고 | 三千里路若爲行 |
| 오늘은 눈보라가 아침부터 저녁까지 | 今辰風雪終朝暮 |
| 밤새도록 애태우며 너를 생각하노라 | 耿耿通宵念汝情 |

## 차운하여 이연지에게 주다

次贈李延之

이무(李袤)이다.

| | |
|---|---|
| 구만리 대붕의 길을 그 누가 알까 | 鵬路誰知有九萬 |
| 이삼천 리도 멀고 멀게 생각하는걸 | 二三千里謂漫漫 |
| 미풍으로 능상초[1050]를 어떻게 알아보랴 | 微風無別淩霜草 |
| 거함은 바다 일렁이는 파도를 헤쳐 가야지 | 巨艦要經動海瀾 |
| 선현도 막다른 길에서 끝내 뜻을 펼쳤고 | 前哲在窮終得展 |
| 지인도 물속을 차갑게 여기지 않았다네[1051] | 至人入水不爲寒 |
| 남관[1052]의 고통을 그대여 괴로워하지 마오 | 藍關之苦君休苦 |
| 훈업은 예부터 성인도 이루기 어려웠으니 | 勳業由來聖處難 |

자주 : 연지(延之)가 이때 남전역(藍田驛)에 귀양 왔는데, 그가 보낸 편지에 "남관의 고통이 설옹보다 심하다.〔藍關之苦 甚於雪擁〕"[1053]라는 말이 있었다.

---

1050 능상초(淩霜草) : 상설(霜雪)에도 굴하지 않고 꿋꿋이 서 있는 초목이라는 뜻으로, 국화나 솔이나 대나무 등을 가리킨다.

1051 지인(至人)도……않았다네 : 《장자(莊子)》 〈제물론(齊物論)〉에 "지인은 신령스러워서 큰 늪지대가 불타도 뜨겁게 느끼지 않고, 황하와 한수가 얼어붙어도 차갑게 여기지 않는다.〔至人神矣 大澤焚而不能熱 河漢沍而不能寒〕"라는 말이 나온다.

1052 남관(藍關) : 진(秦)나라의 남전관(藍田關)의 준말로, 섬서성(陝西省) 남전현(藍田縣) 동남쪽에 있는데, 이무(李袤)가 유배된 남전역(藍田驛)을 가리킨다.

1053 남관의……심하다 : 이무의 귀양살이가 옛날 한유(韓愈)가 조주(潮州)로 귀양 갈 때 넘어간 남관의 고통보다도 심하다는 말이다. 설옹(雪擁)은 설옹남관(雪擁藍關)의 준말로, 한유의 시 〈좌천지남관시질손상(左遷至藍關示姪孫湘)〉의 "구름이 진령에 비꼈나니 집은 어디에 있느뇨, 눈이 남관에 가득 쌓여 말이 가지를 않는구나.〔雲橫秦嶺家何在 雪擁藍關馬不前〕"라는 시구에서 나온 것이다. 《韓昌黎集 卷10》

갑진년(1664, 현종5) 8월 4일에 장령에 올라 백두산을 바라보고 인차에 돌아왔는데 그날 저녁에 비가 내렸다. 다음 날도 내렸다 그쳤다 반복하더니 되돌아오는 길에 또 비를 만나 축축이 젖었다.

甲辰仲秋初四日登長嶺望白頭還到仁遮其昏雨作翌日作止數廻歸路又逢雨霑濕

| | |
|---|---|
| 내가 애써 찾아온 것을 산신령이 애달피 여겨 | 山靈哀我苦相尋 |
| 눈물로 가을장마 지어 비단 숲을 씻어 주었네 | 淚作秋霖灑錦林 |
| 오늘 저녁 옷 적신 거야 아까울 것이 있으리오 | 今夕衣沾何足惜 |
| 백두산의 어제 모습이 눈 안에 여태 삼삼한걸 | 白頭昨樣目森森 |

## 갑진년(1664, 현종5) 8월 5일에 세검정에 오르다
甲辰仲秋初五日登洗劍亭

인차외(仁遮外) 보루(堡壘)의 동쪽에 바위가 우뚝 서 있는데, 구름의 파도 속에 반쯤 들어가 있는 모습이 지주(砥柱)[1054]를 연상케 한다. 민간에서는 이 바위를 오지암(烏知巖)이라고 부른다. 만호(萬戶) 경가행(景可行)이 이 바위 위에 작은 정자를 짓고는 나에게 이름을 지어 달라고 하기에 내가 세검(洗劍)이라고 명명(命名)하였다.

| | |
|---|---|
| 하늘이 만든 대 위에 사람이 정자 지으니 | 天作之臺人作亭 |
| 큰 강물 작은 개울이 기꺼이 감싸고 도네 | 大江小澗肯廻縈 |
| 연희[1055]는 강남의 곡조를 능숙하게 부르는데 | 燕姬慣唱江南曲 |
| 초객은 택반에 행음하며 유독 마음 아파라[1056] | 楚客偏傷澤畔行 |
| 일만 골 풍악 소리에 취객의 흥이 더해지고 | 萬谷笙鐘添醉興 |

1054 지주(砥柱) : 중국 삼협(三峽)의 지주산(砥柱山)을 말하는데, 탁한 황하(黃河)의 급류 속에 우뚝 버티고 서서 거센 물결을 혼자 감당하고 있다는 지주중류(砥柱中流)의 고사에서 유래하여, 흔히 한 몸에 중책을 지고 난국을 수습하는 사람의 비유로 쓰인다.

1055 연희(燕姬) : 연나라 미녀라는 뜻으로, 가무(歌舞)에 능한 기녀(妓女)를 말한다. 참고로 이백(李白)의 〈빈가행상신평장사형찬(豳歌行上新平長史兄粲)〉 시에 "조녀의 긴 노래는 채색 구름 속으로 들어가고, 연희의 취한 춤은 붉은 촛불 아래 요염해라.〔趙女長歌入彩雲 燕姬醉舞嬌紅燭〕"라는 말이 나온다. 《李太白集 卷6》

1056 초객(楚客)은……아파라 : 유배객의 슬픈 심정을 토로한 것이다. 초객은 비방을 받고 방축(放逐)되어 타향에 유락(流落)한 초나라의 충신 굴원(屈原)을 말한다. 택반(澤畔)에 행음(行吟)한다는 것은 못가를 거닐며 혼자서 읊조린다는 말이다. 113쪽 주154 참조.

일백 숲 화려한 단청에 유객의 정이 뒤설레네　　百林金碧惱遊情
용천검 씻을 맑은 물결 준비되었는데　　清瀾准備龍泉洗
바다 뒤집는 고래를 솜씨 좋게 뉘 잡을까　　好手誰屠偃海鯨

자주 : 이때 비바람 소리가 하늘에 가득하고, 가을 단풍이 한창 무르익었다. 그리고 가아(歌兒) 중에 내가 남쪽에 있을 때 지은 〈산중신곡(山中新曲)〉을 부를 줄 아는 자가 있었다.

## 삼가 화운하여 겸재의 정안에 올리다 병오년(1666, 현종7)
敬和呈謙齋靜案 丙午

겸재(謙齋)는 영남의 징사(徵士) 하홍도(河弘度)[1057]이다. 이하는 광양(光陽)에 이배된 후에 지은 것이다.

| | |
|---|---|
| 남쪽으로 옮겨 온 뒤로부터는 | 自從南徙後 |
| 생각이 신라 넘어도 일임한다오[1058] | 一任念逾羅 |
| 맥맥히 지나가는 오동잎 스치는 비요 | 脈脈過桐雨 |
| 유유히 다가오는 누런 보리 물결이라 | 悠悠近麥波 |
| 공의 가르침 절실한데 어찌 싫어하리오 | 何嫌公敎切 |
| 이서배(吏胥輩)의 질책도 전에 많이 받았는걸 | 曾受吏訶多 |
| 만 가지 일은 모두 잊어버리고서 | 萬事都遺落 |

1057 징사(徵士) 하홍도(河弘度) : 1593~1666. 성균관(成均館) 유생(儒生)이 되어 동료들의 존경을 받았으나, 광해군(光海君)의 폭정에 벼슬길을 단념하고 귀향하여 경사(經史)의 연구에만 전념하였다. 1662년(현종3)에 어사(御史) 남구만(南九萬)이 내려와서 그를 만나 보고는 그의 식견에 감탄하여 위에 상주(上奏)해서 후한 상이 내려졌으나 사양하였다. 징사는 조정의 징소(徵召)에도 응하지 않고 숨어 사는 선비라는 뜻이다.

1058 남쪽으로……일임한다오 : 고산이 고향과 비교적 가까운 남쪽으로 이배(移配)된 뒤로는 긴장이 일단 풀어져서 이런저런 생각이 마구 일어나더라도 마음을 단속하지 않고 자유롭게 그냥 놔두기로 했다는 말이다. 신라를 넘는다는 말은 생각이 엉뚱하게 다른 곳으로 빠져들 때 쓰는 표현으로, 원래 선가(禪家)에서 나온 말이다. 한 승려가 금강일척전(金剛一隻箭)에 대해서 묻자, 조사(祖師)가 "그 화살이 벌써 신라를 넘어갔다.〔過新羅國去〕"라고 대답했다는 이야기가 《경덕전등록(景德傳燈錄)》 등 많은 선서(禪書)에 나온다. 참고로 소식(蘇軾)의 〈백보홍(百步洪)〉 시에도 "나의 삶 역시 자연의 변화 따라 밤낮으로 물처럼 흘러가나니, 찰나(刹那)의 한 생각이 신라를 이미 지나간 것을 앉아서 깨닫겠노라.〔我生乘化日夜逝 坐覺一念逾新羅〕"라는 표현이 있다. 《蘇東坡詩集 卷17》

아는 것은 단지 고부가[1059] 하나라오　　惟知鼓缶歌

## 원운 元韻

취한 자들 속에 홀로 깨어 쫓겨났다　　衆醉獨醒放
몇 년 만에 망라에서 벗어났구려[1060]　　數年除網羅
수레 멍에에는 항상 충신이 걸려 있고[1061]　　衡輿倚忠信
큰 내를 건너 놀란 파도 가라앉혔네[1062]　　利涉帖驚波

---

1059 고부가(鼓缶歌) : 질그릇 치며 노래한다는 뜻으로, 노년을 여유롭게 즐기는 것을 말한다. 482쪽 주1048 참조.

1060 취한……벗어났구려 : 고산이 소신을 굽히지 않고 바른말을 하여 조정에서 쫓겨난 뒤에, 삼수(三水)에 유배되어 위리안치(圍籬安置)를 당하는 등 참혹한 귀양살이를 하다가, 몇 년 만에 그래도 여건이 조금 나은 광양(光陽)으로 이배(移配)되어 다행이라는 말이다. 굴원(屈原)의 〈어부사(漁父辭)〉에 "세상은 모두 혼탁한데 나만 홀로 맑고, 사람들은 모두 취했는데 나만 홀로 깨었는지라, 그래서 조정에서 쫓겨났다.〔擧世皆濁我獨淸 衆人皆醉我獨醒 是以見放〕"라는 말이 나온다. 망라(網羅)는 땅과 하늘에 그물이 가득 깔렸다는 지망천라(地網天羅)의 준말로, 법금(法禁)이 삼엄하여 꼼짝달싹할 수 없는 상황을 비유하는 말이다.

1061 수레……있고 : 고산이 항상 충신(忠信)에 입각하여 행동했다는 말이다. 자신의 뜻이 세상에 행해지게 하려면 어떻게 해야 하느냐고 자장(子張)이 묻자, 공자(孔子)가 "서 있을 때에도 그것이 앞에 참여하고 있는지 살펴보고, 수레를 탔을 적에도 그것이 멍에에 걸려 있는지 살펴보아야 한다.〔立則見其參於前也 在輿則見其倚於衡也〕"라고 대답한 말이 《논어》 〈위령공(衛靈公)〉에 나오는데, 이에 대해서 주희(朱熹)가 "그것이란 충신과 독경을 가리켜서 말한 것이다.〔其者 指忠信篤敬而言〕"라고 하고, 또 "충신과 독경에 대하여 잊지 말고 계속 생각하면서 어디에 있든 간에 항상 눈에 보이는 것처럼 해야 한다는 말이다.〔其於忠信篤敬 念念不忘 隨其所在 常若有見〕"라고 해설하였다.

1062 큰……가라앉혔네 : 고산이 난세에 처하여 정도(正道)를 제시함으로써 민심을 안정시켰다는 말이다. 《주역》 〈고괘(蠱卦)〉에 "크게 선하여 형통하니 큰 내를 건너는 것이 이롭다.〔元亨 利涉大川〕"라고 하였는데, 정전(程傳)에 "고괘의 큰 뜻은 세상의 어려움을 구제하는 데에 있다. 그래서 큰 내를 건너는 것이 이롭다고 한 것이다.〔蠱之大者 濟時之艱難險阻也 故曰利涉大川〕"라고 하였다.

행낭에도 열 개의 눈이 붙어 있고　　囊篋寓眸十
담장에도 귀가 많이 달려 있는 때[1063]　　垣墻屬耳多
정신을 보존하는 무슨 수가 없을까　　存神由底事
창수가 남겨 준 노래[1064]가 있지 않소　　滄叟有遺歌

1063 행낭(行囊)에도……때 : 감시하고 엿듣는 사람들이 지금 사방에 가득하니 언행을 한층 더 조심해야 할 것이라는 말이다.

1064 창수(滄叟)가 남겨 준 노래 : 창수는 창랑(滄浪)의 노인이라는 말로, 굴원의 〈어부사(漁父辭)〉에 나오는 어부를 말한다. 그 어부가 굴원을 만나서 세상과 갈등을 빚지 말고 어울려 살도록 충고했는데도 굴원이 받아들이려 하지 않자, 빙긋이 웃고서 뱃전을 두드리며 "창랑의 물이 맑으면 나의 갓끈을 씻고, 창랑의 물이 흐리면 나의 발을 씻으면 되지.〔滄浪之水淸兮 可以濯吾纓 滄浪之水濁兮 可以濯吾足〕"라고 노래하고는 더 이상 말하지 않고 떠나갔다는 내용이 〈어부사〉에 나온다.

## 나 경주에 대한 만사 병오년(1666)

挽羅慶州 丙午

나위소(羅緯素)[1065]이다.

| | |
|---|---|
| 공이 찾아와 문답한 때가 얼마나 지났다고 | 見公書問幾多時 |
| 이별의 눈물 뒤이어 애도의 눈물 흘리는가 | 哀淚還隨別淚垂 |
| 높지도 낮지도 않은 벼슬길 여든다섯 해 | 不顯不卑躋耋五 |
| 옳다 그르다 하는 일 없이 마친 한 생애 | 無非無是委生涯 |
| 항상 눈이 즐거웠던 도원의 송국이요[1066] | 陶園松菊常娛眼 |
| 그저 턱을 끄덕였던 곽제의 아손이라[1067] | 郭第兒孫只點頤 |
| 늙은 이 몸 어찌하여 못 잊으며 슬퍼하나 | 何事老腸悲婉變 |
| 손잡고 그리운 정 토로할 길 없어져서 | 終乖握手訴相思 |

1065 나위소(羅緯素) : 1583~1666. 나주(羅州)에서 출생하여 1623년(인조1)에 문과(文科)에 급제하였다. 형조 좌랑을 지낸 후 정묘호란 때에 옥과 현감(玉果縣監)으로서 체찰사(體察使) 이원익(李元翼)을 도와 군량 조달에 힘썼다. 1650년(효종1) 9월부터 1652년 4월까지 경주 부윤(慶州府尹)을 지낸 뒤에 사임하고 나주로 돌아와 산수를 즐기며 살다가 80세가 되어 노인직(老人職)으로 동지중추부사(同知中樞府事)에 임명되었다.

1066 항상……송국(松菊)이요 : 나위소가 만년에 고향으로 돌아와서 전원생활을 즐긴 것을 말한다. 도원(陶園)은 도잠(陶潛)의 전원(田園)이라는 말이다. 진(晉)나라 도잠의 〈귀거래사(歸去來辭)〉에 "그동안 세 오솔길이 거칠어졌으나, 솔과 국화는 아직 남아 있구나.〔三逕就荒 松菊猶存〕"라는 말이 나온다.

1067 그저……아손(兒孫)이라 : 손자들이 매우 많아서 모두 알아볼 수 없을 정도로 자손이 번창했다는 말이다. 곽제(郭第)는 곽자의(郭子儀)의 저택이라는 말이다. 당나라 곽자의의 아들 8인과 사위 7인이 모두 조정의 중관(重官)에 올랐으며, 손자들 수십 명이 찾아와서 문안할 때면, 곽자의가 "모두 알아볼 수 없어서 턱만 끄덕거렸다.〔不盡辨 頷之而已〕"라는 점함유휘(點頷流輝)의 고사가 전한다. 《舊唐書 卷120 郭子儀列傳》

## 하 의흥에 대한 만사 병오년(1666)

挽河義興 丙午

하홍도(河弘度)이다.

| | |
|---|---|
| 서신 보내 간곡하게 충고해 주신 분 | 嘗承簡牘誨諄諄 |
| 붕우로서 진실한 동정 자주 전하셨지 | 朋友頻傳動靜眞 |
| 청약으로 자신을 단속한 천세의 선비요 | 淸約律身千世士 |
| 겸공으로 타인을 대한 일단의 봄[1068]이었네 | 謙恭接物一團春 |
| 글 읽으며 무궁한 이치 구명하려 하였고 | 讀書欲究無窮理 |
| 도를 구하며 항상 남보다 못한 듯 여겼다오 | 望道常如未及人 |
| 그 뜻 끝나지 않았는데 관 뚜껑 닫히다니 | 其志不休棺已蓋 |
| 돌아봄에 천지의 기운 바야흐로 막혔도다 | 回看天地氣方屯 |

1068 일단(一團)의 봄 : 화기애애한 분위기를 표현하는 말이다. 415쪽 주881 참조.

## 사간 이연지의 시에 차운하다 병오년(1666)

次李司諫延之韻 丙午

이무(李袤)이다.

| | |
|---|---|
| 호시절 맞아 혹 위언[1069]을 발하기는 쉬워도 | 時來或發危言易 |
| 권세 잃고서 세상맛을 잊기는 어려운 법 | 勢去人能忘世稀 |
| 팔 베고 누우면 저녁잠이 절로 편하고[1070] | 枕肘自然安夕寢 |
| 글 외우면 아침 허기도 느끼지 못한다오 | 念書猶未悟朝飢 |
| 멀리 나는 붕새를 뱁새가 비웃는 때 | 鷦鷯方笑鵬遐擧 |
| 계수의 만향(晩香)을 도리가 어찌 알까[1071] | 桃李何知桂晩菲 |
| 우락과 시비를 모두 떨쳐 버리고 | 憂樂是非都拔棄 |
| 유유히 만사를 천기에 맡겼다오 | 悠悠萬事任天機 |

1069 위언(危言) : 올바른 말 혹은 말을 바르게 하는 것을 말한다. 《논어》 〈헌문(憲問)〉에 "나라에 도가 있을 때에는 말과 행동 모두 바르게 해야 하고, 나라에 도가 없을 때에는 행동은 바르게 하고 말은 겸손하게 해야 한다.〔邦有道 危言危行 邦無道 危行言孫〕"라는 말이 나온다.

1070 팔……편하고 : 안빈낙도(安貧樂道)의 생활을 말한다. 《논어》 〈술이(述而)〉에 "나물밥에 물 마시고 팔을 베고 눕더라도 즐거움이 또한 그 속에 있나니, 떳떳하지 못한 부귀는 나에게 뜬구름과 같다.〔飯疏食飮水 曲肱而枕之 樂亦在其中矣 不義而富且貴 於我如浮雲〕"라고 한 공자(孔子)의 말이 나온다.

1071 계수(桂樹)의……알까 : 시류(時流)를 따르는 사람들이 군자의 변치 않는 절조를 어떻게 알겠느냐는 말이다. 봄에 한때 화려하게 피었다가 지는 복사꽃이나 오얏꽃과는 달리, 계수나무 꽃은 찬바람이 불어오는 늦가을에도 의연히 피어 짙은 향기를 자랑한다는 말이다. 210쪽 주331 참조.

## 실제의 일을 기록하다 무신년(1668, 현종9)

記實 戊申

이하는 사면을 받고 부용동으로 돌아온 뒤에 지었다.

| | |
|---|---|
| 황원포[1072] 안에 자리한 부용동 | 黃原浦裏芙蓉洞 |
| 오두막 세 칸이 내 머리 덮어 주네 | 矮屋三間蓋我頭 |
| 보리밥 두 끼에 동동주 한 잔 | 麥飯兩時瓊液酒 |
| 종신토록 이 밖에 또 무얼 구하랴 | 終身此外更何求 |

1072 황원포(黃原浦) : 235쪽에 나오는 〈황원잡영(黃原雜詠) 3수〉에 "보길도(甫吉島)의 바다를 황원포(黃原浦)라고 한다."라는 주(註)가 붙어 있다.

## 마음을 달래다 무신년(1668)

遣懷 戊申

| | |
|---|---|
| 삼공의 자리와도 안 바꿀 이 선산이여[1073] | 三公不換此仙山 |
| 귀양 갈 때도 걱정은 오직 여기 떠나는 것 | 遷謫惟愁去此間 |
| 융숭한 은혜 입고 다시 찾은 고향 마을 | 蒙被隆恩來故里 |
| 관록을 바라리오 살아 돌아와 기쁜 것을 | 不希官祿喜生還 |

선산(仙山)이 다른 판본에는 강산(江山)으로 되어 있다.

1073 삼공(三公)의……선산(仙山)이여 : 송(宋)나라 대복고(戴復古)가 후한(後漢)의 은사(隱士) 엄광(嚴光)의 고사를 소재로 읊은 〈조대(釣臺)〉 시에 "어떤 일에도 마음 없이 오직 하나의 낚싯대뿐, 삼공의 자리 준대도 이 강산과 안 바꾸리. 평소 유문숙을 잘못 알고 지낸 탓에, 허명만 세상 가득 야기했을 뿐.〔萬事無心一釣竿 三公不換此江山 平生誤識劉文叔 惹起虛名滿世間〕"이라는 내용이 나온다. 《石屛詩集 卷6》 문숙(文叔)은 광무제의 자이다.

## 동하각 기유년(1669, 현종10)

仝何閣 己酉

부용동에 있다.

| | |
|---|---|
| 내가 어찌 세상을 떠날 수 있으리오 | 我豈能違世 |
| 세상이 지금 나하고 맞지 않아서지 | 世方與我違 |
| 내 칭호가 중서의 지위는 아니지만 | 號非中書位 |
| 거처는 녹야의 법도와 비슷하다오[1074] | 居似綠野規 |

1074 내……비슷하다오 : 고산이 시대를 만나지 못한 탓으로 재상의 지위에 올라 자신의 경륜을 한껏 발휘해 보지 못한 아쉬움을 토로한 말이다. 중서(中書)는 중서령(中書令)의 준말로, 재상(宰相)의 별칭이다. 녹야(綠野)는 당 헌종(唐憲宗) 때의 명재상인 배도(裵度)가 은퇴하고 나서 낙양(洛陽) 근교에다 마련한 별장 녹야당(綠野堂)의 준말이다. 이곳에서 그는 백거이(白居易), 유우석(劉禹錫) 등과 함께 밤낮으로 시와 술을 즐기면서 인간 세상의 일을 잊고 만년을 보내었다.《新唐書 卷173 裵度列傳》

## 휘일을 기록한 시

記諱日詩

연월을 상고하지 못하였기 때문에, 권말에 기록하였다.

| | |
|---|---|
| 정월 이십이일은 고조모님 기일이요 | 正月廿二高妣忌 |
| 이월 초육일은 고조부님 기일이라 | 二月初六高祖忌 |
| 그리고 삼월 이십삼일은 | 三月二十有三日 |
| 조모님 송씨의 휘일이라오 | 祖妣宋氏諱日是 |
| 사월 십삼일은 증조부님 제삿날이요 | 四月十三祭曾考 |
| 이십일일은 천지[1075]를 여읜 날이라 | 二十一日失天只 |
| 오월 십삼일 종천의 비통함은 | 五月十三終天痛 |
| 내가 차성 적소(謫所)에서 당했었지[1076] | 余在車城謫裏値 |
| 증조모님 기신(忌辰)은 언제이던가 | 曾祖妣忌是何辰 |
| 그날은 바로 팔월 십사일 | 仲秋之日十有四 |
| 영광의 황고[1077]께서 별세하신 것은 | 靈光皇考之遠諱 |

---

1075 천지(天只) : 모친의 별칭이다. 《시경》〈백주(柏舟)〉의 "어머니는 하늘이신데, 이처럼 사람 마음 몰라주시나.〔母也天只 不諒人只〕"라는 말에서 나온 것이다. 여기서는 고산의 생모가 아닌 양모 능성 구씨(綾城具氏)를 가리킨다.

1076 오월……당했었지 : 고산의 양부인 관찰공 윤유기(尹惟幾)의 기일이 5월 13일이라는 말이다. 차성(車城)은 경상남도 기장(機張)의 옛 이름이다. 고산이 1618년(광해군10)에 경원(慶源)에서 기장으로 이배되었는데 그 이듬해에 부친상을 당했다. 종천(終天)의 비통함은 몸을 마칠 때까지 계속되는 슬픔이라는 뜻으로 보통 부모의 상을 가리킬 때 쓰는 표현이다.

1077 영광(靈光)의 황고(皇考) : 고산의 조부인 윤홍중(尹弘中)을 말한다. 고산의 양부인 윤유기는 생부가 윤의중(尹毅中)이나 윤홍중이 아들이 없어서 그의 후사로 들어갔다. 황고는 부조(父祖)의 통칭인데, 여기서는 조부의 뜻으로 쓰였다. 《고

절기로 초겨울 시월 초하루　序屬孟冬上日耳
이상은 신주 옮겨 정침에서 제사할지니　斯當遷主祭正寢
아이들에게 말해 주어 잘 기억하게 하라　說與諸兒須細記
사월 사일은 외조부님[1078] 기일인데　四月初四外祖忌
외가의 제사 차례는 종이에 써 두었네　外家祭次曾寫紙
칠월 십이일은 외조모님 기일인데　七月十二外祖妣
우리 차례가 아니라도 감히 방치하랴　次雖非我其敢置
십이월 이십팔일과 팔월 이십일은　季冬廿八仲秋廿
나를 낳아 주신 부모님의 기신이라　余生考妣忌則此
이상 네 분 기신에는 어떻게 해야 하나　已上四辰當如何
종이에 써서 지방(紙榜) 만들고 허위를 차려야지　題紙爲榜設虛位
사친 쪽의 황고이신 참찬공[1079]께선　私親皇考參贊公
시월 이십일일에 세상을 버리셨네　十月廿一人世棄
조모님은 앞뒤로 두 분이 계시는데　祖妣前後有兩位
사월 오일은 첫째 조모님 기일이고　四月初五前妣爾
둘째 임씨 조모님은 오월 이십일일인데　後妣林氏五廿一
이분이 실로 선인의 형제를 낳으셨네　是實生先人昆季
안씨인 외조부님 승의랑[1080]께서　安氏外祖承議郎

산유고》 권5상 〈기대아서(寄大兒書)〉에 "영광의 조부님이 비록 불의한 일은 하지 않으셨으나, 재부(財富) 쪽에 마음을 두신 것 같기도 하다. 그래서 자식을 낳아 기르는 일이 그만 끊어지고 말았던 것이다.〔靈光祖父主 雖不爲不義之事 似留心於爲富 故生育衰絶〕"라는 말이 나온다.

1078 외조부님 : 여기에서 말하는 외조부님은 고산의 양모인 능성 구씨의 부모를 가리킨다.

1079 사친(私親)……참찬공(參贊公) : 고산의 조부인 윤의중(尹毅中)을 말한다. 사친은 생가(生家) 쪽의 부모를 말한다. 우참찬(右參贊)을 지낸 윤의중이 고산의 생부 윤유심(尹惟深)과 양부 윤유기(尹惟幾)의 생부이기 때문에 이렇게 말한 것이다.

| | |
|---|---|
| 일찍 돌아가신 날이 삼월 초하루요 | 早世三月一日以 |
| 외조모님 한씨는 이보다 먼저 돌아가시어 | 祖妣韓氏先是沒 |
| 기신이 오월 십삼일이라 | 忌在五十三日矣 |
| 이상 다섯 기신은 감히 제사 올리진 못해도 | 已上五辰不敢祭 |
| 장방[1081]이 제사할 때 부조(扶助)해야 할 것이다 | 當向長房助祭已 |

1080 안씨(安氏)인 외조부님 승의랑(承議郎) : 여기서 말하는 외조부님은 고산의 생모인 순흥 안씨(順興安氏)의 부모를 가리킨다. 순흥 안씨의 부친은 승의랑 안계선(安繼善)이다.

1081 장방(長房) : 최장방(最長房) 즉 제사를 지내야 할 항렬에 있는 사람 중 서열이 가장 높은 자를 가리킨다.

지은이 **윤선도(尹善道)**

1587년(선조20)~1671년(현종12). 조선 중기의 문신으로, 본관은 해남(海南), 자는 약이(約而), 호는 고산(孤山)·해옹(海翁)이다. 1628년(인조6) 별시 문과 초시에 장원으로 합격하여 봉림대군(鳳林大君), 인평대군(麟坪大君)의 사부(師傅)가 되었다. 1631년(인조9) 호조 정랑을 사직하고 해남(海南)으로 내려갔다. 이후 벼슬살이와 귀향을 반복하다가 1636년(인조14) 호란이 일어나자 배를 타고 강도(江都)로 달려갔으나 길이 막혀 도로 해남으로 내려왔다. 여러 해 동안 보길도(甫吉島)의 산수 자연 속에서 한가한 생활을 즐기며 국문시가를 비롯한 많은 작품을 남겼다. 1657년(효종8), 71세에 다시 벼슬길에 나섰지만 송시열(宋時烈)을 위시한 서인과 대립하다가 삭탈관직되었다. 1659년(효종10) 효종이 승하하였는데 이듬해 자의대비(慈懿大妃)의 복제 문제로 서인파에 맞서다가 패배하여 삼수(三水)에 유배되었다. 1667년(현종8) 풀려나 보길도에서 살다가 그곳 낙서재(樂書齋)에서 85세로 생을 마감하였다. 정철(鄭澈), 박인로(朴仁老)와 함께 조선 시대 삼대가인(三大歌人)으로 불린다. 시호는 충헌(忠憲)이다.

옮긴이 **이상현(李相鉉)**

1949년 전주에서 태어났다. 서울대학교 종교학과를 졸업하고, 동국대학교 불교대학원 석사 과정을 마쳤으며, 민족문화추진회 국역연수원 상임연구부를 졸업하였다. 한국고전번역원 수석연구위원을 역임하였으며, 고전번역교육원에서 《제자선독》을 강의하고 있다. 저서로 《역사의 고향》, 논문으로 〈추사의 불교관〉 등이 있다. 조선왕조실록 번역에 참여하였으며, 문집 번역서로 《목은집》, 《택당집》, 《계곡집》, 《포저집》, 《간이집》, 《가정집》, 《도은집》, 《계원필경집》, 《고운집》, 《고산유고》, 《원감국사집》, 《대각국사집》, 《죽석관유집》, 《침굉집》, 《기암집》, 《부휴당대사집》, 《사명당대사집》, 《녹문집》 등이 있다.

# 고산유고 1

윤선도 지음 | 이상현 옮김

초판 1쇄 발행 2011년 12월 30일
초판 2쇄 발행 2015년 12월 30일

발행인 이명학 | 발행처 한국고전번역원
등록 2008. 3. 12. 제300-2008-22호
주소 (03000) 서울시 종로구 비봉길 1
전화 02-6263-0464 | 팩스 02-6339-0724 | 홈페이지 www.itkc.or.kr

번역 이상현 | 연구총괄 공근식 | 연구기획 최유진 · 변구일

책임편집 강옥순 | 편집진행 정영미 · 박현애
편집교정 김상순 · 박성희 | 조판 김지현 | 제작 김형석
표지디자인 씨디자인 | 인쇄 ㈜삼우아트



값 20,000원
ISBN 978-89-284-0068-3 94810
978-89-284-0067-6 (세트)
* 이 책은 2015년도 교육부 고전번역사업비로 출간한 것임.